DU MÊME AUTEUR

BEING
LE BLEU LE BLEU
LE LIVRE DES MORTS-VIVANTS
MON PREMIER AMOUR
SELVA OSCURA
UN CIEL SI FRAGÎLE, *Prix Contrepoint 1975, Prix d'Honneur 1976.*
MONSIGNORE
CAPRICCIO
JEUX D'INTÉRIEUR AU BORD DE L'OCÉAN
L'HEURE DU TIGRE
MONSIGNORE II
OCEAN BOULEVARD
AUTOPORTRAIT AU LOUP
PACIFIC PALISADES

À paraître :

CLIPS
LE DUO DU II
LE SIÈCLE DES TÉNÈBRES

WANDERWEG

JACK-ALAIN LÉGER

WANDERWEG

roman

nrf

GALLIMARD

REMERCIEMENTS

Ce roman s'étaie sur une documentation trop abondante pour être citée ici — et d'ailleurs, il s'agit d'un roman. Je tiens cependant à citer les trois sources principales auxquelles j'ai recouru chaque fois que la stricte vérité historique était en cause : *Trials of War Criminals before the Nuremberg Military Tribunals* (Washington, US Gov. Print. Office 1951-52) ; l'*Institut für Zeitgeschichte* de Munich ; le *Centre de Documentation juive contemporaine* de Paris. La plupart de mes recherches ont été effectuées à la *McLennan Library* et à la *Library of Music* de l'Université McGill à Montréal — dont je tiens à remercier le personnel pour son aimable assistance. Je veux aussi exprimer ma gratitude pour l'aide précieuse qu'ils m'ont apportée, à : Mme Elisabeth Morf et l'*Institut Goethe* de Montréal, Mme Martine Groulet, MM. Rolf Puls, François Latraverse, Ruthard Stäblein et Gerhard Jakschik, qui m'a affectueusement ouvert les portes de Munich. Ma dette est immense envers Hannah Arendt aussi, dont les livres m'ont fait mieux comprendre le totalitarisme. Et, bien entendu, envers Richard Strauss, dont la vie et l'œuvre m'ont inspiré *passim*.

L'auteur.

À ANDREW NURNBERG

« *Die Zeit, die ist ein sonderbar Ding.* »
— Le temps, le temps est une étrange chose. —

HUGO von HOFMANNSTHAL
Le Chevalier à la rose.

Acte I

Devant l'Opéra – Une ouverture

Wanderweg : il crie le titre et jette le livre au feu.

« Qu'est-ce que c'est ?

— Rien, rien que du papier noirci. Un livre. »

Un livre qui s'ouvre dans les flammes. Et déjà la couverture brochée se tord et se rétracte en s'embrasant, déjà se consument les marges de la première page, déjà le début du roman même.

« *Wanderweg.* »

Il en jette un second exemplaire, un autre, un autre encore.

« *Wanderweg, Wanderweg, Wanderweg...* »

Puis, un par un, toute la pile qu'on lui apporte maintenant. On rit autour de lui, on se bouscule. Quelqu'un dit :

« Trop tard. On ne saura jamais l'histoire. »

Alors, il le reprend ce dernier volume qu'il venait de lancer sur le bûcher et, au risque de se brûler à la braise qui en entame les coins, il commence à le feuilleter.

« Regardez ! du papier noirci. Rien d'autre. »

Pourtant, il pourrait y lire son nom imprimé dès les premières lignes : Siegfried, Siegfried Arnhein. Plus loin : le Dr Siegfried Arnhein. Ou ici, une indication de lieu : devant l'Opéra. Là, une date : le 10 mai 1933. Les choses sont écrites : la nuit est douce et claire, l'air lourd de fumées, on chante. Et Siegfried — le héros qui dans ce roman se nomme Siegfried, Siegfried Arnhein ou encore le Dr Siegfried Arnhein se sent dans un état second, comme ivre. La tête lui tourne, le livre lui brûle les doigts. Mais il tient toujours, il ne veut pas lâcher si vite : son honneur est en jeu. D'ailleurs, les camarades l'encouragent, ils l'applaudissent.

« Jusqu'au bout ! Jusqu'au bout ! »

L'honneur du lecteur, se dit-il. Et il se souvient alors des paroles de son père, son père qui cherchait à donner à ses enfants, dès leur plus jeune âge, le goût de la lecture, le goût de ce qu'il appelait la grande littérature.

« L'honneur du lecteur ! On nous apprenait ça à la maison. Une fois ouvert un bouquin, vous devez aller jusqu'au bout. Même s'il vous déroute au début, même s'il vous agace parce que vous ne devinez pas d'emblée où l'auteur veut vous mener. Lisez, lisez toujours ! N'abandonnez pas. »

Laissez-vous emporter, leur disait aussi Bruno Arnhein, laissez-vous porter par les mots, porter par le flot des mots. Et sans doute parce qu'il est musicien, il ajoutait que l'écriture est comme une musique, que l'écriture est une musique, que l'écriture est musique. Avec ses mouvements lents ou vifs : adagio, allegro, andante, largo. Avec ses cadences marquées par la ponctuation, l'usage ou pas de la relative, l'emploi ou non des conjonctions de coordination. Le *et,* par exemple : ce *et* qui, en début de phrase, a pour effet de fuguer un texte. Et après une suite de présents, un imparfait, selon lui, introduisait une sorte de bémol dans la mesure, un mode mineur et tendre dans le récit. Et, de même, comparait-il l'alternance des dialogues et des descriptions dans le roman classique à cette succession obligée de récitatifs et d'arias dans l'opéra baroque. Et le tiret note un soupir — « Écoutez. »

L'alinéa, un silence.

Ou, leur disait leur père — et alors le montagnard prenait le pas sur l'artiste en lui, le marcheur qui l'été en montagne, aujourd'hui encore, à près de soixante-cinq ans, sort avant le jour pour des balades dont il ne rentrera que vers midi, en scandant du bout ferré de sa canne une mélodie sur la caillasse du sentier — un chemin de randonnée ! voilà ce que doit être pour vous un livre. *Wanderweg,* lisez-vous ; et vous partez à l'aventure dans la forêt des mots sans vous soucier de savoir où vos pas vous mèneront si jamais ils vous mènent quelque part, vers quel horizon.

Siegfried danse devant le bûcher ; on rit, on applaudit plus fort. Les flammes et les ombres mouvantes leur font à tous des masques menaçants de créatures infernales. Lui, grimace de douleur, serre les dents. La sueur qui coule de son front l'aveugle. Mais il est en transe, et intimement fier de l'être. Car, dans ce défi, il retrouve toute la joie brutale et grave qu'il avait connue lors de son adoubement dans la SS. Il retrouve tout le plaisir trouble qu'il prenait plus jeune aux violents bizutages de l'université, dont nombre de traditions initiatiques ont été adoptées par le mouvement. Comme le duel à visage découvert, comme l'échange des sangs après s'être mutuellement entaillé le poignet à coups de canif.

Il avait dû subir aussi l'épreuve du baquet : on noie le bleu, on lui maintient la tête sous l'eau jusqu'à l'asphyxie. S'il se débat, s'il lui échappe le moindre soubresaut, il est jugé indigne d'entrer dans la confrérie. Rite ignoré des étudiants, celui-là, mais que le milieu berlinois avait introduit dans les pratiques secrètes du parti. Gangsters recrutés par la SA, voyous des bas-fonds de l'Alex, maquereaux dans le genre d'Ali Höhler, l'assassin d'Horst Wessel, c'était depuis bien avant le nazisme la façon dont entre eux ils scellaient leur appartenance clandestine à telle ou telle des bandes rivales : un baptême, une seconde naissance — aqueuse et suffocante comme la première. Une renaissance, jouissance et douleur mêlées. Une renaissance qui, pour Siegfried, s'était accomplie dans les caves voûtées et inondées sous trois pouces de bière d'une brasserie sordide de Mitte. Il en a parfois des bouffées de nostalgie au milieu de sa vie quotidienne si exactement remplie.

Tout comme il a la nostalgie de l'épreuve suprême : l'épreuve purificatrice du feu ; la plus belle selon lui, la plus barbare. Par une nuit de pleine lune, on va dans la forêt, on va dans l'immense et humide pénombre maternelle de la forêt germanique. Des ombres dansent entre les arbres, des esprits gémissent sous chaque souche piétinée. Les elfes aux mains feuillues vous frôlent, les nixes jouent à la surface argentée des étangs. *Heili heilo heila,* en chantant on parvient enfin à une coupe claire de la chênaie où, la veille, a été dressé le bûcher. On y jette les torches et, quand les flammes sont bien hautes, chacun prête serment en se saisissant d'un brandon : « Je ne trahirai pas, j'irai jusqu'au bout ! » C'est à qui tiendra le plus longtemps.

« Golo, tu te rappelles ? »

Siegfried n'a pas besoin de préciser à son camarade ce qu'il devrait se rappeler : avec un bon sourire béat, l'Oberlehrer Golo Globs brandit sa main gantée de suède. Il la garde ainsi gantée depuis une certaine nuit de beuverie et d'ordalie dans la forêt : la chair de la paume et l'intérieur des doigts ont été carbonisés jusqu'à l'os — ce pauvre fou ! Mais quelle fête, quelle grande fête païenne ç'avait été... Au milieu des bois de Grünewald, une des premières vraies cérémonies initiatiques de la Staffel d'élite à Berlin.

Dans la capitale, ils n'étaient encore qu'une poignée d'hitlériens et les rouges tenaient le pavé quand eux deux, les Bavarois comme on les surnommait, s'y étaient installés pour seconder Goebbels et Munchow dans leur tâche de réorganisation du parti sur le modèle communiste : cellule de base, cellule de bloc, cellule de quartier, section et Gau. Il y avait moins de bureaucratie en ce temps-là et plus de fraternité, moins de sérieux militant et plus de ferveur virile : les camarades étaient des camarades. À présent, tout est strictement hiérarchisé et, selon le dernier mot d'ordre, chacun doit se montrer *responsable.* Il le faut car le combat, le dur et noble combat pour l'ordre nouveau ne fait que commencer. Or — autre leitmotiv des discours récents —, un bon soldat ne se mutile pas avant la bataille. Il a le devoir de se garder intact. Pendant la guerre, les lâches qui se coupaient un doigt pour se faire réformer, on les fusillait. Eh bien, les ordalies ne seront plus tolérées désormais. Pas plus tard qu'hier, le Dr Siegfried Arnhein en a informé ses hommes. Ajoutant que tout manquement à la discipline nouvelle serait sévèrement sanctionné. C'en est fini du romantisme irresponsable.

Que fait-il donc, ce roman à la main, et qui le brûle ?

« Trop tard ! blague Golo. Tu n'auras pas le temps de le lire. Tu n'iras pas jusqu'au bout. »

Siegfried laisse tomber ce qu'il en reste à ses pieds et, du bout de la botte, le repousse vers le brasier.

« Tant pis pour l'honneur du lecteur. »

Une clameur s'élève alors des quatre coins de la Max-Joseph Platz : les portes de l'Opéra se sont ouvertes et, entre les colonnes éclairées, s'avance solennellement un chœur d'hommes qui se range sur les plus hautes marches pour entonner un chant aussitôt repris en canon par la foule. *Heili heilo heila,* de la Maximilianstraße, de la Residenzstraße, de la Perusastraße, du Graben les curieux et les manifestants continuent d'affluer, mêlés aux troupes du parti. *Heili heilo heila,* au milieu, pris dans la cohue, les camions chargés de livres condamnés n'avancent plus. Une charrette pleine de partitions et de traités d'harmonie bouche l'étroit passage qui mène à la Theatinerstraße. Seuls, les cadets de la Hitlerjugend, plus petits, plus débrouillards, parviennent encore à frayer un chemin à leur cortège de brouettes empruntées au service de la vidange municipale pour charrier les ouvrages saisis à la Société bavaroise de psychanalyse.

« Ça salit et ça pue, c'est de la merde juive. Laissez passer ! »

Et les gens s'écartent en effet comme de peur d'être éclaboussés par un tas de *Science des rêves* ou *L'Avenir d'une illusion.*

« Attention ! »

Combien sont-ils ? se demande Siegfried.

Cent mille au moins. Cinq cent mille, annoncera donc demain la Propagande. Non, mieux : un demi-million ! Portant drapeaux, enseignes, bannières et guidons, hurlant des hymnes patriotiques, ils sont venus à pied ou dans des tramways réquisitionnés auxquels, pour l'occasion, on avait coincé les sonneries. Ils sont venus d'Harlaching, d'Unterhaching, d'Obermenzing, de Gräfelfing, de Trudering, de Schwabing, de Giesing, de Pasing. Et en trains, en cars, de plus loin encore : Freising, Gauting, Erding. Et du pittoresque lac de Starnberg. Et du charmant Dachau.

À Berlin, le Gauleiter organisait sur la place de l'Opéra un autodafé : le 10 mai, on ne brûlerait pas moins de vingt mille livres. Munich, ville de vieille culture, pouvait-elle laisser à la capitale l'initiative du combat pour la culture ? Non, sitôt que le Dr Goebbels lui en avait parlé, le Dr Arnhein était rentré en avion afin d'organiser au plus vite la réplique munichoise à cette grande fête de l'intelligence. Il ne disposerait que d'une semaine pour mobiliser ses troupes. Comme à Berlin, on monterait le bûcher devant les marches de l'Opéra, mais la cérémonie serait moins grandiose et moins guindée. Ces Prussiens n'ont aucun sens de la liesse, ils ne savent pas s'amuser. Ils n'ont pas la haine gaie, la bonhomie féroce qui fait le charme des Bavarois. Ici, sur cette place moins spacieuse, moins imposante que la Königsplatz, lieu traditionnel des grands rassemblements politiques munichois, l'autodafé paraît presque improvisé, le vrai acte de foi qu'il doit être. Et plus spontané qu'il n'est en vérité. Spontané à la mode des autodafés de ces dernières semaines dans les grandes universités comme celles de Leipzig, de Göttingen ou d'Heidelberg. C'est-à-dire fermement suggérés par des agitateurs du parti. Au reste, la plupart des professeurs et de leurs étudiants sont acquis à la révolution nationale, point n'a été besoin de les y forcer. À Heidelberg, ils ont même été les premiers à dresser un feu de joie dans une cour de la faculté pour y jeter les mauvais livres après en avoir établi une longue liste noire. La directive n'est pas venue du dehors. Et ce sont eux aussi, ce sont des étudiants et leurs professeurs, ce sont des intellectuels qui ont eu l'idée du vœu solennel qu'on prononce avant de les lancer à la volée sur le bûcher, ces mauvais livres, ces livres diaboliques :

> « Contre la lutte des classes et le matérialisme, pour la communion du peuple et l'idéalisme — Je remets au feu les écrits de Karl Marx, de Lénine, de Trotsky et de Rosa Luxemburg.
>
> « Contre la décadence et la souillure morale, pour les bonnes mœurs dans la famille et la dignité de l'État — Je remets au feu les écrits des frères Heinrich et Thomas Mann.
>
> « Contre l'abjection pédérastique et l'enjuivement français, pour la pureté aryenne des lettres et la virilité — Je remets au feu les écrits de Gide, Proust et Zola.
>
> « Contre la trahison des valeurs scientifiques allemandes, pour le respect de notre mère patrie — Je remets au feu les écrits d'Albert Einstein.

« Et contre l'exaspération des bas instincts, pour la noblesse de l'âme humaine — Dévore aussi, ô flamme sacrée ! l'œuvre de Sigmund Freud... »

Maintenant, responsables et spontanées, des chaînes humaines se constituent pour décharger les camions bloqués au milieu de la foule. Romans, essais, traités, manuels, recueils, partitions, les livres passent de main en main. Des livres de musique, de poésie, d'histoire, de théâtre, de psychanalyse, de théologie, de philosophie, de mathématiques même. Des livres où les parallèles se rejoignent à l'infini, des livres où l'espace et le temps font question, des livres absurdes : l'être n'est pas, le vers est libre, les rêves sont des désirs réalisés, les gens ordinaires des héros, l'armée allemande a perdu la dernière guerre, la gamme détonne. À l'école, on apprenait la géométrie plane, la chimie organique, la physique élémentaire, l'hymne impérial ou l'hymne royal ; on apprenait par cœur des poésies et do ré mi fa sol la si do. Le monde était fini, sûr. On flotte ici dans l'atonal, l'instable, le douteux, le relatif. L'univers de ces livres, en expansion, grouille, obscur et traître. Juif, en un mot.

Siegfried revoit les rayonnages surchargés du cabinet de travail paternel, les milliers de volumes entassés dans un désordre où son père est le seul à se retrouver. Il pense au grand piano de concert jonché de nouveautés et dont le dessus n'est débarrassé que pour la visite mensuelle de l'accordeur. Les publications acquises dans le mois sont alors rangées par terre en de nouvelles piles qui encombreront un peu plus le plancher. Et Pinchas, l'accordeur, hoche la tête et dit chaque fois : « Ah ! Monsieur le Maître de chapelle finira noyé sous toute cette littérature. » À quoi le maître, qui se moque de tout, même de l'idéal national le plus sacré, réplique d'un sempiternel bon mot dont l'autre ne saisit pas le sel : « Eh oui, l'espace vital me manque à moi aussi. » Bruno Arnhein entend-il par là que la littérature attente à la vie ? Craint-il inconsciemment, comme son fils, que les livres soient porteurs de mort ?

« Siegfried ? »

Son fils sursaute, tiré de sa rêverie. Golo Globs, l'air gauche d'un homme qui cherche à réparer une gaffe, lui montre sans rien dire l'épais volume broché qui, passé de main en main, a fini entre les siennes : une partition complète de *La Contessina*. Que faut-il faire ? Brûler une œuvre du Directeur honoraire de la Chambre de Culture du Reich, brûler l'opéra le plus connu de Bruno Arnhein ? La musique, pourtant, n'en est nullement suspecte. Contrairement aux monstruosités dodécaphoniques condamnées au bûcher ce soir, c'est une musique qui se chante, une musique qui se sifflote même. Plus de vingt ans après sa création, la valse, la célèbre valse du troisième acte court toujours les rues, les chantiers, les terrasses des brasseries. Au Jardin Anglais, le dimanche, la clique du kiosque l'inscrit quatre ou cinq fois à son programme de l'après-midi. Et dès que, du balcon de la Tour Chinoise, la clarinette, solo d'abord, entonne l'hésitante et pourtant si entraînante mélodie, irrésistiblement le public fredonne en chœur : « Contessina, Contessina... » Non, rien de comparable aux atroces dissonances judéophoniques. Bruno Arnhein est le plus grand des compositeurs vivants et un des meilleurs chefs du moment. Même si le Führer n'aime guère sa façon de diriger Wagner, trop légère, rapide et nette à son goût.

« Eh bien quoi ? » demande Siegfried en arrachant la partition à l'Oberlehrer.

« Le livret ! Le livret est de Rosenberg. »

Il l'oubliait.

« Je le sais bien ! »

Il oubliait qu'il s'était disputé avec son père à ce sujet quelque deux semaines auparavant.

« Egon *von...* » — il donne une intonation sarcastique à la particule nobiliaire — « Rosenberg. »

Aux arguments furibonds du fils, le père avait simplement rétorqué : « Mais, pendant que vous y êtes, pourquoi n'interdiriez-vous pas les livrets de Da Ponte ? Après tout, ce défroqué qui courait les jupons était juif lui aussi. » Bruno Arnhein n'avait pas encore appris que l'ironie n'est jamais sans conséquence sous une dictature — laquelle ignore la peur du ridicule. Son étourderie avait eu pour résultat que, dès le lendemain, le ministère de la Propagande, nouvellement créé, faisait coller sur les affiches du *Don Giovanni,* qui venait d'être repris à l'Opéra de Berlin, un bandeau de papier blanc cachant le nom du librettiste de Mozart.

Au reste, le rapprochement dans l'esprit du compositeur n'était pas fortuit : Lorenzo Da Ponte, Egon von Rosenberg l'a délicatement pastiché sinon plagié en rédigeant le livret de *La Contessina.* Pour raconter sur un mode élégant et bouffe à la fois les amours contrariées d'Elisabeth et de Bruno, le poète avait eu cette trouvaille pleine de tact : en transposer l'histoire au siècle précédent. Et alors qu'en ce début du nôtre régnait sans partage le wagnérisme sur les scènes allemandes, alors qu'on chantait tous les opéras étrangers dans des traductions allemandes, cette audace, qui avait paru une insolence, de renouer avec un usage de l'époque baroque : l'écrire en italien. Pour ou contre, les critiques n'avaient plus cessé d'en discuter depuis, recensant les clins d'œil, les allusions subtiles, les discrètes réminiscences, voire certains emprunts éhontés à Da Ponte et Mozart. Ainsi, au lever de rideau, la comtessine qui se penche sur l'eau d'un puits et cite en chantant la cavatine de la petite Barberine des *Noces de Figaro* :

L'ho perduta,
Me meschina...

« Maman, que dit-elle ? »

Siegfried avait sept ans et c'était la première fois qu'il assistait à un opéra, la première fois qu'il assistait à ce mystère dont le seul nom déjà, quand les parents le prononçaient, tantôt comme une promesse de bonheur, tantôt avec une sorte de crainte religieuse, mais jamais indifférents, lui paraissait annoncer les effrois exquis, les menaces délicieuses qui font le charme des contes de fées qu'on leur lisait le soir, à son frère et à lui, avant de faire le noir dans la chambre : l'opéra.

La plus grande loge, la mieux fleurie, est vide. Elle le restera, explique Elisabeth à ses enfants, pour le cas, absolument exclu au reste, où il prendrait à sa Majesté l'Empereur la fantaisie de venir au spectacle sans s'être annoncé. Des anges dorés dansent autour de la cascade de cristal du grand lustre. Dans leurs corbeilles de velours rouge, les lumières en bouquets et grappes s'éteignent doucement. De la fosse d'orchestre, à peine éclairée par les veilleuses des pupitres, surgit un monsieur qu'on applaudit et en qui, sur le coup, il ne reconnaît pas son père. Puis, le rideau s'ouvre, comme déchiré en deux et, tiré par on ne sait qui, se fronce en vagues molles vers les coins de la scène. On voit un grand jardin bleu sous un rayon de lune et un puits au milieu. Une dame en robe de soie jaune entre en chantant et s'accoude à la margelle. Siegfried, assis en tailleur sur son siège pour mieux voir, s'agite et murmure dans sa paume de main comme sa mère lui a appris à faire :

« Maman, Maman, que dit-elle ?

— Elle dit qu'elle l'a perdue, cette sotte ! Elle dit qu'elle a perdu son innocence... Mais, mon amour, pourquoi pleures-tu ? Siegfried ! Mon petit homme, ce n'est que du théâtre, que du théâtre... »

Ah ! cet enfant était trop sensible. Elle en faisait souvent la remarque à la maison, parlant bas comme si elle se trouvait au concert ou à l'opéra mais sans s'adresser à personne en particulier. Le père, lui, ne voyait rien d'anormal, ajoutait-elle mais sans lui en faire de reproche. Elle ne pouvait plus taire son inquiétude, elle s'en excusait, la remarque lui avait échappé. Et ses grands yeux bleu pâle, en même temps qu'elle le disait, fixaient un point : tache sur le mur rose de la nursery, accroc dans le ciel de gaze blanche de l'étroit lit-cage en cuivre où couchait ce trop sensible fils.

« Siegfried ? »

Golo Globs interroge du regard son camarade comme pour ajouter : alors ?

« Alors, ricane Siegfried, il faudrait n'en brûler que la moitié, la moitié juive, les paroles. Non, moins que ça, le quart :

Egon est métis, je crois. Juif par son père seulement. Il faudrait que je vérifie auprès de, eh bien tiens ! de Rosenberg Alfred. Lui doit avoir une fiche sur Egon. »

Egon ! Egon le youtre, Egon la tantouse. Le grand et gras Egon, l'ogre abominable qui hantait ses frayeurs d'enfant. Egon alias Mime, alias Falstaff, alias Rüberzahl, alias la comtesse Egonine, et qui signe aussi — qui ne signera plus très longtemps ses papiers d'humeur dans divers titres de l'ignoble presse juive du groupe Ullstein, Dr Mephi ou Le Diable de Weimar. L'énorme, le tonitruant Egon von Rosenberg. Les surnoms dérisoires qu'il se donne, les ridicules féroces qu'il donne aux autres. Sa voix aiguë et cassée, douce jusque dans la colère. Sa chair blême et grenue de roux. Son nez à vif comme une plaie ouverte, brûlée par la cocaïne. Ses dandinements quand il va de table en table saluer les clients connus d'un bar et sa manière désinvolte de jeter dans l'assiette un généreux pourboire en s'en allant. Ses pelisses de riche margrave et les cols gris, fendillés, de ses vieilles chemises. Ses goinfreries compulsives et ses soudaines abstinences. Ses munificences et sa virtuosité dans l'art de taper les amis. Il possède une grande villa de style Bauhaus à Zehlendorf mais loge avec son amant dans les deux pièces et salle de bains commune d'un meublé sordide de Moabit. Il a deux chats obèses qui, dit-il, lui ressemblent mais il les a baptisés l'un le Duce, l'autre le Führer. Egon, qui à cette heure, comme une sale pédale qu'il est, comme un foutu youpin doit ramper, pleurnichard et baveux, pour quémander un visa d'émigration et une autorisation d'exporter ses biens qu'il n'obtiendra de toute façon jamais malgré ses relations mondaines. Il faudra qu'il paye ! qu'il paye pour ses insultes au nazisme, qu'il paye pour avoir osé traiter de maque le camarade Horst Wessel, qu'il paye pour avoir osé appeler Hymne du Maque le *Horst Wessel Lied*. Par miracle, il a réchappé à deux attentats ; il n'échappera pas au prochain. Car le prochain sera un attentat légal, dûment ourdi — spontané et responsable.

« Tiens ! s'écrie Siegfried. Tiens ! »

Et dans sa rage sacrilège, il arrache les cahiers de la partition à leur brochage et les jette au feu, entonnant avec tous ceux qui l'entourent le *Horst Wessel Lied*.

Haut le drapeau !
En rang serrés...

La Contessina flambe, paroles et musique.

Haut le drapeau !
En rang serrés...

Les voix, les fifres, le roulement assourdi des tambours, réverbéré par la muraille des palais, résonnent dans les entrailles. Devant la colonnade illuminée de l'Opéra, c'est un finale wagnérien tel qu'il l'avait voulu et mis en scène : le bûcher, les torchères, la foule saluant bras tendu, le vent qui fait claquer les étendards rouge et noir, l'air enfumé constellé de flammèches et, en haut des marches, le chœur des hommes reprenant au couplet :

Haut le drapeau !
En rang serrés...

C'est, sous l'immense nuit étoilée, un désir, un rêve infantile de virilité qui s'assouvit — odeur de sueur, de bière, de cuir, de chaud. Mais il lui semble aussi, confusément, que tout commence en cet instant ; qu'il assiste à une ouverture. À son regard flou d'astigmate qui, pour des raisons de stricte cohérence idéologique, a renoncé au port des lunettes, le monde, le monde qui reste à conquérir est un décor sans profondeur ni relief, plan.

Trois gamins de la Hitlerjugend sont parvenus à dégager de la cohue un tombereau de vidange rempli d'ouvrages freudiens. Une chaîne se reforme aussitôt pour passer les livres de main en main : *Malaise dans la civilisation, Malaise dans la civilisation, Malaise dans la civilisation*.

Le premier mouvement est-il toujours le bon ?

« Ce malaise, à quel moment a-t-il commencé et comment ? Ce sentiment d'une descente à l'abîme, d'une chute...

— Non, pas d'une descente ni encore moins d'une chute. Et pas même d'un effondrement ou d'un écroulement, non, mais le sentiment d'un affaissement peut-être, peut-être d'un glissement, oui, c'est cela, d'une glissade légère, presque insensible mais irréversible aussi, irrésistible, le sentiment indéfinissable d'un enlisement dans le néant, ce subtil sentiment intime d'un anéantissement. Rien de vraiment effroyable : plutôt l'engourdissement des sens qui semble précéder la mort, la mort devenue désirable comme une délivrance. Et familière. »

Familière, au reste, elle l'était depuis si longtemps en 33 ; depuis si longtemps durait la guerre. Depuis près de vingt ans si l'on comptait, après les tueries de la Grande Guerre, la guerre civile, les combats de rue quotidiens entre militants de gauche et de droite, la révolution et les putschs manqués et, comme guerre aussi, car ce fut une sorte de guerre — guerre contre la raison humaine, guerre contre la dignité, guerre contre la morale, guerre contre la vie même — la grande inflation, la guerre n'avait jamais vraiment cessé. En 33, on était recru de violence, on n'en voulait plus. Car on ne voulait plus lutter. C'est cela qu'il aimerait expliquer à l'homme jeune qui se tient devant lui et l'interroge, si sûr de soi.

« On... » Il hésite, il craint d'être mal compris. Il ne parle pas de la masse, indifférente ou lâche, des gens. Non, c'est de lui qu'il veut parler en disant, à cause d'un genre très désuet de politesse dont il ne peut faire son deuil : on. C'est de lui et des rares artistes comme lui qui, plus lucides, plus inquiets également, estimaient que se battre pour des idées était encore se battre, encore se mobiliser. Et donc demeurer dans la logique vicieuse de la violence, et donc défendre la culture avec les armes meurtrières de la barbarie : l'enrégimentement intellectuel, l'esprit partisan. Eux croyaient au contraire que si la civilisation pouvait être encore sauvée, il y fallait maintenant un tant soit peu de frivolité, d'insouciance, d'oubli des réalités. Et un certain ordre aussi. Mais d'abord, en finir avec l'engagement, avec le sérieux. Retrouver la légèreté, retrouver l'innocence. « On était fatigués. On voulait la paix. Ou, du moins, ce recul, ce repli nécessaire à la création. »

Ce n'était pas vraiment un abandon mais le refus de s'user un peu plus à un combat perdu d'avance. Il n'y eut en tout cas aucune griserie dans cet abandon. Et pouvait-on imaginer que les nazis garderaient le pouvoir ? Non ! ce serait l'affaire d'un an ou deux, évaluaient les plus pessimistes d'entre eux. Le temps pour ces brutes de prouver leur incompétence crasse et se mettre à dos leur électorat. Le temps pour eux, les artistes, de reprendre souffle après les années de folie qu'ils venaient de vivre. Un répit, en somme, ce n'était, ce ne serait rien d'autre que l'intermède Hitler.

« Un intermède. »

Voilà ce qu'il voudrait faire comprendre à cet homme qui l'interroge. Mais Bruno Arnhein n'est pas sûr d'être sincère ni juste, et il se décourage. Les mots lui ont toujours paru trahir les faits, surtout quand ces faits en sont à peine. Des sentiments plutôt — et inconstants, inconsistants. Des affects. Tout est vrai et tout sonnerait faux pourtant, il lui semble, s'il le disait. Les paroles exactes ne lui viennent pas. La musique exprimerait mieux sa pensée. Ce serait en l'occurrence un accord douteux, dissonant. Ré, ré dièse, entend-il.

« Maître, vous prétendez donc qu'à l'époque vous ne saviez pas, vous prétendez que vous ne deviniez pas ? »

Il répond, accablé :

« Non. C'est-à-dire... Oui. » Et se rétracte : « Mais non ! la question ne se posait pas ainsi. Les questions ne se posent jamais ainsi dans la vie : oui ou non. Les choses ne sont jamais bien ou mal, noir ou blanc. On vit au jour le jour, sans savoir. Il est toujours plus facile de juger après coup, avec le recul. Mais au moment même... Voyez-vous, les héros positifs, les héros qui, en toutes circonstances, trouvent la bonne réponse, ces héros n'existent que dans vos romans, si je peux me permettre, Schreiber. »

Un sourire moqueur lui échappe : bien sûr qu'il se le permet ! C'est le privilège et du grand âge et du génie : pouvoir dire ses quatre vérités à moins âgé et moins génial que soi sans passer pour grossier ; mieux, en s'attirant une humble reconnaissance de sa victime. Ou feindre soudain de se perdre dans son monde intérieur d'artiste, le regard chaviré. Ou encore, plonger dans une fausse brusque somnolence qui sèche l'interlocuteur à la façon d'un *no comment.* Le vieux Bruno Arnhein connaît très bien le truc. Il en usera tôt ou tard pour couper court.

D'ailleurs, que répondre d'autre ? Que dire à cet homme de bonne foi et de bonne volonté qui le harcèle ainsi depuis déjà deux grandes heures ? Quelle était la réalité vécue alors ? Et quelle est-elle aujourd'hui ? Qu'est-ce qui est réel ? Qu'est-ce qui l'est encore quand on est parvenu ainsi *alla fine del cammin di nostra vita,* quand on est parvenu au bout du chemin de notre vie comme au bout d'un gros roman peuplé de dizaines de personnages, riche de centaines de péripéties et qu'on aurait lu d'une seule traite ? Comme au bout du chemin de randonnée que l'on prend chaque matin... Le ciel est clair, l'air vif. Il y flotte une odeur de fruits blets et d'herbe mouillée. Les brodequins ferrés sonnent sur les cailloux du sentier, les sangles du sac à dos léger martèlent un tempo familier aux épaules. Ensuite, on longe des vignes et le vieux chien borgne va devant, jappant après un papillon qui volette ou une abeille.

« Wotan ! Wotan ! »

À un détour, Lindau réapparaît, posée sur le lavis étale de son reflet dans le lac de Constance. On entend les cloches de la Stiftskirche catholique, fa bémol, sol, fa bémol, sol, puis, une mesure plus tard, ré, la, ré, la, ré, si, le carillon de la protestante Stephanskirche. Est-elle réelle, cette cité de peinture pieuse primitive, rose et jaune, enserrée dans ses remparts et dont, à midi, les toits sous le soleil semblent rehaussés d'or ? Une pancarte timbrée de la croix gammée signale qu'il s'agit ici d'un *Point de vue.*

Plus loin, autre repère de parcours balisé, voici le banc où l'on s'assied chaque jour — banc offert conjointement par la section locale de l'Amicale des Randonneurs de la Force-par-la-joie et Vasenol, poudre garantie délassante, décontractante, désinfectante pour les pieds meurtris desdits randonneurs. Sur le panonceau du dossier, les lettres peintes soulignées d'une ombre portée trompent l'œil en suggérant une vicieuse troisième dimension où fuit, oblique, le mot de *Wanderweg.* L'organisation de masse proclame qu'il n'y a de vérité que dans le combat et le fabricant de talc mentholé s'inquiète :

Êtes-vous fatigué de marcher ?

Essoufflé, on s'affale plus qu'on ne s'assied. On se dit, mais sans en ressentir d'angoisse, que c'est peut-être là le dernier battement du cœur, le tout dernier battement. On se souvient d'un temps où, forci et ralenti par un entraînement intense, il battait au repos moins de coups en une minute qu'il n'y a de secondes en une minute.

« Êtes-vous fatigué de marcher, Schreiber ? »

Et la villa, la villa qui maintenant apparaît juste en face, au bout du promontoire, est-elle réelle ? Murs blancs et pilastres de grès sur le fond pastel de l'anse et des coteaux, elle se dresse comme une épure dans quelque traité classique d'architecture idéale. Mais au bord de l'eau, la terrasse rectiligne des jardins se dissimule sous un fouillis de fleurs et d'ifs qu'on ne taille plus depuis le début de la guerre. Mais le yacht amarré au ponton n'a plus sa mâture. Et la brise changeante qui fait faséyer les stores en toile décolorés de la loggia paraît emporter vers le large la fragile façade d'un décor.

« Regardez ! Aujourd'hui encore, je ne parviens pas à y

croire parfois. Cela fait pourtant bientôt vingt ans qu'elle est bâtie. J'ai acheté le terrain en 1923, au mois de novembre, juste après le putsch raté de la brasserie. Ce jour-là, je me le rappelle, la cote du dollar venait de crever le plafond du billion de marks. Et je ne l'ai payé que trois fois dix puissance seize marks : une bouchée de pain ! Trente mille millions de millions de marks. Je venais de toucher de mes agents new-yorkais les droits pour la reprise au Met de *La Contessina.* Ma banque a reçu les fonds un mardi matin, ce devait être le 13, et à cause de la négligence d'un employé aux écritures... il est vrai que les malheureux étaient surmenés à force de pointer des zéros, ils devenaient fous... eh bien, elle ne les a crédités à mon compte que le jeudi 15, au nouveau cours ! Entre-temps, le dollar avait triplé sinon même quadruplé de valeur, je ne sais plus, il lui est arrivé de centupler en quelques minutes à l'ouverture de la bourse... Toujours est-il qu'en moins de quarante-huit heures, j'avais déjà remboursé un prêt à dix jours qu'ils venaient de me consentir l'avant-veille en les recevant. Aux particuliers, ils ne prêtaient plus qu'à deux semaines maximum, et encore ! les très bons clients, ceux qui comme moi étaient assurés de recevoir des devises de l'étranger... On était en plein délire. Cela aussi, vous devriez y penser : ce que nous avons vécu durant la grande inflation, Schreiber. »

La Contessina : le nom de la villa évoque son origine. Les autres grandes demeures patriciennes édifiées au bord du lac l'ont toutes été avec de l'argent bourgeoisement épargné ou hérité, de l'argent volé au travail. La sienne, ce sont des billions, puis, plus raisonnablement après la grande inflation, des dizaines de milliers de marks en droits d'auteur qui lui ont permis de la construire. C'est une valse, c'est un divin duo d'amour, c'est cette cabalette mélancolique doublée à la flûte et qui clôt le dernier acte sur une note ni gaie ni triste mais tendre mais amusée — quelques accords transposés en poutres et planchers, quelques arpèges convertis en pierre. Elle en garde on ne sait quoi de léger, de féerique. Pastiche d'un palais baroque italien bâti grâce au succès d'un pastiche d'opéra baroque italien, elle a l'élégance d'une folie de cette époque. Et l'allée des charmes émondée en voûte qui mène à la porte d'entrée creuse une perspective mensongère.

Ne semblent-ils pas factices aussi, ces deux personnages postés devant le portail, les deux agents de la Gestapo chargés de sa surveillance ? On s'habitue même à vivre assigné à résidence. Et Doublepatte et Patachon, leurs pipes et leurs feutres mous, manqueraient dans le paysage si un matin on ne les voyait plus. Le monde paraîtrait moins rassurant, moins familier. Au début, on se sentait épié mais discrètement, à la dérobée : une haie remue, du gravier crisse soudain, personne ne se montre jamais — l'impression en était d'autant plus déplaisante. Maintenant, c'est tout juste s'ils n'ont pas installé deux guérites de part et d'autre de la grille. Le grand maigre fume adossé à un pylône ; le petit gros, assis sur le fût à gazogène de la voiture de service, lit tranquillement son *Völkische Beobachter*.

« Vous voyez : ils n'ont pas bougé depuis ce matin que vous êtes venu me chercher, ils sont toujours là. Notre cher Kreisleiter Hans Bausch se demande encore si je me suis payé sa tête quand, au début de la guerre, je l'ai remercié pour la protection rapprochée qu'il nous accordait maintenant, moi et les miens. Mais, au fond, je plaisantais à peine en effet : je préfère savoir et voir... Même chose pour le téléphone : je préfère entendre à chaque fois, bien net, le déclic de la table d'écoute dès le début de la conversation que d'être toujours à me demander si la ligne est espionnée ou pas et, si oui, depuis quand. Ce qui était le cas, avant. »

Bruno Arnhein fouille dans son sac à dos et en retire des jumelles. Ce ne sont pas les jumelles d'alpiniste qu'il utilisait autrefois, les puissantes jumelles réglables gainées de cuir bouilli, mais une précieuse paire de lorgnettes plaquées de nacre, montée en face-à-main et ornée de ses initiales en or, des lorgnettes de théâtre qu'il ajuste devant ses yeux pour mieux observer son petit monde. En bas, sur la terrasse, étendue dans sa chaise berceuse d'osier, Elisabeth raccommode un châle ancien. En haut, à l'ombre de la loggia, Arno au piano et Alice à son violon déchiffrent une partition note à note. Dans la cour derrière, Anna jette à la volée du grain aux poules. Ce serait un matin comme un autre, n'était la visite de cet enquêteur venu de Suisse, ce Jean Schreiber.

Dès le premier message qu'il lui avait fait parvenir par les voies les plus officielles, l'écrivain indiquait qu'il était dûment mandaté par une certaine commission internationale pour la sauvegarde des biens culturels constituée à l'initiative strictement bénévole et désintéressée de quelques diplomates représentant plusieurs pays neutres désireux de dresser un inventaire estimatif des dégâts subis par le patrimoine artistique européen du fait de la guerre... La lettre d'introduction jointe développait explications et justifications sur près de cinq pages rédigées dans cet obsolète « style de chancellerie », alambiqué et profus, que semble animer une seule préoccupation : pourquoi faire simple quand on peut faire compliqué ?

Les organisateurs avaient obtenu du ministère des Affaires étrangères puis du ministère de la Propagande, et en particulier du Dr Siegfried Arnhein, chargé personnellement du dossier, les sauf-conduits nécessaires pour mener à bien leur enquête en Allemagne : se déplacer librement à travers le pays et rencontrer non moins librement les artistes qu'ils souhaiteraient interroger — toute assurance leur avait été donnée sur ce point. Ce que le Kreisleiter de Lindau, à la suite d'une abondante correspondance avec les plus hautes autorités du parti, avait, de vive voix, confirmé au vieux maître. Ajoutant dans une moue réprobatrice que, contre son propre gré, en exécution d'un ordre uniquement, il permettrait à cet écrivain suisse de rencontrer, ainsi qu'il l'avait sollicité, Bruno Arnhein.

Bruno Arnhein avait craint d'abord une machination, une provocation. Il n'avait pas voulu laisser son visiteur pénétrer à l'intérieur de la villa. Mais en l'accueillant à la grille, ses préventions s'étaient dissipées quelque peu : l'homme n'avait vraiment rien d'un flic. Et il avait ri en l'entendant se présenter comme l'infirmier d'une sorte de Croix-Rouge des Beaux-Arts, il avait cabotiné :

« Je suis donc un monument national en péril selon

vous ? Vous aviez peur qu'on m'ait bombardé ? Vous n'allez tout de même pas me placer dans une casemate sous un tas de sacs de sable, non ? »

Puis, il lui avait proposé de l'accompagner dans sa promenade quotidienne.

« Vous voyez ? reprend-il, en tendant les lorgnettes. Voici tout mon univers. Tenez ! On m'a confisqué ma voiture et mes fusils de chasse, mon bateau a été démâté, on m'a même pris mes jumelles de montagne mais on m'a laissé celles-ci : un cadeau de la délicieuse Henriett Gottliebs. Elle a été interdite de Bayreuth en 33, pour cause de judaïté. J'ignore ce qu'elle est devenue, si elle se trouve dans un camp ou si elle a pu quitter à temps l'Allemagne. Elle me les avait offertes pour la générale d'*Orphée.* Je lui avais donné, je m'en flatte, sa première grande chance, son premier grand rôle et je ne m'étais pas trompé : elle était divine en Eurydice... Sur le velours de l'écrin, elle avait fait broder : *La vie est théâtre, théâtre est la vie.* La dernière réplique de l'opéra.

— Oui, je me souviens : *La vie est théâtre, théâtre est la vie...*

— Tenez ! Vous les voyez ? Arno et Alice, mes deux petits-enfants. Que savent-ils, eux ? Que devinent-ils, les malheureux ? Ils vivent pour ainsi dire en sursis : leur mère est juive. Ils sont donc juifs. Est-ce qu'on vous l'a dit, Schreiber ?

— Votre fille Pamina m'a raconté toute l'horrible histoire. Et que sa belle-sœur était soignée dans un sana des Grisons.

— Elle est mourante. Mais cela, ils l'ignorent encore. Enfin, du moins je l'espère. Les enfants sont souvent doués d'un sens second pour ces choses-là. Ce sont des devins dans leur genre, même s'ils n'en montrent rien aux grandes personnes. Les pauvres petits ! Ce n'est pas drôle pour eux : prisonniers de cette maison et de son jardin. En résidence surveillée... Quand nous avons voulu les faire sortir du pays, il était trop tard. J'ai remué ciel et terre, je crois avoir tout essayé. La vérité, la monstrueuse vérité... c'est que ces enfants font une monnaie d'échange parfaite, comprenez-vous ? On me tient avec ça. Et il faut négocier, négocier sans cesse.

— Est-ce que votre... »

Schreiber n'achève pas sa phrase. Arnhein s'amuse de le voir rougir et se mordre les lèvres. Comme si le sujet de son fils Siegfried était tabou.

« Oui, dit-il. Mon fils Siegfried. Et aussi... »

Mais comme l'autre paraît maintenant vouloir prendre prétexte de sa franchise pour insister, il se replie instantanément et feint de s'absorber dans une soudaine méditation d'artiste inspiré, qu'on aurait scrupule à distraire.

« Vous les voyez? Vous les voyez? » répète-t-il une fois encore, rompant le silence qui s'installait.

Schreiber hésite : il ne vise d'abord pas la loggia mais un mur de la villa, le pan relevé d'une jalousie, une branche de cerisier — floue de se trouver trop proche. Enfin, il focalise où il faut, sur ces deux jeunes enfants que le vieillard montre d'un doigt tendu légèrement tremblant :

« Là.

— Je vois le petit garçon au piano. La petite fille avec son violon.

— En ce moment, ils doivent travailler à une sonatine que je leur ai composée la semaine dernière sur un thème de *La Flûte enchantée*. Un morceau assez vicieux, je l'avoue : à chaque nouvelle portée, j'ajoute une difficulté. Mais je crois que ça leur plaît... Le matin, musique. Après déjeuner, leur chère grand-mère leur fait l'école. Puis, moi, je leur lis un livre. Ou bien, nous déchiffrons tous trois une partition. Ces jours-ci, nous sommes plongés dans *La Flûte enchantée*. Alice a tout compris : cette petite chipie m'a surnommé Zarastro ! Elle est à l'âge où l'on croit aux contes de fées : pendant que je raconte, elle pleure, elle rit, elle trépigne de joie. Et depuis, le mot même l'enchante, elle trouve tout " enchanté " : elle dort dans un lit enchanté, elle mange avec une cuiller enchantée, se lave les mains avec un savon enchanté — qui n'est pourtant qu'un misérable ersatz garanti sans corps gras ni saponidé. Mais les enfants, vous savez... » Le grand-père sourit, esquisse une sorte de caresse dans le vide. « Les enfants, reprend-il, ne sont plus sortis du jardin enchanté depuis la Nuit de Cristal. Alice n'avait pas trois ans, Arno tout juste cinq... Ils peuvent nous être retirés à tout moment. Ils peuvent être envoyés en camp. Torturés. Tués... Voilà ce qu'est notre vie, Schreiber.

— Mais, réplique l'écrivain, votre fils ?

— Leur père, Friedrich ?

— Non. Je veux dire... »

Pour Bruno, l'instant paraît venu de sombrer dans une brusque absence, une somnolence presque. Il ne répondra pas à cette question.

Il masse ses yeux clos sous le pouce et l'index ; les rouvre. Coloré, vibrant, c'est toujours son monde alentour, son monde miraculeusement préservé de la guerre : la villa dans l'ombre bleue des grands arbres et, en face, protégée par ses murailles d'enluminure gothique, Lindau. Comment imaginer qu'ailleurs des villes flambent au milieu du hurlement des sirènes, comment imaginer que la fonte des dernières neiges de printemps découvre à perte de vue des cadavres gelés de soldats, des chevaux morts, et des chars abandonnés dans un paysage de ruines noircies ; comment imaginer qu'on entasse des humains hébétés d'horreur dans des wagons à bestiaux sur les portes desquels on inscrit à la craie des destinations inconnues d'eux ? La terreur, la terreur dans le regard de ces hommes, de ces femmes, de ces enfants, car il y a, dit-on, des enfants parmi eux, comment l'imaginer ? Des enfants de l'âge d'Alice.

De la cérémonie nationale-socialiste de la veille, deuxième dimanche de mai, Jour des Mères, il ne reste, seule trace encore visible d'ici, que des roses rouges et des roses blanches jonchant le pont, et un lambeau de banderole claquant au vent :

Lindau est fière de...

C'est sinon, inchangé, le premier éblouissement de son enfance.

« Je me souviens : j'avais l'âge d'Arno. Des crises d'asthme, des problèmes pulmonaires. Mes trois tantes m'ont donc emmené respirer l'air pur de la Silvretta. Resi, Effi, Trudi : les sœurs de mon père. Toutes les trois vieilles filles. Aucune n'a voulu se marier. Elles étaient pourtant très courtisées plus jeunes : un beau parti. Mais elles ne se sont jamais quittées. Et comme elles possédaient avec mon père en indivis la Rheingold...

— La banque que dirige maintenant...

— Oui, le beau-père de Siegfried, le baron Schnaben... On les avait surnommées les Filles du Rhin. Mon père gérait leur fortune commune et elles, elles dépensaient leur argent en voyages. Toujours ensemble, inséparables. Elles n'arrêtaient pas : les villes d'eaux, les stations de montagne, le festival de Bayreuth. Elles passaient l'hiver à Nice ou à San Remo. Elles visitaient Vienne, Paris, Lisbonne, Saint-Pétersbourg. Elles traversaient toute l'Italie, l'Espagne ou, pourquoi pas ? la Grèce. Rien ne les effrayait. Et à chaque étape, elles pouvaient vérifier le crédit de leur banque à l'étranger : il leur suffisait d'une signature au bas d'une lettre de change pour courir toute l'Europe. Je me souviens : nous avons quitté Cologne sous la pluie, roulé toute une nuit en train. Et au matin, quand j'ai remonté le store du sleeping : ça ! Ce même soleil sur l'eau, cette même transparence du ciel, cette même lumière. Enchantée, dirait Alice. Je me souviens aussi : je croyais qu'il y avait une erreur sur l'horaire des chemins de fer affiché dans la cabine. Toutes les villes au bord du lac ont ajouté à leur nom : *am Bodensee.* Constance-au-bord-du-lac, Meersburg-au-bord-du-lac, Überlingen-au-bord-du-lac, Friedrichshafen-au-bord-du-lac... Mais Lindau, ça me faisait tordre de rire, ils avaient écrit : *im Bodensee.* Lindau-dans-le-lac ! Je trouvais ça ridicule, j'étais scandalisé : de la part d'une institution aussi respectable que la société des chemins de fer ! Moi, on m'aurait pointé un zéro à l'école pour une bourde pareille. Eh bien, non ! c'était pourtant la vérité : Lindau est dans le lac. Regardez ! comme une barque mal amarrée au reste du monde, qui est en guerre... Mais, c'est assez abusé des dons de La Force-par-la-joie, non ? Rentrons. »

Bruno Arnhein se lève du banc et, d'une sèche esquive, retire son coude à ce balourd qui jugeait poli de l'aider. Que croit-il ? Le maestro n'a rien perdu de sa célèbre prestesse, il se redresse d'un seul élan, comme il ferait sur l'estrade pour un crescendo. Après tout, il n'y a pas si longtemps qu'il dirigeait, de mémoire et sans s'asseoir ni même s'adosser à la rambarde un instant, *Le Crépuscule des dieux*. Un record de vitesse, d'ailleurs : cent deux minutes le premier acte, cinquante-huit le second, soixante-neuf le troisième. Contre cent dix-sept, soixante-quatre et soixante-dix-huit, Hans Richter à la création. Soit, en tout, une demi-heure de moins. À un critique qui lui demandait, hargneux, pourquoi si vite, il avait répondu : « Pour être plus tôt au lit. » À un ennuyeux musicologue, auteur d'une thèse sur *temps* et *tempo* : « Parce que je suis mieux entraîné que d'autres. J'espère gagner encore quelques secondes dans la ligne droite, la prochaine fois. » Et à un ami, qui en tenait pour une certaine tradition wagnérienne de pompe religieuse mais était tout prêt à discuter avec lui ses options, légèreté et rapidité : « On est au théâtre, pas à la messe ! cher Willi. Ensuite, il faut encore aller souper. »

Si Bruno Arnhein se remémore quelques-unes des innombrables boutades qui ont contribué à sa légende, c'est qu'il voudrait trouver un bon mot pour moucher ce casse-pieds de Schreiber. Car, à mesure qu'ils approchent de la villa, comme s'il devinait que le vieux musicien n'a nulle envie de l'inviter à entrer et qu'il va le saluer devant la grille du jardin, l'écrivain précipite les questions. Il en vient même à les poser sur le ton pressant de l'interrogatoire.

« Je vous redemande donc : est-ce que vous saviez, maître ?

— Mais quoi ? Bien sûr que je savais ! J'étais comme tout le monde : je savais sans savoir. Je savais mais je ne voulais pas savoir vraiment. Je crois vous l'avoir déjà dit : vos préoccupations, pardonnez-moi, mais vos préoccupations sont celles d'un homme jeune qui n'a jamais connu que la paix dans son pays. Heureux pays ! Et loin de moi de vous reprocher votre chance, mais vous devez avoir présent à l'esprit que nous autres, Allemands, nous étions en guerre. En guerre contre nous-mêmes. À Berlin, tous les matins on repêchait des cadavres dans la Sprée. Combien de désespérés et combien d'assassinés ? Les journaux, je m'en souviens, n'avaient plus le droit de publier la statistique des suicides.

— En 23 ?

— En 23, on croyait avoir tout vu, mais 32 fut la pire année. Après une accalmie, de 25 à 29, voilà que la folie reprenait. Le seul bureau qui continuait d'embaucher alors, c'était la morgue.

— Donc, vous saviez.

— Mais ! quand bien même nous aurions su, comme vous dites, qu'aurions-nous dû faire ? Nous : je veux dire, les gens civilisés comme le comte Kessler, comme Thomas Mann, comme Albert Einstein, comme... Bruno Arnhein. Et avec qui ? À l'époque, les hommes de gauche, les Brecht, les Grosz, et même des hommes aussi intègres que Döblin ou ce brave Tucholsky nous méprisaient autant que les nazis. Ils nous mettaient tous dans le même panier. Rathenau ou Hitler : même ennemi, selon eux. Me suis-je fait assez traîner dans la boue, moi, à cause de ma *Contessinawalzer* ! À les entendre, c'était la faute de ma pauvre petite valse si le prolétariat crevait de faim, la faute de ces seize malheureuses croches jouées à la clarinette si l'Empereur avait mené des millions d'hommes à la boucherie. Le Kaiser ! Le Kaiser, qui détestait ma musique, soit dit en passant. Mais non ! me l'a-t-on assez reproché d'écrire de si jolies choses alors que le monde était à feu et à sang. Et Egon ! Mon ami Egon, le génial Egon von...

— Rosenberg.

— Oui. Ce qu'il a pu être insulté lui aussi ! À gauche comme à droite : une même haine. Ils ne supportaient pas son ironie, ils ne devinaient pas quelle bonté profonde se cachait sous son cynisme apparent, quelle humanité. Comprenez-vous, mon cher Schreiber ? Il n'y avait aucune tolérance. Aucune. Nous n'avions affaire qu'à des militants, qu'à des fanatiques. Et qui, au fond, de droite ou de gauche, s'appréciaient plus entre eux qu'ils ne nous estimaient. Nous étions des bourgeois à leurs yeux. Parce que nous ne tenions pas la violence pour une valeur. Au contraire. Parce que nous voulions continuer de penser et juger librement. Sans parti pris. Parce que nous avions le culte du beau. »

Wanderweg est barré d'un trait rouge : ici finit, au bord de l'eau, le chemin de randonnée. La Force-par-la-joie félicite sur une pancarte le marcheur pour sa vaillance. La villa n'est plus qu'à une centaine de pas. Doublepatte et Patachon la surveillent toujours.

Quand la question suivante, quoique hésitante, surgit sur un ton de discrète intimidation :

« Egon, Egon von Rosenberg, demande l'écrivain, vous voudriez m'en parler un peu plus ? Me dire comment il est mort. Et quand exactement. »

Bruno Arnhein se fige, comme face à une menace réelle, matérielle. Il lâche sèchement :

« Non. »

Mais l'autre insiste, insinuant :

« Vous étiez alors directeur de la Chambre de Culture pour la musique, non ? Ou bien aviez-vous déjà démissionné ?

— Directeur honoraire : ce n'était qu'un titre.

— Rien qu'un titre ?

— Non, en effet, pas seulement, vous avez raison. Je pensais que je pouvais être utile.

— Et vous l'avez donc acceptée, cette charge, en toute connaissance de cause.

— En toute connaissance de cause ! Vous me faites rire : en toute connaissance de cause en 33 ! Je pensais que je pouvais être plus utile dedans que dehors, voilà tout ! Et, d'abord, pour mes amis. Je me disais que s'il y avait du sale boulot, il valait mieux que je le fasse moi, un artiste célèbre et qui mettrait tout son prestige dans la balance. Plutôt qu'un fonctionnaire aigri qui appliquerait aveuglément les ordres et les directives venus d'en haut, plutôt qu'un compositeur raté ou qu'un obscur chef d'orchestre qui se vengerait de ses échecs en tyrannisant ses collègues. J'aurais peut-être le moyen, moi, en usant de mon influence et de mon renom à l'étranger, j'aurais peut-être le moyen de limiter l'épuration, d'alerter l'opinion internationale. Ou, du moins, d'aider des musiciens en difficulté.

— C'était une couverture pour vous, que ce poste.

— Oui. Et il était plus courageux de collaborer de cette manière que de se draper dans sa vertu. Furtwängler n'a pas raisonné autrement.

— Vous vous êtes sacrifié, en somme. »

Jean Schreiber le note sans intention de moquerie. Bruno Arnhein, qui n'y entend aucune ironie non plus, continue donc :

« Si j'ai dirigé un concert en remplacement de l'autre Bruno, Bruno Walter, c'était pour rendre service au Philharmonique. Et quand Toscanini a résilié son contrat avec Bayreuth... J'estimais, moi, que la musique était plus importante que la politique. *The show must go on !* comme on chante à Broadway. Aucune ambition de ma part, je n'ai pas le goût du pouvoir. Au reste, qu'est-ce que cela aurait ajouté à ma gloire ? Non ! simple conscience professionnelle, je m'en flatte. Et j'aurais accepté cette charge sous n'importe quel régime, pour l'amour de l'art. Seulement, il se trouve que ni le Kaiser Guillaume ni le président Ebert ne me l'ont proposée. D'ailleurs, je faisais semblant : je jouais au directeur honoraire.

— Mais dans votre position, vous étiez au courant pour votre ami Egon von Rosenberg ?

— Oui et non. J'habitais Munich, lui Berlin. Où je mettais rarement les pieds. Même après être devenu directeur honoraire. C'est vous dire à quel point j'étais honoraire ! Quant au pauvre Egon, non, sincèrement, je ne me rendais pas compte. Egon était toujours, comment vous dire ? si hystérique ! si mythomane ! Il ne lui arrivait jamais que des choses extraordinaires, c'était le baron de Münchhausen. Je l'entends encore : " Ah ! Bruno, vous ne me croiriez pas si je vous racontais... " Alors, en effet, je ne le croyais plus. Et puis, la vie qu'il menait ! toujours entouré de voyous. Son goût de la provocation... Il s'attirait forcément des mauvais coups. On n'y faisait plus attention, on n'y faisait plus attention... » Bruno Arnhein trébuche, se raccroche au coude de Schreiber. Ses yeux s'embuent de larmes. « Quand j'ai compris, reprend-il, brusquement enroué, quand j'ai compris qu'il était en danger, c'était trop tard. J'ai fait ce que j'ai pu... »

Les deux promeneurs s'arrêtent au seuil du jardin, à trois pas des policiers en faction, qui les observent.

De nouveau, le plus jeune rompt un silence embarrassé.

« Bon, fait-il, bon ! je vous pose une autre question si vous m'y autorisez. »

Face à tant de naïve ténacité, Bruno décide d'abandonner toute résistance. Il se sent pris d'une tendresse paternelle comme, autrefois, devant la curiosité de ses fils et de ses filles.

« Allez-y !

— Voilà : nous sommes aujourd'hui le 10 mai 1943. Et je vous demande ce que vous faisiez il y a exactement dix ans jour pour jour, le 10 mai 1933. Est-ce que vous vous en souvenez ?

— Bon sang ! Schreiber, comment voulez-vous que je m'en souvienne ? Vous vous moquez du monde. Dites-le-moi vous : de quoi devrais-je me souvenir ? Car j'imagine qu'il s'agit d'une atrocité pour que vous me posiez la question, non ? Qu'est-ce qu'il se passait ce jour-là ? Ce n'était pas déjà la grande purge. Non : la Nuit des Longs Couteaux a eu lieu un an après, en 34.

— Le 30 juin 34.

— Je ne suis pas près d'oublier ce cauchemar. Wilhelm Schmidt, le critique musical du *Münchner Neueste Nachrichten* — j'étais rarement d'accord avec lui mais je l'aimais tout de même —, ce brave Willi s'est fait assassiner par erreur. Il jouait tranquillement du violoncelle chez lui quand les SS l'ont arrêté, emmené à Dachau, torturé. Ils l'avaient confondu avec un homonyme, un chefaillon de la SA qui travaillait dans je ne sais plus quel torchon. Je ne suis pas près d'oublier cette horreur parce que, à l'heure où ils l'ont abattu, nous avions rendez-vous chez moi pour discuter de ma façon de diriger Wagner... Ensuite, ces salauds ont envoyé le cercueil à sa veuve et ils lui ont fait une pension en lui demandant de considérer son mari comme le martyr d'une juste cause. Willi laissait trois jeunes orphelins, elle a bien dû accepter.

— Non, ça n'a pas été aussi sanglant, ce soir-là.

— En fait, je pourrais retrouver ce que je faisais le 10 mai 1933. À cette époque, je tenais un journal. En cherchant bien dans ma bibliothèque, je pourrais retrouver le cahier du mois. Mais peut-être n'y a-t-il rien à la page du 10 mai 1933. Ou en tout cas pas ce que vous y chercheriez. Parfois, on passe à côté d'un événement qui, plus tard...

— Ce soir-là, on n'a brûlé que des livres.

— Ah oui. Nous vivions alors à Munich, dans notre grande maison de Bogenhausen, un quartier calme, un peu à l'écart. Je crois bien que je n'en ai rien su sur le coup. Le lendemain, peut-être, en lisant le journal... Vraiment, je ne sais plus. Et pourquoi vous me le demandez ? Est-ce que c'était mon fils Siegfried qui avait organisé cette ignominie ?

— Non, non, je l'ignore.

— Je travaillais à ma *Symphonie concertante,* ce printemps-là. Et quand je dis que " nous " vivions à Munich... En fait, la famille était dispersée : Siegfried nous avait quittés depuis longtemps, nous ne le voyions plus guère. Friedrich, lui, était parti en exil au début de l'année ; il n'avait pas encore épousé Sarah, il me semble. Ma fille aînée, Dorabella, qui a hérité de ses trois grand-tantes la bougeotte, devait alors voyager en Italie. Est-ce qu'elle avait déjà rencontré Casalfeltre ? Ma femme saurait mieux vous dire que moi... Avec nous ne restait plus que Pamina. Elle venait de fêter ses vingt et un ans. Elle apprenait le chant. Elle était déjà très belle. »

Bruno sourit à cet homme qui pourrait être un autre de ses fils. Il l'interroge à son tour :

« Et dix ans avant encore, le 10 mai 1923, vous savez ce qui se passait ce soir-là ?

— Non, je m'excuse.

— Eh bien, c'était la création de *Comme il vous plaira.* À Dresde. » Le prenant par l'épaule, il ajoute : « Entrez. Vous déjeunerez avec nous. Enfin ! vous jeûnerez avec nous plutôt.

Vous partagerez notre ration de navets et de rutabagas pochés à l'eau. Et nous vous trouverons peut-être deux œufs. Nous avons des poules.

— Je suis très touché de votre invitation. Tenez ! ce n'est pas grand-chose et j'ose à peine... Mais si vous voulez accepter ces tickets de rationnement qui m'ont été remis pour la durée de mon séjour par le Kreisleiter : je n'en aurai pas besoin. J'ai assez emporté de provisions. Et j'ai du chocolat pour vos petits-enfants.

— Ah ! je vous remercie surtout d'y avoir pensé. La guerre nous oblige à tant de démarches humiliantes. Et il y a une telle corruption... En tout cas, si vous mangez mal, du moins vous boirez bien : il nous reste quelques grandes bouteilles à la cave. Et puis, cela fera plaisir à ma femme que vous lui parliez de notre Pamina. »

Jean Schreiber se demandait depuis le début de la promenade comment il parviendrait à s'acquitter de la mystérieuse mission que celle-ci lui avait confiée : remettre à sa mère, et sans que son père n'en sache rien, une partition de Schumann. « *L'Amour et la vie d'une femme,* lui avait-elle dit en lui tendant le livret, Maman comprendra. » Nul doute qu'il s'agisse d'une convention entre elles, mais laquelle ?

Il se retourne pour voir les deux gestapistes monter dans leur Opel.

Loin derrière, le chien musarde dans le chemin. Bruno le hèle :

« Wotan ! »

C'est alors qu'apparaît au bout de l'allée des charmes, sur le seuil du porche, Elisabeth.

Majestueuse, elle s'avance, serrant un châle mauve sur ses épaules. Elle a encore sa beauté des photographies anciennes et cette élégance des femmes osseuses qui se tiennent très droites. Elle est comtesse, pense l'écrivain, à jamais comtesse.

Derrière elle, glissant sur les fesses le long de la rampe d'escalier, les deux enfants rient aux éclats. Et quand elle aperçoit le visiteur, la petite fille s'écrie :

« Entrez ! C'est ici la maison enchantée. »

Bruno Arnhein s'inquiète brusquement : devait-il, ne devait-il pas ? Et si cet inconnu était un agent provocateur ?

« Entrez, entrez ! fait-il avec une soudaine mauvaise humeur. Alice vous y invite. »

Le premier mouvement est-il toujours le bon ?

Récitatif et aria

Comment se serait-il appelé dans un roman de Schreiber ? Schreiber — ou quelque chose d'approchant. Scheyer, Schröder, Steiner, Schwarz : dans ses romans, le héros porte toujours un nom de consonance germanique commençant par S. Pour peu qu'on en ait déjà lu trois ou quatre, c'est même à quoi, dès les premières pages d'un nouveau livre de lui, on distinguera ce héros dans la foule de ses personnages secondaires. Sans doute était-ce l'idée qu'il se faisait d'un nom viril évoquant force, volonté, puissance, courage et cette assurance immanquablement qualifiée de mâle. Comme était immanquablement bleu et franc le regard, haute et harmonieuse la stature, grave et sensuelle la voix, massive et saillante la musculature — le viril Schreiber, le puissant romancier populaire peignant toujours, avec quelle mâle assurance ! titre après titre, le même flatteur autoportrait. Et quels que soient les accoutrements dont il s'affublait tour à tour pour ce tableau complaisant : tunique à brandebourgs de l'officier autrichien, houppelande en loup de l'aventurier canadien, blouse sanglante du chirurgien dont un cas de conscience douloureux fait trembler les mains au début d'une délicate opération mais qui saura se ressaisir avant la fin du premier chapitre, lourde armure noire du croisé trahi par ses pairs et auquel il ne faudra pas moins de cinq cents pages à cheval pour reconquérir et son fief et le cœur de sa gente dame.

Bientôt, ce serait l'habit, la baguette brisée et la flottante chevelure du compositeur génial et maudit, d'abord incompris de son époque philistine mais que sa ténacité, le mécénat d'un prince et l'amour d'une belle comtesse sauveront du désespoir : la grisante identité d'un artiste qui tiendrait à la fois de Beethoven, de Wagner et quelque peu de Bruno Arnhein. Schreiber avait déjà trouvé un titre à son prochain succès : *La Symphonie humaine.* Mais il n'avait pas encore arrêté un nom pour son héros : Starnberg ? Sieber ? Schön ? Il hésitait. Son lecteur, il se l'était fixé pour règle, ne devait jamais avoir de doutes. Or, c'est le problème avec certains noms allemands, à commencer par le sien, qu'ils sont ou ne sont pas juifs, selon.

Exemple : soit le vendredi 13 août 1920, 5 heures du soir, à Munich. Devant la Hofbräuhaus, un individu fait les cent pas, attendant l'orateur qui doit prendre la parole dans une salle louée à la brasserie : Adolf Hitler. Architecte et peintre comme son camarade, faute de commandes et pour tromper son désœuvrement, il milite, écrit dans la presse antisémite et rédige des discours qui sont autant d'appels au pogrome, tel celui qui sera prononcé ce soir et qui commence par ces mots : « Plus un seul Juif... » Cet homme est considéré comme la tête pensante du Parti National-Socialiste qui s'est créé la semaine passée. Il s'agit d'Alfred Rosenberg (1893 Reval — 1946 Nuremberg).

Soudain, il se fait un bruit de bottes dans les ruelles avoisinantes et un fracas de rideaux de fer qu'on gaffe vite. De l'autre côté de la Platzl, cachant son visage derrière un journal, un passant se presse d'entrer dans le seul café resté ouvert. C'est un poète et un dramaturge célèbre. Les articles qu'il écrit dans la grande presse en faveur de la démocratie parlementaire, de la liberté des mœurs, de l'art nègre lui vaudraient, s'il était reconnu par ces bruyants buveurs de bière, d'être insulté sinon tabassé malgré la présence des deux sportifs en maillots de canoteurs qui l'accompagnent, ses amis. Il s'agit d'Egon von Rosenberg (1877 Dantzig — 1934 Dachau).

Le monde réel est flou, confus, équivoque. Comme dans ce vieux quartier munichois, on y erre d'une impasse l'autre, butant sans cesse sur des inconnues, sur des contradictions. L'incertitude règne : on se perd, on ne sait jamais ce que recouvrent exactement les mots, les noms. Un Juif et un théoricien de l'antisémitisme portent le même. À la particule près qui, des deux, ennoblit le Juif. Les apparences sont trompeuses et, souvent, démentent les plus prenants fantasmes. Voyez ces chemises brunes qui distribuent des tracts aux portes de la grande brasserie : suants, rougeauds, bouffis, la face grêlée d'acné, le ventre ballonné de fermentations, les fesses flasques boudinées dans la culotte bavaroise, eux se voient souples et nerveuses bêtes blondes nietzschéennes bondissant à l'assaut de l'univers. Et voyez maintenant dans un recoin obscur du café, entourant de leurs prévenances le plus subtil des poètes contemporains, ces deux hommes élancés et sains que les tracts distribués non loin traitent, à cause de leur race, de « pourriture décadente, vermine visqueuse, gnomes suifeux et avachis ». Où est la vérité ?

Le monde schreiberien, à l'inverse, est net, uni, évident. Un ordre romanesque infaillible le régit : le héros y est aussi beau que juste, les méchants y font le mal, les bons le bien. Si la chaste et belle héroïne doute, hésite, ce ne sera pas plus de dix pages et elle se ressaisira au chapitre suivant, ne cédant enfin au héros que dans les dix dernières lignes de dialogue, comme pour le récompenser de sa persévérance — et le lecteur avec. Toute chose est dans ce monde immuablement définie. Un adjectif y suffit : radieuses sont les aurores mais blêmes les aubes, fringants ou fourbus les chevaux mais toujours éperdues les chevauchées ; et la lande, battue par les vents. Le luxe est insolent, la valse enivrante, la vaisselle sur les nappes damassées étincelante, le parfum des femmes grisant. Austère, le manoir ; sombres, les frondaisons de l'allée qui y mène dans le grand parc. Longues, les froides soirées d'hiver ; étoilées, les voluptueuses nuits d'été. Le clair de lune baigne la mer d'un éclat mystérieux, la musique a des accents mélancoliques. Les larmes embuent les yeux de l'amoureuse tandis qu'elles sillonnent les joues, creusées par la souffrance, du moribond. Quand aux sanglots, devant l'incendie du crépuscule, ils sont déchirants... Mais chaque situation trouve son dénouement. Les personnages ne connaissent ni l'échec voulu ni l'acte manqué. Aucune parenthèse dans cette prose, par où s'insinuerait la surprise, le trouble. La poésie n'a pas sa place ici ; encore moins, le désir. Et ce fut le fait d'une coquille, d'ailleurs corrigée dès le second tirage, si, en incise au détour d'une page, l'élégant officier autrichien, regard bleu et franc, haute et harmonieuse stature, répondit d'une voix grave et sex*u*elle à la séduisante comtesse d'*Amours impériales*. Le sexe, ses inconséquences et ses risques, n'ont jamais pénétré dans le monde convenu et clôturé de poncifs des romans de Schreiber.

Schreiber se regardait dans une glace du hall de l'Hôtel de la Paix. Hormis la musculature, qu'il n'avait ni massive ni saillante en dépit de son assiduité au cercle athlétique et des périodes militaires qu'il accomplissait dans l'enthousiasme, il voyait se sourire, satisfait, un héros schreiberien. Haute et harmonieuse stature, regard bleu et franc : un bel homme dans la quarantaine commençante, auteur de sept romans traduits en cinq langues, tous des succès. Il aurait pu se contenter de cette réussite et de la mâle assurance qu'elle lui avait apportée, mais le monde était en guerre et il ne pouvait se résoudre à l'indifférence. Il se sentait coupable de manger à sa faim, de n'avoir pas froid, de ne pas craindre qu'une bombe tombe sur sa maison ou, ce soir, de feuilleter un illustré plein d'images de cadavres gelés et de villes en flammes, assis dans un profond fauteuil de l'Hôtel de la Paix.

Il attendait Pamina.

Ce sentiment de faute ajoutait, d'ailleurs, à sa secrète satisfaction : penser au malheur des autres, cela aussi était d'un héros schreiberien. La pénurie de papier affectait le tirage de ses livres à l'étranger, la guerre en perturbait les ventes — quoiqu'il fût, pour sa honte, toujours publié en Allemagne. Mais il avait la décence, rare dans le monde des lettres, de se soucier plus du sort de l'humanité que du paiement de ses droits d'auteur ; paiement retardé par le malencontreux déraillement d'un train invoqué ici, là un énième sabotage à la poste. Au reste, lui n'avait pas attendu que les chenillettes de la Wehrmacht défoncent les barrières de la frontière polonaise pour s'inquiéter de l'avenir de la civilisation. Son engagement datait d'un séjour à Paris au début de l'été 1935. Jean Schreiber, qui n'avait alors publié que *Seigneur et Maître* et *Péché de chair*, s'était associé à la petite délégation suisse romande invitée au Congrès international des écrivains pour la défense de la culture.

Du 21 au 27 juin, devant trois mille personnes réunies dans la grande salle de la Mutualité, des célébrités de la littérature devaient débattre successivement de l'héritage culturel, du rôle de l'écrivain dans la société, de l'individu enfin. Étaient présents à la tribune : Gide, Malraux, Aragon, Huxley, Forster, Pasternak, Babel, Brecht, Heinrich Mann. Gorki, prétendument malade, s'était excusé ; on apprit plus tard qu'il avait été empêché de venir par Staline. Staliniens et trotskystes s'insultaient. Les émigrés allemands se déchiraient entre autant de tendances qu'ils étaient de représentants. La répartition des délégations dans la salle, qui avait été l'occasion d'un déchaînement de susceptibilités, se trouva par hasard respecter la géographie en plaçant côte à côte au centre du balcon la Suisse et l'Autriche. Schreiber eut ainsi pour voisin un observateur assidu et réservé qui, parfois, glissait à voix basse pendant un discours une remarque caustique sur la vanité de l'intelligence : Musil. Les débats commençaient à trois heures et se terminaient vers minuit sans que la ferveur, qui était extrême, et souvent même une violence contenue se relâchent. Le reste du temps, les organisateurs se réunissaient dans l'appartement de l'un ou de l'autre, rive gauche, pour poursuivre en privé. Schreiber, à cause d'une erreur sur sa personne, se vit plusieurs fois invité à un déjeuner improvisé ou une discussion tard dans la nuit. « La révolution, c'est se voir beaucoup », plaisantait la femme de Malraux.

C'est surtout parler, parler, parler encore, aurait voulu ajouter le timide romancier suisse. Il était quelque peu dépassé par ces conflits intellectuels, ces féroces polémiques, ces ergotages. Surtout, il sentait à son égard, les politesses faites et le malentendu dissipé, sourdre vite le mépris : lui, écrivait des romans populaires ; eux, ils œuvraient pour la postérité. Ils étaient près de s'entre-tuer pour une idée, pour un mot ; mais face à lui, une certaine solidarité tacite des grands écrivains contre la littérature fabriquée se reconstituait aussitôt. Il n'avait pas publié de ces minces volumes sous couverture crème à liseré rouge tirés à quelques centaines d'exemplaires. Il n'était pas non plus Malraux. Et sa culture, sa civilité, son humanisme exigeant ne suffiraient pas, il le comprit, à faire oublier cette vulgarité qu'est un gros tirage.

Maudit à sa manière, de cette malédiction qui frappe les auteurs faciles, il était sincère. C'était aggraver son cas : la sincérité désigne aux artistes l'artisan sans génie. Les fabricateurs sont rarement des cyniques. Ce sont les artistes, les cyniques : ceux qui savent prendre assez de distance avec leurs sentiments pour pouvoir les dépeindre, assez de recul pour se dire. Ce sont eux, les vrais truqueurs, les vrais manipulateurs. Schreiber croyait à ce qu'il écrivait, il croyait à ses fantasmes. Et sans doute, en prenant pour héros de son prochain livre un artiste, prendrait-il aussi, à son insu, sa revanche sur les avanies qu'il avait endurées à militer pour la culture aux côtés d'intellectuels qui, de leur vivant, appartenaient déjà à la culture. *Anch'io son' pittore* : les cinq cents pages d'un roman, il serait ce musicien. Un Bruno Arnhein, imaginait-il.

Bruno Arnhein le fascinait en ceci qu'il avait et du succès et du génie.

Friedrich Arnhein, le fils aîné du compositeur, lui avait été présenté à la soirée de clôture du congrès : « Un des espoirs de la littérature allemande. » Ivre mort, de cette sorte d'ivresse qui rigidifie comme la mort en effet, qui cadavérise le corps et fige les traits, il se tenait raide adossé au buffet, le regard dans le vague, tendant la main avec un geste d'automate à chaque personne qui s'approchait fût-ce pour prendre une coupe de champagne ou un canapé.

« Un désespoir de la littérature allemande, oui. »

Schreiber sourit. Il avait lu et aimé son premier livre. Il crut devoir protester : il ne devinait pas que l'autre était rendu à cet état d'ivresse où l'on est seul, indifférent à l'autre, et, au fond, plus lucide qu'on ne le sera jamais sobre. Alors, l'air alentour se fait plus dense ; et plus net, le contour de chaque chose. Notre voix, détachée de nous, résonne dans l'espace. Les êtres qui nous entourent n'ont plus d'existence propre ; ils sont là pour nous entendre délirer. Ou, qui sait ? leur dire la vérité.

« La vérité, bafouillait Friedrich Arnhein, la vérité c'est que la civilisation a pour pire ennemie... Pour pire ennemie la tolérance. Non non, attendez ! L'Empire romain a disparu pour avoir toléré d'abord, puis imité et enfin adopté les mœurs des barbares. Ce qui tue la culture occidentale, c'est très exactement ce qui la constitue en culture : la curiosité, l'éclectisme, la générosité. Le goût de l'exotisme. Vouloir comprendre — comprenez-vous ? Notre intelligence, c'est l'intelligence avec l'ennemi : on laisse parler l'autre. Comme vous me laissez parler, Monsieur...

— Schreiber, Jean Schreiber.

— S'appeler Schreiber, pour un écrivain ! *Scribe,* en allemand. *Copiste.* C'est un nom de plume ?

— Non. C'est mon nom.

— Je n'ai rien lu de vous. Est-ce que je devrais vous connaître ?

— Je ne peux pas répondre à cette question. Moi, j'ai lu votre livre.

— Eh bien, c'est ce que j'ai voulu dire dans ce bouquin. Que nos valeurs nous dévorent de l'intérieur, comme un cancer. Nous ne guérirons pas puisque, si nous voulons nous défendre, nous devons commencer par les renier ces valeurs et nous montrer aussi brutaux, intolérants et bornés que les barbares. Les faire taire. Par la force, au besoin... C'est-à-dire n'être plus nous-mêmes... Les nazis braillent *Heili heilo heila* ; nous n'allons pas leur jouer le menuet ! Nous disons cela. Mais si nous le disons, c'est que nous avons déjà perdu. Il ne nous reste que ce choix, qui n'en est pas un : au nom de la culture, laisser détruire notre culture. Ou, au nom de la culture, la trahir. »

Schreiber, n'ayant aucune habitude des mondanités, n'avait pas su distinguer dans la foule et, ainsi, éviter l'ivrogne de cette espèce singulière qui, sans bouger de l'endroit où il a échoué pour la soirée, soliloque, toujours plus agressif et confus à mesure que le temps passe, et cependant vous tient sous son charme.

C'est comme cela que, sans avoir dit ni oui ni non, on se retrouve ensuite soupant interminablement dans la cohue d'une brasserie en compagnie d'un hôte qui renverse son verre, renvoie un plat aux cuisines et, pour finir, vous laisse payer la note. On veut le quitter là mais il faut encore aller boire un whisky avec lui, et puis un autre dans un autre bar. Comparer le goût du bourbon et le goût du rye, pour lui faire plaisir. Reprendre un scotch.

De quart d'heure en quart d'heure, Schreiber se jurait de planter dans les cinq minutes son encombrant compagnon de beuverie. Mais il était soûl lui aussi à présent : sa volonté s'émoussait. D'autant que l'alcool parait Friedrich d'un prestige grandissant à ses yeux. Le fils de Bruno Arnhein ! il passait la soirée avec le fils de Bruno Arnhein. Il se liait d'amitié avec le fils de Bruno Arnhein. Il choquait son verre contre le sien.

Il fit une gaffe alors :

« Vous êtes le portrait craché de votre père au même âge », dit-il. S'enferra : « *La Contessina* est mon premier opéra. Au Grand Théâtre de Genève, avec Birgit Angstrøm. J'avais quinze ans mais je m'en souviens comme si c'était hier. La scène où elle jette ses gants... Je pleurais de bonheur, j'étais bouleversé. C'est mon opéra préféré depuis. Il suffit que j'entende...

— Ah bon ! le coupa sèchement Friedrich. Vous aimez ça, vous ? »

Et avec cette mauvaise foi qui nous fait coasser des tsoin tsoin quand nous voulons dénigrer une rengaine, il chanta les premières mesures de la valse...

Si soûl qu'il fût, Schreiber comprit sa maladresse. Friedrich était agacé d'être d'abord, pour autrui, le fils de Bruno Arnhein. Tout comme son père était agacé d'être d'abord l'auteur de *La Contessina*.

Plus tard, hors de propos, il cita le mot du père de Felix Mendelssohn, qui était aussi le fils du célèbre philosophe Moses

Mendelssohn : « Avant, j'étais le fils de mon père ; après, j'ai été le père de mon fils. » Ajoutant d'un ton mélancolique : « Arno sera un génie peut-être. »

Pour la première fois de la soirée, il mentionnait l'existence d'un enfant. Et c'était comme s'il venait de renoncer soudain à toute ambition personnelle. Schreiber, à cet instant, le trouva beau. Défait par la chaleur et l'alcool, mais de la bonté dans le regard. Et dans les gestes, hésitants, une grande douceur. La grâce de l'échec — aurait osé l'écrivain.

Ils avaient soupé à La Coupole. Pris un premier verre au Dôme. Un second, puis un nombre désormais incalculable d'autres verres à La Closerie des lilas. Se soutenant l'un l'autre, ils retournèrent vers Le Dôme. C'était une de ces nuits moites d'été à Montparnasse : deux heures du matin, et des voitures décapotées bloquent encore le carrefour Vavin. On se bouscule sur les trottoirs, les terrasses de café sont bondées, les gens chahutent. Assis au milieu de la chaussée, un trompettiste noir joue *Sensation*.

Paris était en fête.

« Comment voulez-vous travailler dans une ville pareille ? » s'écria Friedrich.

Il shoota dans une poubelle, qui se renversa. Tout à coup, la rancœur le submergeait. Il reprochait beaucoup de choses à Paris. À commencer par les Parisiens : peuple futile, ne pensant qu'au plaisir. Une réputation abusive de créativité, de modernité : ils aimaient surtout le boulevard, ne s'intéressaient qu'à la mode. Et leurs écrivains n'étaient que des faiseurs d'embarras. Depuis la guerre, plus rien de neuf en peinture, en musique. Le retour au classicisme. Le repli sur ce qu'on nomme l'esprit français : concision élégante, clarté et bon goût… Avarice, oui. Vacuité. L'art de ne rien dire mais de le dire bien. Leur chic !

« Mais je hais le chic. »

Ils remontaient le boulevard Raspail. Sa colère enflait. Son français, qui était demeuré correct en dépit de l'ivresse, s'émaillait maintenant de germanismes. Et l'exil lui *pesantait*. Il souffrait du *déracinage*. Vivre ici était pour lui une *mutilaison*. Il ne parvenait plus à écrire. Il était fini fini, répétait-il. Foutu.

Kaputt (mot qu'avec humour, il prononça comme aurait prononcé un Français pour se moquer des Allemands).

Il s'arrêta net. Il parut se souvenir brusquement : il habitait ici, boulevard Edgar-Quinet. Face au cimetière du Montparnasse. Ce vieil immeuble en brique.

« Venez », dit-il.

Il poussa la porte d'entrée, dont la serrure n'avait plus de gâche ; jeta son nom en passant devant la loge :

« Arnhein, le Boche du second. »

L'escalier était étroit, sans tapis, jonché d'écailles de peinture jaune tombées du mur. Au premier palier, la minuterie s'éteignit. Derrière la porte des waters communs, on entendait déféquer en gémissant un locataire.

« C'est ici que nous habitons », redit Friedrich.

Son geste las, vague, désignait moins la porte de son appartement que le sordide des lieux : oui, c'était ici qu'habitait avec femme et enfant l'espoir de la littérature allemande exilée, le fils du célèbre Bruno Arnhein.

Les deux hommes entrèrent. Avancèrent à tâtons dans l'obscurité d'un couloir.

« Ce bouton ne marche pas. Là, l'ampoule est grillée. Attendez ! je vous allume ma lampe de bureau. Asseyez-vous, je vous en prie. Quel foutoir ! Je suis seul depuis le début de la semaine. Je les ai envoyés tous les deux à la montagne, avec une amie de ma femme. Cette chaleur à Paris. Sarah est de nouveau enceinte. Et je m'inquiète : elle n'a pas de santé. Très nerveuse aussi : Arno la fatigue beaucoup. Je voulais qu'elle se repose. Et moi, me retrouver seul quelques jours ; me retrouver. Essayer de m'y remettre. Je n'ai qu'une cinquantaine de pages. Et un titre : *Abel et Caïn.* »

Il montra une rame de papier raturée ; ramassa un jouet qui traînait parmi ses notes : un petit singe musicien dont il remonta le mécanisme. L'animal en peluche se mit à battre de son tambour en sautillant sur une feuille de cahier.

« Cinquante pages en deux ans ! reprit-il. Deux pages par mois. Deux lignes par jour. Deux mots à l'heure... Vous savez pour mon frère ? »

La question avait surgi, abrupte. Sans rapport apparent à ce qui précédait. S'agissait-il de maladie ?

« Ah, vous avez un frère ? » s'entendit demander stupidement Schreiber.

Friedrich assena un coup au jouet pour en stopper les saccades ralenties, sursauts d'agonie qui l'agaçaient maintenant.

« Oui : Siegfried. Nazi. »

Ce fut dit du bout des lèvres, comme on dit bas par tact, avec effroi : « Cancer. » Il précisa :

« Et pas de la petite bière : très haut placé. Ober-je-ne-sais-quoi ! Je m'y perds dans tous leurs titres et leurs grades. Bras droit de Goebbels... Mon frère. Siegfried. »

Il se tut. Des larmes lui coulaient sur les joues, qu'il essuyait du revers de la main. Il pleurait sans bruit. Schreiber baissa les yeux, gêné.

Selon la façon de regarder l'arabesque dans le tapis, on pouvait y voir une bête tentaculaire et sanglante ou de simples feuillages blancs sur fond rouge. Ou encore, des mots inconnus entrelacés.

Friedrich rompit le silence enfin. Il paraissait dessoûlé, ses mains ne tremblaient plus.

« Il faut que je vous lise la première phrase, dit-il en ouvrant un cahier. *Ayant fait le bilan de sa vie et constaté qu'il avait tout raté, il décida d'en finir mais rata aussi son suicide.* Je crains bien que cette première phrase aussi soit ratée. Et je ne suis même plus sûr de mon titre... Je voulais vous...

— Oui ? fit Schreiber, l'entendant hésiter.

— Tout à l'heure, je me suis moqué de *La Contessina*...

— Oh ! je vous en prie.

— Non, écoutez-moi. Je voulais vous mettre en garde : on m'a fait dire sur mon père des choses que je n'ai jamais pensées, on raconte des tas d'histoires. Des camarades, qui voulaient que je le condamne.

— Mais, je vous assure : je ne sais pas de quoi vous...

— J'aime profondément mon père.

— Je n'en doute pas.

— Je ne veux pas le juger : c'est mon père. Je lui passe

tout. Y compris ses courbettes au régime. Y compris sa valse ! Je l'aime. Et ma mère me manque aussi. Sa chère comtessine... » Il grimaça, fit une moue d'enfant fâché — c'était sa façon de s'excuser. Puis, pour changer de sujet une nouvelle fois : « Enfin, dit-il, ce foutu congrès pour la défense de la culture est terminé. Je n'ai plus aucun alibi : je dois me remettre à l'écriture. »

Il reprit le cahier et lut à voix haute quelques pages de son manuscrit.

Schreiber n'avait gardé aucun souvenir de ce qu'il lui avait lu alors. Aujourd'hui, il ne se souvenait plus que de l'aube : blême — comme elles le sont toujours dans ses romans à lui, Schreiber. Friedrich avait refermé le cahier et s'était levé. Adossé au pan de jour gris devant la fenêtre, il parlait encore. Il parlait de son enfance, des randonnées en montagne avec son père, des petits concerts en famille, des longues journées de canotage sur le lac, des coulisses de l'Opéra où il aimait se perdre en jouant avec son frère Siegfried. De la fois où ils s'étaient cachés tous les deux derrière un décor de *La Flûte enchantée* : quand les rochers s'écartèrent pour laisser passer la Reine sur son trône d'étoiles, ils furent découverts et le public, amusé, applaudit.

Il parla aussi de ses deux sœurs, de leurs prénoms mozartiens : Dorabella et Pamina.

Pamina ! Schreiber la vit dans la glace, qui entrait. Ou plutôt, pensa-t-il : faisait son entrée. Car dans ce hall d'hôtel, elle allait et venait avec l'aisance d'une actrice en scène. Main sur la hanche, démarche déhanchée, elle le cherchait nonchalamment des yeux, en chantonnant bouche fermée.

Il se leva.

« *Una voce poco fa,* fit-il en riant. J'ai reconnu l'air de Rosine. »

Elle releva sa voilette et, tendant sa main gantée :

« On dit : la cavatine. »

La Cavatine

C'était et ce n'était pas un jeu. Dès leur première rencontre, elle lui avait laissé entendre qu'elle vivait dangereusement. Genève grouillait d'agents secrets. Entre autres, des espions nazis envoyés pour repérer voire enlever, torturer puis exécuter les exilés politiques allemands, les militants des réseaux d'aide à la résistance française, les passeurs de réfugiés juifs. Il fallait aussi se méfier de la police fédérale, chargée de contrôler les étrangers et qui exigeait d'eux une stricte neutralité ; de la police cantonale, qui les surveillait de plus près encore. Sans compter quelques fascistes locaux, frustrés d'être les citoyens d'un pays en paix au milieu d'un monde en guerre, et qui les dénonçaient pour le moindre abus au droit d'asile quand ils ne les matraquaient pas de leur propre main. Derrière les façades cossues des palaces, les vitrines blindées des joailleries, les paisibles salons de thé où l'on servait toujours, et toujours sans tickets, des pâtisseries et du chocolat, se commettaient des crimes ; la ville n'était plus sûre. Récemment, on avait trouvé des cadavres dans le lac Léman. Un attaché militaire américain, pendu à la rambarde du pont du Mont-Blanc. Un prêtre belge enchaîné par les pieds à un anneau d'amarrage de l'île Jean-Jacques Rousseau. Un corps décapité qui ne put être identifié que par le tatouage, sous l'aisselle, d'un matricule de la SS. Une main coupée à la scie, flottant dans un égout proche du consulat d'Allemagne.

Pamina était espionnée. Elle le savait et prenait certaines

précautions. Connue sinon célèbre, sa notoriété la protégeait d'un côté mais, de l'autre, l'obligeait, étant une personne publique, à s'exhiber pour mieux dissimuler ses activités clandestines. Un peu comme au théâtre, notait-elle : se montrer se cachant. Pour couverture, elle avait choisi de jouer les nymphomanes : à l'heure de l'apéritif, la fameuse soprano entre dans un grand hôtel, demande une chambre, racole un inconnu tout en buvant un dry et lui glisse à l'oreille de monter cinq minutes après elle — numéro tant. L'homme, en vérité, était son contact. Ou un autre agent. Ou encore, cet émissaire d'une commission internationale pour la sauvegarde des biens culturels — « Ouf ! » fit-elle, moqueuse, quand Schreiber déclina son titre au long.

La mise en scène n'était-elle pas excessive ? En dehors d'être la sœur d'un dignitaire nazi et d'un militant antinazi, la fille du compositeur avait-elle d'autres sujets de craindre une surveillance policière, d'autres raisons d'agir ainsi ? Schreiber, sous le charme, ne songea pas à lui poser la question la première fois qu'ils se virent. Leur rencontre relevait pourtant du genre espionnage dans ce qu'il a de plus invraisemblablement romanesque : mot de passe, chambre choisie pour sa double issue, nonchalance distinguée de l'héroïne, et jusqu'à ce chapeau à voilette. Quand elle ouvrit son sac à main pour y prendre son poudrier, il crut y voir aussi la crosse nacrée d'un browning.

La commission était constituée depuis quelques jours ; Jean Schreiber, entre cinq bénévoles, désigné pour une mission auprès de quelques artistes vivant en Allemagne, afin de connaître leur sort exact. Étaient-ils otages ou complices ? Ou otages *et* complices — comme on le disait de Bruno Arnhein ? L'ordre alphabétique plaçait le nom du compositeur en premier sur la liste mais c'eût été son choix s'il avait eu à choisir qui visiter en premier : il pensait aussi au héros de son prochain roman. Par hasard, il avait rencontré une fois l'aîné de ses enfants sept ans auparavant. La dernière vivait depuis le début de la guerre à Genève. Le consul de Suède, qui la connaissait personnellement, arrangea le rendez-vous :

« À l'Hôtel de la Paix. Elle vous attendra dans le grand salon. Vous irez vous asseoir à une table voisine. Si elle chantonne, c'est que vous pouvez l'aborder sans risque. Vous jouerez alors à l'admirateur éperdu qui la reconnaît, qui l'a entendue au concert l'autre soir... Enfin ! vous improviserez.

— Je n'aurai pas de mal : je suis un admirateur éperdu. J'ai assisté à son récital *Schubert Wolf Arnhein.* Elle était divine.

— Vous ne l'avez jamais vue dans *La Contessina* ?

— Non hélas !

— Je dis bien : vue. Vous savez son drame ? Elle n'a pas de puissance. En récital, elle est parfaite : la justesse, le phrasé, l'expressivité, la beauté de ses notes aiguës — tout y est. Mais en scène, avec grand orchestre, elle peine.

— Vraiment ?

— C'est pourquoi elle abandonne l'opéra. C'est d'ailleurs un crève-cœur pour elle, car elle adore jouer la comédie. En comtessine, elle était extraordinaire : elle faisait oublier le manque de volume tellement elle avait d'abattage, tellement c'était enlevé... »

Schreiber avait donc couru le cœur battant à ce premier rendez-vous, tenu son rôle, filé la scène. Comme aujourd'hui, elle chantonnait *Una voce poco fa...*

Pour rester dans le ton, il lui avait dit :

« Vous connaissez l'autre titre du *Barbier de Séville,* mademoiselle Arnhein.

— *La Précaution inutile* ! Détrompez-vous, avait-elle enchaîné : je dois faire très attention. Mais, je serai comme Rosine : si on me touche...

— *Sarò una vipera...*

— Oui, je serai une vipère et je tendrai cent pièges...

— *Cento trappole...*

— Avant de céder ! Je vois que vous connaissez bien l'opéra, monsieur Schreiber. »

« Même chambre que la dernière fois, fit-elle. Rejoignez-moi dans cinq minutes. Nous voici déjà de vieux amants. »

Elle prenait un sensible plaisir à ce jeu pervers, si c'était un jeu. Mais comme la fois précédente, ils s'assirent lui dans un fauteuil, elle sur le lit, la distance d'un guéridon entre eux. Il lui dit :

« C'est Rosine qu'on aurait dû vous prénommer et pas Pamina.

— Pas Pamina ! Pas Pamina ! répondit-elle drôlement. Ah ! mon père était dans sa période Mozart. L'époque du retour à la tradition, la réaction contre Wagner. Ou plutôt : contre la wagnérite, contre la wagnéromanie. La pacotille mythologique qui encombrait la scène, les orchestres gigantesques, le solennel et le colossal — cette mystique-là. Après avoir été wagnérien comme toute sa génération, mon père le premier s'est libéré de son influence en retrouvant Mozart. Il a allégé l'orchestre, renoué avec la sonate. Ce qu'il appelait le plaisir bourgeois. C'est la période de *La Contessina,* du *Prince Inconstant* : les années dix. Il disait aussi : " C'en est fini de la messe. " Il n'a pas renié pour autant Wagner : il continuait de diriger à Bayreuth. Mais à Salzbourg, en 1907, il a repris *Così fan tutte,* qui n'était presque plus joué depuis un siècle. La première a été un triomphe et, le soir même ! ma mère accouchait en catastrophe. C'est comme ça que ma sœur s'est trouvée prénommée Dorabella !

— Et Siegfried, c'est à cause de Wagner ?

— Absolument. Le nom de chacun des enfants Arnhein raconte l'histoire de leur père. En 1903, il était encore très wagnérien et... oh ! je crois que je vais vous faire une confidence fort indiscrète mais tant pis : ma mère m'a avoué un jour que mon second frère avait sans doute été conçu à Bayreuth entre le deux et le trois de *Siegfried.* Et dans une chambre de Wahnfried !

— Quoi ? la villa des Wagner...

— Oui. Cosima prêtait une chambre au chef d'orchestre, s'il souhaitait se reposer entre les actes... Ma mère était venue pour la journée. Elle évitait Bayreuth, qu'elle détestait : le snobisme du public, cette ambiance religieuse... Et puis elle avait eu des mots avec la veuve. Cosima traitait les autres femmes comme des idiotes mais elles étaient toutes à plat ventre devant elle. Sauf ma mère, qui a toujours eu son caractère.

Voulant être aimable, Cosima lui a dit un jour : “ Vous devez être fière d’avoir épousé un grand homme. ” À quoi ma mère lui a répondu : “ Oh ! vous savez, les Werdenberg ne sortent pas de la crotte. D’ailleurs, souvenez-vous : notre cousin vous a dépannés autrefois ! ” Le cousin, c’était Louis II de Bavière : les Werdenberg sont alliés aux Wittelsbach... Évidemment, ça a jeté un froid. La veuve était furibonde. Et je crois que c’est un peu par défi que mes parents... Mais vraiment, je vous dis des choses inconvenantes, que vous n’avez pas à savoir.

— Oh ! n’ayez crainte. Je ne suis pas de ces écrivains qui mettent les gens dans les livres. »

Pamina plissa un sourcil narquois : elle semblait douter qu’il pût mettre quoi que ce soit dans ses livres, douter qu’il fût même écrivain.

« Et Friedrich ? reprit sans se vexer Schreiber.

— C’était un hommage à Nietzsche, qui venait de mourir fou l’année d’avant, en 1900. Mon père lui vouait une sorte de culte. Il allait en pèlerinage à Sils. Il partait pour des randonnées solitaires plusieurs jours et n’emportait dans son sac à dos qu’une couverture de bivouac, une lampe de mineur, des fruits et son *Zarathoustra*. Là-haut avec les aigles, il le lisait assis sur un rocher, les pieds dans le vide. Ou la nuit, sous les étoiles, à la lueur de sa lampe. Vous voyez : ce genre de choses très romantiques...

— Très allemandes.

— Oui. Deux êtres ont toujours coexisté en mon père : le poète exalté, vivant sa folie inspirée, et l’homme très conscient de soi, très posé. Celui qui a écrit *Orphée* et le professionnel qui, la même année, a fait réformer le droit d’auteur.

— Un artiste et un bourgeois.

— Non, selon lui. Car il a toujours estimé que vivre en artiste, c’est pour un artiste la facilité. Qu’en somme, il est plus artiste pour un artiste de vivre bourgeoisement... Sa musique est à son image : de grandes envolées mais coulées dans une forme définie, le lyrisme et la rigueur. Son opéra préféré, je crois, c’est *La Flûte enchantée*.

— Et son enfant préféré, Pamina ?

— Et son enfant préféré, Pamina. »

Elle ne s'était pas récriée comme le veut le respect filial en ce cas ; sans honte mais aussi sans vanité, elle venait de confirmer ce qu'avait deviné Schreiber. Il repensa à sa beuverie en compagnie de Friedrich. L'aîné avait onze ans à la naissance de la dernière et pourtant, des années plus tard, frère et sœur se retrouvaient dans une même nostalgie déchirante de leur enfance, une même tendresse inquiète, un même amour difficile pour cet homme qui jetait encore son ombre sur leur vie. Comme Friedrich, Pamina parla de leurs jeux, de leurs concerts en famille, de leurs parties de canotage sur le lac, de leurs émerveillements au théâtre. Des surnoms aussi, des sobriquets qu'ils se donnaient, le Magicien, la Comtessine et leurs enfants. Friedrich, c'était Ricky Boy ou Tamino. Siegfried : Monsieur Grognon, dit aussi Friedo, la Râle, le Pacha Ronchon, le Baron Pleurniche ou Boudin-Blanc. Dorabella : Dora ou Douce ou la Princesse.

« Et vous ?

— Ah. »

Elle eut un sourire qui signifiait : vous ne le saurez pas, c'est mon secret. Une énigme de plus, pensa-t-il.

Du bout des pieds, elle avait fait sauter ses escarpins sur le tapis. Ses bas de soie crissaient dans le silence, frottés l'un contre l'autre.

Il rompit le charme en reprenant :

« J'ai connu votre frère Friedrich.

— Oui, vous me l'avez déjà dit : en 1935, à un congrès d'intellectuels à Paris. Écoutez... »

Elle se leva brusquement, comme sous le coup d'une peur panique. Alla à la fenêtre, qu'elle ouvrit — elle étouffait.

« Qu'y a-t-il ?

— Mes neveux : il faut que vous nous aidiez !

— Vos neveux ?

— Les enfants de Friedrich. C'est pour quoi j'ai voulu vous revoir. J'ai confiance en vous...

— Je tâcherai d'en être digne. Mais que puis-je...

— Peut-être par l'entremise de votre mission internationale... Voilà : Arno et Alice sont, comment dire ? retenus en otages, oui, il n'y a pas d'autre mot, retenus en otages chez mon père depuis 1938. Ma belle-sœur Sarah est juive. Selon la loi raciale, ils le sont donc aussi.

— Je ne comprends pas ! Puisque votre frère vivait à Paris, pourquoi avoir...

— Friedrich s'était engagé dans les Brigades Internationales l'année d'avant : il se trouvait alors en Espagne. Une façon comme une autre de fuir. De se fuir. Son second bouquin était toujours en panne. Et puis cette idée obsessionnelle qu'il était un raté... Enfin, quand il a été blessé à Teruel et que, des semaines plus tard, je l'ai appris, eh bien j'ai pensé à un suicide. Au même moment, Sarah est tombée très malade. On a dû l'envoyer en cure à Davos. Et les enfants, pour quelques jours à Lindau.

— Quelle folie ! C'était les jeter dans la gueule du loup.

— Difficile à croire en effet. Mais nous étions inconscients. Nous étions comme des millions d'Allemands. Avec quelques privilèges, en plus. Mon père se croyait protégé, même s'il s'était démis de toutes ses fonctions honorifiques : il était toujours une grande gloire allemande. Il était Bruno Arnhein ! Et eux attendaient de lui... Ils doivent toujours attendre, d'ailleurs ! qu'il leur écrive je ne sais plus quoi : un oratorio hitlérien, un opéra qui exalterait les vertus guerrières de la race germanique.

— Quoi ?

— Ne riez pas ! Au début de la guerre, le Dr Goebbels a bel et bien officiellement commandé à mon père un opéra dans le genre wagnérien où les dieux et les héros seraient les nazis. Une œuvre qui prouverait au monde la supériorité de notre culture ! Bref, un de ces délires de la Propagande.

— Est-ce que votre frère Siegfried n'est pas quelqu'un de haut placé à la Propagande ? »

Pamina parut vouloir éluder la question d'un revers de la main sur le tissu rêche de sa jupe.

« Oui, fit-elle hésitante, oui, je crois... »

Elle jouait faux tout à coup.

« Et à l'époque ? insista Schreiber.

— Justement. C'était une raison de plus pour ne pas

s'inquiéter : Siegfried nous tirerait toujours d'affaire. Comment pouvions-nous imaginer ? Deux enfants ! Alice, deux ans, Arno, quatre. Leur père blessé en Espagne, leur mère en cure dans les Grisons : le temps de trouver une solution, les grands-parents les recueillaient quelques semaines à Lindau, voilà tout. Bruno Arnhein n'était plus autorisé à quitter le territoire : ils avaient trop peur qu'il leur fausse compagnie à l'occasion d'une tournée à l'étranger, trop peur qu'il ne revienne plus. C'est donc ma mère qui est allée chercher les petits à Zurich. Et le piège s'est refermé alors. Ou peut-être mon frère avait-il déjà... » Elle n'acheva pas sa phrase ; changea de sujet précipitamment : « Moi, je n'ai rien pu faire pour eux jusqu'ici. Ironie du sort : c'est d'autant plus cruel que je... »

De nouveau elle se mordit les lèvres : qu'allait-elle dire ! Avouer à cet homme dont elle savait si peu de choses qu'elle travaillait pour un réseau de passeurs d'enfants juifs ? Que c'était pourquoi elle entourait ses rendez-vous d'un tel luxe de mise en scène : s'il devait aider le réseau plus tard, il fallait tromper sinon déjouer d'éventuelles filatures. Mais il était encore trop tôt pour se confier ainsi. Elle oubliait les règles élémentaires de la clandestinité enseignées dans l'organisation.

Elle y risquait sa vie. Les enfants étaient cachés dans des chalets d'alpage du côté français, puis des guides sûrs leur faisaient franchir de nuit la frontière par les montagnes, enneigées mais moins surveillées, moins dangereuses que les chemins et les champs autour de Genève. La mission n'était alors pas terminée : on devait ensuite conduire et placer les enfants dans de discrets pensionnats du Vaud ou du Valais. Et toujours rester sur ses gardes, dans un pays où sévissaient, endémiques, la délation et la surveillance mutuelle.

Schreiber ne soupçonnait pas le sens de sa soudaine réticence. Sans se départir de sa politesse, il s'entêtait :

« Vous ne voulez pas me parler de Siegfried ?

— Siegfried ! répondit-elle. Siegfried était un enfant très sensible, très violent, très instable aussi : presque toujours surexcité ou tout à fait abattu. Il pleurait pour un oui ou un non, il se roulait par terre en hurlant. Des crises terrifiantes, un peu comme des crises d'épilepsie. Et avec ça, le boute-en-train de la maison : inventant des jeux nouveaux, des déguisements... De nous quatre, c'était lui le plus doué, ce devait être lui l'artiste plus tard. Il composait des petites pièces de musique, il montait des spectacles de marionnettes. Que vous dire d'autre ? Siegfried avait du génie, un charme fou et, bien sûr, il était la vedette de la famille. Mais nous avons neuf ans d'écart et mes souvenirs sont assez vagues. Je sais que j'étais sa chérie. À ma naissance, il m'a tout de suite voué un amour jaloux : il me considérait comme son bébé à lui. Il ne laissait pas les autres m'approcher, il donnait des coups de pied à notre gouvernante si elle voulait l'éloigner de mon berceau. Et plusieurs fois, ma mère a eu peur que je meure étouffée : il me serrait si fort quand il m'embrassait ! Il me disait : " Ma Mina, ma Mina. " »

Pamina rougit et se tut. Un brusque dégoût d'elle la prenait. Elle s'était surprise à une imprudence devant cet inconnu et voici qu'elle trahissait maintenant autre chose de plus important encore : les siens — les Arnhein. À raconter leur histoire ainsi, il lui semblait les salir.

« Mais au fond, fit-elle sèchement, je n'ai pas envie de vous parler de nous. »

C'était leur secret, c'était leur jardin secret qu'elle venait de piétiner. Le jardin en terrasses au bord du lac de Constance ou, derrière la maison de la Möhlstraße à Munich, le petit carré de pelouse autour du marronnier : l'immense pampa où Ricky Boy galopait jadis sur un bout de bois, la haie de lilas que le Baron Pleurniche avait un jour taillée à la serpe pour offrir des bouquets à toutes les dames du quartier, la tonnelle sous laquelle Douce et elle donnaient leur leçon de chant aux poupées.

Certains soirs d'été, après le bain on avait le droit de redescendre en chemise de nuit au jardin pour un rabiot de rires, une dernière partie de cache-cache dans la pénombre. On n'allumait pas la lampe dehors. Une seule fenêtre éclairée se détachait alors du bleu profond des murs et de la verdure, flottait en l'air. Bruno le Magicien était à son piano : la musique provenait de ce rectangle de pure lumière accroché haut à l'obscurité comme un tableau sur un fond sombre. La musique devenait cette découpe même, nette, lumineuse, dans la nuit plane. La musique était cette fente ouverte dans le monde fini.

Quel âge avait-elle ? Six, sept ans. Pourquoi pleurait-elle ? Dorabella lui avait tiré les cheveux ou cassé une tasse de sa dînette, ou quelque chose de tout aussi grave — elle ne savait plus quoi. Mais elle se souvenait, elle se souviendrait toujours de cette brusque bouffée de joie au milieu de son chagrin : elle avait levé les yeux vers la chambre où jouait au piano son père et elle avait vu la musique, elle avait entendu sa clarté jaune. Elle se souvenait de la paix qui s'était faite en elle alors. De la beauté.

Plus tard, elle apprendrait que c'est, en musique, un typique arnheinisme : le tumulte fortissimo qui soudain s'immobilise en une longue note tenue, apaisée.

Le lac était noyé de brumes, un fin grésil piquetait la vitre. Elle se sentait loin d'eux, loin de ce bonheur vaguement incestueux de l'enfance. Elle se retourna vers Schreiber, s'adossa au rideau de velours comme elle eût fait en scène pour saluer et jeta un regard las sur cette chambre où ils étaient censés faire l'amour. Le pompeux décor bleu et or lui rappelait les chambres d'hôtel de ses tournées : de style ! dit-on, pour désigner cette morne absence de style. Toutes se confondaient dans sa mémoire et n'en faisaient plus qu'une où, depuis toujours, elle attendait quelque chose ou quelqu'un. Elle attendait le chauffeur qui la conduirait au théâtre ; elle attendait le bagagiste qui descendrait ses valises, car il fallait déjà repartir. Elle attendait elle ne savait trop quoi : une autre vie, ne plus avoir peur pour un si bémol ou une croche pointée, en finir avec la solitude. Avec la pire des solitudes : attendre dans cette chambre d'hôtel l'homme qui doit monter dans un moment et qu'on n'aime pas. Qu'on désire à peine.

Pour donner le change et comme l'exigeait son rôle, Pamina défit le lit. Elle tira draps et couverture, les tordit pour lui donner l'apparence voulue. Puis elle alla se laver les mains, jeta des cheveux dans le lavabo, ouvrit un robinet de la baignoire, froissa deux serviettes, y déposa des traces de rouge à lèvres.

Schreiber la regardait faire. Son air de gentillesse attentive l'émut ; elle se demanda si elle ne lui suggérerait pas de donner du réalisme au scénario, d'arranger avec elle plus naturellement le décor. Mais elle se découragea aussitôt : elle n'avait pas envie d'une banale passade. Et la prudence commandait de ne pas mêler vie privée et activités clandestines. Surtout, elle ne voulait pas risquer de compromettre la plus minime opportunité de communiquer avec ses parents. Or, Schreiber se rendrait bientôt en Allemagne. Sous couvert de sa mission officielle, il pouvait être un précieux messager. C'était une chance à courir.

Elle l'écoutait distraitement lui parler de lui maintenant, du vide de sa vie à lui, de ses attentes. Sa réussite littéraire le décevait intérieurement. À son septième roman, il se sentait toujours aussi insatisfait : il lui faudrait en écrire un autre encore. Il cherchait et ne trouvait pas.

Quoiqu'il s'en fût défendu, elle crut qu'il prenait mentalement des notes quand il l'interrogeait sur la famille Arnhein.

Dorabella ? Elle avait épousé un Casalfeltre, le Prince Aldo, et vivait en Italie.

Sarah ? Elle était maintenant soignée dans un sanatorium de Sils. Oui, Pamina lui avait rendu visite récemment et l'avait trouvée au plus mal. Elle semblait même se désintéresser du sort d'Arno et d'Alice.

Siegfried ? Non, Pamina n'avait aucune nouvelle. Ni de sa femme Ursula, une amie d'enfance de Dorabella.

Et Friedrich ?

« Ah, écoutez », soupira-t-elle en feignant de prendre conscience de l'heure brusquement, « il faut que je vous quitte. Je suis déjà très en retard. »

Elle n'en perdit pas moins trois longues minutes à se repoudrer, trois autres à replacer droit son chapeau et draper de biais sa voilette.

Mais sur le pas de la porte, elle lui dit :

« Je vous en prie, aidez-nous. Je veux les revoir vivants. »

Elle le lui dit sans chercher l'effet, sans grandiloquence. Toute trace d'artifice avait disparu de sa façon de s'exprimer : elle ne parvenait plus à cacher sa détresse sous le tulle à pois. Elle ne jouait plus. Elle se tenait là, contre le chambranle, tassée, défaite. Laide presque.

« Je ferai mon possible, répondit-il bouleversé. Nous avons déjà beaucoup obtenu de l'ambassade et je pense pouvoir partir avec toutes les autorisations nécessaires avant la fin du mois.

— La prochaine fois que nous nous verrons, je vous donnerai quelque chose à remettre à Maman. Si vous pouvez. »

Schreiber ne l'avait jamais entendue dire Maman. Elle disait ordinairement : ma mère. Il le nota.

Le jeudi suivant, elle lui apporta un livre de lieder de Schumann : *L'Amour et la vie d'une femme.*

Andante

Wanderweg, a-t-il inscrit sur la couverture du livre d'or de ses courses en montagne.

« Vous voyez, dit-il en le feuilletant devant Schreiber. J'y ai noté toutes mes grandes randonnées depuis cinquante ans. J'ai bien fait de prendre un gros carnet dès le début : cinquante ans après, c'est toujours le même, à peine jauni. Et il me reste quelques pages vierges encore. Mais... »

Mais le geste inachevé dans le vide semble désigner la fin d'un chemin imaginaire : le vieil homme ne fera plus de randonnée digne d'être consignée sur le papier, il le sait.

« N'est-ce pas aussi le titre d'une de vos toutes premières œuvres ?

— *Wanderwege,* oui. Douze lieder que j'ai dû composer en 88 ou 89. Et qui avaient pour thème l'errance dans les forêts, la rêverie en montagne... Bref ! ce romantisme alpestre et sylvestre auquel je sacrifiais alors. Cette idéologie verte, si j'ose dire. Comme tout bon Allemand.

— Vous semblez vous en moquer maintenant.

— J'ai pris quelque distance avec certaines niaiseries naturistes en effet. Tout cela fait partie de ma culture mais j'en mesure mieux les dangers aujourd'hui. Quoi de plus frais, quoi de plus charmant que le mouvement des Wandervögel ? Vous savez, les Oiseaux migrateurs : ces bandes de jeunes qui rompaient avec la société pour aller chanter au fond des bois : " On est tous frères ! À bas l'industrie et la propriété privée ! À bas la corruption des villes et l'individualisme bourgeois ! Retournons au sein de la nature ! Seule la terre ne ment pas... ” Eh bien ! On a vu ce que ça a donné : la mystique hitlérienne. C'est d'ailleurs dans leurs troupes de bons sauvages aux cheveux longs et de grattouilleurs de guitare que les nazis ont recruté la plupart des cadres du parti.

— Leurs intentions étaient pures.

— Mais oui. Tout comme celles de votre bon Jean-Jacques ! L'homme trouvera le bonheur en recréant l'état de nature. Au besoin, on instituera la tyrannie pour y parvenir. “ Et s'il traîne les pieds... on lui coupera la tête ”, ajoutait mon ami Egon, qui avait de l'humour et, c'est le cas de le dire, le sens du raccourci. Il disait aussi : “ Il n'y a jamais bien loin entre la bergerie et les barbelés. ” Il tenait ce doux rêveur de Rousseau pour le responsable des massacres de la Terreur. Et il avait en horreur le culte très germanique de la pureté, du naturel, de l'instinctif. Tout ce qu'il résumait d'un mot : “ Le vert ! ” On aurait cru qu'il allait vomir quand il en parlait : “ Le vert ! Le vert allemand. ” Il a même écrit un poème qui commence comme ça :

> La verte âme allemande et la joaillerie juive de l'intelligence...

Superbe ! Mais à l'époque, j'y voyais surtout une provocation de sa part. Une de plus. Je ne comprenais pas qu'il était sincère quand il prônait l'insincérité, la frivolité, la légèreté — ce qu'il appelait les valeurs urbaines. Et qu'il opposait à la régression de notre culture allemande, à ce goût de la nature qui, selon lui, cachait un profond désir de mort. Il disait que la vie est du côté de la civilisation, qu'elle se trouve dans les villes et pas dans les bois. Je crois qu'il avait raison. Il était lucide, il pressentait la catastrophe où nous mènerait notre amour du vert ! Le naturisme, le folklore druidique, la chienlit des opéras de Wagner...

— Vous travailliez déjà ensemble à l'époque.

— Oui. Et même si je ne le suivais pas complètement, je venais moi aussi d'abandonner le wagnérisme pour revenir à Mozart. Nous nous disputions souvent mais nous étions d'accord sur l'essentiel. Je veux dire : sur l'art. L'été, je louais un chalet en Silvretta et il venait m'y rejoindre pour travailler avec moi. Sa haine de la nature ! Dès qu'il arrivait, je lui proposais une promenade. Vous l'auriez vu ! Ses grimaces faisaient hurler de rire les enfants. " Moi ? Marcher ! Marcher au milieu de tout ce vert ? Quelle horreur ! Je ne suis pas une vache ! Plutôt mourir. Vous le savez bien, Bruno, je n'aime que Venise : pas un arbre, pas la moindre échappée sur quelque atroce campagne verdoyante ! Rien que de la pierre sculptée, rien que de la civilisation... " Et pour le plaisir de me choquer, il ajoutait : " La merveilleuse civilisation vénitienne qui a inventé le ghetto ! Plutôt le ghetto que vos verts alpages... " Humour juif.

— Mais, il n'a tout de même pas réussi à vous dégoûter de vos verts alpages ni de la marche à pied.

— Non, comme vous voyez. »

Bruno a posé le livre d'or sur un pupitre et, une à une, en tourne lentement les pages. En marge du compte rendu de ses courses en montagne, il a griffonné ici ou là un plan, une note, une portée, quelques accords qu'il déchiffre en fredonnant bouche close.

« Une mine pour mes exégètes quand je serai mort ! plaisante-t-il.

— Vous ne m'avez pas dit que vous avez longtemps tenu un journal aussi ?

— C'est exact. Les rats de bibliothèque n'auront qu'à fouiller dans ce fatras pour écrire ma biographie. Enfin ! si tout cela n'est pas détruit par un bombardement et si on s'intéresse encore dans dix ou vingt ans à Bruno Arnhein... Voyons, que faisait notre héros tel jour à telle heure ? Ah oui, au fait ! vous vouliez connaître mon emploi du temps le...

— Je vous en prie, j'ai honte maintenant.

— Mais non, dites toujours ! C'était à propos de cet autodafé devant l'Opéra de Munich.

— Le 10 mai 33.

— Le 10 mai 33 ? Attendez... Mars... avril... mai... voilà. Ah ! eh bien, justement : il y a quelque chose à cette date. Et j'avais donc une bonne raison d'avoir oublié qu'on avait brûlé des livres ce jour-là : ce jour-là, je n'étais pas en ville mais dans les montagnes, au Tyrol. Voyez vous-même, mon cher Schreiber. Vous arrivez à me lire ? “ 10 mai. Première course de l'année en Hochstubaï. Parti à six heures, rentré à midi. Beau temps clair, douceur de l'air, fleurs écloses dans la neige, le printemps est là. Mon état d'esprit : le scherzo de la *Symphonie concertante.* ” » Il chante quelques mesures de ce scherzo. Jolie façon de noter une émotion passagère et de la raviver des années plus tard, songe l'écrivain, vaguement envieux d'un talent qu'il n'a pas. « Je me souviens, poursuit le musicien, je me souviens très bien, maintenant : ma femme avait voulu revoir certains lieux de son enfance, les châteaux de Längenfeld et de Werdenberg. Depuis déjà très longtemps ils n'appartiennent plus à la famille. Le peu qui restait de fortune a été confisqué à la suite du coup d'État manqué de l'Empereur Charles, que mon beau-frère avait financé pour bonne part. Et, de toute façon, ma femme a toujours mis un point d'honneur à ne pas paraître regretter le passé après le scandale de notre mariage en 1895, et la manière ignominieuse dont elle avait été traitée par les siens alors... Mais là, elle avait eu cette brusque bouffée de nostalgie et je l'avais donc emmenée en Ötztal... Nous étions d'ailleurs tous assez nostalgiques, ce printemps-là. Et pour tout dire : déprimés. Hitler en était la cause. Il venait de prendre le pouvoir et nous avions cette impression pénible que tout un monde allait disparaître, balayé par la révolution brune. Notre monde. Le monde où nous étions nés et où nous avions grandi... Et la vie à Munich était étrange : à la fois très gaie et très désespérée, vraiment étrange. Il ne faut pas croire que la ville a été nazifiée du jour au lendemain comme l'a été Berlin. Notre Führer avait beau vouloir en faire “ la ville brune ”, les Munichois, eux, continuaient de s'amuser. Encore un instant, Monsieur le bourreau ! Encore une fête, une dernière fête avant que ne s'installe définitivement l'ordre nouveau... Dans les cabarets de Schwabing, on présentait toujours des spectacles satiriques. Et jamais je n'ai vu de plus beau carnaval que cet hiver-là, jamais je n'ai vu autant de monde danser et boire dans les rues, jamais autant de masques... Le lendemain de l'incendie du Reichstag, c'était Mardi-Gras : les gens se moquaient bien de savoir qui avait mis le feu au bâtiment, s'il y avait eu complot communiste ou quoi. C'était une histoire de Berlinois ! À Munich, on faisait la fête. Les croix gammées avaient presque toutes disparu, comme par enchantement. Je ne sais pas s'ils en avaient reçu l'ordre, mais les SA enlevaient leurs brassards à l'entrée des bals, ou bien ils cachaient leurs uniformes sous des déguisements. Oui, c'était comme un petit intermède de bonheur au milieu de la révolution qui venait de commencer...

— Mais quand tout cela s'est-il terminé, et comment ?

— Ritter von Epp a été nommé commissaire général pour la Bavière. Et notre dernier acte de résistance, si je puis dire, a été de bouder le grand gala qu'il a donné pour l'occasion. Sans nous être passé le mot, nous avons été une bonne cinquantaine de notables munichois à renvoyer les cartons d'invitation. Dans notre cas, il est vrai, ma femme et moi, le risque n'était pas bien grand : la réception était organisée par notre fils Siegfried.

— Pardonnez-moi mon indiscrétion, mais il devait être furieux !

— Siegfried ? Furieux ! Il est venu faire une scène épouvantable à sa mère, qui en a été malade plusieurs jours. J'avais dû, moi, me rendre à Berlin où je venais d'être nommé Directeur de la Musique... Quand je suis rentré début mai, ma femme m'a dit : “ Allons-nous-en : je veux revoir les châteaux de mon enfance. ” Et nous sommes partis pour une sorte de pèlerinage, un vrai voyage d'amoureux. C'était très romantique, très mélancolique. Comme un adieu à tout ce que nous avions connu. Avec un sentiment poignant de “ jamais plus ”. Mais il y avait beaucoup de joie aussi : la joie de retrouver les choses inchangées, la beauté des paysages. La gentillesse des gens dans les villages surtout, cette civilité tranquille, si éloignée de l'hystérie qui commençait à se faire sentir dans les grandes villes allemandes. Pour le coup, je donnais tort à Egon : la vie était du côté de la nature ! Et partout, ma chère Elisabeth était reçue comme une reine de retour d'un très long exil. Elle n'était plus Elisabeth Arnhein mais la Comtesse de Werdenberg à nouveau. Moi, je me suis accordé quelques balades solitaires comme celle du Hochstubaï. Je ne connais rien de tel que la marche pour me délivrer du poids de l'existence quand elle se fait trop lourde. Comme le Reich me paraissait lointain tout à coup ! Et lointaine surtout, la Chambre de Culture du Reich ! J'étais heureux, en paix. Je ne sentais plus peser sur moi la faute.

— La faute ?

— Oui, la faute. Je crois que tout cela se retrouve dans la symphonie que je composais alors : ma *Symphonie concertante.* Cette longue montée très tendue de l'andante ; la tenue des cuivres qui explose à la fin, comme notre angoisse les derniers jours à Munich. Ta-ta-tam ta-ta-tam ! Et puis, soupir, et le second mouvement enchaîné : le scherzo ! » Bruno, dressé sur la pointe des pieds, brassant l'air les mains ouvertes vers le ciel, mime la montée de l'andante ; il bruite l'explosion des cuivres, et puis se laisse tomber dans un fauteuil en soupirant et répète plus bas, comme apaisé : « Le scherzo. »

Sa voix s'est si assourdie soudainement que Schreiber doit se pencher vers lui pour s'entendre confier :

« Ma femme et moi, nous avons eu la tentation de ne pas revenir en Allemagne, de nous arrêter là, dans un de ces charmants villages tyroliens qui ont appartenu à ses ancêtres, y finir nos jours. Längenfeld, Werdenberg... Et puis non ! Nous sommes revenus quinze jours plus tard. Et dès l'entrée du train en gare, nous avons compris que la ville était devenue brune. Le haut-parleur jouait de la musique militaire entre les annonces, et il y avait des croix gammées partout. C'était fait.

Nous nous frottons les yeux, mal éveillés encore,
Encore ensommeillés, nous relevons le store,
Et nous nous demandons :
— Que nous est-il arrivé ? »

Est-ce un poème d'Egon von Rosenberg que cite Bruno Arnhein ? Les paroles d'un de ses lieder ? Schreiber, le voyant sombrer dans une soudaine absence, renonce à lui poser la question. Discrètement, il détourne les yeux et regarde par la fenêtre le lac, lisse sous le ciel blanc de midi. Alice et Arno jouent à se faire tomber l'un l'autre dans l'herbe ; le chien tourne autour d'eux en jappant. Anna, qui a mis un tablier de dentelle, dresse une table de jardin sur la terrasse et dispose avec soin l'argenterie et les cristaux. Elisabeth coupe au sécateur des feuillages dont elle parsème ensuite la nappe. On devine chez les deux femmes l'envie de bien faire les choses pour leur hôte : prisonnières de la villa, cette visite inattendue leur est une fête. Mais pour sa part, le romancier, qui toujours vit quelque peu dans la fiction, éprouve le sentiment trouble de faire partie de la famille à présent, d'en être un des enfants. Quand il observe les photographies exposées devant les livres sur les rayons de la bibliothèque, il identifie chacun par son surnom.

Voici Ricky Boy à huit ou neuf ans : juché sur une estrade, le petit garçon rieur joue au chef d'orchestre — mais il retrouve aussi en lui l'ivrogne désespéré avec qui il se soûla un soir à Paris.

Voici le Baron Pleurniche, alias Boudin-Blanc, tenant sur ses genoux...

« Pamina, n'est-ce pas ? dit-il en montrant le bébé.

— Non : Dorabella », répond le père du fond de son fauteuil, sans lever les yeux.

« Pourtant, Siegfried paraît avoir une douzaine d'années et la petite fille... »

Bruno se redresse avec cette vivacité qu'il manifeste de temps à autre, aussi surprenante que la brusquerie de ses somnolences.

« Ah oui ! vous avez raison : c'est Pamina. Dorabella, la voici, entre ses deux grands frères, dans notre jardin de la Möhlstraße. La Princesse, ils l'appelaient déjà : ils ne croyaient pas si bien dire ! Et sur la pelouse, vous voyez, l'inévitable ombre portée de leur père, qui n'a jamais su prendre une bonne photo...

— Ici, c'est elle aussi.

— À son premier concert public. Enfin, public est un bien grand mot : un goûter d'enfants chez les Mann. Je m'en souviens comme si c'était hier. Je leur avais écrit un petit morceau de circonstance que nous a joué Dora : *Mousse au chocolat.* On ne trouvait plus de chocolat : c'était pendant la guerre, on ne trouvait plus rien à manger du tout. Je ne sais pas comment ce magicien d'Egon avait réussi à nous procurer de la crème, du beurre, du sucre, des œufs, des confitures : tout un tas de douceurs dont nous avions oublié jusqu'au goût. Du chocolat !

— Et là, c'est à son mariage ?

— Oui. »

Le couple pose dans l'embrasure d'une loggia devant les toits de Florence. La joie paraît un peu trop voulue, les sourires sont forcés. Il y a dans le regard de la jeune épousée de la mélancolie, et même de la détresse. Ou n'y a-t-il rien de tel et Schreiber voit-il ce qu'il veut y voir avec les yeux de la mémoire parce qu'il se rappelle ce que Pamina lui a dit à mots couverts de sa sœur la dernière fois qu'ils se sont rencontrés ?

Dorabella, comme Friedrich, est une artiste qui se sait ratée. Mais contrairement à son frère, c'est une indolente, une inactive. « Lui, vit son rêve ; elle, vit dans son rêve » — distinguo dont la subtilité n'a pas échappé à l'écrivain. Elle a épousé son prince charmant mais, très vite, dès le lendemain du mariage sans doute, l'homme dans son rôle réaliste de mari l'a déçue. Réaliste, Aldo ne l'est guère pourtant. Il est, au dire de sa belle-sœur, inconsistant. Il ressemble au Prince Inconstant. Aimable, certes, séduisant. Mais tel le personnage de l'opéra fantastique, sans aucune suite dans les idées et ne touchant jamais tout à fait terre,

Chu de quelle planète,
Chaussé de vent,
Il bondit
Et rebondit
Ici-bas ?

Il n'a pas d'autre projet que de s'amuser, pas d'autre sujet d'inquiétude que la réussite d'une prochaine fête ou d'un nouveau voyage. Il est de ces hommes d'affaires dont personne ne peut dire quelles affaires ils font. De son côté, elle donne ici ou là des récitals de piano devant des auditoires à peine moins confidentiels que celui du goûter d'enfants chez Thomas Mann : de petits cercles de snobs et de parasites plus attirés par le renom mondain et la vie fastueuse du couple que par le talent de la princesse, son jeu languide et maniéré dans Liszt ou Chopin, ses interprétations fort peu arnheiniennes d'Arnhein. Ensemble, de paquebots en sleepings, de limousines en avions, les Casalfeltre courent le monde en quête d'ils ne savent trop quoi. Ou, du moins, le couraient-ils avant que la guerre ne les ait contraints de jeter l'ancre de leur yacht à Capri. Comment vivent-ils maintenant ? Dorabella écrit rarement. Et quand elle le fait, elle dit d'eux très peu de choses. Elle ne s'est sans doute jamais bien remise de deux fausses couches à deux ans de distance.

Schreiber y repense en regardant sur les rayons de la bibliothèque les nombreux portraits de ses neveux tels que les a vu grandir sous ses yeux leur grand-père.

Le grand-père, retranché dans une discrète béatitude, scrute un portrait de femme qui, visiblement, lui rappelle des plaisirs enfuis, de lointains bonheurs. Il s'agit de Birgit Angstrøm, sous le travesti du Prince Inconstant. « La » Birgit ! qui le faisait appeler dans sa loge à l'entracte. Soi-disant, la pauvre chatte, elle avait un trou. Un trou, oui, elle avait, mais au sens propre ! Un trou qu'il fallait lui bourrer d'un bon coup de queue avant la prière du II... Comme Sonja ! Sonja, qu'on avait surnommée la Reine de la Nuit, et qui vous sortait son fameux contre-fa au moment de jouir : « A-a-ah... » Et Pilar ! si distinguée en public et si sainement vulgaire en privé. Et Mary, la gentille Mary. Et la Lisa. Et la Rosa... La Rosa qu'on voit ici, un grand bouquet de fleurs dans les bras, devant l'Opéra de Munich.

« Munich, vous n'y retournez plus jamais ? » lui demande Schreiber, dissipant instantanément le passage nuageux du désir en lui, l'exquise brume moite, légère, odorante, bruissante de suçons et de caresses, des souvenirs voluptueux.

« Mais, c'est que je ne peux plus : on m'a retiré mon permis de circuler. Et notre Kreisleiter a eu l'obligeance de me signifier personnellement qu'il y avait ordre de me refouler si je me pointais à la gare. Bien entendu, je ne dois pas considérer cette mesure comme vexatoire. Seulement, on ne pourrait plus garantir ma sécurité si j'avais l'imprudence de voyager sans autorisation — compris ? Ni celle de ma femme... Il n'y a donc plus que notre chère Anna qui aille encore de temps en temps aérer la maison, donner un coup de balai, voir si rien n'a été volé et m'en rapporter des bouquins qui me manquaient. Mes grammaires et mes dictionnaires d'écolier, par exemple. Figurez-vous que je me suis remis au latin et au grec pour relire dans le texte les grands tragiques.

— Vous y cherchez un nouveau sujet d'opéra ?

— Non, pas que je sache ! répond Bruno, moqueur. Ce serait plutôt un passe-temps de bon bourgeois allemand cultivé, un exutoire comme s'en trouvent les vieux humanistes quand le... Quand la chair... Tiens ! »

En tirant d'entre des livres reliés un mince livret broché, il a fait tomber une image qui y était insérée. Il rougit, gêné comme le bon bourgeois allemand qu'il prétend être le serait en présence d'un intrus découvrant par hasard les enfers de sa bibliothèque, pleine d'obscénités cachées derrière les belles éditions anciennes. Schreiber se précipite, devinant trop tard qu'il n'aurait pas dû... Mais, à sa surprise, la photographie qu'il ramasse sur le tapis n'a rien de scandaleux : c'est le portrait d'un éphèbe torse nu — en l'occurrence, Siegfried. Les muscles intensément bandés, l'adolescent pose dans une diagonale de lumière qui nimbe son corps huileux et l'idéalise. Le chaste esthétisme de la composition relève du goût pédérastique, très sublimé, des années 20. Et l'écrivain n'est guère étonné d'apprendre qu'elle est l'œuvre d'Egon von Rosenberg.

« Un bien meilleur photographe que moi, comme vous le voyez. Elle doit dater de la Grande Inflation. Siegfried était monté à Berlin l'été 23. Et en quelques mois, ce garçon que nous avions toujours connu patraque et poule mouillée s'est bâti un corps spectaculaire de statue antique. Il s'était mis à l'hébertisme et à la musculation, il nous écrivait des lettres lyriques pour nous informer qu'il s'entraînait dans les bois avec une bande de camarades, qu'il devenait un homme enfin ! Un surhomme ! Et en effet, quand je l'ai retrouvé à l'automne, notre Boudin-Blanc... Boudin-Blanc, c'était...

— Oui, je sais. Pamina me l'a dit : un surnom que lui avait donné son frère.

— Ou peut-être bien son abominable père, je le crains. En tout cas, notre Boudin-Blanc était métamorphosé. Lui toujours si petite santé avait acquis cette grande santé que chante Nietzsche ; il avait trouvé sa vérité. Évidemment, j'aurais dû m'inquiéter un peu plus de ses fréquentations et de ce grossier nietzschéisme. Mais après tout, j'étais passé par là moi aussi à peu près au même âge. Et je continuais d'emporter dans mes courses en montagne mon *Zarathoustra*.

— Oui, mais c'était pour vous une aventure solitaire. Vous ne faisiez pas partie d'un groupe, vous n'alliez pas en troupe dans les bois chanter “ Marchons ensemble... ”.

— En effet. Et c'est ce qui nous séparait déjà. Mais quand bien même j'aurais été un père plus attentif, qu'aurais-je pu empêcher ? Le père est la dernière personne à pouvoir conseiller son fils en pareil cas. Il doit le laisser faire ses propres erreurs à son tour s'il veut qu'il apprenne un jour... Et pour beaucoup de jeunes, hélas ! malades de leur époque, le nazisme apportait la guérison. Comme la pratique d'un sport. Ce que c'était d'ailleurs plus ou moins au début...

— Une chose me surprend cependant : Egon von Rosenberg fréquentait encore Siegfried ?

— À Berlin, ils se sont brouillés assez vite. Au printemps, quand je suis revenu pour la reprise de *Comme il vous plaira* au Staatsoper, j'ai voulu tout de suite, le soir de mon arrivée, avant même de rencontrer Tietjen qui m'attendait, les avoir à souper tous les deux dans mon appartement de l'Adlon. L'un et l'autre se sont excusés sans daigner me donner le moindre motif : Egon refusait de voir Siegfried, Siegfried refusait de voir Egon — voilà tout. J'avoue que j'ai pensé à... comment dire ? une histoire, oui, une histoire de... mœurs entre eux. J'ai couru chez Egon pour avoir une explication. Il n'a pas voulu me répondre sur le coup. Et je n'ai pas compris que c'était par délicatesse, pour m'épargner. Alors j'ai commencé à l'accuser des pires ignominies, le malheureux. Je lui ai jeté des horreurs au visage. À propos de cette photo que nous avait envoyée Siegfried... Mais, je ne sais pas pourquoi je vous raconte ça, Schreiber. Vous avez le don de faire parler les gens !

— Oh ! je vous assure...

— Non, vraiment ! ironise Bruno. Vous auriez très bien réussi dans la police, soit dit sans vouloir vous offenser. Et vous avez une grande qualité : vous savez écouter. »

Le silence qui suit est de ceux qui font dire plaisamment : « Un ange passe. » Schreiber n'est pas dupe : il devine que le vieux musicien n'a pas trouvé d'autre tactique pour s'esquiver in extremis, quand il allait se confier librement.

Bruno revit ce moment où il lève la main sur son ami. Il revoit son regard, plus apitoyé qu'apeuré, s'emplir de larmes. Egon s'est tu sous le déluge de ses insultes, jusqu'ici il est resté maître de soi. Mais quand il pressent le coup qui va partir, irréparable, dans un sursaut il se dégage, recule, ouvre un tiroir de son bureau et lui lance une enveloppe en disant entre ses dents :

« J'ai reçu ça. Je ne voulais pas que tu le saches. Mais puisque tu m'y forces. »

D'une main qui tremble, Bruno tire de l'enveloppe une carte de baptême : le portrait de Siegfried en uniforme de la SA. Chemise brune, baudrier, brassard à croix gammée, casquette avec la jugulaire bouclée sur la pointe, caricaturalement volontaire, du menton ; mais la pose, muscles bandés, rappelle celle du nu. Le jeune guerrier antique s'est simplement habillé en soldat hitlérien. Et son père juge qu'Egon a exagéré les choses : s'offusquer d'une pareille gaminerie ! N'a-t-il jamais provoqué personne au même âge ? Ce n'est rien de plus qu'un déguisement ! Le Baron Pleurniche a toujours eu la passion des déguisements. Si on voulait lui faire plaisir, enfant, il suffisait de lui offrir une nouvelle panoplie... Egon devrait s'en souvenir, d'ailleurs : combien ne lui en a-t-il pas offert ? Des shakos, des képis, un casque à pointe, une cuirasse de uhlan en carton bouilli, une armure de chevalier en celluloïd. Il l'aimait tellement son armure que c'était toute une affaire pour la lui enlever quand venait l'heure de se coucher.

« Bien entendu, plaisante Bruno, j'aurais préféré qu'il se choisisse un autre héros que ce minable barbouilleur qui vient de rater si lamentablement son putsch. D'autant que ce n'est pas sans risque : le port de l'uniforme et des insignes est interdit depuis, non ? »

Mais Egon ne se déride pas. Si bien que Bruno en revient à ses premiers soupçons : dépit amoureux, vengeance d'un écorché vif qui aura été rabroué, susceptibilité typique de l'homosexuel qui se croit persécuté parce qu'on ignore ses avances. Qui sait si le poète n'est pas simplement jaloux de ce que son fils ait posé devant un autre photographe que lui, dans une attitude qu'il lui avait apprise lui ? Bref, une histoire de tantes, comme on dit. Et de fait, il s'apprête à oser le lui dire quand son ami le coupe :

« Regarde ce qui est écrit derrière. »

Bruno retourne la carte et lit la curieuse profession solennelle imprimée au dos :

Mort aux Juifs !
La vermine venue des ghettos sera
Exterminée,
Nous en faisons le serment,
La race allemande sera sauvée !

Foi de SA.

En dessous, Siegfried a ajouté à la main : *Mort à toi, Egon, sale juif ! Signé : S. A.*

Et ce qui navre le plus son père, c'est sans doute, pire que la haine qu'elle révèle, cette manière d'écrire en toutes lettres avant de signer : *signé.* Manière de pedzouille, manière de minus, indigne d'un jeune homme éduqué, indigne d'un fils du grand Bruno Arnhein. Comment Siegfried a-t-il pu tomber si bas ? se demande-t-il. Dans quel milieu de voyous dont il copie le style ignoble ? Où a-t-il appris à signer de ses seules initiales ? Des initiales dont il doit être stupidement fier parce que le hasard a fait que ce sont les initiales de la Sturm Abteilung.

Bruno ne sait comment se faire pardonner sinon en embrassant Egon, Egon qui l'embrasse en retour tandis qu'il murmure, en larmes à son tour :

« Que faut-il dire ? Que faut-il faire ? »

Oui. Que fallait-il faire ? Que fallait-il dire ? À quel moment a-t-on commencé de céder sur ces détails qui n'en sont pas : les formes, la politesse, le respect — une signature ? À quel moment a-t-on commencé de composer avec la vulgarité et permis que leur violence butée se donne pour une morale nouvelle ? Comment s'est-on laissé intimider par la bêtise, comment s'est-on rendu complice de leur brutalité ? Par quel cheminement, à cause de quelle secrète perversité en est-on venu jusqu'à se reprocher d'être encore un paisible honnête homme dans un monde qui ne l'était plus ? Et quand a-t-on enfin soupçonné qu'on se fascisait à son insu ? Quand a-t-on enfin saisi qu'on avait déjà perdu en perdant sa dignité de bourgeois, déjà sombré en négligeant de défendre ses propres valeurs de tolérance, de mesure ? Quand a-t-on deviné qu'il était trop tard pour se reprendre ? Quand a-t-on su que le mal était fait : que tout désormais serait *signé* ?

Bruno, en colère, s'assied au piano et recommence à feuilleter les pages de son carnet *Wanderweg*. Un fracas assourdissant emplit soudain la maison, les vitres vibrent : très bas au-dessus du lac, une escadrille de stukas traverse le ciel. Il lève un poing menaçant vers le plafond. Puis, sur le decrescendo du bruit, il se met à pianoter tout en déchiffrant un brouillon de mélodie qu'il avait croqué en date du 27 juin 1921.

« Randonnée au Lünersee en compagnie de Friedrich, le jour de ses vingt ans. Le jour où il m'a annoncé solennellement qu'il serait un écrivain, un grand, ou qu'il se tuerait si dans vingt ans il n'avait pas publié au moins un chef-d'œuvre... L'air ne me rappelle rien. Je ne l'ai jamais utilisé par la suite, je crois. C'est pourtant bien fichu, très chantant, on ne peut plus... arnheinien, non ? J'ai déjà fait le coup du ré dièse là où on attendait plutôt un mi naturel... Il m'arrive de retrouver comme ça des merveilles longtemps après. Écoutez quel joli duo je pourrais en tirer : voici la femme. » Il joue de la seule main droite. « Voici l'homme. » Il joue de la seule main gauche. « Et voici, à l'unisson, le thème de l'amour. » Il joue des deux mains. « Vous entendez ?

— En effet.

— *Arnheinissimo !* Ou non, mieux encore : deux femmes pour tenir les deux rôles, deux voix de femmes. Une soprano et une mezzo en travesti à la Chérubin. Ce serait charmant. Je l'imagine assez dans un petit costume de velours bleu... »

Bruno reprend du début, improvise quelques variations puis, insensiblement, revient à la mélodie initiale telle qu'il l'avait notée, si simple et si subtile aussi, si spirituelle — quand on frappe à la porte, trois brèves et deux longues : probablement un signal convenu, codé, pour le prévenir qu'il est l'heure de passer à table.

« Entre, Elisabeth ! chante-t-il, entre je t'en prie, *mia felicità !* »

En entrant, sa femme entre en même temps dans son jeu : « Bruno, *eterno amore mio !* chante-t-elle aussitôt en mesure, le déjeuner est servi. »

Schreiber la regarde rire puis se mordre les lèvres comme pour s'excuser d'avoir à son âge encore de ces puérilités. Il aimerait lui dire combien chez une grande dame âgée cette spontanéité de petite fille le séduit au contraire. Et combien l'émeut cet élan de discrète tendresse qu'elle a pour son mari tandis qu'il tourne son tabouret vers elle et lui sourit avec bonté. Il y a entre eux une évidente complicité, l'indulgence mutuelle du vieux couple dont l'amour demeure vivace et chez qui le plaisir d'être ensemble prime encore la pesanteur d'une routine partagée.

Précédés d'un petit singe mécanique qui danse sur le seuil de la porte en battant du tambour comme pour les annoncer, les enfants entrent à leur tour, saluant les grandes personnes d'une révérence.

« Alice a retrouvé la clef, dit Arno. Elle était tombée derrière son lit.

— Ah bien ! Mais c'est compris ? menace leur grand-père, je ne veux plus vous entendre raconter qu'il vient de la boutique de Gobbolo !

— Comment ça, la boutique de Gobbolo ? demande leur grand-mère. Quelle est cette nouvelle idiotie ? Vraiment, Bruno...

— Rien, chérie. Une histoire à nous trois, et qui restera entre nous trois, je le leur ai promis », répond-il en adressant à la ronde un clin d'œil très théâtral.

« Je ne sais pas qui m'a donné des chenapans pareils ! »

Elisabeth paraît compter son mari au nombre desdits chenapans. Mais Alice, que la fausse sévérité de ses grands-parents amuse, réplique non sans à-propos :

« Moi, je sais : Papa et Maman.

— Voyez-moi cette raisonneuse ! Et voyez-moi ces mains de charbonnier ! Allez vous les laver immédiatement, mademoiselle ! Et toi aussi, Arno.

— Il n'y a plus de savon, Mamie.

— Mais de l'eau, il y en a toujours. Et Anna vous a appris comment vous débrouiller avec du talc ou de la cendre. Un petit coup de peigne ne serait pas non plus du luxe, au reste. Allez ! Allez ! Faites vite, nous passons à table. »

En sortant, les enfants exécutent une seconde révérence mais en l'assortissant de quelques pitreries.

« Ils sont très excités par votre présence, monsieur, s'excuse Elisabeth. Il faut les comprendre : les pauvres petits ne voient jamais personne et votre visite leur paraît assez mystérieuse. Savez-vous ? Arno m'a demandé si vous étiez un espion. J'ignore qui lui aura enseigné ce vilain mot. Quant à mon Alice, je crois qu'elle vous prend plus ou moins pour un personnage de *La Flûte enchantée* !

— Ah ! voilà qui me plaît mieux, plaisante Schreiber. Et j'espère que vous n'avez pas démenti, madame. »

En riant, elle lui offre alors son coude pour qu'il la conduise à la terrasse. Simple respect des bons usages auxquels elle se plie sans même y penser, ou aurait-elle pressenti qu'il désire avoir un aparté avec elle ? Tandis que Bruno s'attarde au piano, elle presse sensiblement le pas au contraire, ce qui donne à son hôte l'occasion de lui glisser à l'oreille :

« Pamina m'a chargé de vous remettre à vous personnellement un paquet.

— Oh ! fait-elle, est-ce une partition ? »

À son bras, il la sent qui se trouble comme il lui répond :

« Oui : *L'Amour et la vie d'une femme.* Mais elle m'a demandé de ne pas en parler à son père.

— Souvent, après le déjeuner, mon mari s'endort dehors dans une chaise longue pendant que je donne leur leçon d'allemand aux enfants dans ma chambre. Nous trouverons un moment. »

Après le déjeuner, Bruno s'est assoupi en effet. La chaleur, l'odeur acide de l'herbe, le bruissement monotone des insectes ont plongé le jardin dans une hypnose à laquelle l'écrivain craint de succomber lui aussi. Et les deux grands crus de bordeaux que le maître de maison avait débouchés pour la circonstance, un château yquem de l'année de son *Requiem*, un château petrus de l'année de sa *Petite suite burlesque*, les ont d'autant plus soûlés qu'il y avait fort peu à manger : une omelette de trois ou quatre œufs piquée de miettes de lard, du choux poché à l'eau et un morceau de pain noir rassi. Schreiber trébuche en se levant quand, d'un simple cillement, Elisabeth l'invite à la suivre ; il tangue dans le roulis des deux marches qui mènent à la villa.

Elle n'a pour sa part rien perdu de sa majesté naturelle. Son maintien dénoterait même une certaine arrogance, n'était la démarche au déhanchement assez marqué, dansant, et ce sourire modeste qui adoucit ce que le visage aurait de trop anguleux sinon, de trop osseux.

« Alice, Arno, je vous accorde une récréation aujourd'hui, annonce-t-elle à ses petits-enfants. Vous pouvez aller jouer mais ce serait gentil si vous aidiez d'abord Anna à débarrasser la table. »

Quand enfin elle ferme la porte de sa chambre et déchire l'enveloppe que lui tend Schreiber, ses mains tremblent.

La partition est truquée. Pour avoir reçu de sa fille du

courrier ainsi codé, elle en connaît le chiffre. Selon l'usage, les mots sous la portée sont fragmentés par des tirets. Mais, de place en place, une note de musique a été indûment altérée, qui indique à l'œil averti, guidé par l'oreille, de lire la syllabe correspondante pour reconstituer le message.

Si grande soit son impatience de savoir ce que lui communique sa fille, elle attendra d'être seule pour déchiffrer la musique de Schumann et décrypter le texte qui se cache dans les huit poèmes de Chamisso. Devant Schreiber, elle se contente d'en parcourir rapidement les pages. Chaque titre renouvelle en elle une émotion lointaine et pourtant proche.

Au premier chant, *Depuis que je l'ai vu...*, c'est cette détresse légère qui nous envahit à l'instant où nous tombons amoureux, à l'instant précis où nous vient le sentiment vertigineux que, littéralement, nous tombons.

Le second chant, très enjoué au contraire, s'ouvre sur le mot : *Lui*. C'est lui, affirme la femme, lui entre tous.

Mais le flottement du doute reprend dès les premiers accords du troisième chant : *Je ne peux pas comprendre, je ne peux pas croire*... Pourquoi moi entre toutes ? Comment a-t-il pu me distinguer ?

L'Amour et la vie d'une femme ! c'est comme cela que tout avait commencé. Parce que le maître de musique Arnhein avait eu le culot de donner à son élève, la petite comtesse de Werdenberg, cette œuvre à étudier. Comme pour lui dire : voici ce qu'est l'amour et la vie d'une femme. Voici ce que sera votre amour pour moi, voici ce que sera votre vie auprès de moi. Voici ce qui vous attend, Elisabeth.

Bruno savait-il déjà ? Avait-il compris déjà qu'elle lui était destinée ? Avait-il eu, comme il le prétendrait plus tard, une vision dès qu'il l'avait vue s'avancer vers lui vêtue de son travesti de velours bleu la première fois ? Était-ce vraiment l'effet du philtre dans *Tristan et Isolde* ? Un éblouissement et le tumulte wagnérien de la passion naissante en lui... Ou, jouant encore avec ses propres sentiments, n'aimait-il, ne croyait-il aimer que pour cette simple raison qu'il voulait aimer ? Et n'était-ce pas plutôt la manœuvre d'un séducteur sans scrupule que de présenter à la jeune fille qu'elle était alors *L'Amour et la vie d'une femme* ? Non une audace d'artiste mais une habileté d'arriviste.

L'un et l'autre sans doute. Car l'un et l'autre coexistent chez un génie de vingt-six ans : la plus stricte exigence morale et l'opportunisme le plus tortueux, le calcul et la folie. Bruno était passionné, ce qui ne l'empêchait nullement d'intriguer. Il était fier du dénuement où il se trouvait pour avoir préféré à la quiétude bourgeoise une vie aventureuse, il n'en raisonnait pas moins en termes de carrière. Et s'il aimait sincèrement la jeune comtesse, il l'aimait aussi par ambition. Après lui avoir donné sa leçon, il rentrait exalté du palais Werdenberg. Mais, une heure plus tard, au café Griensteidl, ses amis l'entendaient médire cyniquement de cette noblesse viennoise dont il voulait forcer les portes.

Le comte donnerait bientôt un bal pour célébrer les dix-sept ans de sa fille, Bruno serait-il invité ? Et si on l'oubliait, comment s'y prendrait-il pour ne pas s'exposer à l'humiliation de se voir refuser une invitation sollicitée ? Eh bien ! il écrirait une valse. Il écrirait pour la circonstance une suite de valses inspirées de *L'Amour et la vie d'une femme*. Ce serait son cadeau à Elisabeth : quelque chose que ne pouvait lui offrir aucun de ses prétendants. Et il proposerait de diriger l'orchestre à cette occasion : on serait bien obligé de l'inviter.

Amour a le goût du secret,

chante, quand il découvre enfin l'amour, le Prince Inconstant. Un jour, Bruno eut honte de s'être tant vanté de sa prétendue conquête devant ses amis. Il se méprisa d'avoir parlé si bassement du père de la jeune fille. Désormais, il n'irait plus traîner au café Griensteidl. Après sa leçon, le cœur battant, il hélerait un fiacre et se ferait conduire jusqu'à un village des coteaux viennois. Il se promènerait dans les vignes de Grinzing ou s'assiérait sur un banc devant la maison de Beethoven, à Heiligenstadt. Il voulait être seul, loin de toute société, pour savourer son bonheur : il aimait.

Mais aimer, c'est aussi renoncer à toute vanité. Et aimer fut, pour lui, renoncer soudain à ce bal auquel il avait désiré assister par snobisme plus que par amour. Non, il n'intriguerait pas pour être invité ; non, il n'écrirait pas de valse. Ce soir-là, résolut-il, il resterait chez lui et penserait à elle avec mélancolie. Et cette mélancolie même lui serait agréable.

Au reste, quelle figure aurait-il faite à ce bal, lui qui n'avait pas de nom, pas de titre ni d'autre habit que la queue-de-pie qu'il portait au concert ? Or, il y a plus vexant que de n'être pas reçu dans le monde, c'est d'y être mal reçu. Et Bruno n'oubliait pas les quelques avanies qu'il avait dû subir depuis qu'il fréquentait le salon des Werdenberg. Agacés de le voir plaire à la jeune fille de la maison, des habitués étaient allés jusqu'à faire courir le bruit qu'il était juif — la chose lui avait été rapportée.

La chose avait également été rapportée à Elisabeth, qui avait alors osé braver l'interdit et exigé de son père que le musicien fût invité. S'il s'agissait d'une calomnie, sa présence rétablirait la vérité. Et si ce n'en était pas une, Elisabeth espérait prouver ainsi à l'homme qu'elle aimait en secret son dédain des préjugés : pas plus que l'Empereur, les nobles n'étaient antisémites, ils laissaient cela aux bourgeois... Dans son cœur, elle en était alors au second poème de *L'Amour et la vie d'une femme* : lui !

« Écoutez... » s'écrie-t-elle en se tournant vers Schreiber.

On entend une alerte lointaine. Elle va à la fenêtre : vers l'ouest, une épaisse fumée noircit le ciel.

Bruno, qui s'est éveillé en sursaut, lui adresse du bout des doigts un petit signe de tendresse quand il la voit apparaître. Comme pour lui dire de ne pas s'inquiéter. Qu'il est toujours là. Et qu'il l'aime.

Il se tenait devant elle, campé au milieu de la bousculade des invités et la regardait ainsi, posément, éhontément. Tandis que l'orchestre se réaccordait, les danseurs s'éventaient et dégustaient les granités que leur présentaient les laquais. On la saluait de toutes parts, elle s'inclinait en une révérence continue mais à peine ébauchée. Lui ne bougeait toujours pas. Que fallait-il dire ? Que fallait-il faire ?

Dans son égarement, elle s'imagina qu'il la prenait dans ses bras. Elle voulut s'éloigner ou, du moins, détourner les yeux. Mais elle était sans volonté, anéantie.

« Bruno, Bruno... » s'entendit-elle murmurer.

Quand, dans un brusque élan, il se rapprocha encore, lui prit la main et dit d'une voix blanche :

« Accordez-moi la prochaine valse, Elisabeth.

— Je vous en prie, protesta-t-elle doucement. Vous savez que c'est impossible. Épargnez-moi ! Ce serait un tel scandale. »

Autour d'eux, tout mouvement s'était arrêté, leur sembla-t-il, tout bruit. On les observait et ils étaient seuls pourtant. Seuls dans le romantisme de l'instant. Leur vie se jouait maintenant, l'un et l'autre le devinaient. Et le premier violon entonnait pour la seconde fois de la soirée le dernier air à la mode : *Amours impériales*.

« Vous entendez ? C'est une valse, une valse-hésitation. »

Elle lui montra son carnet de bal où, sur de fines feuilles de nacre, tant de noms illustres étaient déjà inscrits au crayon gras : Apponyi, Schwarzenberg, Laumes, Metternich, Esterházy, Windischgrätz, Visconti, Faffenheim, Radziwill, Starhemberg, Ligne, Belgiojoso, Auschwitz.

« Eh bien ! ce sera un scandale mais vous danserez avec Arnhein... » dit-il en l'entraînant vers le milieu du parquet, trois pas à l'endroit, deux à l'envers. « Vous danserez avec Arnhein. »

« Écoutez... » reprend-elle. Et ses yeux s'embuent de larmes. « Nous n'en pouvons plus. C'est trop d'angoisse. Il faut nous aider, monsieur Schreiber. »

Leitmotiv

À ses yeux amétropes, l'univers est plan, flou, sans profondeur. Et vues de près, les choses se présentent sous cet aspect exagérément lisse, poli et plat des bas-reliefs du nouvel art nazi. Car, à l'exemple de son Führer, Siegfried ne met que rarement, que furtivement des verres correcteurs, quand il est sûr de ne pas être observé. Certains dignitaires du parti, et non des moindres, Himmler entre autres, gardent les leurs en public. Mais pour sa part, il s'en tient toujours à l'idéal des débuts du nazisme : le surhomme. Or, les lunettes avouent une infirmité, une imperfection humaine. Ce sont des prothèses, et qui siéent mieux au vieil érudit penché sur ses livres poussiéreux qu'au jeune athlète foulant la cendrée des stades. Les intellectuels, les bolcheviques portent volontiers des lunettes. Quant aux Juifs, il est notoire qu'ils constituent, qu'ils constituaient — dira-t-on bientôt à l'imparfait — une race de myopes, de presbytes et d'astigmates. Statistiquement, avant qu'on leur interdise d'exercer, les opticiens juifs étaient plus nombreux que les opticiens aryens à Berlin. Et il n'est que de voir les wagons de verre, d'or et d'écaille récupérés sur leurs nez dans les camps de concentration... Mais peut-on imaginer une statue de dieu antique avec des lunettes ? Non : c'est justement un truc d'artistes décadents, un truc de surréalistes que de ridiculiser la statuaire classique en rajoutant un monocle à Apollon, un pince-nez à Hercule. Et de quoi aurait l'air un héros germanique affublé de besicles, de quoi aurait l'air un Wälsung ?

Un jour lointain de 1923, lors d'une marche forcée dans la fraîcheur des bois, comme la sueur se condensait en une buée opaque sur ses lunettes, Siegfried les avait ôtées et, faute d'une épée à briser, broyées dans sa paume de main aux applaudissements de ses compagnons d'armes de la centurie Wälsungen. Il ne porterait plus de lunettes désormais. Il irait ainsi dans un monde moins contrasté, moins profond et, par là même, plus conforme à son idéologie.

Une mauvaise vue pouvait vous fermer les portes de la Waffen SS. Mais lors de l'examen médical d'admission, juste avant l'épreuve du tableau de lecture optométrique, son camarade Golo Globs lui indiqua ce qu'il fallait lire : au lieu de l'habituelle suite de lettres dénuée de signification, la ligne des plus petits caractères écrivait les mots :

Vive Adolf Hitler !

Et la ligne des plus grands :

NSDAP.

Évidemment, c'était un inconvénient, un danger parfois, de mal évaluer les distances. Siegfried avait pourtant traversé jusqu'ici l'existence sans accident grave. Et pour ceux qui, voyant mal comme lui, s'étaient mis dans son cas au nom des grands principes, un espoir nouveau venait maintenant de l'Est : dans un camp des territoires occupés, un chirurgien ophtalmologue expérimentait d'arracher par vivisection leurs cornées à des prisonniers et d'en faire, moyennant un habile meulage, des sortes de lentilles correctrices qu'on poserait sur les yeux déficients de l'élite aryenne. Mais Siegfried avait eu un haut-le-cœur quand le Dr Schultz-Moritz lui avait exposé son projet et offert d'être un des premiers à essayer ces prothèses naturelles : voir à travers des cornées juives ? Voir la réalité enjuivée ?

Flou était l'espace et flou, de même, le temps. Car vivre proche du pouvoir suprême impliquait une disponibilité perpétuelle, le renoncement à un quelconque emploi personnel du temps. Le temps appartenait en entier au Führer, son emploi relevait de sa seule volonté : on pouvait être convoqué à n'importe quel moment du jour ou de la nuit et, sur la minute, envoyé en mission. Ou appelé en conférence extraordinaire à trois heures du matin, mais pour entendre le dictateur monologuer sur quelque banalité philosophique qu'il avait déjà exposée pendant le déjeuner — ou était-ce la collation, ou était-ce le dîner ? On ne savait plus.

Souvent, on ignorait le matin encore qu'on coucherait ailleurs le soir et qu'il faudrait le suivre dans son « repaire du loup » après l'avoir accompagné jusqu'à son « nid d'aigle ». On ignorait même si on coucherait ou si on ne devrait pas veiller assis dans un compartiment de son train particulier. Depuis le début de la guerre, on n'avait plus connu d'horaire. Le jour et la nuit se confondaient. La vie était devenue une sorte d'interminable insomnie somnambulique. Pour tenir le rythme, ou plutôt l'absence de rythme qu'il imposait à son entourage, on se gavait de calmants et d'excitants, d'euphorisants et de tranquillisants dont l'alternance ou la conjugaison des effets provoquaient un état continu d'hébétude délirante, une vision paranoïaque de l'espace et du temps. Il n'y avait plus de souvenir ni d'avenir, rien qu'un présent halluciné, plat et lisse. On était sorti de la réalité.

Parfois, dans un fugace retour de lucidité, on se demandait à quel moment cela avait commencé et comment. Quand s'était-on aperçu qu'on pouvait substituer à la vérité n'importe quel fantasme hitlérien et le tenir pour vrai ? Et quand ne s'était-on même plus aperçu qu'on mentait en inventant une réalité nouvelle ? À partir de quand n'avait-on même plus perçu qu'on se mentait ?

Siegfried avait de ces rares éclairs de conscience certaines aubes, au sortir d'une courte narcose. Il s'éveillait en sursaut, scrutait la pénombre de sa chambre où, dans un espace à deux dimensions, les boiseries et les bronzes flottaient, hostiles comme des restes d'un mauvais rêve. Et pris d'une sorte d'effroi rétrospectif, il cherchait à se remémorer, à reconstituer ce moment précis où il avait, comme le système, basculé dans la mythomanie. Le moment où le plaisir pervers qu'il prenait à inventer un mythe avait fini par céder au plaisir, plus pervers encore, d'y ajouter foi.

La légende de Horst Wessel, par exemple. Goebbels et lui s'étaient plu cyniquement à la forger de toutes pièces l'année... Mais quelle année était-ce ? se demandait-il. 33 ? 32 ? 31 ? Non : 30. Aussi loin que l'hiver 30. Et déjà, avant même qu'un ministère soit créé pour cela, avant même que des centaines de fonctionnaires s'en occupent, la propagande nazie était assez puissante et persuasive pour faire d'un règlement de comptes entre deux minables voyous le premier martyre du mouvement et inventer un saint.

Le SA Horst Wessel, chef de la division V, avait piqué la petite Erna Jänicke à son amant, le dénommé Ali Höhler. La logeuse de Wessel, veuve d'un militant du Front Rouge, avait gagné quatre sous en dénonçant le jeune nazi à ce sympathisant communiste qui maquereautait la demoiselle. Et un beau matin, furieux d'avoir perdu un gagne-pain, le demi-sel avait surgi avec quelques hommes de main au domicile de son rival et l'avait froidement abattu d'une balle de revolver. C'était là toute l'affaire : un fait divers qui n'aurait pas mérité plus de trois lignes en dernière page des quotidiens. Mais le camarade Horst n'était pas mort sur le coup : il avait agonisé cinq longues semaines à l'hôpital avant d'être emporté par une septicémie le 23 février. Cinq longues semaines que le Dr Goebbels, secondé par le Dr Arnhein, avait mis à profit pour le béatifier et écrire sa sublime légende. Au fil des numéros de l'*Angriff*, lequel publiait à la une de chaque édition le bulletin de santé de cette malheureuse victime de la barbarie bolchevique, le pilier de brasserie qui traînait sa flemme parmi la pègre de l'Alex s'était mué en un pur archange, un héros parsifalien animé, du fond même de son lit de douleurs, d'une volonté surhumaine : servir son Führer. Et le camarade journaliste de s'extasier : comme il lui demandait s'il souffrait beaucoup, le mourant lui avait répondu : « Moins que l'Allemagne ! »

L'hagiographie s'enrichissait sans cesse de nouvelles anecdotes, de récits d'actes valeureux imaginés par le Dr Arnhein, qui y prenait un vrai plaisir de feuilletoniste et se grisait de ses trouvailles. Entre autres, d'avoir mis dans la bouche du jeune chef de division cette édifiante réplique : « Moins que l'Allemagne ! »

Des lecteurs mécréants, s'il en était parmi les abonnés de l'*Angriff*, auraient pu s'étonner que le saint, âgé de vingt-deux ans, eût accompli un si grand nombre de hauts faits en si peu de temps. Alors, on trouva mieux : on fit habilement truquer des photos pour le mêler à des manifestations auxquelles il n'avait pas assisté et montrer qu'il s'était toujours tenu au premier rang des troupes d'assaut. Qui donc serait assez cuistre pour faire observer que le camarade Horst Wessel avait le même jour, à la même heure, pris part à un défilé dans les rues de Nuremberg et distribué des tracts appelant au boycott des commerces juifs devant un grand magasin de Berlin ? Il avait le don d'ubiquité comme il avait le génie de la poésie.

Car le plus beau fut quand on découvrit qu'il était l'auteur d'une marche qui se chantait beaucoup ces derniers temps dans la SA : *Haut le drapeau.* La musique avait été empruntée à un chant communiste qui, lui-même, démarquait une cantate de Bach. Quant aux paroles, elles plagiaient un poème en vers de mirliton paru sans signature dans le bulletin du Parti National-Socialiste bien avant l'adhésion de Horst Wessel. Qu'importait cependant ? Alors qu'il n'était pas encore mort, le soir du 7 février, ils furent dix mille à se réunir au Palais des Sports pour lui rendre un grandiose hommage en entonnant cet hymne qui s'appellerait désormais le *Horst Wessel Lied.*

Plus gros était le mensonge et plus grossier le faux, plus excitant de les voir prendre. En attendant de s'y faire prendre un jour. Mais le jour n'était pas encore venu alors. Et Siegfried n'oublierait jamais le commentaire cynique du futur ministre de la Propagande à l'annonce du décès de ce héros qu'ils venaient de fabriquer ensemble, mais aussi d'un camarade qui ne fêterait jamais son vingt-troisième anniversaire. « Encore mieux pour nous ! » lui avait-il glissé à l'oreille. En insistant sur le *nous.*

Siegfried, dans ces rares accès de doute et de détresse qui lui venaient à la fin de la nuit, se levait d'un pas chancelant et entrait dans la chambre d'Ursula. La précieuse marqueterie de miroir du mobilier confisqué à un collectionneur juif au moment de la Nuit de Cristal morcelait et multipliait son corps, nu sous le drap de soie diaphane. Elle gisait sur le ventre, prostrée, cadavéreuse. Il ramassait une seringue tombée sur le tapis, remontait doucement le rhéostat des appliques lumineuses. Dans les losanges de glace biseautée qui cristallisaient la sinistre réalité de l'aube en autant de reflets roses taillés comme des diamants, il la voyait se retourner, ouvrir les yeux sans le reconnaître d'abord, et puis lui adresser enfin un pauvre sourire. Mais cela aussi lui paraissait faux, cet amour que sa femme essayait encore de lui montrer, de lui mimer. Factices, ces attitudes convenues d'une conjugalité depuis longtemps disparue si tant était qu'elle eût jamais vraiment existé entre eux.

Ursula avait vécu un rêve de jeune Allemande romantique. Elle avait aimé cet homme autoritaire, mince et froid, strictement sanglé dans son uniforme de la SS. Et peut-être l'aimait-elle encore, autrement que par habitude. Mais à quel moment cela avait-il commencé et comment ? Ce malaise confus en elle, indiscernable, et cependant insurmontable aussi, toujours vivace après onze ans de mariage. Dès le début : Siegfried s'en était convaincu, les années passant.

Dès le début, une sorte de dissociation mentale s'était produite dans son esprit quand elle l'avait vu ou, plutôt, revu pour la première fois à ce grand dîner chez son père, en 1930 : était-ce le même Siegfried Arnhein ? Était-ce bien là le gros Friedo qui l'avait persécutée pendant tout un mois de vacances quand elle était petite fille ?

L'été 1917, les von Schnaben, de Hambourg, et les Arnhein, de Munich, avaient eu la même idée : envoyer leurs enfants à la montagne, dans un pays neutre où l'on trouvait encore des laitages et des fruits en abondance ; et choisi le même hôtel — le Schweizerhof de Klosters. L'aîné des Arnhein était même de la partie, ayant obtenu une autorisation de sortie du territoire malgré ses seize ans révolus. Ursula s'était tout de suite liée à Dorabella, qui avait dix ans comme elle. Mais qu'elle l'avait détesté ce gros garçon binoclard et poussif qui ne savait pas quoi inventer pour les faire pleurer toutes deux ! Friedrich, le grand frère, et Udo, son grand frère à elle, avaient beau lui flanquer des raclées magistrales quand il dépassait les bornes, et leurs gouvernantes le priver de dessert ou l'enfermer des heures dans un placard à balais, chaque jour il ajoutait une nouvelle méchanceté à son répertoire de terreur des palaces. À la demande comminatoire de plusieurs clients, le directeur de l'hôtel avait même fini par télégraphier aux parents du monstre :

> Grand regret nous voyons obligation vous renvoyer par premier train votre fils stop Voyage nos frais accompagné concierge hôtel toute confiance stop Salutations distinguées.

Le matin même, le jeune Udo avait surpris derrière une haie Friedo qui se branlait bruyamment dans le corps éventré d'une poupée de caoutchouc : la poupée que sa sœur ne se consolait pas d'avoir perdue la veille au jardin.

Après les vacances, Ursula et Dorabella s'étaient lancées dans une correspondance régulière. Et par la suite, elles s'étaient revues quelques fois. Mais jamais Ursula n'avait reparlé de l'incident. Et jamais Dorabella n'avait donné de nouvelles de son terrible frère.

Ursula allait-elle ce soir, treize ans plus tard, y revenir ? Était-ce pour cela qu'elle l'avait entraîné au fond du parc après dîner ?

Non. Oubli réel ou vrai tact, si elle avait parlé de son amitié pour la sœur de Siegfried, elle avait évité toute espèce d'allusion aux vacances gâchées de 1917. Comme deux inconnus qui se seraient plu dans un dîner et auraient tacitement convenu de se rapprocher quand ils se lèveraient de table, assis sur un rocher au bord de l'eau, ils discutaient à l'écart des autres invités maintenant. Au bout du môle, un fanal s'allumait et s'éteignait, qui leur parut à tous deux suivre la cadence hésitante de leurs paroles et de leurs silences émus, leurs élans brisés par de brusques pudeurs.

« Vous ne... ne comptez pas exercer ?

— Non. Je veux... Je veux vouer, voilà, vouer ma vie au... relèvement de l'Allemagne. »

Elle trouva du charme à sa ferveur et à sa gravité militantes, qui la changeaient de la frivolité des fils à papa que son père la forçait de fréquenter — leurs sempiternelles histoires de yachting, de chevaux et de voyages à Paris. Et quelle allure, dans cet uniforme qu'il avait l'audace de mettre même pour dîner dans le monde ! On disait les nazis vulgaires, primaires. Mais on généralisait injustement : il y avait aussi parmi eux des hommes d'une exacte courtoisie et d'une intelligence supérieure — il y avait des Dr Siegfried Arnhein. Viendrait-il passer un prochain dimanche à leur villa du Wannsee ? Ce serait un rêve : on nagerait, on canoterait, on grillerait des saucisses sur la plage, on écouterait des disques de jazz — elle avait reçu des nouveautés américaines. Entre autres, un arrangement sensationnel de *You've changed...*

« Rien que vous et moi. »

You've changed — lui reparlerait-elle alors des vacances à Klosters ? Au moment d'accepter, Siegfried s'en est inquiété de nouveau.

Mais le dimanche se passe comme annoncé : un rêve. Côte à côte, ils nagent longuement dans l'eau froide et se complimentent mutuellement de leur style et de leur endurance. Ils canotent et elle remarque : « Quelle harmonie entre nous, n'est-ce pas ? » L'union aux rames est parfaite en effet, et ils sont très beaux et sains tous deux. Ils formeraient un couple idéal comme on en voit photographiés dans la revue d'eugénisme qu'il a apportée pour lui faire lire son dernier article paru : *La race supérieure.* Et n'est-ce pas un signe du destin que son grand-père à lui ait été le fondateur de la banque dirigée maintenant par son père à elle : la Rheingold ? Ils parlent d'*éternel retour...* Les saucisses grillées, Siegfried ne les apprécie guère, en revanche. Et il lui reproche véhémentement quoique poliment d'écouter cette musique de dégénérés, cette musique de nègres. Le jazz éveille les bas instincts de ces singes, les met en rut. Mais elle ! une civilisée, une Allemande, une humaine.

Sans doute a-t-il raison : après tout, il est le fils d'un grand compositeur et a été élevé dans le culte du beau. Il doit savoir de quoi il parle. Ursula, honteuse, lui propose alors, pour clore l'incident, une promenade en décapotable.

Il siffle admiratif :

« Le nouveau roadster BMW !

— Une petite gâterie de mon père pour mes vingt-trois ans », plaisante-t-elle. Et, en lui lançant les clefs : « Vous voulez conduire ?

— C'est-à-dire que je... bafouille-t-il, que je ne... »

Sur le coup, elle avait trouvé étrange sa gêne et sa façon de se dérober. Se pouvait-il qu'il ne sût pas conduire ? Ou était-il trop fier pour lui avouer qu'il avait déjà provoqué un accident au volant ? Les nazis avaient un sens si aigu de l'honneur, une telle susceptibilité sur tout ce qui avait trait à la virilité ou, du moins, à l'idée qu'ils s'en faisaient ! Elle préféra ne pas insister.

Mais plus tard, quand elle apprendrait la vraie raison de son refus : qu'il y voyait mal et ne voulait pas porter de lunettes —, elle apprendrait aussi qu'elle n'aurait plus le droit de prendre le volant en sa présence quand ils seraient mariés. Siegfried trouvait déshonorant pour un homme, et singulièrement un homme de l'élite humaine, d'être conduit par une femme : sa susceptibilité virile allait jusque-là. Et, de toute façon, il y aurait toujours un chauffeur à sa disposition quand ils seraient mariés.

Murée dans son silence, elle regardait fixement à travers la glace de séparation la nuque rasée net du chauffeur, qui se tenait raide sur le dossier du siège. L'effet de la cocaïne qu'elle venait de priser accentuait à ses yeux l'impression de rigidité vernie, vitreuse, des objets et des êtres — de mort. Comme si le chauffeur n'était lui-même qu'un élément mécanique ingénieusement carrossé de l'automobile qui les conduisait à Lindau.

Ils étaient partis tôt de Berchtesgaden, tous deux épuisés, dans cet état nauséeux qui succède à un trop court sommeil chimique, trop vite interrompu. Assis à sa droite, elle le devinait à un reflet de son visage sur la vitre, Siegfried l'observait attentivement. Naguère, il avait la courtoisie de lui laisser le côté droit de la banquette ; mais il tenait toujours plus à ses prérogatives d'officier maintenant. Elle savait qu'il n'attendait qu'un geste d'elle, qu'un simple mouvement du buste vers lui pour engager une quelconque conversation. Mais elle n'en avait aucune envie : leurs derniers échanges s'étaient tous conclus par des larmes et la nécessaire piqûre de morphine ensuite.

Souvent, elle se demandait à quel moment cela avait commencé et comment : ce sentiment d'un enlisement, d'un glissement inéluctable vers le néant. Depuis quand l'espace s'était-il aplati et resserré autour d'elle à n'être plus qu'une paroi de verre contre quoi elle butait comme l'insecte sur le carreau ; à n'être plus même que sa propre peau parfois ; qu'une tache bleue à sa saignée ? Depuis quand le temps s'était-il arrêté ?

Et depuis quand avaient-ils cessé d'être ensemble tout en continuant de vivre côte à côte ? Si c'était vivre que de vivre comme ils vivaient. Si c'était vivre que de subsister dans son être, vivre que de subsister dans ce qu'il subsistait encore de son être rongé par la drogue, l'insomnie, les frustrations.

La dernière fois qu'ils avaient été ensemble sinon heureux ensemble, c'était, lui semblait-il, l'hiver de l'année précédente, au Wannsee. Vers la fin de janvier, dans une villa voisine de celle des Schnaben, Heydrich avait réuni pour une séance de travail Meyer, Stuckart, Neumann, Bühler, Luther, Kritzinger, Eichmann, Freisler et Arnhein, tandis qu'Ursula recevait les dames à un tricot de charité agrémenté d'un goûter dînatoire chez ses parents, au coin du feu. Le soir, quand ils s'étaient rejoints dans sa chambre de jeune fille, son mari lui avait paru changé, plus serein qu'à l'ordinaire, moins crispé. 42 serait l'année de la victoire et de grandes choses se préparaient, lui avait-il confié sans cependant daigner lui dire quelles seraient ces grandes choses. Elle avait appris à ne jamais lui poser de questions politiques. Et à se soumettre, les rares fois où il entreprenait de lui faire l'amour — si c'est faire l'amour à une femme que de la déshabiller sans ménagement, de la ligoter au moyen d'un baudrier, de la chausser de bottes, de la revêtir d'un grand ciré vert à même sa peau nue, puis de frotter longuement son sexe contre un pan du manteau militaire et de lui hurler à l'oreille au moment d'éjaculer : « Je t'aime. »

Mais ce soir-là, la dernière fois où il lui avait fait l'amour pour autant qu'elle se souvînt, elle avait presque éprouvé du plaisir et retrouvé ensuite, dans ses bras, quelque chose de son bonheur enfui depuis longtemps. Après avoir joui, il s'était montré tendre et prévenant. Bravant l'interdit, elle lui avait demandé alors :

« Et quelles sont ces grandes choses qui se préparent ?

— La question juive..., avait-il répondu, la question juive va être définitivement résolue. »

Alice ! Arno ! avait-elle pensé aussitôt sans chercher à en deviner plus. Et Elisabeth ! Elisabeth qui, récemment encore, lui avait écrit pour l'implorer une nouvelle fois d'intervenir auprès de son fils : qu'il l'autorise au moins à faire passer ses petits enfants en Suisse. Bruno et elle resteraient, s'il le souhaitait.

Mais Siegfried, comme si l'argument constituait une réponse à sa demande, lui oppose toujours ce que sa mère a fini par appeler *le leitmotiv de l'opéra* :

« La Propagande a commandé un opéra à mon père. Nous avons poussé la complaisance jusqu'à lui offrir d'organiser une grande cérémonie nationale pour la première et de célébrer par la même occasion son soixante-quinzième anniversaire l'année prochaine, quand la guerre sera finie, le 5 novembre 1943. Nous avons choisi l'Opéra de Dresde, où ont été créés ses plus grands succès. Qu'il s'exécute maintenant ! »

Cette nuit, de retour de Berlin où il a enterré leur vieux camarade Lutze, et avant de repartir pour la Wolfsschanze, Hitler lui en a reparlé incidemment :

« Où en est votre père de son opéra, mon cher Siegfried ? Le temps presse, il me semble. Il ne reste plus que six mois pour le répéter et le monter. Ou même... l'écrire, peut-être ? »

Car Hitler, aussi pris qu'il soit par la guerre, n'oublie rien.

Pas même l'anniversaire de Bruno Arnhein, apparemment. Au reste, cet opéra aussi, dans son esprit, contribuerait à la victoire. L'art, il l'a dit, est un effort de guerre comme un autre.

Et comme à chaque fois, Siegfried n'a pu se défendre qu'en mentant :

« N'ayez crainte, mon Führer. Le travail avance. Vous serez obéi. J'y veille. Comme je vous en ai prévenu, je pars justement tout à l'heure pour Lindau, passer la journée avec lui. »

Mais même si les choses ne sont pas dites, il sent planer sur lui le perpétuel reproche : il est le fils de cet artiste rebelle à l'ordre nouveau. Il est le frère d'un communiste traître à sa patrie, le beau-frère d'une Juive tuberculeuse et l'oncle de deux enfants qui auraient déjà dû être gazés depuis longtemps. Il sait qu'un jour il ne pourra plus tricher, lui qui fut un des premiers à défendre l'idée de responsabilité familiale ; il devine qu'il devra expier pour eux tous.

Ursula l'observe dans le rétroviseur, qui glisse un doigt entre son cou et le col de sa chemise, qui croise et décroise ses jambes secouées d'impatiences. Sa nervosité exaspère la sienne. Voici plus de trois heures qu'ils roulent en silence, elle se décide à lui parler enfin :

« Qu'as-tu convenu avec ta mère ?

— Qu'elle nous attendrait vers midi devant la grille », répond-il. Et il ajoute dans une sorte de ricanement : « Je ne forcerai pas mon cher père à me recevoir puisqu'il refuse obstinément. Tu vois, tu as ce que tu veux : je suis un bon fils, docile. J'ai fait mieux : j'ai autorisé le représentant d'une commission internationale à lui rendre visite. Il témoignera que notre grand compositeur national...

— Siegfried, c'est de ton père que tu...

— Est bien traité. En bonne santé. Qu'il a ses petits-enfants auprès de lui. On ne pourra pas nous accuser de barbarie.

— Siegfried, promets-moi de ne pas faire pleurer Elisabeth !

— Comment puis-je te promettre une pareille chose ? J'ai toujours fait pleurer ma mère. »

Elisabeth, comme convenu, s'est postée un peu avant midi à la grille du jardin. Elle le sait, comme avant chacune de leurs rencontres il le lui a répété au téléphone : il ne supporte pas d'attendre. Ou, se demande-t-elle, serait-ce qu'il craindrait de voir son père et de devoir endurer ses sarcasmes si, plus simplement et plus respectueusement, il sonnait à la grille en arrivant et attendait, lui, que sa mère se présente ? Quoi qu'il en soit, elle se soumet à ce rituel humiliant comme elle s'est soumise à quelques autres depuis le temps qu'il les terrorise tous. « C'est-à-dire depuis la guerre... mais la guerre de 14 », ironise Bruno. Hélas ! il exagère à peine : Boudin-Blanc a commencé de tyranniser la famille vers l'âge de dix, onze ans.

Elle s'est assise sur le banc de pierre devant la porte d'entrée et corrige un devoir d'Arno. Elle l'entend rire avec sa sœur dans la villa. Leur grand-père leur joue au piano un petit morceau très enlevé qu'il avait composé pendant l'autre guerre et pour une occasion semblable : *Mousse au chocolat.* Car, avant de les quitter, le charmant M. Schreiber est retourné à son hôtel pour en rapporter aux enfants, comme promis, des tablettes de chocolat. Quand il est reparti, tous les cinq se sont trouvés tristes et légèrement désemparés. Anna semblait la plus émue : penser que cet homme qui lui a offert assez de tickets de rationnement pour nourrir la maisonnée pendant une semaine, penser que cet homme est son écrivain préféré ! Et qu'elle a osé le féliciter. Car elle a lu et relu trois de ses romans : *Péché de chair, Amours impériales, Accordez-moi cette valse.*

« Ah ! Monsieur, je suis une ignorante mais vous m'avez donné bien du bonheur sans le savoir, bien du bonheur ! Le même bonheur que monsieur avec sa musique... »

Scène schreiberienne : la vieille servante qui, se croyant indigne de porter un jugement sur le beau, essuie humblement ses mains dans un pan de tablier tandis qu'elle remercie l'auteur. L'auteur qui la rassure d'un sourire plein de bonté, lui dit sa reconnaissance et, dans un livre, conclurait sans doute sur une belle page de morale : les mots venus d'un cœur simple et noble touchent plus l'artiste que l'avis du public cultivé, la vérité n'appartient pas aux intellectuels, le peuple raisonne sainement, etc. Cette morale qui fait aussi le fond de la critique artistique nazie.

Elisabeth a craint un instant qu'il ne surprenne la mimique moitié attendrie, moitié moqueuse de son mari. Bruno n'apprendra jamais à garder pour soi ses réflexions, même muettes. Toujours il faudra qu'il la rende complice de cette raillerie légère et tendre avec laquelle il considère le monde alentour.

Profitant de ce qu'il raccompagnait leur hôte jusqu'au bout de l'allée qui, au-delà des grilles, mène à la route, elle est remontée dans sa chambre ; elle allait enfin savoir ce que lui écrivait sa fille.

« Anna, les enfants, je ne veux être dérangée sous aucun prétexte ! »

Schreiber s'est retourné une dernière fois pour la voir s'enfoncer dans l'ombre de l'escalier, aussi élégante et légère que sa fille...

Pamina s'était souvenue que sa mère possédait une belle édition reliée de *L'Amour et la vie d'une femme*. Elisabeth ne sera pas même contrainte de faire appel à sa mémoire ou à son intuition : il lui suffira de confronter les deux partitions et, en une quarantaine de minutes, elle reconstituera le message en restituant les mots abrégés :

> Maman, ne désespère pas. Nous serons tous réunis pour l'anniversaire du Magicien. Et tous ensemble nous sauverons les enfants. Je m'en occupe, tiens-toi prête de ton côté. Je vais bien, je me bats pour la paix. Bonnes nouvelles de Friedrich. L'Allemagne ne peut plus gagner. La guerre finira et nos malheurs avec. Ne pleure pas. Je t'aime. Pamina.

Mais Elisabeth pleure, évidemment. Elle pleure de joie, elle pleure d'espoir. Et elle murmure comme elle a murmuré à sa fille quand elle était petite, pour l'endormir : « Ma Mina ! Ma Mina ! »

Comme elle porte bien son prénom ! Si l'on croit à l'influence du nom donné sur le caractère de l'enfant, ce fut certes une erreur de baptiser Dorabella Dorabella. Dorabella n'est en somme qu'une indolente écervelée dans *Così fan tutte*. Tandis que Pamina est la plus belle héroïne de Mozart : noble et passionnée, sans la langueur larmoyante de la Comtesse Almaviva, sans l'hystérie de Donna Elvira. Un personnage poétique et volontaire à la fois, qui n'hésite pas à traverser les Enfers pour triompher du mal. Bref, la petite Arnhein... Une Werdenberg ! dit-on parfois à sa mère pour les flatter toutes deux. Mais il serait plus juste de dire : une Längenfeld. Car c'est de sa mère à elle, née Längenfeld, qu'Elisabeth tient cette grâce qu'elle a transmise à sa fille. Quand elle regarde le portrait de sa mère, qu'elle n'a presque pas connue, il lui semble entrevoir une sorte de filiation secrète entre les trois femmes. Quelque chose d'ineffable, et de patent, toutefois s'est légué de l'une à l'autre : un charme, une tournure. Ne serait-ce que ce déhanchement qui faisait que parfois, un instant, le comte de Werdenberg voyant sa fille s'avancer vers lui croyait voir sa femme, morte des années auparavant dans l'incendie du Ringtheater : Sophie. Sophie, qui fut la grande amie de l'impératrice Élisabeth. Elisabeth ensuite, que l'impératrice tint sur les fonts baptismaux. Pamina, enfin. Et sans doute, tout juste ébauchée mais déjà sensible aux yeux de sa grand-mère, une certaine manière d'être chez Alice — Alice l'émerveillée.

Mais si la symbolique des prénoms est une science exacte, Elisabeth et Bruno auraient-ils eu, à sa naissance, le désir inconscient de donner à leur second fils le destin solitaire du héros innocent ? Tel le mythique Siegfried, Siegfried enfant avait été « un méchant gamin ». Adulte, il se croyait héroïque, comme des centaines de milliers d'autres bureaucrates au service de l'ordre nouveau, comme des dizaines de milliers d'autres fonctionnaires de la mort qui liquidaient industriellement le petit peuple des Nibelungen. Mais du héros, il n'avait gardé que le costume de scène : le manteau de cuir et les bottes.

Quand Bruno le consulte en 1919, Freud suggère avec beaucoup de délicatesse une autre interprétation. Que chante Mime dans *Siegfried* ?

> Qui est ton père ? Qui est ta mère ?
> Question oiseuse !

Il ne s'agit nullement d'une analyse. Freud n'a pas voulu analyser Gustav Mahler quand le musicien l'a rencontré à Leyde en 1910. Tout en observant avec intérêt ce cas exemplaire de névrose obsessionnelle, il lui a démontré que le travail analytique, le musicien l'effectuait dans et par sa musique. À Vienne, neuf ans plus tard, il ne dira pas autre chose à Bruno Arnhein :

« Je ne pense pas qu'un artiste puisse être analysé, Monsieur le Directeur de l'Opéra. En composant, vous composez à tous les sens du mot : vous composez avec votre moi, et avec votre idéal, et avec votre refoulement. Vous faites, en somme, le travail de mes patients sur ce divan. D'ailleurs, n'avez-vous pas écrit vous-même un essai passionnant sur la question : *Musique et guérison* ? »

Certes. Mais ce n'était pas pour lui parler de Bruno Arnhein que Bruno Arnhein le consultait. C'était pour qu'il le conseille quant à son fils cadet, un adolescent instable, violent, que sa puberté tardive rendait plus émotif encore, plus agressif — Siegfried.

« Siegfried ? Monsieur le Directeur, dois-je vous remettre en mémoire le sujet d'un opéra que vous avez dû diriger vingt fois ? Que chante Mime ? »

Siegfried ne connaît ni son père ni sa mère, morte en lui donnant naissance. Freud insinuait-il que cet enfant, pour l'avoir prénommé ainsi après une grossesse si difficile, ses parents n'en voulaient pas ?

Non ! Ils l'avaient prénommé ainsi parce qu'ils se plaisaient à penser, et sans doute était-ce la vérité, que ce fils avait été conçu entre deux actes de l'opéra à Bayreuth. Fallait-il chercher plus loin, fouiller plus profond dans l'inconscient ? À quel moment l'avaient-ils choisi ce prénom ? N'était-ce pas avant même les premières difficultés de la grossesse ? Et la mère n'avait-elle pas aimé ce fils comme ses autres enfants, ne l'avait-elle pas aimé plus que ses autres enfants ?

Elisabeth se lève brusquement de son fauteuil, comme sous le coup d'un étouffement.

Sa joie n'a guère duré : hier, le message de Pamina ; aujourd'hui, être là à attendre ce fils qui la fera pleurer. Car, comme d'habitude, il la fera pleurer. Comme d'habitude, il l'emmènera déjeuner au Bayerischer Hof. Et, comme d'habitude, malgré les privations et cette sensation de faim qui la mine continuellement, elle ne pourra rien avaler tant elle sera bouleversée... « Vous ne devez pas vous sentir coupable », affirmait avec bienveillance le Dr Freud. Sur un ton qui semblait souffler le contraire.

Elle se révolte. Et si elle refusait de le voir, ce fils qui les torture, qui les terrorise ? Si elle renonçait à s'abaisser en l'implorant une fois encore quand elle sait d'avance la réponse qu'il lui fera ? Le leitmotiv de l'opéra : « La Propagande attend ! »

Elle empoigne les barreaux de la grille comme pour les tordre, pour les desceller. Comment tout cela finira-t-il, et quand ? se demande-t-elle.

Doublepatte et Patachon, adossés à l'Opel, l'observent de ce regard coulé et insultant qui doit s'enseigner dans les écoles de police — le regard flic. Elle s'entend ricaner assez haut pour qu'ils l'entendent aussi :

« C'est glorieux, vraiment ! Tenir en otages trois vieillards et deux enfants quand les camarades vont se faire trouer la peau au front ! »

Mais ils ne se départent en rien d'un flegme ostentatoire — le flegme flic, qui doit également s'enseigner dans les écoles de police. Et c'est Elisabeth qui se sent honteuse d'avoir perdu un peu de sa hauteur. Ne devrait-elle pas se montrer plus digne de sa fille Pamina ? Et croire au message d'espérance qu'elle lui a fait parvenir :

La guerre finira et nos malheurs avec. Ne pleure pas.

Elle ramasse le cahier d'Arno, qu'elle avait laissé tomber dans sa colère. Puis, elle ouvre son sac à main pour un dernier coup d'œil au miroir incrusté dans le rabat : est-elle bien coiffée ? Bien poudrée ?

Alors, elle voit s'avancer du fond de l'allée des tilleuls la Mercedes... Ne pas se précipiter, respirer posément, sourire, se répète-t-elle comme une actrice pour dominer son trac au moment d'entrer en scène. Mais les portières s'ouvrent avant qu'elle ait eu le temps de se composer une allure. Et Ursula l'étreint affectueusement.

« Sommes-nous en retard ? demande-t-elle. Nous n'avions pas d'escorte, c'est une visite privée. » En se tournant vers son mari, elle ajoute : « Je vous laisse. Vous avez tant de choses à vous dire. Moi, je vais me promener. Je n'ai pas faim. »

Siegfried et sa mère s'épargnent de protester pour la forme. Belle-mère et belle-fille s'embrassent à nouveau. Elisabeth, indifférente au fait que l'ordonnance de son fils lui tienne ouverte la portière opposée, s'assied sur la banquette là où la vieille politesse allemande l'aurait placée. Elle s'était jurée de ne pas pleurer mais, à peine s'est-il assis à côté d'elle, deux larmes lui coulent le long du nez. Ils se taisent ; la limousine roule sans bruit, remonte l'allée, traverse le pont, entre dans Lindau. L'énervement exacerbe sa sensibilité, l'odeur forte de cuir lui donne la nausée. En cuir, les sièges de la voiture ; en cuir, les bottes, les gants, le baudrier que porte son fils et, elle s'étonne qu'il le mette encore en cette saison, son manteau croisé et boutonné jusqu'aux genoux... Le nazisme sent la buffleterie même quand il cherche à se donner grand air. La chose avait frappé Elisabeth à la première réception de la Chambre de Culture du Reich, qui fut aussi la dernière qu'elle honora de sa présence. « C'est la chambrée de culture, qu'il faudrait dire ! » s'était-elle écriée bas au milieu de ces soudards. Dans sa jeunesse, les officiers invités au bal avaient la délicatesse de faire nettoyer cuirs et cuivres de leurs uniformes au benjoin.

Au Bayerischer Hof, la salle à manger est vide. Il y a des fleurs sur chaque table et, au milieu de la pièce, un buffet de charcuteries et de pâtisseries arrangé avec art, comme dans quelque nature morte baroque. N'était l'absence de personnel masculin, rien ne rappellerait qu'on est en guerre. La patronne en personne les place cérémonieusement près d'une fenêtre ouverte donnant sur le port. Le soleil sur le linge damassé éblouit. Ce pourrait être un luxueux moment de paix. Mais les premiers mots d'Elisabeth, tandis qu'elle jette ses gants dans son assiette, sont pour dire :

« Il y a eu hier un grand incendie...

— Oui, à Friedrichshafen, lui apprend Siegfried. Un hangar des usines Zeppelin.

— Si loin ?

— Plusieurs dirigeables ont brûlé. Et le gaz, le caoutchouc...

— Est-ce qu'il s'agissait d'un... »

Elle n'achève pas sa phrase. Elle s'est souvenue que bombardements et sabotages constituaient un sujet tabou. Officiellement, l'Allemagne triomphe partout à l'extérieur et détient sur son territoire la maîtrise totale des côtes, de la terre et du ciel. Un civil qui avouerait ouvertement avoir assisté à des actes de résistance risque d'être exécuté pour propagation de fausses nouvelles. Certes, il y a trois jours le Führer a concédé que la juiverie continuait de comploter. Mais, en fait de représailles, il a simplement annoncé que c'était « l'affaire de la propagande d'y mettre fin ». Le verbe supplée à tout et il y a deux vérités : celle que vit l'homme de la rue et celle des discours. De même qu'il y a deux cartes de restaurant : le menu affiché dans la rue, qui se réduit à un bouilli d'abats au chou, et celui qu'on présente à l'invitée de l'Oberführer Arnhein — un choix de cinq entrées, trois plats de viandes ou de volailles en sauce, deux de poissons.

« Qu'aimerais-tu manger ? » s'enquiert-il d'un ton mondain.

Mais elle ignore sa question.

« Siegfried, je t'en supplie ! répond-elle. Nous sommes si près de la frontière suisse...

— Nous ne reviendrons pas là-dessus, veux-tu ? Qu'aimerais-tu manger ?

— Ça m'est égal... Tu ne m'écoutes même pas, Siegfried.

— Mais si ! je t'écoute. Tu me demandes pour la énième fois de vous faire passer en Suisse. Et pour la énième fois, je te réponds qu'il n'en est pas question... À propos, vous avez reçu la visite de ce délégué...

— M. Schreiber ? Oui. Jean Schreiber, l'écrivain. Un homme charmant. Ton père avait quelques préventions au début, il le trouvait indiscret. Mais en somme, cet homme ne faisait que remplir sa mission, j'imagine. Et pour ma part, je l'ai trouvé très... Comment dire ? Très *civilisé.* »

Siegfried se crispe quand elle prononce ce mot qui, dans sa bouche, est le plus bel éloge. Elle poursuit cependant, comme pour le provoquer. Et alors qu'elle cherche une entente au contraire, un biais par où l'atteindre sinon l'apitoyer, elle poursuit en sachant qu'elle court à l'échec mais sans pouvoir s'en empêcher :

« Ton père a ce défaut, quand il s'agit d'un artiste, de confondre valeur artistique et qualités morales. Mais il y a des génies qui sont minables humainement, et de médiocres fabricants qui sont, par ailleurs, des gens bien. Tu sais ? Nous avons découvert que ce Jean Schreiber, dont ni ton père ni moi n'avons jamais lu une ligne, était l'auteur préféré de notre Anna !

— Notre Führer aime beaucoup ses livres lui aussi. C'est d'ailleurs une des raisons qui nous ont fait agréer son nom sur la liste qui nous avait été proposée. »

Du fond de sa détresse, Elisabeth sent poindre une sorte d'hilarité. Le kitsch de la situation vaut celui des romans dont se délectent et sa bonne et Hitler. Est-il seulement vraisemblable qu'elle discute avec son fils d'art, de morale et de littérature quand elle voudrait lui crier son angoisse ? Comment peut-elle encore jouer ainsi ?

Si elle le voulait, ce déjeuner serait presque une parenthèse de paix, une heure d'insouciance volée à la difficile vie quotidienne comme autrefois ses déjeuners impromptus au restaurant, avec Bruno. C'était toujours dans les moments où il était le plus accablé de travail : les répétitions, les réunions du conseil d'administration, les corrections sur épreuves d'une nouvelle partition. M. le Directeur de la musique n'avait pas une minute à soi, il ne rentrerait pas avant minuit, lui faisait-il savoir par son assistant. Mais tout à coup, vers midi, le téléphone sonnait :

M. le Directeur de la musique en personne était au bout du fil. Sa Contessina le rejoindrait-elle dans une vingtaine de minutes au Vier Jahreszeiten ? L'orchestre en était à son treizième couac de la matinée, ces imbéciles d'imprimeurs lui avaient sucré deux portées de vent, le surintendant refusait les dix mille marks plus défraiements exigés par la Birgit ! Elisabeth déjeunait avec les enfants ? Quelle importance ? puisqu'il y avait Mademoiselle. Elle n'avait pas le temps de se faire belle ? Mais elle serait toujours la plus belle à ses yeux et, de toute façon, il avait retenu un cabinet particulier. Pour un vrai tête-à-tête, en amoureux... Ils se diraient des choses tendres, ils boiraient du champagne, ils s'attarderaient — légèrement ivres. Le temps s'étire alors. Et le bonheur semble se matérialiser jusque dans le désordre des couverts et des serviettes. Bruno, comblé, se penche et chantonne tout bas : « *Ti amo !* »

Sans doute l'aura-t-il murmurée à d'autres femmes, cette parole, autour de cette même table ou sur ce même divan, dans un même moment d'abandon. À la Birgit, cette pute. À la Rosa. À la Lisa. Mais jamais, elle le sait, avec cet accent de vérité ni cette pudeur qui le fait chantonner tout bas, en italien, comme si les mots n'étaient pas de lui mais d'un autre Bruno Arnhein — Bruno Arnhein, l'auteur. Ce tact pour lequel elle lui passera toujours les Lisa, les Rosa. Et même la Birgit — cette pute !

Elisabeth jetait ses gants dans son assiette en s'asseyant. Elle n'avait pas faim ? Non, elle venait de déjeuner avec les enfants. Mais elle le regarderait amoureusement manger pour deux. Et il y prendrait un tel plaisir qu'elle finirait par se laisser convaincre : elle allait goûter à un plat...

« Des cailles aux airelles ? Un férat à la crème ?

— Je n'ai pas faim, Siegfried. Cette comédie me coupe l'appétit.

— Quelle comédie ? »

Elle s'emporte :

« Cette comédie que nous nous jouons l'un à l'autre ! Nous

connaissons nos rôles par cœur. Je t'ai demandé de nous aider à sortir d'Allemagne. Toi, tu vas me répliquer maintenant : " Où en est l'opéra ? " Je n'en peux plus. Voilà cinq ans que nous répétons les mêmes deux lignes de récitatif. À la scène, il y a longtemps qu'on aurait sifflé les chanteurs et l'auteur ! »

Siegfried semble lui donner tort en se taisant maintenant. Mais il exhibe son impatience et sa violence contenue avec les outrances d'un ténor ; son verre tinte dans le silence. Il attendait que la serveuse s'éloigne pour jeter d'un ton posé, qui sonne faux :

« Curieux ! Dans notre fichue famille on se croit toujours au théâtre. Théâtre est la vie ! comme dit le récitant dans *Orphée.* Papa nous a pervertis avec sa manie de tout ramener à l'art. Il n'a jamais cherché à nous donner le sens du sérieux, du profond, du vrai... »

Et toi ? se retient-elle de lui répondre, toi qui as conçu un chantage dont la rançon est un opéra, tu es beaucoup plus que tu ne le crois un Arnhein !

La Râle aimait les déguisements, le spectacle ; l'Oberführer organise les grandes fêtes et les cérémonies du régime. Son frère Friedrich, lui, a écrit sur le sujet un texte sérieux, profond et vrai. Dont elle se rappelle la teneur et les arguments : le nazisme n'est pas une politique, c'est une esthétique. Le but de la politique est de faire que les hommes, qui marchent chacun à son pas, ne se bousculent pas trop, ou du moins ne se fassent pas trop de mal en se bousculant. L'esthétique consiste à les mettre en rangs et à les faire marcher au pas comme les chœurs des opéras de Wagner... Ou les danseuses de l'Eldorado. Qu'est-ce que le nazisme sinon une grandiose mise en scène pour faire oublier aux chômeurs la triste réalité quotidienne ? Le rassemblement de Nuremberg ? Le finale des *Maîtres chanteurs* ! L'apparition d'Hitler dans les faisceaux croisés des phares de défense aérienne ? *L'Enchantement du Vendredi saint* ! Seulement voilà : le metteur en scène a mauvais goût et l'effet tient plus de la revue à grand spectacle que de Bayreuth. Lumières ! rythmes ! grand escalier ! « Ça c'est Berlin ! » comme on chantait dans les années 20. Les Juifs, assez nombreux dans le monde du cabaret, ont émigré ou péri dans les camps de concentration. Mais les chorégraphes, régisseurs et éclairagistes aryens qui réglaient les somptueux shows berlinois ont tous retrouvé un emploi dans l'organisation des défilés national-socialistes. En 25, ils plantaient des plumes dans le cul des girls et leur faisaient lever la jambe en mesure — une deux, une deux ! « Nous sommes les petites femmes, les petites femmes de Berlin ! » En 35, ils plantent des bêches entre les mains des travailleurs du Front et leur font lever la jambe en mesure — une deux, une deux ! « Nous sommes les hommes forts, les hommes forts du nouveau Reich ! »

« Écoute », s'écrie Siegfried en retrouvant naturellement la gestuelle hitlérienne, le martèlement du poing sur la table après chaque mot, le ton qui enfle et s'apaise et repart plus haut, plus ample, sur le modèle de l'ouverture de *Tannhäuser,* « écoute, en voilà assez ! Nous voulons cet opéra. Nous voulons faire de l'anniversaire de Bruno Arnhein une grande cérémonie nationale. Qu'on ne vienne pas nous dire qu'il n'a plus d'inspiration, il n'a jamais arrêté de créer ! Qu'on ne vienne pas nous dire qu'il ne sait pas travailler à la commande : il nous avait livré dans les délais l'hymne olympique et la symphonie que nous avons offerte à l'Empereur du Japon ! Sans compter la réorchestration du *Deutschland über alles* ! Et pour une fois qu'il tient un grand sujet au lieu de ces cochonneries juives où il gâchait son génie ! J'ajoute que le budget qui lui est réservé est énorme. Et que nous lui avons garanti d'engager les chanteurs qu'il choisirait du moment que ce seraient des chanteurs allemands ; au besoin, nous les ferions revenir du front, s'ils s'y trouvent ! Car la musique est un combat aussi ! »

Puis, il se radoucit, comme il a vu faire, après le premier mouvement du discours, Hitler. La menace n'en est que plus réelle alors. Chamberlain, Daladier, et tous les minables démocrates qui se sont déculottés devant son Führer l'ont compris trop tard : ce genre de calme succédant à la tempête doit être plus redouté encore que la véhémence des premiers moments.

« C'est un ultimatum, annonce-t-il. Papa a trois mois pour s'exécuter. Il nous faut l'œuvre début septembre au plus tard. Ce ne sera pas trop de deux mois pour la monter et organiser une grande fête de la culture. Sinon, les enfants vous seront retirés. Voilà.

— Non, je t'en supplie », gémit Elisabeth.

Mais elle se ressaisit aussitôt. Elle sait que les plaintes ne font qu'exaspérer sa cruauté, elle sait comment son fils la préfère : en grande dame hautaine et distante, en comtesse von Werdenberg. Enfant, il avait souvent plus de plaisir à la voir se parer pour sortir qu'à se laisser cajoler au coin du feu. Il l'aurait toujours voulue en robe de gala, coiffée de sa tiare et gantée jusqu'aux coudes. Ou, comme dans son portrait par Klimt : en idole orientale dont le corps n'est qu'un aplat d'or. Avant de partir pour l'Opéra, elle venait embrasser les garçons dans leur chambre. Friedrich boudait parce que sa mère, de crainte d'être décoiffée, lui mesurait les baisers et qu'il n'aimait pas, il osait le lui dire, la caresse froide de ses gants serrés aux poignets par de lourds bracelets. Mais Siegfried, au contraire, la contemplait dans le ravissement et s'écriait : « Que tu es belle, Maman ! Tu as l'air d'une reine. C'est comme ça que je t'aime. »

Elle se redresse sur sa chaise, rengorge ses larmes.

« Nous n'avons rien d'autre à nous dire, fait-elle dédaigneusement, je m'en vais. J'ai retenu tes paroles, j'en ferai part à ton père. Ce sera tout. »

Elle se lève de table et, avisant le buffet, appelle une serveuse.

« Ma fille », lui fait-elle en prenant son air le plus suavement comtesse, « trouvez-moi un cageot ou un carton et emballez-moi ces charcuteries et ces gâteaux. Je les emporte. »

La serveuse échange un regard avec l'Oberführer, qui acquiesce d'un sourire forcé.

« Vous le porterez sur ma note ! » ajoute-t-il. Et à Elisabeth : « Maman, attends ! Que je te raccompagne, au moins... »

Soudain, ils sont mère et fils, saisis dans un même élan l'un vers l'autre.

« Siegfried ! Mon grand... »

Doit-elle lui dire qu'elle s'inquiète aussi pour lui ? Qu'elle est effrayée de le voir dans un pareil état de délabrement, le visage encore jeune mais défiguré par un rictus sénile, les yeux tachés de sang, les mains qui tremblent — tel qu'on se représente un vampire. Doit-elle lui avouer qu'elle a eu des nouvelles de Pamina, de Friedrich ? Et lui demander s'il en a de Dorabella ?

Mais très vite, chacun se referme, se renferme. L'occasion est déjà passée, d'invoquer le sentiment primitif maternel ou filial. Et sur le chemin du retour à la villa, ils se taisent et évitent de se regarder.

Devant la villa, Ursula discute avec ses neveux, qui se sont glissés entre la haie et les grilles, assez loin du portail pour ne pas être espionnés par les deux policiers. Mais dès qu'elle les aperçoit, en descendant de la voiture, Elisabeth leur crie :

« Les petits, rentrez immédiatement !

— Oh, Ursula est très gentille, proteste Alice. Elle nous a dit que la guerre sera bientôt finie. Nous pourrons nous promener dehors, alors. Et nous retrouverons Maman. »

Arno renchérit :

« Elle nous a dit que les Anglais et les Américains allaient se retourner contre les Russes. Parce qu'ils ont plus peur des *bochelviks* que de nous.

— *Nous* ! relève leur grand-mère en colère. Eh bien, moi, je vous ai recommandé cent fois de ne jamais adresser la parole à qui que ce soit du dehors.

— Voyons, Mère ! se récrie Ursula. Je suis leur tante tout de même.

— Et l'épouse de l'Oberführer Arnhein. Au revoir, Ursula », lui répond sèchement Elisabeth.

L'Oberführer Arnhein rabroue sa femme à son tour :

« Allons, monte ! Nous rentrons. Tu as assez dit d'idioties pour aujourd'hui.

— Siegfried ! »

Du dedans, devançant le geste de son ordonnance, il claque la portière. Avec une frénésie convulsive, elle fouille alors à tâtons dans son sac et en tire un flacon de codéine qu'il lui arrache des mains aussitôt.

« Siegfried !

— Tu es folle. Qu'est-ce qui t'a pris d'aller leur raconter cette histoire ? Que les Anglais et les Américains...

— Enfin ! c'est toi-même, l'autre soir...

— Ce n'est pas une raison ! Tu savais à qui tu parlais, non ?

— Oh ! Des enfants.

— Mais quels enfants !

— On dirait que tu as peur d'eux. »

Il se retourne et regarde par la vitre arrière. Les deux factionnaires de la Gestapo saluent réglementairement le départ de la voiture. Sa mère entre dans la maison, tenant le cageot de victuailles à bout de bras et s'en servant comme d'un bouclier pour repousser à l'intérieur les petits, qui leur adressent de grands signes d'adieu — les petits de la Juive ! Quant à son père, il ne s'est pas montré.

La villa s'éloigne, la perspective de l'allée, à peu près plane à ses yeux, se distend de plus en plus vite. Siegfried se rassied dans le sens de la marche. Comme à chaque fois qu'il quitte Lindau, il lui semble quitter son enfance de nouveau, même si la villa n'est pas celle de son enfance. Et c'est un arrachement, qu'il éprouve jusqu'à la nausée.

« Tu n'as pas autre chose ? » demande-t-il en rendant le flacon à sa femme.

Ses gants serrés dans son poing, il gifle nerveusement ses bottes. Ursula, en manque également, griffe le cuir de la banquette entre eux deux. Elle éclate en sanglots quand il s'écrie, comme s'il venait seulement de s'en rendre compte :

« Ils ne portaient pas leur étoile jaune ! »

Intermède hitlérien

Il parlait d'abord de l'odeur quand il en parlait. Il prétendait qu'il se rappelait surtout cette puanteur saisissante en approchant Hitler. Ça sentait la merde — littéralement.

« Notre Führer n'arrêtait pas de péter devant moi, c'était intenable. Je le voyais soulever une fesse de son fauteuil, et ça partait en rafales. Des vesses, des louffes foireuses, un silence et puis, vlan, la salve d'honneur... Wagnérien ! Je ne trouve pas d'autre mot. J'ai même eu droit, schlof, au *Salut au monde.* Et aux deux accords du leitmotiv du *Sort* : pan pan ! *Le Crépuscule des dieux* en solo... Le parfum, en plus ! Wagner n'y avait pas pensé, lui qui rêvait pourtant d'un art total, s'adressant à tous nos sens. »

Bruno Arnhein était mozartien aussi en ce qu'il se laissait aller parfois à la scatologie. Au ravissement de ses jeunes enfants, à l'écœurement pincé de leur gouvernante si elle se trouvait présente, et devant une épouse agacée mais indulgente, il lui échappait soudain une histoire de pets ou de pot de chambre. Et il se roulait alors, en paroles, dans la pisse et la crotte avec un plaisir évident. Le trait surprend chez Mozart : sa musique est exempte de toute vulgarité alors qu'en contrepoint, dans sa vie « le divin Wolfgang Amadeus se délecte de stercoraire, d'excrémentiel » — note, troublé, un critique musical. Un autre, moins précieux et plus avisé, y voit « une sorte d'exutoire infantile certes mais sans doute nécessaire au raffinement extrême de son art ». Et Bruno Arnhein remarque, *molto vivace* à son habitude : « Qu'importe pipi caca dans ses lettres, s'il est l'auteur d'*Exultate ! Jubilate !* »

Ses jeunes enfants jubilaient et exultaient : ni Mlle Blanche ni Mlle Güdrün ne pouvait y redire puisque les mots interdits, si exquis à prononcer, pipi et caca, sortaient de la bouche de leur papa.

Dans le cas d'Adolf Hitler, sans doute y avait-il de la part de Bruno plus que le simple puéril désir de choquer. Devant les très rares intimes auxquels il osait raconter en ces termes, sachant qu'auprès d'eux ce serait sans danger, son unique entrevue tête à tête avec le Führer, il parlait d'abord de l'odeur parce que, selon lui, l'homme ne valait pas d'autre commentaire : ça sentait la merde. La plupart des visiteurs, d'avance idolâtres, revenaient de la rencontre avec leur dieu encore plus délirants. Mais souvent, même des opposants, des étrangers hostiles à la politique du dictateur et qui s'étaient trouvés convoqués à son cabinet pour une explication orageuse, s'ingéniaient ensuite à en brosser un portrait flatteur : Hitler avait un charme indéniable et une sorte de génie, il s'était montré homme du monde, parfaitement courtois et civilisé. Bref, quoi qu'on pensât de lui par ailleurs, on avait affaire à quelqu'un de bien... À défaut de l'hystérie quasi obligatoire, du moins témoignaient-ils du respect et de cette mesure qu'on doit garder face à un adversaire loyal. Ils se voulaient objectifs : ils auraient craint de paraître malhonnêtes en déniant toute espèce de qualité humaine au Führer. Et bientôt, séduits à leur insu, ils croyaient sincèrement aux propos nuancés qu'ils tenaient sur son compte. En cela aussi, Hitler avait gagné : des gens sains d'esprit lui reconnaissaient des mérites au nom même de l'objectivité et de l'honnêteté intellectuelle. Ils redoutaient de se montrer injustes envers le plus injuste des hommes.

Ce qui au contraire avait d'emblée frappé Bruno, il s'en vantait, c'était la nullité du personnage. Et l'odeur.

Les rires quelque peu effrayés de son auditoire excitaient sa verve :

« Que voulez-vous ? Un artiste raté ! C'est ce qui lui donne des flatulences : toute cette acidité rentrée, toute cette aigreur.

Et aussi son régime végétarien aberrant : trop de légumes secs et mal cuits, trop de sucreries... Notre Führer n'arrête pas ! Il gaze son entourage à proprement parler. Un jour, en avion, son aide de camp s'est trouvé mal : début d'asphyxie, l'air n'était pas renouvelé dans la carlingue, on a dû réanimer le malheureux... Une autre fois, il y a des années — il n'était pas encore chancelier et il quêtait dans le grand monde pour son parti —, il n'a pas pu se retenir devant la princesse Wilhelmine. Son altesse l'a vexé quand, en personne, elle est allée ouvrir une fenêtre pour aérer le boudoir. C'est d'elle que je tiens l'anecdote. Elle me disait : “ Nous autres, les Wittelsbach, n'avons aucun préjugé, mais mon opinion était tout de suite faite sur ce monsieur : pestilentiel ! mon cher Maître de chapelle. Pestilentiel ! ” »

Un artiste raté — quand il disait cela, Bruno pensait avoir tout dit. Dans ces deux mots se résumait tout son mépris pour le tyran. Et nulle part, à ses yeux, la bêtise et la vulgarité de l'homme n'apparaissaient plus éclatantes que dans l'architecture et l'aménagement intérieur du Berghof, dont les travaux s'achevaient à peine quand il y fut amené au début de l'automne 1936. Le modeste chalet, démesurément agrandi d'après les dessins du Führer, réalisait l'idée qu'un minable petit-bourgeois dénué de goût se fait de la grandeur ; il l'avait changé en un monument de hideur solennelle. Et ce n'était pas tout : on creusait maintenant le rocher pour y installer un ascenseur qui monterait au sommet du Kehlstein. Là, selon les plans que Hitler, très fier, avait montrés au compositeur, on construirait autour d'une cheminée colossale une grande salle gothique. Il y aurait une colonnade et, ouvrant sur le grandiose panorama des montagnes, une paroi de verre qui s'escamoterait électriquement dans le sol. Bruno hochait la tête comme s'il acquiesçait : que faire d'autre ? Mais en son for, il jugeait que c'était un décor pour héros de bande dessinée. Il repensa à une illustration dans un roman d'anticipation qu'on lui avait offert pour son dixième anniversaire ; un gros volume relié, vert et or, qu'il avait ensuite confisqué à son fils cadet au même âge parce qu'il en jugeait, avec le recul, la morale par trop imbécile : *Le Prince valeureux.* Le prince était un justicier vêtu d'une armure de lumière qui parcourait l'univers dans un aérostat à vapeur. Un sage oriental l'avait initié et il en portait l'emblème brodé sur sa chasuble : une croix rouge aux branches coudées. Il descendait sur terre pour punir les méchants : d'affreux gnomes myopes, au nez busqué, aux doigts crochus et habillés de noir qui battaient et affamaient de pauvres orphelins blonds et naïfs. Puis, dans son ballon à moteur, il regagnait son manoir creusé dans la montagne, au-dessus des nuages...

Voilà à quoi lui faisait penser la mégalomanie infantile de ces esquisses. Bruno avait déjà rencontré dans maintes cérémonies officielles le Führer, mais pour la première fois qu'il se trouvait tête à tête avec lui, il voyait un boy-scout impubère et débile fantasmant sur des images kitsch. Et qui pétait.

Ce jour-là, Bruno travaillait à l'orchestration de sa *Symphonie intime* lorsque Anna frappa un léger coup à la porte de la bibliothèque. Un officier de la SS était là dans l'entrée, qui voulait voir « immédiatement » Monsieur — ordre du Führer. Bruno se sentit plus choqué de la désinvolture du procédé qu'exagérément ému. Pour marquer qu'il ne se laisserait pas intimider, il joua encore quelques mesures au piano avant de se lever. Impolitesse pour impolitesse, il recevrait l'officier dans le hall, debout comme pour un fournisseur.

L'officier était courtois avec raideur, le cuir de ses bottes crissait, il crispait avec une nuance d'impatience tout juste dominée sa main gauche restée gantée sur le gant droit qu'il avait réglementairement ôté. Rien que de convenu, songea Bruno. Et il se demanda si cela aussi s'apprenait à l'École du parti : ces attitudes codées, ces gestes épurés et qui sont autant de signes — comme dans le théâtre chinois. Il imagina même de tels cours, et leur intitulé : *Le Maintien nazi, Les Bonnes Manières de l'intimidation, Les Dix Degrés de la menace.* Vision bouffonne d'une classe de cinquante Sturmmänner répétant d'après leur instructeur la crispation de la main gauche gantée sur le gant de la main droite dégantée, ou le crissement de la botte — « Faites balancer le mollet d'avant en arrière selon un angle de douze à quinze degrés par rapport au talon tout en maintenant une légère pression de l'os scaphoïde sur la couture intérieure de l'empeigne ». Ou encore, en une dizaine de leçons, la maîtrise de ce quasi imperceptible mouvement du cou « afin de prévenir l'adhérence du col amidonné sur la peau et donner ainsi une apparence plus naturelle et avenante en public »: C'était l'élégance militaire prussienne mais vidée de son sens et de son contenu moral ; une allure reproduite mécaniquement, singée sans grâce et dans ses seuls tics par des hommes trop veules pour en saisir l'esprit.

Le ton du Sturmbannführer Karl-Heinrich Flumärian rappela Bruno à plus de réalisme : une voiture avec escorte attendait à la porte, le Führer avait fixé l'entrevue à deux heures de l'après-midi, il était onze heures vingt et une du matin.

« Mais, protesta Bruno, j'ai tout mon temps. Donnez-moi la convocation écrite et je me rendrai à l'heure dite à la Maison Brune. »

Son sang-froid le surprenait lui-même. Et il se souvenait d'avoir vu la veille sur la Karolinenplatz l'étendard qui signalait aux Munichois que le Führer séjournait actuellement dans leur ville.

« Non, lui répondit le commandant Flumärian, je vous conduis immédiatement à Berchtesgaden. » En même temps, il montrait une muette réprobation dont le sens n'échappait pas à Bruno : même si on l'en informait indirectement, un quidam n'était jamais censé savoir où résidait son Führer. Le Führer était libre de ses mouvements : ne pouvait-il pas se trouver ce matin à Munich et ce midi au Berghof si tel était son bon plaisir ? Flumärian paraissait considérer que le manque d'égards était, en somme, du côté du vieux musicien et non de celui qui le convoquait comme on convoque, à l'armée, un simple deuxième classe. « Il est onze heures vingt-trois, poursuivit-il. Nous comptons cent cinquante minutes d'ici jusqu'à l'Obersalzberg. Il faut que vous me suiviez immédiatement, monsieur le Directeur de la musique. »

Directeur de la musique, Bruno ne l'était déjà plus depuis près de deux ans mais il ne releva pas — l'inquiétude gagnait maintenant. Le pire, quand on est soumis à une intimidation policière, est de ne jamais pouvoir deviner s'il valait mieux corriger une erreur faite sur sa personne ou se taire. Si l'erreur était voulue ou non. Et si oui, à quel effet. On aura toujours quelque chose à se reprocher ensuite.

Mais lui, Bruno Arnhein, compositeur et chef d'orchestre, qu'avait-il à se reprocher ?

« Très bien, dit-il en prenant l'air le plus insouciant qu'il pût, je me rends aux ordres. Mais je vous prie toutefois de me laisser prévenir ma femme que je ne déjeunerai pas avec elle.

— Naturellement, monsieur le Directeur de la musique. Je vous accorde deux minutes. Faites vite. »

On en était déjà donc au : « Je vous accorde... » Voilà qui semblait de mauvais augure. Par chance, Elisabeth descendait l'escalier au même moment et, interdite, s'arrêta sur le palier. Dès qu'il l'aperçut, Bruno put lui faire un signe qu'elle saisit en dépit de sa frayeur : il lui demandait de rester où elle était, il avait quelque chose à lui confier en aparté.

Elle s'assit sur le banc de l'oriel. Il monta jusqu'à elle pour lui dire bas :

« Ne t'inquiète pas, je serai rentré pour dîner. Mais fais disparaître au plus vite les feuilles de musique que tu trouveras dans la caisse du piano. »

Elle acquiesça du regard. Ils s'embrassèrent longuement, sans rien ajouter.

Du palier, Elisabeth vit la porte de l'entrée s'ouvrir, son mari sortir le premier sans prendre ni manteau ni chapeau, et derrière lui le commandant SS qui ébauchait le geste de lui tenir le coude par déférence pour son âge — ce dont Bruno, elle le savait, avait horreur comme de toute chose lui rappelant qu'il vieillissait. Mais peut-être, en fait de déférence, s'agissait-il alors de s'assurer que le musicien ne se rebellerait pas. Elle pria intérieurement que son mari se montre docile face à la force, lui si volontiers fanfaron.

Une longue Mercedes noire arborant fanions était garée le

long du trottoir opposé, le moteur en marche. Outre le chauffeur, se tenait à l'avant un jeune Scharführer SS qui descendit pour cérémonieusement ouvrir la portière droite à l'arrière tout en proférant le rituel *Heil Hitler*. Disposés en travers de la chaussée pour l'interdire momentanément à la circulation, les deux side-cars de l'escorte démarrèrent en mesure et manœuvrèrent un quart de tour avant de venir encadrer la limousine. Tout cela fut effectué aussi précisément qu'un ballet mille fois répété.

Anna referma la porte d'entrée. Elisabeth descendit pour la rejoindre. Les deux femmes se prirent les mains tendrement, sans mot dire, s'encourageant l'une l'autre d'un regard qui signifiait : « Ce ne sera rien, rassurez-vous. » Puis, Elisabeth se dégagea de l'étreinte légère et entra dans la bibliothèque.

Il lui fallut d'abord débarrasser le dessus du piano de tous les livres, revues, partitions et pages d'orchestration raturées qui l'encombraient ; soulever le pesant couvercle. Elle ne vit pas tout de suite la cachette formée par une planche qui coulissait à l'intérieur. Mais quand elle poussa le panneau, les feuilles de musique tombèrent sur les cordes.

C'était tout au plus un premier brouillon, des idées jetées à la hâte en travers des portées, des indications que seul l'auteur pouvait déchiffrer — un aide-mémoire dont Elisabeth s'étonnait qu'il pût être compromettant. Quand, retournant une feuille, elle lut, de la fine écriture de Bruno :

Il Signor Gobbolo :

Ah ! Ge-ge-germa-n-n-ni-ni-a-a-a,
A-a-a-a-acceptez mes bi-bi-, mes bijou-joux,
Ne jou-jouez pas a-a-avec mon a-a-amour !

Suivait le résumé du livret d'un acte intitulé *La Finta Commedia* :

Un rustre, l'atrabilaire et bègue Signor Gobbolo, marchand de jouets et d'automates, demande à l'oiseleur Papaganda de lui composer une sérénade pour séduire la belle et pure Germania, que ce vieux dégoûtant convoite. Mais à peine Papaganda joue la mélodie sur son syrinx, tous les pantins de la boutique se réveillent et se mettent à marcher au pas cadencé, cassant tout sur leur passage.

Elisabeth leva les yeux au plafond comme elle eût fait naguère pour blâmer gentiment la dernière petite bêtise d'un de ses enfants. La Propagande avait commandé à Bruno Arnhein un opéra à la gloire du sang et de la terre germaniques et voilà ce qu'il s'amusait à imaginer ! Elle jeta une à une les feuilles dans le grand poêle de faïence baroque. Elle eut aussi une pensée inquiète pour son fils Friedrich, dont on venait de les informer officiellement qu'il avait été déchu de sa nationalité et qu'il n'était plus considéré comme leur enfant.

Friedrich avait été déchu de sa nationalité, il n'était plus considéré comme leur enfant : Bruno doutait que son cas fût l'objet de l'entrevue avec le Führer. L'affaire était en quelque sorte close, pouvait-on estimer — même si aucune affaire judiciaire ne l'est jamais sous un régime totalitaire. Même si l'on peut vous y reprocher indéfiniment des faits dont, au reste, vous n'êtes pas responsable... Non, il était probable quc l'entretien porterait sur cet opéra commandé par « Il Signor Gobbolo », cet opéra dont Bruno n'avait pas encore écrit une seule mesure. Mais il se garda bien de poser la moindre question à son geôlier. Assurément, le commandant de la SS exécutait un ordre reçu dont il ignorait la teneur et le but. Mieux valait donc donner le change, voire le prendre d'un peu haut : le Directeur de la musique se rendait de son plein gré et non en prisonnier auprès du Führer. Et Bruno se prêtait à la comédie du Sturmbannführer : ils étaient en somme deux hommes du monde qui bavardaient, aimables et frivoles, confortablement installés au fond d'une luxueuse limousine filant sur une autoroute bétonnée de frais — symbole du renouveau économique allemand.

« Savez-vous, ah ! que c'est notre Führer en personne qui a choisi le tracé ?

— Oh ! mais je n'en doute pas. Notre Führer a tous les dons. »

Le persiflage n'était même plus perçu par les fanatiques de cette espèce, Bruno le constata non sans gaieté.

« Et, ah ! il est tellement artiste. Un très grand peintre.

— Et si musicien, si musicien. »

Le Sturmbannführer de la Schutz Staffel Karl-Heinrich Flumärian était fort mélomane lui aussi. Il appréciait Wagner, ah ! comme son Führer. Mais il aimait également, ah ! Beethoven, Brahms et, bien sûr, Bruno Arnhein — il se défendit de vouloir le flatter en le lui avouant. Il mettait au-dessus de tout *La Pastorale, Un Requiem allemand* et, depuis cet été, ah ! l'hymne olympique. Bruno gloussa intérieurement non par vanité mais parce qu'il trouvait au contraire hautement cocasse qu'on pût placer sur le même plan la *Sixième* de Beethoven, *Un Requiem allemand* de Brahms et cette page de circonstance qu'il avait composée par-dessous la jambe un soir du printemps dernier, entre l'heure du thé et le dîner. Il est vrai que le principal critère de musicalité d'une œuvre, selon le Sturmbannführer, semblait être son caractère « entraînant ». Ah ! comme le premier mouvement de *La Pastorale* était entraînant ! Et, ah ! le second du *Requiem.* Et dans *Parsifal,* ah ! l'*Enchantement du Vendredi saint,* n'est-ce pas ? Si entraînant... Flumärian ponctuait son enthousiasme de soupirs d'extase, et Bruno se sentait envahi par une muette hilarité. Devait-on compter parmi les chefs-d'œuvre de la musique allemande le si entraînant *Heili Heilo Heila* ? — il se retint tout juste de lui poser la question.

Chaque fois qu'il avait eu affaire à quelque haut gradé subalterne du parti, Bruno n'avait pas tant été frappé par la sottise du personnage que par sa façon de s'exprimer. La sottise est une constante humaine depuis les débuts de l'humanité sans doute, mais ce discours stéréotypé, mécanique jusque dans l'enthousiasme, lui paraissait constituer une nouveauté : une invention du fascisme — au même titre que les autoroutes. Ces hommes, ni simples exécutants ni dirigeants, et qui réalisaient donc l'idéal totalitaire, ne parlaient plus la langue utile, à la fois négligente et imagée des hommes, mais un langage purement incantatoire. Dans lequel les mots étaient vidés de leur sens.

Fanatique, par exemple, n'était plus un terme péjoratif dans leur bouche. Ils étaient fiers de se dire fanatiques. Et, de fait, leur fanatisme aussi était sans contenu. Il est faux de croire que le totalitarisme a besoin d'hommes convaincus : les vrais fanatiques, les militants communistes de la première heure ou les camarades de Röhm, la révolution soviétique comme la révolution nazie les ont vite éliminés. Le totalitarisme n'est pas une tyrannie ordinaire qui se contente de réduire les libertés individuelles, mais un système qui a pour fin de rendre superflu l'individu en soi. Il lui faut des hommes interchangeables, donc absolument identiques. Des marionnettes comme en fabrique Il Signor Gobbolo dans *La Finta Commedia.*

Bruno se demanda où en était maintenant Siegfried. Les rares fois qu'il avait vu son fils ces dernières années, il avait constaté en lui l'inexorable dégradation du langage, fût-ce dans son usage le plus quotidien. Au début, quelque chose de son ancienne culture résistait encore : s'il jargonnait nazi, Siegfried se moquait tant soit peu dans le ton cependant, laissant entendre qu'il n'était pas dupe — il savait que c'était une faute d'user à l'actif de verbes passifs et qu'on ne « volait » pas un avion mais qu'on le « faisait voler », même s'il semblait plus viril à ses amis aviateurs de la Luftwaffe de faire corps par le verbe avec leur machine. Il savait que l'emphase, si elle devient habituelle, perd tout effet de solennité. Et il laissait échapper un vague sourire quand il employait le mode, typiquement hitlérien, de l'optatif impératif : « Que cent autoroutes se construisent ! » « Qu'un million d'emplois nouveaux se créent ! » « Que le peuple allemand reprenne son destin allemand ! » « Que la vermine juive empêche de nuire ! » (*Pour :* soit empêchée de...) Siegfried alors s'amusait comme il s'était souvent amusé, enfant, à imiter pour faire rire la maisonnée, et avec quel talent ! le parler précieux d'Egon von Rosenberg ou l'accent haut-bavarois de Mlle Güdrün (« Et pas Gudrun, *x*'il vous plaît ! »).

Mais il s'était pris au jeu, surtout depuis la prise du pouvoir par Hitler. Et il avait grandement contribué à la nazification de la langue en étant un des plus ardents instigateurs de la Commission de linguistique auprès de la Chambre de Culture du Reich.

La Commission s'était d'abord occupée d'aryaniser certains mots et certains titres d'œuvres. Ainsi, l'unité de fréquence égale à un cycle par seconde ne s'appellerait plus *hertz* afin de faire oublier que c'était un savant juif qui lui avait donné son nom. Et de Haendel, on ne jouerait plus *Judas Macchabée* mais l'oratorio *Le Héros du peuple.* D'éminents intellectuels proposèrent d'écrire *k* tous les *ch* d'origine grecque : on orthographierait *Krist* et non plus *Christ* — mesure préparatoire à la dé*k*ristianisation des Allemands. D'innombrables Christa, d'ailleurs, écrivaient déjà leur prénom : *Krista.*

Ensuite, on avait entrepris de réformer la langue selon quatre grands principes : germanisation (*oasis,* par exemple, devait être remplacé par *lopin de vert*) ; archaïsation (les sportifs diraient désormais *prévôt* au lieu d'*entraîneur*) ; euphémisation (l'attestation qu'on n'avait pas de sang juif porterait le titre pompeusement médiéval de : *preuve de lignage*) ; abréviation (les Communistes avaient le *Komintern* et le *Goulag,* de même le Parti National-Socialiste s'abrégerait en *Parti Nazi* et la Police secrète d'État en *Gestapo*). SA, SS, NSDAP, OKW, OKH, RSHA, RFSS, KdF — les sigles fleurirent. Il fallut apprendre que LKW signifiait camion et PKW voiture particulière. Quant à une HWG, c'était tout bonnement une putain occasionnelle — par exemple, la petite Erna, pour qui était mort Horst Wessel.

Pourquoi cette manie de tout raccourcir ainsi ? Un jour, Siegfried l'expliqua doctement à son père : « Les mots doivent être vidés de leur contenu émotionnel. Ils doivent devenir purement instrumentaux, comme des formules algébriques, pour mieux servir le peuple allemand. Et s'ils sont plus brefs, plus explosifs, ce sera du temps gagné pour notre combat. » Mais, dans ce cas, pourquoi tant d'archaïsmes et de redondances aussi ? Pourquoi ces continuels pléonasmes dans la bouche du Dr Siegfried Arnhein, lequel, à l'exemple de son ami le Dr Joseph Goebbels, n'hésitait plus à parler de « germanité allemande » ou de « libre liberté » ? « Eh bien ! arguait Siegfried, nullement gêné de se contredire si tôt, eh bien ! pour que les Allemands renouent avec le sentiment allemand, avec l'émotion allemande. Pour qu'ils retrouvent leur âme, en un mot ! Pour que la langue ait un goût de sang et de terre. » La pensée nazie — si ce n'est pas discréditer le beau mot de *pensée* que de l'employer en l'occurrence —, cette magie, n'était pas plus qu'aucune autre sorcellerie, embarrassée de ses incohérences ; la cohérence du tout dépendant de la seule lubie du mage : le Führer. Ainsi la guerre serait la paix — il suffisait qu'il le dît. Les mots n'avaient plus de sens tels quels mais selon sa volonté.

C'est une loi de l'économie que la mauvaise monnaie chasse la bonne. De même ces tournures verbeuses, ce vocabulaire creux se substituaient-ils progressivement aux termes exacts, à l'usage correct de l'allemand. Le jargon prétentieux du militant proliférait par métastases, détruisant à coups de néologismes sournois ou d'insidieux barbarismes le génie de la langue. Et c'était toute l'existence qui s'en trouvait affectée ; la vie même se politisait. Au début, on était encore surpris parfois de s'entendre prononcer un mot nouveau ou reprendre à son compte un slogan de la propagande ; et puis, un jour, on ne se surprenait plus : on parlait maintenant comme la radio, les affiches ou les haut-parleurs au coin des rues. La grandiloquence était devenue naturelle. Et le ton montait toujours, toujours plus martial. L'Allemagne ne parlait plus, elle hurlait. On hurlait donc avec les loups : voici que soudain on demandait l'heure à son voisin comme on lui eût demandé dans les tranchées, sous le feu ennemi, des cartouches pour recharger son fusil. Voici qu'on échangeait des banalités sur la pluie et le beau temps mais avec l'emphase du présentateur des grands rassemblements populaires dans les stades. Tonitruante musique de fond à ce vacarme, on jouait partout très fort du Wagner ; le Wagner pour kiosque de square que Bruno Arnhein avait en horreur, et non le sien, tout de transparences orchestrales et de subtilités vocales. Quant à la vieille politesse allemande, naguère si pointilleuse et nuancée, elle se réduisait progressivement au monotone mais égalitaire salut hitlérien. *Heil Hitler ! Heil Hitler ! Heil Hitler !* — riche de germanité allemande, on était enfin plus que libre : on était librement libre ! Si libre, en vérité, qu'on ne sentait plus peser sur soi le besoin de savoir ni le devoir de juger.

Le cancer des mots infectait tout. Vient alors le jour où vous vous voyez *solliciter une audience* (entendez : *convoqué*) auprès d'un ministre, lequel vous ayant fait asseoir sur un divan à l'écart de son bureau pour donner un caractère de causerie amicale à ses sommations, vous *suggère* (entendez : *intime*) le plus sérieusement du monde, et sans reprendre souffle entre ses phrases, de composer : « une œuvre personnelle, conforme aux directives culturelles du régime, une œuvre inspirée, exaltant les valeurs purement germaniques, une œuvre jaillie spontanément de votre génie, un opéra qui exposerait en musique les thèmes majeurs de notre révolution nationale, un livret original, la commande du Reich au grand Bruno Arnhein, votre contribution volontaire à la nouvelle Allemagne. Comprenez-vous ? » Vient le temps du n'importe quoi.

N'importe quoi. C'était ce que Bruno s'entendait répondre à Flumärian qui l'entreprenait maintenant sur la dernière saison à Bayreuth. Il ne lui prêtait qu'une attention flottante, distante ; il lui parlait mais sans s'impliquer vraiment dans la conversation. Bruno éprouvait toujours très fort le sentiment d'irréalité dans ce genre de situation où la politesse commande de paraître s'intéresser à des propos qu'on juge à part soi dénués du moindre intérêt mais qu'on n'a pas même envie de contredire. Il l'éprouvait physiquement, comme une sorte de mal de mer, et parfois jusqu'à la nausée. Se trouver dans ce véhicule officiel aggravait encore son malaise.

L'autoroute avait pris fin mais le chauffeur n'avait pas ralenti pour autant. On roulait maintenant au milieu de la chaussée d'une route ordinaire, dans le bruyant sillage du side-car éclaireur. Aux abords des agglomérations, le motard accélérait et prévenait d'un coup de sirène que les gens devaient se garer pour laisser passer. La vitesse de la voiture demeurait ainsi à peu près constante, même pendant la traversée de ces agglomérations. On avançait sans tenir compte du monde extérieur et de ses contingences trop humaines : un paysage changeant, où il faut sans relâche être attentif, trouver la juste distance, la bonne vitesse et, comme on dit en optique, *accommoder*. S'accommoder des autres, ne jamais oublier qu'ils ont leur vie, plus lente dans les villages... Bruno songea que cette façon d'aller symbolisait le pouvoir dans sa brutalité. Les nazis conduisaient comme ils dirigeaient l'orchestre : un *forte* perpétuel, sans plus de relief que le tracé d'une autoroute. Une vitesse constante, de métronome. Un manque de moelleux : le manque de ce qu'Egon von Rosenberg, usant d'un joli mot italien, appelait la *morbidezza*.

Mais qu'aurait-il pu saisir ce balourd de Sturmbannführer ? Un jour, on en était à la cinquième ou sixième répétition d'ensemble de *La Contessina* et, depuis le début de la séance, quelque chose clochait — Bruno ne savait quoi. Rien de marquant à reprocher aux musiciens : ils s'appliquaient et jouaient bien. Ce n'était pas les voix non plus : les chanteurs avaient la grâce et, pour une fois, les chœurs respectaient parfaitement la mesure dans un passage où habituellement ils se désunissaient. Était-ce donc le tempo qui n'allait pas ? Oui et non — Bruno n'eût pu l'expliquer. Il était désemparé, déprimé soudain : il craignait d'agacer en faisant reprendre ce qu'il venait de déclarer « bien en place » quelques minutes auparavant. Il craignait surtout de provoquer ainsi de nouveaux cafouillages aujourd'hui que les grosses difficultés de la partition avaient été aisément surmontées. La pause se prolongeait ; son trac grandissait. L'erreur venait de lui seul, l'auteur ou le chef, lui semblait-il. Mais quelle était-elle ? Il se retourna vers la salle alors, quêtant un encouragement. Il y avait là au troisième rang, chacun accoudé à un pupitre, et qui le regardaient fixement : le décorateur Alfred Roller, Max Reinhardt le metteur en scène, et le librettiste Egon von Rosenberg.

Ce fut Egon qui, surprenant sa brusque détresse, se leva et avança vers la fosse : il avait une idée. Un rien, qu'il voulait lui dire à l'oreille. Et Bruno donc, comprenant son geste, se pencha vers lui.

« Voilà... » fit Egon tout bas, amusé et sérieux à la fois. « Voilà. Vous allez reprendre mais, au lieu de compter la mesure en allemand, vous allez la compter en italien maintenant : *uno, due, tre, quatro*. Un, deux, trois, quatre, c'est trop sec en allemand, trop net. Tandis que : *uno, due, tre, quatro*... Vous entendez la différence ? Vous rythmez de la même façon mais vous introduisez je ne sais quoi de plus caressant, une douceur, une légèreté, une tendresse. Plus qu'une tendresse : une tendreté. La *morbidezza* ! Après tout, c'est l'esprit même de notre opéra, non ? »

Alors, Bruno, subjugué, avait repris la baguette. Et les bavardages s'étaient tus aussitôt.

« Messieurs, dit-il, da capo. »

Et il compta intérieurement : « *Uno, due, tre, quatro*... » Oui, Egon avait raison. C'était ce qui manquait : ce rien, cette infime hésitation de l'artiste, cette touche où passe le charme. Quelque chose qui est à l'art ce que le tact est à l'exacte politesse.

« *La Contessina*... » fait à voix haute Bruno.

En même temps, il se demande de quoi l'entretenait Flumärian à l'instant ; il a perdu le fil. Il ne se souvient plus qu'il était question du *Ring*.

« Ah ! s'écrie le Sturmbannführer, un tant soit peu surpris de l'entendre passer du coq à l'âne. Votre valse ? Si entraînante, ah ! si entraînante... »

Bruno sourit dans le vague. Trop de niaiserie décourage jusqu'à la moquerie.

Au reste, il est déjà reparti ailleurs en pensée. Il anticipe son tête-à-tête avec le Führer au Berghof ; imagine questions et réponses. Pour se donner des forces avant l'affrontement qu'il redoute, il tente de récapituler mentalement depuis l'origine toute l'affaire de la commande officielle d'un opéra, ses développements tortueux, ses rebondissements.

Pour un artiste habitué comme la plupart des artistes à devoir composer avec le pouvoir, le nouveau pouvoir qui s'instaurait était insaisissable parce que incompréhensible. Les manières anciennes de défendre la nouveauté de son œuvre sans s'aliéner les autorités, de ruser et de tergiverser, d'obtenir ou de céder dans la dignité, toute cette tradition du compromis qui, depuis des siècles, régissait les rapports de l'artiste aux gouvernants et faisait que Bruno Arnhein, rédigeant une supplique au Kaiser Guillaume ou à un fonctionnaire de la municipalité de Munich, usait des mêmes arguments, utilisait les mêmes termes que Michel-Ange écrivant au pape Jules II ou Flaubert à l'Avocat impérial Ernest Pinard — ce petit art parallèle à l'Art avec un grand *A* et sans doute presque nécessaire à son éclosion, ce savoir-faire n'étaient plus d'aucun secours désormais. Car l'État totalitaire absorbant toute l'activité humaine, il est artiste aussi, et s'arroge également de définir le Beau. L'artiste, donc, n'est plus en butte, comme peu ou prou il l'avait toujours été, à un abus du pouvoir ; voici qu'il entre en concurrence avec un autre artiste, et qui a plus de pouvoir : l'État.

Quand le Kaiser Guillaume voulut interdire *Le Prince Inconstant,* il ne prétendit nullement le faire au nom de l'art mais comme garant de la moralité publique ; ce faisant, il n'entendait pas se substituer à l'artiste ; il le censurait simplement. L'Empereur d'Autriche, plus tolérant que l'Allemand, s'interdisait même tout jugement en public qui pût passer pour une sanction esthétique officielle. Après le spectacle, que sa Majesté y eût somnolé ou qu'elle s'y fût amusée, elle allait remercier dans les loges, prononçant devant chacun les paroles sacramentelles : « C'était très beau, cela m'a fait grand plaisir. » François-Joseph ne varia jamais d'un seul mot la formule pendant ses soixante-huit ans de règne : il eût cru sortir de son rôle à lui, empereur, s'il avait joué dans les coulisses à l'amateur éclairé. Vous commencez par faire des réserves sur le timbre de voix du ténor ou le décor du second acte, et vous ne savez pas jusqu'où tout cela peut vous mener : la guerre civile, probablement.

Les papes, les empereurs, les rois, les princes, les chefs des gouvernements parlementaires ne se prenaient pas pour des artistes. Ou, si c'était le cas, du moins n'exerçaient-ils leurs talents qu'en tant que personnes privées. Mécènes, ils montraient parfois un goût exécrable et laissaient mourir de faim des génies alors qu'ils gaspillaient l'argent des contribuables en pensionnant des nullités ; du moins n'auraient-ils pas même pu concevoir cette monstruosité des temps modernes : le ministère de la Culture. La culture ne relevait pas de leur compétence. Encore moins le beau. Tandis que n'importe quel membre du Parti, quel que fût son grade, et du moment qu'il eût reçu des instructions de son Führer, se considérait apte à conseiller, voire à inspirer un Bruno Arnhein. Il savait quelle musique était « à l'ordre du jour ».

« Un *Intermède hitlérien* ! voilà ce que j'aimerais écrire... » avait répondu Bruno, pince-sans-rire, à Siegfried un jour où son fils l'accablait en lui parlant de « musique à l'ordre du jour ». Mais sa plaisanterie était tombée à plat et, avec horreur, il avait constaté que son enfant, jadis le plus drôle des quatre, avait perdu son humour. Il était conforme désormais : il ressemblait à tous ses camarades, à tous les hommes qui peuplaient les cabinets et les antichambres de la Chambre de Culture du Reich.

Autre aspect déroutant des rapports nouveaux de l'artiste avec les autorités : l'impossibilité pour lui de jamais deviner qui parmi ces hommes détenait vraiment le pouvoir. Dans l'ancien système, qu'il s'agît de la rigide bureaucratie impériale prussienne ou de la confuse administration républicaine, la hiérarchie était évidente. On savait toujours à qui on avait affaire. Et, certes, on était parfois victime de la hargne ou de la mesquinerie d'un fonctionnaire borné, mais on disposait de quelque recours ; d'autant que les choses étaient écrites et signées. Ce qui les rendait, au contraire, si obscures et imprévisibles dans le système nazi, c'est que la hiérarchie était seulement une apparence : elle en cachait une autre, inconnue et changeante. Rien n'était jamais définitivement acquis : il n'y avait pas moyen d'obtenir un avis précis ni même un ordre irrévocable. Car l'importance réelle de l'interlocuteur du moment n'était nullement proportionnée à son grade ; on ne pouvait l'évaluer au seul vu des galons sur la vareuse d'un militaire. Un jeune civil de l'Allgemeine SS, inconnu des services une semaine auparavant, pouvait se révéler plus influent et puissant qu'un de ses supérieurs en uniforme, Oberführer à deux feuilles de chêne brodées sur son col. Puis, ce jeune bureaucrate se voir promu du jour au lendemain et n'être à son tour plus rien alors ; quelqu'un dont le Dr Goebbels, sur le même ton qu'il avait fait son éloge le mois dernier, vous disait maintenant :

« Comment ? Il vous a parlé d'oratorio ! Mais, c'est un idiot, monsieur le Directeur de la musique. N'avions-nous pas convenu d'un opéra ? N'était-ce pas votre suggestion à vous qui, par parenthèse et si je puis me permettre, n'avez aucun compte à rendre à un tel subalterne, étant donné votre position... Un oratorio ! Nous n'en sommes plus à l'époque de Haendel... Oh ! à ce propos, que je vous félicite pour le nouveau titre que vous avez donné au *Judas Macchabée*...

— Mais...

— *Le Héros du peuple* ! Voilà qui est parfaitement aryanisé.

— Mais, c'est que je n'y suis pour rien, Excellence. Tout le mérite en revient à mon fils Siegfried.

— Voyons, voyons. Je reconnais là votre belle générosité paternelle. Seulement, je sais aussi que l'avis donné à la Commission de la langue a été émis par la Chambre de musique. Dont vous êtes, laissez-moi vous le rappeler, Directeur honoraire.

— Mais... »

Mais on se récriait en vain : il n'y avait plus de vérité établie. Et on était ainsi ballotté d'une autorité l'autre, cherchant sans succès à scruter la teneur exacte d'une nouvelle directive qui contredisait la précédente ; désespérant d'interpréter enfin ces brusques revirements, ces discordances. Comme une marionnette du Signor Gobbolo, on se voyait tiraillé par d'invisibles fils dont on ignorait qu'un unique manipulateur les maniait tous. La seule vraie source du pouvoir était occulte : elle tenait à une plus ou moins grande proximité personnelle avec le Führer. Faveur versatile : d'où cette perpétuelle incertitude. Ce n'était plus la vieille comédie du pouvoir mais, pour ainsi dire, une fausse comédie — une *finta commedia.* Un vrai cauchemar.

Se résumant en mémoire les avatars de la commande officielle qui lui avait été passée, Bruno prit tout à coup conscience que jamais il n'avait eu affaire deux fois de suite au même interlocuteur. En trois ans, pas moins de sept bureaux différents s'étaient successivement occupés du dossier. Quelle tactique adopter ? Tantôt c'était un avantage d'être le père du Dr Siegfried Arnhein, et tantôt un inconvénient : sans doute votre fils avait-il perdu entre-temps son crédit auprès d'Hitler. Tantôt c'était une protection d'être Directeur honoraire de la Chambre de musique du Reich : vous pouviez vous enhardir à plaider la cause de certains musiciens persécutés par le régime et être entendu. D'autres fois, c'était s'exposer d'autant mieux aux reproches : on s'attendait que vous vous engagiez avec plus d'éclat maintenant. Vous refusiez ; on vous menaçait. Vous donniez votre démission pour de prétendues raisons de santé. Chose étrange, on vous croyait, semblait-il ; on vous souhaitait un prompt rétablissement de la part du Führer. Trois mois plus tard, vous dirigiez un cycle de concerts dans les usines patronné par La-Force-par-la-joie mais, un matin, comme dans un mauvais rêve, vous découvriez que votre nom était caviardé sur les affiches : les Krupp avaient-ils critiqué votre choix de concertos baroques et de symphonies romantiques ? La Propagande s'était-elle plainte qu'il n'y avait rien de wagnérien au programme ? Comment deviner ? À quelle rumeur ajouter foi ? Et qui, en dernier ressort, décidait ?

Vous rentriez de nouveau en grâce sans savoir pourquoi. Puis, votre fils exigeait que vous fissiez des excuses à un obscur secrétaire de la Chambre de Culture, lequel était démis de ses fonctions le jour même. On organisait alors un gala en votre honneur. Huit jours après, vous faisiez antichambre deux heures au cabinet du *Signor Gobbolo*. Vous étiez chargé de composer, à défaut d'un opéra, un hymne pour les Jeux Olympiques : « Quelque chose d'entraînant, qui exprimerait en musique la fraternité du sport et la supériorité de la race nordique dolichocéphale. » Vous cédiez et vous étiez salué dans les journaux comme le plus grand musicien du siècle. Le Parti allait-il vous laisser en paix enfin ?

Non, le cauchemar continuait : voici qu'on vous conduisait de force dans les montagnes. Voici que vous rouliez en voiture assis aux côtés d'une sorte d'automate de taille humaine qui poussait de minute en minute un gloussement extatique tout en vous détaillant le paysage :

« Ah ! voyez-vous, ici tout un pan de rocher a été, ah ! dégagé à coups de mines. Et ici, ah ! on a rasé des vieux chalets pour dégager la vue, ah ! de notre Führer ! »

Apparaissait alors, flanqué de casernes, un chalet d'opérette agrandi comme pour héberger un géant. La voiture s'immobilisait et voici que s'exécutait pour vous un ballet mécanique de soldats qui ouvraient les portières, se mettaient au garde-à-vous. Voici que vous étiez conduit par une sombre galerie vers votre Führer...

Les portes refermées derrière vous, il vous accueille, vous invite à vous asseoir et, de but en blanc, vous interroge sur ce que vous faites en ce moment.

Parce que tout alentour paraît faux, vertigineusement faux, dans un sursaut de conscience, vous avouez la vérité :

« J'achève une symphonie que j'ai écrite pour un orchestre de chambre d'une vingtaine de musiciens. C'est pourquoi je l'appelle *Symphonie intime.*

— *Symphonie intime* ? » répète le Führer.

Et il pète.

Symphonie intime

Il ne dormait pas. Wotan sur ses talons, il errait dans la pénombre de la villa en même temps qu'il errait dans son passé, allant d'un souvenir à l'autre comme il allait entre les ombres et les masses familières du mobilier ; il errait dans sa musique. La défense passive interdisait d'éclairer les salons faute de cache noir sur les vitres. La seule lampe allumée était la liseuse d'un piano vers lequel, papillon attiré par la lumière, il revenait toujours. Après avoir refermé derrière lui la porte du réduit capitonné où pour ne pas déranger la maisonnée il travaillait la nuit, il se rasseyait, ramassait la feuille de musique raturée tombée par terre et la relisait en effleurant le clavier du bout des doigts. L'œuvre achevée, parfaitement architecturée, flottait comme une vision dans l'air confiné de la pièce ; il la voyait écrite, il l'entendait. Mais à peine commençait-il à vouloir la transcrire sur le papier, elle se dérobait. Il tentait de fixer sur la portée les chatoiements de la mélodie — « Regardez », disait-il aux enfants quand il tâchait de leur faire saisir en quoi consistait son travail, « regardez, je plante ces petits clous que sont les notes pour retenir l'étoffe de la musique. » Mais la mélodie se déchirait à son oreille, mais le contrepoint s'effilochait. Ce n'était pas cela qu'il avait entendu, ce n'était pas cela qu'il avait voulu composer.

Il se relevait alors, ressortait du réduit et reprenait sa déambulation dans l'obscurité parmi ses pensées, ses fantasmes, ses découragements, à la recherche d'un nouvel élan inspiré —

comme si l'inspiration tenait à la volonté. Il n'était ni triste ni exalté, il marchait en se murmurant des phrases, des rythmes qu'il altérait insensiblement à mesure qu'il les répétait et qu'il transformait insensiblement en d'autres rythmes, d'autres phrases. Puis il revenait à leur forme première, mais c'était avec la sensation frustrante d'avoir perdu en chemin quelque chose de leur force brute ou, au contraire, d'avoir oublié des subtilités qui lui avaient paru essentielles au début de l'élaboration. Parfois aussi, comme souvent chez les artistes très conscients de l'originalité de leur style, la paresse prenait le dessus et tempérait ce souci obsessionnel de l'invention : il s'épargnerait une nouvelle difficulté en se contentant de tirer de sa mémoire, comme le prestidigitateur de sa manche, un truc à lui, un arnheinisme. Ce pouvait être une résolution harmonique souvent utilisée, une suite d'accords fétiche où l'on reconnaîtrait aussitôt sa patte, un type de développement qui était à sa musique ce qu'était la cadence pour les compositeurs baroques : du remplissage, en terme de métier. Non sans un certain plaisir innocemment narcissique, il lui arrivait de se pasticher, de faire *du* Arnhein. Il lui arrivait même de se citer.

« Mais c'est encore créer ! » le rassurait Egon von Rosenberg quand ils discutaient, avec cette grandiloquence ironique qui est la marque d'une pudeur profonde, des affres de la création.

De la création, le poète disait ce qu'il disait de l'amour. L'amour absolu doit être refusé car il est secret désir de mort. Bruno et Elisabeth l'ont connu cet amour, l'amour de Tristan et d'Isolde. Et Bruno a voulu se tuer quand sa comtessine l'a quitté, enceinte de Siegfried. Mais il a compris alors ce qu'il y avait de suicidaire dans la passion. Et qu'il devait maintenant apprendre à en contenir la violence au lieu de s'y abandonner à corps perdu. Il a deviné que l'amour exigeait la même attention, la même économie que son art. Est artiste celui qui ne cède pas au vertige de sa puissance créatrice, est artiste celui qui maîtrise cette folie de perfection qui l'anime, est artiste celui qui sait aussi censurer, sevrer, priver, frustrer son génie. Il ne faut ni tout donner ni tout prendre. Il faut beaucoup reprendre, alléger, raccourcir. Et puis y revenir... Mais savoir également s'arrêter soudain et décider presque arbitrairement : voilà. C'est cela. Alors même qu'on sent en soi la force d'aller plus loin, plus haut — de faire encore mieux. « Il faut, disait Egon, se lever de table en ayant encore un peu faim. »

Aucune hystérie dans ce travail nocturne. L'œuvre était à l'œuvre simplement, elle travaillait en lui. S'il aimait composer la nuit, il n'éprouvait pas d'orgueil romantique à veiller ainsi. Il dédaignait la mystique du créateur inspiré, il concevait plutôt son travail comme celui d'un artisan. Il existait un secret de fabrication Bruno Arnhein, un tour qu'il entrevoyait dans les fulgurances de l'imaginaire mais qu'il lui fallait ensuite retrouver dans la morne minutie de la composition — à coup de ponce et de rabot. Là était sa vérité.

« Bach ou Beethoven ? » Au début du siècle, la question était à la mode dans le milieu musical. Une de ces modes absurdes qui, périodiquement, voudraient réduire l'art à une alternative : classique ou romantique, apollinien ou dionysiaque. « Ni l'un ni l'autre, répondait-il en haussant distraitement les épaules. Ou, si vous préférez, l'un et l'autre. » Et de fait, ses pages les plus libres en apparence sont d'une structure rigoureuse. Elles relèvent de l'art strict de la fugue. Même si l'émotion s'y condense parfois en brusques ruptures de temps ou de ton.

Tous les musiciens de sa génération ont rêvé de refaire le duo d'amour du second acte de *Tristan et Isolde*. Bruno Arnhein l'a refait à sa manière : c'est le duo d'amour du second acte de *La Contessina*. Dans l'opéra de Wagner, des chromatismes équivoques suscitent une envie d'harmonie sans cesse déçue et relancent continûment la mélodie. L'amour se fond à l'éternité, le désir se confond au désir de s'anéantir. Le mouvement à l'immobilité. La vie à la mort... Même écriture fuguée dans le duo d'Arnhein. Même appel et même perpétuel retour d'un unique leitmotiv, même lente montée vers un orgasme sonore — sauf que, tout à coup : coup de cymbale, éclat de rire de la clarinette, chahut des trompettes, soupir. Les amants chantent qu'ils ne veulent pas mourir, non ! mais vivre ensemble. Et une cadence classique volontairement banale vient, comme une plaisanterie, conclure l'extase sur une morale de fable, souriante et légère :

La Contessina :

Je t'aime trop
Pour vouloir trop d'amour de toi,
Je te promets
De ne pas tout te donner en retour,
De garder mon secret
Et d'avoir quelques rêves à moi.
N'est-ce pas cela aimer vraiment ?
N'est-ce pas vouloir vivre ensemble ?

Lindor :

N'échangeons pas de serments,
Sachons même s'il le faut
Nous mentir pieusement.
C'est cela aimer aussi,
C'est cela vouloir vivre.

Ensemble :

Plus que toi encore,
C'est nous que j'aime,
C'est notre amour.

« Tu ne dors pas. »

Il se retourna sans se lever du tabouret à vis qu'il fit simplement pivoter sous ses fesses. Perdu dans ses souvenirs, il ne l'avait pas entendue pousser la porte. Un bougeoir à la main, vêtue d'un déshabillé princesse en dentelle, elle semblait aussi venir du passé ou du rêve. En entrant dans ce réduit voûté dont le capiton blanc faisait penser à l'intérieur d'un cerveau géant, elle entrait dans son imaginaire, elle entrait dans sa musique.

« Tu ne dors pas », fit-il en écho.

Ce n'était pas une réponse à ce qui n'était d'ailleurs pas une question. C'était une parole rituelle qui n'avait d'autre sens que de marquer entre eux un accord, une harmonie. La magie de l'heure, le silence nocturne, l'obscurité les rendaient plus complices encore que dans leur vie le jour. Bruno l'attira à lui, l'enserra aux hanches entre ses bras croisés et enfouit le front sous ses seins comme fait un enfant avec sa mère pour qu'elle le console. Elisabeth posa la bougie sur le dessus du piano et lui prit la nuque au creux de ses mains.

« Ce n'est pas raisonnable, murmura-t-elle. À nos âges ! Il est trois heures du matin et nous ne dormons pas.

— Je travaille. Du moins, j'essaie. Mais toi, mon âme ? »

Sa voix lui parvenait assourdie mais vibrait contre son ventre. Et elle sentait la tiédeur de son haleine à travers le satin frais de sa chemise de nuit.

« Une insomnie. L'insomnie des vieillards, sans doute, fit-elle sur le ton de la blague.

— L'angoisse qui te ronge, oui ! Je te l'ai déjà dit : tu ne devrais plus chercher à revoir Siegfried.

— Mais si c'est lui qui...

— Refuse, Elisabeth. Cela te fait trop de mal. Chaque fois, tu en reviens démolie. Tu en perds le sommeil... Et pourquoi ? Pour...

— Pour savoir, Bruno. Que faire d'autre si nous voulons savoir...

— Savoir quoi ? Sous un régime où tout est arbitraire ! En ayant affaire à des hommes... À des pantins, plutôt, à des pantins qui n'obéissent qu'aux ordres du Führer ! Nous sommes à la merci d'un fou, Elisabeth. Et il n'y a plus de lois. Nous ne saurons rien de notre sort. Jamais ! Même en demandant à notre propre fils, l'Oberführer Arnhein. Car lui non plus n'en sait rien, au fond. Et il n'en saura rien le jour où...

— À sa manière, Siegfried nous a protégés aussi ! » le coupa-t-elle pour ne pas l'entendre parler de ce « jour où... », de cette menace qui hantait ses nuits d'insomnie.

« À sa manière, oui. Il nous a protégés comme ces truands qui dans les années 20 mettaient le feu aux cabarets et venaient ensuite proposer leurs services aux gérants... À moins que “ le jour où ”, ce ne soit à lui qu’ils donnent l’ordre d’emmener les enfants ou de nous arrêter nous. Ils sont si pervers qu’ils en sont capables.

— Non, Bruno, non !

— Ils sont capables de tout, Elisabeth. De tuer père et mère et neveux si le Führer…

— Je t’en prie !

— C’est pourquoi il est inutile de chercher à savoir, inutile de vouloir deviner, même. Nous ne sommes pas dans leurs têtes. Nous pensons au pire mais au pire selon nous, mais au pire que nous pouvons imaginer nous, qui n’avons pas leur imagination. Est-ce que nous pouvions seulement concevoir qu’ils s’en prendraient aussi aux enfants ?

— Je suis à bout, Bruno. Comment peux-tu… » — continuer à composer comme si de rien n’était ? allait-elle lui demander. Mais elle avisa les feuilles de musique inhabituellement raturées, surchargées, parsemées de points d’interrogation en marge des portées, et se reprit — « te dominer si bien ? Être si maître de toi ?

— Je tâche justement de ne pas imaginer l’inimaginable, je tâche de ne pas me faire du mal en pensant au mal qu’ils pourraient nous faire demain. Je me dis que céder à la peur, c’est en somme entrer dans leur jeu. Puisque leur but est de régner par la terreur…

— Ce sont des choses que je me dis aussi, mais rien n’y fait.

— Cesse donc de te croire coupable, Elisabeth. Avons-nous quelque chose à nous reprocher ? Depuis la Nuit de Cristal, nous avons remué ciel et terre, nous avons tiré toutes les sonnettes. J’ai perdu des heures dans les ministères, tu as écrit je ne sais combien de lettres au Gauleiter. J’ai payé un passeur et puis j’ai dû acheter son silence quand il a eu la bonté de m’avouer qu’il aurait le double s’il nous dénonçait à la Gestapo. Toi, tu as continué de déjeuner régulièrement avec Siegfried. Même si tu en étais malade après, à chaque fois… Mais à quoi bon insister auprès de lui ? Ça ne sert strictement à rien. Rien que te faire souffrir un peu plus.

— Je ne pense pas que ça ne serve à rien, protesta-t-elle

doucement. Je pense au contraire qu'il ne faut pas couper les ponts. Je pense qu'il faut continuer de le voir et de lui parler. Continuer de... »

Bruno relâcha son étreinte et, levant les yeux sur elle, acheva la phrase qu'elle avait vaguement honte d'achever :

« L'aimer.

— Oui, l'aimer.

— Tu l'aimes donc toujours ?

— Est-ce qu'il n'est pas toujours notre fils ? »

Il hocha la tête et, soudain très las, s'adossa au clavier, ses coudes plaquant par inadvertance deux faux accords dissonants. Wotan se mit à gronder.

« Tu ne crois pas au Mal.

— Je crois que chacun de nous peut trouver un jour, tu me passeras les grands mots, son chemin de Damas. Mais aussi, que ce n'est pas aider ses enfants à le trouver que de leur fermer sa porte.

— Tu es bonne, Elisabeth.

— Je suis seulement moins pessimiste que toi, si je suis plus anxieuse. Je n'ai jamais vraiment perdu l'espoir. Et puis... Il sera toujours mon patapouf, tu sais. Mon Boudin-Blanc. »

Bruno répliqua à ses paroles en donnant délibérément deux nouveaux bruyants coups de coude sur le clavier.

« Il faut lui laisser une chance, poursuivit-elle. Ne pas l'abandonner. Il a encore besoin de nous.

— Besoin de nous ?

— Tu peux rire. Mais j'ai pitié, oui, pitié quand je le vois. C'est une épave maintenant. Il a beaucoup vieilli, il a l'air usé, malade. J'ai remarqué qu'il y voyait de moins en moins, et que ses mains tremblaient de plus en plus. Il doit se droguer. C'est cette vie de fou qu'il mène... Je le trouve triste, surtout. Triste ! Triste comme il était triste quand il était triste à quinze ans. Tu te souviens ?

— J'avais pitié alors. Mais je n'en ai aucune pour un homme de quarante ans qui fait pleurer sa mère. Je le hais.

— Je l'ai haï avant toi, hélas ! » fit-elle très bas, en

l'enlaçant. « Je l'ai haï quand j'étais enceinte de lui... Et que je t'ai quitté, mon amour... »

Sa voix se brisa.

« Je t'en prie, ne dis rien. »

Il posa un doigt sur ses lèvres, mais elle reprit :

« Tous les jours je pleurais. Je pleurais du matin au soir. Je pleurais en me levant et je pleurais en me couchant. Je pleurais à en perdre le souffle, je pleurais à en vomir. Et je le sentais qui remuait en moi, qui me bourrait de coups. Je l'étouffais dans mes larmes et il se débattait, le malheureux. Il se défendait en somme... Et j'avais mal ! J'avais mal ! J'avais peur de devenir folle. J'étais folle. Je voulais mourir. Je voulais le tuer...

— Elisabeth ! »

Instinctivement, elle caressait son ventre.

« Je voulais mourir en le perdant.

— Je t'en prie, arrête. Tu n'as rien à te reprocher.

— *Tu n'as rien à te reprocher...* Ce sont les premiers mots que tu m'as écrits alors.

— C'est vrai. *Je ne te pardonnerai pas...*

— *Parce qu'il n'y a rien à pardonner. Ce fut malgré toi...*

— *Malgré moi.* »

Ils se sourirent, plus émus qu'ils n'auraient pu le dire. Quarante ans après, ils se rappelaient encore les termes exacts de leurs lettres quand ils étaient revenus l'un vers l'autre, refaisant à l'envers le chemin de l'amour dans l'espoir de se retrouver comme au premier jour.

De Munich, il lui avait écrit :

Bayerischerhof

le 5 novembre 1902
(J'ai 35 ans aujourd'hui.)

Mon amour, mon seul amour,

ce n'est pas, ce n'est plus pour moi un deuil mais un nouvel élan de la vie. Hier, au pire de mon désespoir, pendant un concert, j'ai saisi soudain le sens de ton départ. J'ai compris que c'était un appel et non une rupture, j'ai compris que c'était le début d'un retour vers ce que fut notre sentiment au début, quand nous n'avions pas encore l'habitude de nous aimer — quand nous ne nous aimions pas par habitude mais par amour.

J'étais donc au concert. Par pure politesse, j'avoue. J'aurais préféré rester dans ma chambre, même si c'est une triste chambre d'hôtel où je me suis installé pour t'attendre car je ne supportais plus d'être seul chez nous... Quelle corvée s'habiller pour aller entendre de la musique quand on n'est pas dans l'état d'esprit d'écouter ! Mais enfin, Mahler en visite dirigeait sa nouvelle symphonie et je ne pouvais décemment pas trouver d'excuse. Au reste, je n'avais aucune envie de lui mentir. As-tu remarqué comme le chagrin nous rend souvent plus exigeants moralement ? On s'interdit des petites malhonnêtetés qu'on se serait permises en temps ordinaire. Il est vrai qu'en temps ordinaire, j'aurais bondi de joie à l'idée de connaître une nouvelle symphonie de Malher... Bref, la mort dans l'âme, bien certain que je serais incapable de prêter la moindre attention à cette cinquième, je me suis fait conduire à l'Odeon. Et j'ai entendu en effet les trois premiers mouvements dans une sorte de brouillard ; ils ne m'ont laissé aucun souvenir. Je ne pensais qu'à toi, je n'avais d'oreille que pour toi qui sans doute à cette heure pleurais loin de moi. J'étais au bord des larmes... Quand tout à coup, au milieu du mouvement suivant, qui est un adagio très tendre et à la fois très solennel, je me suis surpris à écouter de nouveau. C'était une illumination : je venais de comprendre.

Je venais de comprendre que cette épreuve de la séparation, inconsciemment je la voulais aussi. Parce que c'est une épreuve, en effet. Et que notre amour en sortira grandi.

Elisabeth, je t'écoute de nouveau. De nouveau, je t'aime comme tu m'aimes. Je nous aime.

Bruno.

(Friedrich te demande souvent. Crois bien que je ne le dis pas pour te faire rentrer plus vite.)

Certes. Mais de Rapallo, elle lui avait répondu alors :

Albergo Miramare

le 8 novembre 1902

Oui, mon amour, je vais revenir mais il me faut un peu de temps encore : je veux me retrouver complètement avant de te, de nous retrouver. Qu'importe le jour et l'heure désormais ? N'aie pas d'impatience puisque, tu le sais, absence ou présence, nous sommes ensemble à nouveau. Nous nous aimons, plus rien d'autre ne compte.

Pour la première fois depuis des semaines je n'ai plus peur et je ne pleure pas. Dis à Friedrich que je serai là bientôt. Comprend-il le sens de « bientôt » ?

Je t'aime comme jamais je ne t'ai aimé.

Elisabeth.

Et dès le lendemain, envoyé un télégramme pour corriger :

Dès demain si tu veux. À mi-chemin entre nous deux. Pourquoi pas Stresa où nous avons été heureux jadis ? Je t'aime. E.

Pourquoi pas Stresa où ils avaient été heureux jadis, en effet ? Bruno avait couru au bureau du télégraphe pour acquiescer en deux mots aussitôt :

Stresa. Demain. B.

Et ils avaient roulé alors l'un vers l'autre dans la nuit, dans le romantisme de la nuit. Et ni l'un ni l'autre n'avait dormi de tout le voyage, l'un comme l'autre entendant dans le lancinant fracas fugué des bogies et des roues sur les rails une musique ou une autre qui lui rappelait des souvenirs de leur bonheur à deux : le duo du II dans *Tristan et Isolde, La Nuit transfigurée*... L'un comme l'autre voyant son visage flotter, défiguré, dans le fugitif paysage nocturne au bas duquel glissait le long du ballast un convoi de reflets lumineux qui se disloquait contre le tablier d'un pont pour se reconstituer plus loin, à hauteur d'un talus... L'un comme l'autre se levant pour arpenter le couloir désert du wagon et, obsédé par la présence presque réelle, presque charnelle de l'autre dans ce couloir, anticiper sur les gestes, les mots qu'ils trouveraient quand, dans quelques heures, ils se retrouveraient sur un quai de gare... Les maladresses aussi. Car il y en aurait dès les premières minutes : il ne se pouvait pas que leur désespoir commun et leur solitude à chacun ces dernières semaines n'aient laissé, tel ce léger tremblement intérieur qui subsiste après la guérison apparente d'une maladie nerveuse et provoque encore chez le malade certains actes manqués d'autant plus surprenants qu'il paraît se maîtriser maintenant, quelques traces, quelques occasions de faux pas. Sauraient-ils faire taire tout à fait l'écho de leur ressentiment l'un pour l'autre, le retentissement de leur haine récente, et se cacher les déchirements mal cicatrisés ? Leur échapperait-il des impatiences comme il en échappe aux convalescents ?

Lui dans le Berlin-Rome, elle dans le Vintimille-Vienne, tous deux dans cette lucidité de l'insomnie acceptée et cette sérénité qui succède aux grands chagrins, ils se remémoraient leurs dix années de vie commune ; se posaient une nouvelle fois ces mêmes questions auxquelles, ils le savaient, ils ne sauraient jamais répondre définitivement sauf à cesser de s'aimer un jour. Leur couple n'avait-il pas été d'autant plus fort, d'abord, qu'ils avaient dû braver l'opinion ? Se seraient-ils autant aimés s'ils n'avaient eu à affirmer et défendre leur amour envers la société qui les condamnait ? Quelle part d'orgueil partagé, quelle part d'illusion volontaire y étaient entrées ? Quelle vérité dans cette passion affichée à la face du monde, quelle sincérité ? Et quand enfin après des mois de lutte ils eurent triomphé, passées les premières griseries et surmontés les derniers obstacles, s'aimaient-ils encore vraiment ? N'avaient-ils pas connu au contraire, comme au lendemain d'une bataille gagnée ou d'une fête, une espèce de désenchantement ? Le sentiment diffus, inavouable sinon indicible, et pourtant chavirant, et pourtant douloureux, que chacun retournait à sa solitude.

« Tout est à refaire », avait constaté amèrement Bruno.

C'était une aube d'hiver, dans le triste appartement où, trois semaines après leur héroïque mariage, ils venaient d'emménager à Munich. La clarté sale d'un jour de neige feutrait à travers les rideaux, jetait une lueur de désastre sur le lit défait. Les coussins épars et la couette en tas semblaient, comme autant d'épaves rejetées sur la grève au matin d'une nuit de tempête, témoigner du naufrage de leur amour. Hébétés d'épuisement, ils regardaient autour d'eux ce désordre de drap froissé qui sans doute suggérerait le plaisir à leur bonne quand elle ferait la chambre, mais y voyaient eux leur échec inscrit en creux et vagues ; leur horreur de n'avoir su assouvir un insaisissable désir qui, loin de les réunir, les séparait maintenant ; leur effroi à seulement envisager toute la suite interminable des nuits à venir, la perspective vertigineuse d'une vie à deux à peine entamée et déjà décevante. Dans les bras l'un de l'autre, ils ne s'embrassaient pas ; ils s'accrochaient, ils se raccrochaient l'un à l'autre comme des noyés. Quand Elisabeth, se rassérénant, avait dit fièrement :

« Eh bien ! Nous referons tout. »

Ne fallait-il pas dater de ce jour le commencement de leur amour ?

Car alors avait commencé le long apprentissage de la spontanéité. Être spontané le temps d'une passade, jouir dans la compagnie d'un inconnu est chose aisée. Mais faire l'amour avec qui on aime et on craint de blesser ou de perdre ? Il faut l'apprendre. Et d'abord en abandonnant toute vanité, toute volonté de ne pas décevoir. En comprenant que le désir n'est en rien un gage de succès. Et qu'il y a en somme plus d'amour dans certaines maladresses partagées que dans un rapport sexuel parfaitement mené — que c'est cela faire l'amour. Le faire. Sans craindre de tomber dans le bricolage, dans le cafouillage. Bricolage, cafouillage dont Elisabeth et Bruno plaisantèrent en ces termes par la suite. Quand justement ils se firent plus rares.

Mais combien de nuits encore passées ainsi les yeux ouverts à fixer le plafond comme sur cette couchette du Berlin-Rome ? Combien de nuits à refaire l'histoire de leur amour comme dans ce compartiment du Vintimille-Vienne ?

Vienne ! Leur première valse, la valse qu'elle ne lui avait pas accordée et qu'il lui avait pour ainsi dire volée devant le monde. Vienne qu'ils quitteraient en proscrits, escortés par la police secrète de son père. Et devoir alors, elle qui avait toujours été servie par quarante domestiques en livrée, tenir un intérieur dans un meublé bon marché du vieux Munich. Et, à trois pfennigs la portée, recopier des partitions pour pouvoir s'acheter du charbon et quelques fleurs. Et fréquenter maintenant la bourgeoise bohème du milieu musical, et applaudir aux premiers succès de son mari, et retourner dans le monde pour l'aider à sa carrière, et l'accompagner dans une triomphale tournée européenne puis américaine, et changer cinq fois de logis en dix ans, et mettre au monde un enfant enfin, et se sentir comblée à en pleurer de bonheur. Si comblée qu'un soir, sans raison, une peur panique s'emparerait d'elle : elle entendait sonner un tocsin, elle voyait un incendie dans le ciel, elle allait mourir étouffée, piétinée si elle ne partait pas tout de suite... Et le lendemain, après une scène injuste, atroce, partir en effet. Quitter Bruno.

Le retrouver sur un quai de gare, le voir apparaître au milieu de la fumée. Et courir, courir vers lui, courir à petits pas, la démarche entravée par la robe et le manteau, courir sans souci des convenances sous les bordées de grivoiseries d'une bande de bersagliers qui, apparemment, la prenaient pour une fille, courir en murmurant :

« Bruno, Bruno, Bruno, Bruno, Bruno... »

« Bruno, Bruno, Bruno, Bruno, Bruno... » murmure-t-elle, mais sur un ton de reproche.

Elle a ramassé au vol une feuille de musique qui glissait du pupitre et y voit écrit en marge des portées : *Gob*, *Pap*, *Ger*... Il aura donc repris une nouvelle fois sa *Finta Commedia* ! Cet acte qui, si la Gestapo perquisitionnait et venait à confisquer ses papiers, pourrait l'envoyer dans un camp de la mort.

« Quoi donc ? » fait-il, l'air innocent, délibérément faux, en roulant des yeux et en rentrant le menton dans le cou comme un gamin pris en flagrant délit de sottise. « Qu'est-ce que j'ai fait de mal ?

— C'est encore à ça que tu perds ton temps !

— Que je perds mon temps ? À composer un opéra, moi, Bruno Arnhein !

— C'est pour ça que tu veilles toute la nuit ! Pour ça que tu mets ta santé... Que dis-je ? ta vie en danger. Nos vies.

— Tout de suite les grands mots, *amore*.

— Mais, Bruno, Bruno ! crois-tu qu'ils sont idiots ? *Gob*-

bolo, Papaganda, Germania... Crois-tu que si la police entrait ici un jour et prenait la peine de déchiffrer ces brouillons...

— D'abord, il n'y a pas écrit *Gobbolo, Papaganda, Germania* en toutes lettres ! Et les paroles, outre qu'elles sont en italien, sont illisibles à tout autre que moi. Regarde !

— Raison de plus ! Ça leur paraîtrait d'autant plus suspect. Tu n'y as pas pensé ?

— Voyons, Elisabeth. Tu es la seule à savoir que Gob c'est Goebbels. La seule à savoir que Pap c'est Papaganda. La Propagande.

— Pourquoi m'avoir demandé de tout faire disparaître dans ce cas ? Tu te souviens. Il y a longtemps déjà : nous n'avions pas encore les petits avec nous, nous étions à Munich. Et il y avait moins de risques, non ? Quand était-ce ? Au moment des Jeux Olympiques ? Tu avais été emmené à Berchtesgaden. Par ce crétin dont on a appris plus tard qu'il était un des meilleurs amis de Siegfried.

— Oui. Un peu après les Jeux. Mais alors mes brouillons étaient lisibles. Et surtout, j'avais dans mes papiers le livret manuscrit de ce pauvre Egon.

— As-tu pensé qu'ils pourraient aussi bien te torturer, mon amour, te torturer jusqu'à ce que tu leur avoues le sens de ces gribouillis ? Ils sont capables de tout ! C'est toi qui le dis. Et... »

Elle n'achève pas sa phrase, devinant que son dernier argument a porté. Elle le connaît bien son Bruno : insister maintenant le pousserait à se buter puérilement... Elle ne peut toutefois pas se retenir d'ajouter :

« Si seulement...

— Si seulement quoi ? » demande-t-il.

Mais en guise de réponse, elle se mord les lèvres. Et c'est lui qui enchaîne à sa place :

« Si seulement tu voulais te mettre à l'opéra qu'ils t'ont commandé ! Si c'était à cela que tu passais tes nuits ! Mais tu n'as toujours pas écrit une seule note, Bruno...

— Mais oui, Bruno ! » s'emporte-t-elle alors en esquivant le geste de tendresse qu'il lui adresse. « Tu es fou. Tu es fou. Tu ne comprends donc pas que... »

Il la coupe :

« Tu ne comprends donc pas, toi, que si je leur donnais ce qu'ils réclament, le jour même où je le leur donnerais... Enfin, Elisabeth, mon amour ! Peux-tu avoir confiance en ces truands, en leur sens de l'honneur ?

— Mais...

— Mais quels sont les termes du marché... Du marché ! Non ! du chantage, Elisabeth... Y as-tu réfléchi ? Est-ce qu'ils nous ont seulement donné leur parole ? Et d'ailleurs, quand bien même ils nous l'auraient donnée ! Quelle garantie avons-nous qu'ils nous laisseraient les enfants après ? Après que je leur aurais remis mon opéra... Que t'a dit exactement Siegfried ? “ Nous voulons cet opéra sinon les enfants vous seront retirés. ” Mais une fois qu'ils l'auraient ?

— Si tu ne leur donnes rien, cependant ? Les petits... » dit Elisabeth d'une voix que l'effroi enroue.

« Admettons. Admettons que je leur livre comme convenu... enfin ! convenu par eux, ma grande œuvre nationale-socialiste, aryenne, germanique, virile, hitlérienne, héroïque, antisémite, dolichocéphale, que sais-je encore ? Bon. On la répète et on la monte, on invite tous les pontes du Parti et, pour donner un air d'événement mondial, l'ambassadeur du Japon et l'ambassadeur d'Italie... On les invite à assister à la création le jour de mes soixante-quinze ans... s'il reste quelque chose de ce pays le 5 novembre 1943. Si l'Opéra de Dresde est toujours debout, si on a pu trouver six ou sept chanteurs qui ne soient pas morts gelés sur le front russe ou brûlés dans le désert... Mais, admettons... Oh ! évidemment, on ne nous enlèvera pas les petits le jour même, le jour de la cérémonie. Non, ça ferait mauvais effet. Et leur grand-père risquerait d'avoir une sale mine sur les photos de presse. Mais, disons, le 6, Elisabeth. Le 6 au matin. Quand ils n'auront plus besoin de moi... Y as-tu pensé ?

— Mais au moins..., s'obstine Elisabeth, au moins si tu écrivais deux ou trois morceaux, deux ou trois airs pour leur montrer que tu y travailles. Leur donner le change, Bruno. Tu le peux.

— Non. Pas question. J'y ai songé, pour tout te dire. Mais

j'ai songé aussi qu'ils s'en serviraient. Aussitôt, ils les publieraient, ces airs. Ils les feraient même sûrement jouer en concert. Je me trouverais piégé. Ils pourraient se vanter alors que le grand Bruno Arnhein compose à la gloire du Reich. Qu'il soutient de sa plume l'effort de guerre.

— Que comptes-tu donc faire ?

— Faire traîner. Gagner du temps. Où en sera l'Allemagne dans six mois ? Est-ce qu'il restera assez d'argent dans les caisses pour monter un opéra ? Est-ce qu'on s'occupera encore de culture ? Est-ce que notre fils sera toujours au service du Signor Gobbolo ? »

Les paroles de son mari lui rappellent les mots d'espoir du message de sa fille Pamina : « L'Allemagne ne peut plus gagner. La guerre finira et nos malheurs avec. » Mais Elisabeth se demande tout haut, découragée :

« Combien sommes-nous dans ce pays à penser ainsi ? Combien sommes-nous de traîtres à souhaiter la défaite de l'Allemagne ? Quelques dizaines.

— La défaite du nazisme ne serait pas la défaite de l'Allemagne. Ce serait sa victoire.

— Même si cette victoire nous la devons aux autres pays et pas à nous, Allemands ?

— Même si un jour il n'y a plus d'Allemagne. On jouera toujours quelque part Bach, Mozart, Beethoven. Et..., ajoute-t-il avec un petit rire nasal, Arnhein. C'est pourquoi il ne faut pas céder à leur chantage. C'est pourquoi il faut tenir. Tenter de repousser l'échéance jusqu'à la... défaite ou victoire, comme tu voudras. Par exemple, si je tombais malade ?

— Quelle idée !

— Mais oui. Je peux m'inventer une maladie qui m'empêcherait de travailler bien. Un violent retour d'asthme, pourquoi pas ? J'en ai tant souffert quand j'étais jeune. Je crois que je saurais simuler, Elisabeth. »

Mais elle revient habilement à sa première suggestion :

« Tu pourrais aussi... Non, écoute-moi calmement... Sans rien leur donner d'écrit dont ils puissent se servir en effet..., tu pourrais, toi, inviter les quelques personnes que tu connais à la

Chambre de Culture... Et Siegfried... Attends ! ne monte pas si vite sur tes grands chevaux... Tu pourrais les inviter à, je ne sais pas, une soirée où, simplement, tu leur jouerais quelques morceaux, quelques airs. Ce serait la meilleure façon de les faire patienter. En leur montrant que...

— Que je travaille pour eux !

— Non. En leur jouant *una vera commedia* !

— As-tu une idée, toi, de ce que peut bien être un opéra nazi ?

— Mon Dieu, oui. Je peux imaginer un grand machin pompier dans le genre wagnérien.

— *Le Crépuscule des hommes* ! » s'écrie gaiement Bruno.

Elisabeth sourit.

« Le titre ne serait sans doute pas de leur goût.

— Alors *Così fan tutti*, puisque tous les hommes sont devenus fous et qu'ils obéissent comme un seul homme à un seul homme.

— Non, vraiment ! »

Elle est vaguement épouvantée à l'idée qu'il serait capable, si selon son plan il les invitait à une soirée musicale, d'avoir de ces insolences en présence des dignitaires de la Chambre de Culture.

« Alors quoi ? insiste-t-il. *La Forza del Reich, Le Panzer enchanté, Le Barbier de Berchtesgaden, Adolf et Eva, Le Bavarois volant* ? Avec Göring pour héros... As-tu idée d'un sujet nazi ? D'une musique nazie... »

Il s'est retourné et frappe plus qu'il ne joue sur le clavier les premières mesures du *Horst Wessel Lied*.

« Eh bien, tu vois ! » fait-elle, amusée et en feignant de croire que cet hymne est de son invention. « Tu vois que tu peux. »

Se prenant au jeu, il commence à improviser des variations sur le thème. Dans l'art d'ouvrir un opéra, c'est un procédé courant que d'exposer orchestralement un grand air dès avant le lever du rideau mais altéré ou adorné, comme sont les souvenirs en nous, de façon à provoquer plus tard, quand ce grand air prendra, chanté, place dans le déroulement de l'intrigue, un effet troublant de résurgence, de réminiscence. Arnhein en a usé dans la plupart de ses ouvertures.

« Et maintenant, annonce-t-il, le premier leitmotiv ! Trois accords seulement, mais qui reviendront tout au long de l'opéra : fa, si, sol... Heil Hit-ler ! Voilà. Tu entends ? Ça commence piano piano. Et puis, ça enfle. Trio... Quintette... Septuor... Tout le chœur enfin ! Heil Hit-ler ! Crois-tu qu'on me paiera des droits d'auteur sur ces paroles ? Fa-si-sol. Heil Hit-ler ! »

Bruno continue de jouer, mêlant le *Deutschland,* le *Deutschland über alles,* le *Heute gehört uns Deutschland !* Puis, c'est un pot-pourri de marches militaires scandées en contrepoint par l'obsédant leitmotiv.

« Premier tableau, poursuit-il. Décor : baraquements et miradors. Personnages : hommes, femmes et enfants portant l'étoile jaune... »

Et il entonne alors le fameux chœur des esclaves hébreux dans *Nabucco*. Mais, soudain, s'effondre sur le piano et gémit :

« Non, Elisabeth, non ! Je ne peux pas. Avec la meilleure volonté, je ne peux pas... »

Elle pose une main secourable à son épaule. Il rejette le buste en arrière sous le coup d'un brusque étouffement.

« Qu'as-tu ? »

Il ne peut lui répondre. Il inspire en râlant comme un homme qui se noie. Elle l'aide à se lever du tabouret et le guide jusqu'à un fauteuil dans lequel il s'affale, suffoquant.

« Mon amour, parle-moi ! » fait-elle, affolée.

« Ce n'est rien ! » finit-il par articuler.

Simule-t-il une crise d'asthme comme il disait en avoir l'intention ? Souffre-t-il réellement ? À le voir qui grimace hideusement en même temps qu'il s'efforce de sourire pour la rassurer, Elisabeth ne doute pas très longtemps : il ne simule hélas pas, il n'essaie pas de lui prouver ses dons de comédien. L'asthme vient de le frapper comme pour le punir d'avoir prétendu en jouer.

« C'est ce cagibi ! explique-t-elle. L'air n'est jamais renouvelé. »

Elle n'y met aucune conviction particulière, ayant deviné qu'il sait qu'elle a compris. Et qu'il est donc inutile de le tromper avec des paroles lénifiantes. Mais leur tendresse réciproque se manifeste justement dans ces sortes de conventions tacites qui les font continuer d'échanger des propos tranquillisants auxquels l'un et l'autre font semblant d'ajouter foi.

« Viens avec moi à la fenêtre. Là. Comment te sens-tu ?

— Ça va beaucoup mieux. Ne t'inquiète pas pour moi. Ce n'est qu'un peu de fatigue. Le manque de sommeil. »

La crise semble retomber en effet.

« L'anxiété, dit-elle. À cause des enfants...

— Oui. Les enfants... »

Son souffle se pacifie. Après un silence, il lui demande :

« As-tu remarqué ? Nous disons très souvent : les enfants, nos enfants... Nous en parlons très rarement comme de nos petits-enfants. C'est comme si nous les avions...

— Adoptés.

— Mais ils ne sont pas orphelins. C'est plutôt comme si nous les avions...

— Oui, volés à leurs parents. Volés, n'est-ce pas ?

— C'est ce que tu ressens toi aussi ? »

Elle acquiesce, muette, émue de ce qu'ils partagent également ce sentiment coupable.

« Tu n'as jamais beaucoup aimé Sarah, note-t-il avec une nuance d'affectueuse complicité.

— Oh ! ce n'est pas exactement ça, proteste-t-elle mollement.

— Tout de même. Quand elle te les a confiés, tu as été folle de joie. Et tu as déclaré : ce sera mieux pour eux. Elle s'en occupe si mal !

— Sarah était malade, certes, très malade. Mais cela ne justifie pas tout. Je crois qu'elle se désintéressait complètement d'eux avant sa maladie déjà. Arno faisait pitié.

— Tu as toujours jugé qu'elle n'était pas une vraie mère, tu la trouvais trop puérile.

— Trop folle ! Son genre de vie. Leur genre de vie à tous deux... Mais, Bruno, tu n'as jamais vu non plus en Friedrich un bon père...

— Qu'il ait été négligent au point de laisser sa femme nous les confier, justement ! Lui qui, en somme, était plus conscient que nous du danger...

— Nous n'allons pas l'accabler ! Il était en Espagne.

— Tu as raison. Je suis injuste. Pardonne-moi. Mais je ne voudrais pas que la faute retombe sur cette malheureuse, ne serait-ce que parce qu'elle est juive.

— Juive, elle ne l'était guère avec ses enfants. Elle n'avait rien d'une mère juive. Aucun principe d'éducation ! Une insouciance... Arno était comme un sauvage et le bébé si mal soigné... Oh ! je ne veux pas médire de Sarah. Elle était dépassée par sa maternité. Je la plains plus qu'autre chose. Et je souhaite de tout mon cœur qu'elle puisse les reprendre un jour. N'empêche... Dieu sait si nous étions tolérants et même un peu trop fantaisistes avec les nôtres, mais nous nous occupions d'eux, Bruno.

— Nous avions aussi des gens pour nous aider, des nurses.

— Nous les élevions.

— Et le résultat ? » l'interrompt-il sur un ton d'ironie amère. « Avons-nous fait d'eux des êtres épanouis, équilibrés ?

— Non, hélas !

— Nous avons voulu leur inculquer la culture : vois ce qu'en a fait Siegfried ! Nous avons cru leur donner le goût de l'effort : mais Douce... Le sens de la mesure : mais Tamino... L'exemple du bonheur : mais Pamina, penses-tu qu'elle soit heureuse ?

— Que fallait-il donc faire ?

— Rien, chérie. Rien d'autre que ce que nous avons fait. Et, au fond, il est rassurant de savoir que l'éducation ne peut pas tout. Surtout quand la propagande nous rebat les oreilles avec le dressage, que dis-je ? avec l'élevage d'une nouvelle race d'hommes... Eh bien non ! Ça ne suffit pas. Le libre arbitre subsiste. On choisit son destin.

— Quel sera celui d'Alice ? Quel sera celui d'Arno ?

— Cesse d'imaginer le pire, mon amour, le pire n'est pas toujours sûr.

— Soit. Montons nous coucher. Comment te sens-tu? Veux-tu venir dormir dans ma chambre ?

— Je respire mieux. Ce n'était rien. Et si je viens dans ta chambre ce soir, ou plutôt ce matin, ce n'est pas que je sois malade... *Contessina mia, è che ti amo !* fait Bruno en ouvrant théâtralement les bras.

— *Vieni, Lindor ! Vieni, tesor' !* »

Il lui tend la main.

« *Andiamo ! Andiamo !* »

Inopinément, il repense à leur visiteur de l'autre jour, ce romancier, ce Schreiber. « Comme je vous envie vos scènes d'amour, lui avait-il dit, comme je vous envie votre duo du II ! Voilà ce qu'un écrivain ne saura jamais écrire. Voilà toute la supériorité de la musique. »

Le jour point. Une buée frange d'or les eaux dormantes du lac. L'herbe humide fume et la brise remue les arbres où stagnent encore des ténèbres ; le rossignol chante. Au loin, le fanal d'une balise danse au passage d'une vedette militaire. Ils s'attardent un instant à contempler le spectacle. Puis montent le grand escalier dans la pénombre.

Au premier, Elisabeth pousse en silence une porte entrouverte. Elle a entendu Alice. Mais la petite fille n'appelait pas : elle parle tout haut dans son rêve. Il est question de violon, de corde cassée et d'Arno.

Bruno se penche sur le lit et dit à voix basse :

« Que c'est beau ! »

Quand il se redresse, il est saisi d'un nouvel étouffement.

Avoir parlé si légèrement de simuler l'asthme ! Était-ce une prémonition ?

Prélude à l'amour

Dans son numéro du lundi 5 décembre 1881, le *Neues Wiener Tageblatt* publiait la lettre d'un certain Dr Sigmund Freud. Une futile controverse sur l'occultisme occupait alors la grande presse viennoise qui, en mal de sensationnel depuis quelques semaines, avait repêché ce serpent de mer pour remplir ses pages : l'art divinatoire est-il une science et la prémonition une réalité ? Les témoignages abondaient dans le courrier des lecteurs : une dame avait vainement cherché à dissuader son fils de participer au concours hippique où il devait trouver la mort le lendemain ; un monsieur avait rêvé de noyade et sauvé sa vie en renonçant à prendre ce bac qui, huit jours plus tard, coulerait sous ses yeux. Le Dr Freud, quant à lui, prenait catégoriquement parti contre : la prémonition ? écrivait-il, une chimère ! Et il trouvait scandaleux que les journaux entretinssent l'irrationalisme ambiant, mais plus scandaleux encore, et même quelque peu inquiétant, de voir des savants réputés ajouter foi si complaisamment à de pareilles sornettes. Les exemples ne prouvaient rien : il ne s'agissait jamais que de révélations faites après coup, donc invérifiables. Ou, tout au plus, de simples coïncidences. Car combien de nos rêves crus prémonitoires, combien de nos pressentiments sont démentis par les faits et, partant, vite oubliés ? Qu'est-ce que cette prétendue science qui ne prendrait en compte que des exceptions et des cas particuliers ?

La lettre, écrite sur le ton virulent qu'on connaissait au

jeune médecin quand il défendait une idée ou un principe, n'était pas restée inaperçue de son entourage. Plusieurs de ses amis avaient tenu à le complimenter, qui en lui envoyant un pli exprès, qui en lui cornant une carte de visite : ces mots d'encouragement s'amoncelaient dans une corbeille posée sur le meuble de toilette. En ce soir du jeudi 8 décembre, le Dr Freud y jetait un œil satisfait tout en achevant de s'habiller pour se rendre au Ringtheater où l'on donnait *Les Contes d'Hoffmann.* Il n'avait guère de vanité mais les succès intellectuels lui procuraient de ces joies secrètes et légères que procurent à d'autres les succès sexuels. Il éprouvait une vraie jouissance à dénoncer un préjugé ou soutenir une théorie nouvelle ; il s'observait dans le miroir de la coiffeuse et, repensant à son texte, se souriait... Quand tout à coup, alors qu'il agrafait à sa chemise le col glacé, il fut pris d'un étourdissement, dut se retenir à la table de marbre et finit par reculer, chancelant, jusqu'à s'abattre sur le divan. Ses jambes se dérobaient, il sentait refluer en lui la vie même ; il n'avait plus aucune volonté sinon de faire renvoyer le fiacre que sa bonne était sortie héler sur le boulevard. Que lui arrivait-il ? Il l'ignorait mais jugea qu'il serait plus sage de passer une soirée tranquille à lire au coin du feu. Il n'irait pas au Ringtheater.

La comtesse Sophie von Werdenberg, elle, irait. Elle jetait un dernier regard critique à sa psyché et ne voyait décidément rien à reprendre à sa coiffure ni à sa robe. Cette robe de panne couleur feuille-morte qu'elle avait rapportée avec trente autres de son dernier séjour parisien lui allait parfaitement bien. Elle se félicitait d'avoir suivi les conseils de sa cousine Ottilie von Metternich : Worth convenait aux femmes dans son genre, grandes, majestueuses, un peu décharnées ; le couturier savait donner une fausse ampleur au buste et aux hanches ; et rien de plus seyant que ces camaïeux de roux et d'or dont il venait de lancer la mode, rien qui mît mieux en valeur la blondeur rousse et les yeux vert doré distinctifs des Längenfeld. Le grand miroir ovale lui renvoyait l'image d'une femme de trente ans, supérieurement élégante, heureuse et belle. Et malgré cette modestie naturelle qui intriguait, tant à la cour qu'à la ville, la haute société viennoise, il lui échappa un net sourire de contentement. Elle n'avait pas l'ingratitude ordinaire des gens comblés par la vie, il lui semblait du devoir d'une aristocrate de se montrer toujours contente de son sort et sans dédain. Parfois, comme prise de peur que tout ce bonheur lui fût retiré par une mauvaise fée, elle se récapitulait à elle-même ses chances : née margravine de Längenfeld, c'est-à-dire héritière en titre d'une des plus illustres, nobles et riches familles tyroliennes, alliée par les femmes aux Esterhāzy ; mariée au premier homme qu'elle eût jamais aimé et qui, depuis l'adolescence, l'aimait en retour : le non moins illustre, non moins noble et non moins riche comte Otto von Werdenberg, lequel était, lui, allié par les femmes aux Wittelsbach ; mère de trois beaux enfants ; intelligente, spirituelle, artiste, et douée d'une si robuste santé qu'elle était la seule femme de la cour à pouvoir accompagner de bout en bout sa souveraine dans les randonnées démentielles que l'impératrice infligeait à sa suite...

L'Impératrice Élisabeth, en effet, marchait des six, sept heures, des six, sept lieues par des sentiers de montagne. Ses dames de compagnie l'abandonnaient toujours au quart ou au tiers du chemin, épuisées, et finissaient en chaise à porteur, à dos d'âne ou même, quand il n'y avait ni chaise ni âne et que la fatigue émoussait leur sens pourtant très strict de la décence, à dos d'homme, empoignées sous les cuisses par de solides montagnards aux épaules baignées de sueur. Mais Sophie avait gardé de son enfance négligée et libre, passée à courir les bois et les alpages avec les garnements de la vallée dont son père était le seigneur, le goût de ces longues promenades à pied. Et Élisabeth s'était entichée de cette jeune comtesse qu'aucune course ne rebutait et qui, après des heures de marche forcée, continuait de bavarder gaiement avec elle, sans jamais se plaindre de la chaleur, de ses souliers ou des cailloux du sentier. Elle appréciait surtout une indépendance d'esprit qui s'accordait à la sienne. Aucune servilité chez Sophie qui, d'ailleurs, avait toujours refusé une quelconque charge officielle de la maison impériale et royale. Elle n'était pas la favorite entre d'autres dames de compagnie, elle était l'amie personnelle et à titre privé de l'impératrice. Élisabeth avait tenu sur les fonts baptismaux la fille de la comtesse, prénommée pour cette raison Elisabeth ; mais la cérémonie avait eu lieu dans l'intimité, au château de Längenfeld. Les Werdenberg n'avaient pas cherché à en tirer gloire, ce qui parut à certains le comble du snobisme. Et on imagine aisément quelles jalousies suscitaient ces faveurs particulières chez les courtisans de la Hofburg. Si l'on avait su que, hors de tout témoin, quand par exemple les deux marcheuses allaient devant, suivies de très loin par les autres dames, elles se donnaient affectueusement du « chérie », du « bichette », du « Sissi » ! Si on les avait entendues échanger des propos très lestes sur la beauté mâle de leur guide, ses bras noueux de bûcheron, la grâce massive de son torse bâté du harnais de portage et le galbe de ses fesses étroitement gainées d'un cuir aux teintes de bronze qui leur rappelaient certain Apollon musagète des fouilles de Corfou qu'elles avaient visitées ensemble l'année dernière !

« Nous sommes bien sottes, bichette, nous devrions nous aussi nous faire porter ! Comme ce doit être charmant sur un dos pareil. »

La comtesse était la seule personne en compagnie de qui Sissi oubliait sa mélancolie morbide et osait se laisser aller quelque peu. Mais la vie de cour ennuyait Sophie, qui n'avait qu'une hâte : fermer le palais de la Salesianergasse et retourner en Ötztal, au vieux château historique des Werdenberg, pour y passer les fêtes de fin d'année. Sophie aimait les Noëls tyroliens, les courses de traîneaux, les retraites aux flambeaux, les veillées au coin du feu avec le conteur du village, la messe de minuit dans l'église rococo tout illuminée, puis quand on ressort dans la nuit glacée, cette gaieté triste des chants jodlés qui se font écho d'un versant à l'autre des montagnes ; et au matin du jour de l'an, le concert rustique donné par les violoneux de la clique sous les remparts du château : les valses, les chansons à boire, l'hymne comtal pour finir :

Oh ! Seigneur de Werdenberg, longue vie à toi et aux tiens...

Le comte Otto von Werdenberg rentrerait en fin de semaine d'une mission secrète que lui avait confiée l'empereur. On enverrait alors le gros des domestiques, la bétaillère et les soixante-douze malles par le train du soir. Et le lendemain matin, on ferait accrocher le wagon privé des maîtres à l'express Vienne-Innsbruck. Les enfants, que saint Nicolas avait déjà outrageusement gâtés lundi, ne tenaient plus en place, excités par ces promesses d'autres plaisirs.

On frappa à la porte : c'étaient eux justement, que la gouvernante menait chez leur mère pour le rituel baiser du soir. Gerhard et Ludwig avaient mis leurs chemises de nuit et leurs robes de chambre sans rechigner mais ni l'un ni l'autre n'avaient consenti à se défaire des shakos et des sabres en bois de la panoplie de hussards que leur avait offerte la veille la princesse Esterhäzy. Quant à la petite Elisabeth, inexplicablement elle sanglotait, elle hurlait :

« N'y va pas, Maman, n'y va pas ! »

Sophie la prit dans ses bras : pourquoi cet étrange caprice chez une enfant ordinairement très calme et d'humeur égale ? Sophie était d'autant plus inquiète qu'il y avait autre chose que du caprice, lui semblait-il : une vraie détresse, un vrai désespoir. La petite fille s'agrippait violemment à son cou et, pleurant à perdre haleine, ne cessait de répéter :

« N'y va pas, Maman, n'y va pas !

— Mais enfin, ma Sabeth n'a jamais fait la méchante comme ça quand Maman sort ! Qu'y a-t-il ma jolie ? Dis-moi. »

Avait-elle eu un cauchemar ? Était-ce une crise d'hystérie ? Devait-on appeler le médecin ?

Forte de ses diplômes de puériculture, la gouvernante anglaise répondait qu'il n'y avait pas à s'affoler pour si peu, que les enfants vers l'âge de cinq ans connaissent tous de ces bouffées d'angoisse.

« Il est prouvé que c'est l'époque où l'enfant commence à concevoir la mort, Madame la Comtesse. Et cela provoque chez lui de vraies terreurs, la crainte d'être abandonné. La petite a peur de vous perdre, voilà tout.

— "Voilà tout !" Eh bien, c'est agréable ce que vous dites là, mademoiselle !

— Oh ! que Madame la Comtesse me pardonne, mais c'est dans les livres.

— Ah ! si c'est dans les livres... »

Sophie était quelque peu agacée du dogmatisme de Miss Bass, de sa maladresse, et qu'elle ne parvînt pas à simplement calmer cette petite fille qui, rougissante, blêmissante, suffoquait et s'obstinait à supplier sa mère de rester. Aussi tendre et cajoleuse qu'elle fût, Sophie n'était pas femme à céder : elle qui avait été élevée sans contrainte aucune tenait, comme par réaction contre sa propre éducation, à inculquer les grands principes à ses enfants. Et en premier lieu, que les parents avaient leur vie à eux : elle devait aller au théâtre, elle irait. D'ailleurs, il n'était plus temps de décommander : les chevaux piaffaient dans la cour, sa femme de chambre lui apportait sa cape de zibeline, et la baronne de Mies, qui l'accompagnerait, l'attendait au salon bleu, en bas.

Suivie par la femme de chambre qui lui arrangeait sa cape sur les épaules, précédée par deux laquais qui lui ouvraient vite les portes, Sophie eut le sentiment non de sortir de ses appartements mais de fuir. De fuir ces sanglots déchirants, de fuir sa fille. Au bas de l'escalier, alors qu'elle l'entendait toujours hurler, elle se souvint qu'elle n'avait pas embrassé les garçons, si troublée elle était. Et dans le coupé, serrée contre son amie qui lui tenait les mains, elle fut longue à retrouver son sang-froid et son maintien distingué. Résonnait encore à son oreille : « N'y va pas ! »

Elisabeth s'endormait enfin, brisée par la violence même de son chagrin, quand le tocsin sonna à la chapelle des Visitandines. Puis, ce fut une rumeur lointaine vers les boulevards, une plainte lugubre de trompes et de cornes ouvrant la route à des pompes mobiles et des fourgons d'ambulance. Le ciel était rouge à l'occident, obscurci de fumées. Quelqu'un cria dans la rue :

« Le Ringtheater brûle ! »

On dénombra trois cent quatre-vingt-six morts. Le feu s'était déclaré sur scène, au premier acte des *Contes d'Hoffmann,* dans l'antre du savant qui fabrique des poupées vivantes quasi humaines ; et le régisseur avait commis l'erreur de fermer aussitôt le conduit du gaz d'éclairage. Le public avait alors paniqué dans le noir, buté contre des portes qui s'ouvraient du dedans ; pendant ce temps, l'incendie gagnait tout l'édifice. À l'étage des loges nobles, des spectateurs réussirent à se réfugier sur le balcon extérieur. Mais des femmes, embarrassées de leurs poufs, de leurs mantelets, de leurs robes entravées au genou, furent piétinées par des hommes du monde qui, abdiquant toute galanterie, se ruaient sur les échelles que les pompiers dressaient contre le péristyle. Quelques-unes, acculées par les flammes, folles d'horreur, se jetèrent dans le vide : ainsi, Sophie von Werdenberg.

Le Dr Sigmund Freud, quant à lui, n'avait rien entendu. Il s'était assoupi sur le livre qu'il lisait au coin du feu chez lui, *L'Énigme humaine.*

De l'Herzégovine au Vorarlberg et au Békés, d'un bout à l'autre de l'Empire, la moindre ville possédait son théâtre *impérial et royal.* De Split à Solznok et à Bregenz, la plus misérable salle disposait d'une loge réservée à perpétuité pour le cas où il aurait pris à Sa Majesté l'impériale et royale fantaisie de venir au spectacle sans s'être annoncée. Cas hautement improbable mais néanmoins imaginable et donc prévu, et donc paré comme toute autre éventualité par l'*impériale et royale,* mais surtout maniaque, administration autrichienne. Le spectacle était la religion de ce pays, le seul vrai culte observé dans sa capitale ; la catastrophe y fut ressentie comme un châtiment divin. François-Joseph fit ériger une chapelle expiatoire à l'emplacement de la salle détruite. Il décréta un deuil national. Et comme chaque fois qu'un malheur s'abattait sur l'Autriche — défaite militaire, krach financier, émeute ouvrière, inondation, choléra — il lui échappa l'invariable commentaire, qu'il accompagnait d'un invariable haussement d'épaules résigné : « Décidément, rien ne me sera épargné ! »

Dans l'esprit comme dans le cœur du souverain, le destin de

ses sujets était aussi le sien. Les maux qui frappaient sa patrie le frappaient personnellement lui, qui s'estimait le père de la patrie. Drames publics et drames privés se confondaient pour ne plus faire de l'histoire autrichienne qu'une impériale et royale tragédie. Et la Dame Blanche des Habsbourg, la mythique et maléfique Dame Blanche qui, des siècles après l'avènement de la dynastie, se vengeait encore de n'avoir pas été invitée à la fête du couronnement, la Dame à la faux rôdait toujours alentour et ne cessait de le tourmenter. Elle lui avait pris son frère Maximilien, fusillé au Mexique. Elle lui prendrait son fils Rodolphe, suicidé à Mayerling ; elle lui prendrait sa femme, Elisabeth, assassinée à Genève ; elle lui prendrait enfin son neveu François-Ferdinand, qui mourrait sous les balles d'un terroriste à Sarajevo, l'été 1914. C'en serait alors fini de la névrose nationale, fini de l'empire et de la royauté, fini de la suprématie européenne, fini d'une civilisation millénaire, fini d'un monde.

Vienne, une fois de plus, se jeta dans le deuil avec frénésie. Car Vienne avait d'autres spécialités que les pâtisseries, l'opérette et le café à la crème : Vienne était la capitale mondiale des internements psychiatriques, Vienne était la capitale mondiale des suicides, et Vienne avait un génie particulier pour la pompe et les fastes funèbres. Une ou deux fois par saison, avec cette récurrence des accès morbides qu'on observe dans certain type de dépression maniaque, la ville s'adonnait au plaisir pervers du grand enterrement. Le grand enterrement faisait l'événement, le grand enterrement était couru et critiqué dans les mêmes termes qu'une création à l'Opéra. Puis, on rangeait les crêpes, on remettait en marche les manèges du Prater, on rouvrait théâtres et guinguettes. L'orchestre se réaccordait, le premier violon donnait quelques légers coups d'archet contre l'âme pour marquer la mesure : un, deux, trois. Après une courte ouverture hésitante, crispée encore, voici que la valse, l'euphorique valse viennoise reprenait. « Mesdames, Messieurs… *La Valse de l'Empereur.* »

On enterra Sophie von Werdenberg au château historique de la famille en Ötztal. Les cérémonies durèrent dix jours et les habitants de la vallée portèrent le noir pendant un an. Se disant inconsolable, le veuf fit édifier un mausolée de porphyre dans le goût éclectique et cossu des monuments du Ring. Mais, consolé au bout de l'année, le tombeau enfin achevé, il annonçait à ses paysans et ses domestiques son remariage avec une jeune veuve, la comtesse Therès Ferenczi. Et on fit venir les violoneux, et on but et on dansa toute la nuit aux accords d'*Aimer, boire et chanter*. Otto von Werdenberg voulait, disait-il, donner une mère à ses enfants, une intendante à ses nombreuses demeures, et une égérie à son salon politique et artistique.

La comtesse Therès s'occupa sans amour mais avec droiture des enfants. Mondaine, elle négligea les châteaux des Werdenberg et ses résidences personnelles en Hongrie pour vivre à Vienne ou, l'été, suivre la cour aux eaux de Bad Ischgl. Sa réussite la plus éclatante fut le salon de la Salesianergasse dont elle fit une sorte d'académie des grands esprits et des artistes du temps, poussant l'audace jusqu'à y recevoir quelques Juifs célèbres.

Gerhard, Ludwig et Elisabeth grandissaient dans ce milieu brillant où tout leur était donné. Leur père, parfois, redoutait que tant de facilités offertes de se cultiver ne finissent par les détourner d'apprendre sérieusement. Mais comme beaucoup de jeunes Viennois de leur génération, les enfants avaient une tout autre ambition dans la vie que de s'amuser : ils voulaient devenir des génies. Être un génie était alors à la mode ; ils s'y appliquaient avec les meilleurs maîtres. Aucune lecture, aucun exercice ne les rebutait ; ils fatiguaient leurs précepteurs. Et l'un après l'autre, à l'âge de douze ou treize ans, ils demandèrent à leur belle-mère le privilège d'assister à ses salons du jeudi. Ils avaient assez de bonne éducation pour ne pas y jouer les singes savants mais leur intelligence et l'étendue de leurs connaissances éblouissaient les adultes. Gerhard était versé dans la logique et les mathématiques : on lui doit le Théorème de Werdenberg, qu'il conçut à l'âge de dix-sept ans. Ludwig, lui, était plutôt un littéraire, romantique et rêveur : à dix-sept ans, c'est un recueil de poésies qu'il publiait, aussitôt salué par la critique comme un nouveau Novalis. Quant à Elisabeth, c'était une actrice née, douée d'une jolie voix grave de contralto et d'un esprit impertinent. Le Noël 1891, tous trois montèrent et jouèrent une pièce de théâtre dont ils avaient ensemble écrit le texte, peint le décor, composé la musique de scène. Les invités de leurs parents leur firent un vrai triomphe et les journaux mondains les couvrirent d'éloges dont, les premiers, ils eurent le bon goût de se moquer. Eux savaient, en leur for, qu'il y avait encore du chemin à faire avant d'égaler Schiller ou Goethe, ou ne fût-ce que Grillparzer.

La comtesse Therès était à la fois fière et quelque peu agacée du succès des trois jeunes prodiges. Elle l'acceptait mieux des garçons que de sa belle-fille, pour qui elle éprouvait une jalousie à peine dissimulée. Elisabeth, qu'on appelait la Comtessine, devenait une beauté et rappelait à son père Sophie, à qui elle ressemblait beaucoup. Elle était d'humeur inégale, bizarre parfois, instable. Elle passait pour sorcière auprès des domestiques du palais Werdenberg : n'avait-elle pas, enfant, eu la prémonition de la mort de sa mère dans l'incendie du Ringtheater ? Certains se souvenaient encore de ses cris déchirants : « N'y va pas, Maman ! » D'autres prétendaient s'en souvenir alors même qu'ils n'étaient pas au service des Werdenberg à l'époque du drame. C'est que toute une légende s'était constituée, qui se chuchotait à l'office. Et le majordome, qui était spirite à ses heures et faisait tourner les tables, prétendait que l'âme de la mère habitait maintenant le cerveau de la fille. Ce qui expliquait, selon lui, le malaise de cette dernière : ses accès subits d'euphorie suivis de brefs moments d'abattement profond, presque de prostration.

Une fois, en villégiature, la jeune sorcière était tombée en syncope à la vue d'une maison qui brûlait. Une autre fois, devant le tombeau de sa mère, elle avait été prise de convulsions. Rien de très inquiétant cependant : après tout, il n'y avait pas une jeune fille de ce milieu qui ne fût plus ou moins atteinte de ce genre de troubles alors. L'hystérie et la névrose féminines étaient dans l'air du temps. Une voisine de la Salesianergasse, Marie Vetsera, avait sacrifié jusqu'à sa vie pour un simple fantasme : devenir la maîtresse du prince héritier ! Elisabeth n'en était pas là. Tout juste un peu trop exaltée, un peu trop idéaliste peut-être. Mais nullement folle.

La comtesse insistait pour qu'on fît appel à un « spécialiste des nerfs » disait-elle, n'osant suggérer crûment un psychiatre. Le comte était d'un autre avis : du moment que sa fille exprimait toujours de la joie de vivre et formait des projets, mieux valait lui donner, puisqu'elle le demandait, un bon maître de musique que la faire suivre par un médecin. « La musique est une guérison » — où avait-il lu cela ? Il commanderait un memento à ses services sur la question.

Quand on se nomme Otto von Werdenberg, qu'on est premier conseiller aulique, chef secret de la police politique en même temps que trésorier payeur des pensions impériales et royales consenties aux artistes par Sa Majesté, dont on est d'ailleurs un confident attitré, on obtient tout ce qu'on veut sur l'heure. Par exemple, le meilleur maître de musique d'une ville qui, selon l'annuaire du libraire Gutmann, en comptait alors plus d'un millier. Mais quand, en outre, on a l'intelligence et le goût d'Otto von Werdenberg, on ne se contente pas d'un choix banal, d'un nom convenu. On cherche pour un sujet sensible et délicat comme l'était sa fille autre chose qu'un simple talent pédagogique. On prend le risque d'accorder sa confiance à un professur sortant de l'ordinaire. Et, pourquoi pas ? à un véritable artiste. Elisabeth le méritait.

Plusieurs rapports avaient été remis au comte. Il en avait écarté une douzaine et retenu trois : les noms de trois jeunes musiciens également prometteurs. Il se souvenait de l'un d'eux, Bruno Arnhein, pour l'avoir vu un soir en concert remplacer Felix Mottl, malade, au pied levé et se faire applaudir aussi fort que s'il avait été le maître en personne. Ce chef de vingt-cinq ans montrait une fougue irrésistible. Mais ce qui emporta la décision du comte fut, comme il advient souvent dans ces cas-là, une simple coïncidence : au même courrier, en réponse à sa note, son secrétaire lui indiquait que son excellence pouvait avoir lu que « la musique, l'amour de la musique est une guérison » dans un article du *Fremdenblatt* récemment paru sous la signature d'un certain Bruno Arnhein : *Harmonie et folie.*

Au sujet dudit Bruno Arnhein, la fiche de police établissait que ses conférences au conservatoire étaient très suivies, qu'il y captivait l'auditoire : l'artiste avait donc également des qualités de pédagogue. Pour le reste, sa courte biographie se résumait comme suit : né en 1868 ; citoyen allemand ; fils d'un banquier colonais fort honorablement connu ; a été l'assistant de Gustav Mahler à Hambourg ; est l'auteur d'une symphonie intitulée *La Dionysiaque* — première exécution à Weimar le 5 septembre 90 — et d'un cycle de douze lieder : *Wanderwege* — créé par Rosa Sucher à Salzbourg le même jour l'année suivante. Le comte Apponyi, mélomane au jugement très sûr, le tient pour le plus grand espoir de la musique allemande.

Incompétence des indics ? Ou bien manquait-il au rapport le feuillet concernant les mœurs du suspect ? Nulle part n'était mentionné quelle existence de bohème débauché menait ledit Bruno Arnhein. Pas un mot sur le fait qu'il avait rompu tout lien avec son père, Albrecht, et, partant, avec le monde sérieux et pondéré de la banque. Artiste, Bruno Arnhein l'était aussi dans sa façon de vivre au jour le jour, insouciant, irresponsable. Et Otto von Werdenberg eût sans doute hésité s'il avait appris que le musicien tirait le diable par la queue, jouait ses cachets aux cartes ou dépensait en fêtes extravagantes le peu d'argent que lui procuraient ses piges, honoraires de conférencier et droits d'auteur débutant ; aussi éclairé et libéral qu'il fût, il y eût assurément renoncé s'il avait su qu'en plus, ce séducteur impénitent papillonnait de conquête en conquête et, assez pauvre en linge, changeait très littéralement plus souvent de maîtresse que de chemise. Petites bonnes et baronnes distinguées, actrices en vue ou discrètes épouses de fonctionnaires : tel Leporello à propos de Don Juan, il en compterait bientôt *mille tre* à avoir succombé à son charme juvénile et à ses foucades. Il payait sa logeuse en caresses et baisers plus souvent qu'en billets de banque. Il maquereautait quelque peu une danseuse de l'Opéra qui frayait avec des affairistes. Il empruntait deux cents florins à la femme de son imprésario pour offrir une parure à l'une de ses nombreuses rivales ; puis, après une courte sieste dans un bordel, courait à son rendez-vous avec deux sœurs jumelles, demoiselles d'un bon milieu bourgeois dont il avait d'abord séduit la gouvernante et prétendait maintenant soigner la double mélancolie morbide en les initiant à l'amour de la musique — cette grande guérisseuse, selon lui. Et à l'amour tout court.

Où Bruno trouvait-il le temps de lire, de composer, d'écrire, de répéter et d'étudier tant de partitions anciennes ou nouvelles ? Il se contentait de trois heures de sommeil par nuit et d'une heure ici ou là l'après-midi, dans n'importe quel lit où l'avait conduit la bonne fortune du jour. Il harmonisait tout en mangeant, rédigeait mentalement un article tout en dirigeant une répétition, se plongeait dans un livre pendant les entractes d'un opéra et dormait quelques minutes dans la loge d'une prima donna en manque de tendresse. Mais de temps à autre, un brusque dégoût le prenait d'une vie aussi hachée et haletante. Il se sentait piégé, perdu dans les mensonges qu'il soutenait à longueur de temps et toutes ces intrigues qu'il menait de front. Il était au bord du délire, dans un état proche de la confusion mentale. Il sentait venir la terrible punition d'une crise d'asthme ou d'un effondrement nerveux comme il en avait tant connu dans son enfance... Alors, sans l'annoncer à personne, ayant bourré un sac tyrolien du strict nécessaire pour une randonnée en montagne, il se rendait à la Gare de l'Ouest et montait dans le premier train en partance vers les Alpes. Pendant cinq, six jours, il marcherait solitaire, des heures et des heures, se soûlant d'air vif, buvant l'eau des torrents, partageant le pain et le fromage avec des bergers rencontrés en chemin, couchant dans des chalets d'alpage ou à la belle étoile, écoutant une cascade jouer au loin le premier mouvement du concerto qu'il commencerait d'écrire en rentrant à Vienne. Tel Antée retrouvant sa force au toucher de la terre, il se laverait de sa fatigue morale dans cette fatigue purement musculaire. Puis, plus sûr de soi et de son génie, il retournerait vers la frénésie de la ville, il reprendrait sa place dans la ronde. Mais avec toujours au cœur cette lancinante douleur ténue, ce vide indéfini qu'un surcroît d'activité ne comblerait jamais lui semblait-il : quelque chose lui manquait, qu'il désirait désespérément. Il ne savait quoi.

L'affaire fut promptement menée. *Molto vivace!* note Bruno Arnhein quand il transpose l'entrevue avec son futur beau-père en une scène d'opéra bouffe dans *La Contessina.* Le 5 juin 1893, notre héros rentre avec l'âme d'un héros d'une semaine de marche en solitaire dans la Bernina. Son dos s'est redressé, il arbore un sourire serein et, sans vanité exagérée, il se juge beau, hâlé et amaigri tel qu'il l'est, les yeux plus clairs, comme s'ils gardaient un peu de l'éclat des glaciers qu'il a contemplés chaque aube et chaque crépuscule sept jours durant. Else, sa logeuse, est si heureuse de le revoir qu'elle lui accorde un nouveau délai pour son loyer. Martha, la femme de son imprésario, se donne à lui quelques minutes avant de rejoindre son mari qui doit la conduire ce soir à l'Opéra. Quant aux jumelles, elles se pâment en retrouvant le lendemain matin leur prince charmant au détour d'une allée du Prater. En son absence, à elles deux elles lui ont écrit quatorze lettres ! Des lettres sur Wagner et Brahms, des lettres sur l'amour et l'art, des lettres sur l'antisémitisme dont elles ont tant à souffrir dans leur milieu.

Mais il n'a pas, il n'a vraiment pas le temps de les lire : on le demande pour remplacer au pupitre, le soir même, Arthur Nikisch, lequel a fait un de ces caprices de prima donna dont il est coutumier. Bruno ne dispose que de deux répétitions, mais qu'importe ? L'orchestre est fin prêt et il l'a tout de suite conquis en lançant quelques bons mots dont le chef invité qui s'est récusé fait les frais. Arthur Nikisch, c'est notoire, pousse la coquetterie jusqu'à se maquiller les mains pour qu'elles brillent dans la pénombre de la fosse d'orchestre. Bruno montre les siennes, gantées de filoselle, et dit :

« J'ai fait mieux. »

Il annonce qu'il ne changera rien au programme. Et le soir, en effet, il dirigea la Symphonie n° 40 de Mozart, la 4e de Bruckner, les *Variations sur un thème de Haydn* de Brahms, enfin *Siegfried Idyll* de Wagner.

Il est très applaudi, sort de scène, y retourne pour un

premier rappel, puis un second, puis un troisième... Il revient pour la quatrième fois vers les coulisses, quand il manque de se heurter au comte Apponyi, qui le présente au comte Werdenberg.

« Auriez-vous l'obligeance de m'accorder un entretien ? lui demande ce dernier aussitôt.

— Je suis à vos ordres, Excellence », répond Bruno en s'inclinant.

De fait, il est agacé : le comte, s'il l'entreprend tout de suite, va lui faire rater l'ultime rappel de la salle. Mais peut-être est-ce la chance de sa vie qui se présente en sa personne et faut-il lui faire bonne figure. Otto von Werdenberg n'est-il pas le trésorier des pensions impériales et royales ? N'est-il pas un ami du grand Apponyi, lequel fait la pluie et le beau temps dans le monde de la musique ?

En tout cas, un homme sensible et fin : il devine qu'il frustre le jeune chef d'orchestre de son succès en le retenant dans les coulisses alors qu'on entend les applaudissements décroître, le public commençant à se décourager de le voir revenir :

« Je vous en prie, Maître, j'ai tout mon temps. Allez donc saluer puisqu'on vous réclame encore. Ce qui est d'ailleurs mérité, n'est-ce pas, Albert ? »

Mais brusquement, Bruno a l'esprit de retourner la situation : il y renonce d'un revers de la main, feignant la modestie du grand interprète qui n'a plus rien à prouver et que les hommages lassent.

« Non, fait-il, c'est assez. Je ne suis pas Nikisch ! »

Le mot est à double sens, humble ou perfide, et l'ironie n'échappe pas aux deux excellences. Elles se sourient d'un air entendu ; on ne les avait pas prévenues que le sujet était aussi impertinent. Bruno, grisé par la beauté de son geste, sait encore se juger cependant : « Quelle putain je fais ! » jubile-t-il en son for. Et qu'il trouve excitant de jouer cette sérénité, ce détachement auquel il atteindra un jour, quand il sera un génie reconnu que les applaudissements n'émeuvent plus guère !

Les musiciens sortent de scène et les trois hommes vont s'asseoir à l'écart du passage.

« Voici, dit le comte von Werdenberg : j'aimerais que vous donniez des cours de musique à ma fille.

— Des cours de musique à votre fille ? se récrie Bruno.

— Attendez ! Je comprends votre étonnement. Mais je ne cherche pas un répétiteur ni même un professeur : je ne me serais pas permis de faire appel à vous pour cela, Maître. Non : je souhaiterais seulement qu'un jeune artiste de valeur initie ma fille, qui est, je crois, bonne musicienne... Je souhaiterais qu'il l'initie au... Comment dire ?

— Au mystère, suggère à mi-voix le comte Apponyi.

— C'est cela : au mystère », reprend le comte von Werdenberg en remerciant son ami d'un plissement des paupières. « À l'art, si vous voulez. Elisabeth a la technique, il lui manque ce... »

Ce rien qui tient en une pichenette étouffée entre deux doigts gantés de blanc. Et Bruno, fasciné, observe la main qui sabre le vide, il observe ce geste d'un homme habitué à donner des ordres, ces manières à la fois courtoises et autoritaires qui lui rappellent celles du banquier Arnhein, son père. Il ne sait que penser. Se moque-t-on de lui ? Doit-il se sentir déçu ? Il a rêvé un instant que les deux excellences lui offraient séance tenante un poste prestigieux dans une des grandes salles impériales et royales d'Autriche, mais il ne s'agit que de donner des leçons à une jeune fille de grande famille. Doit-il se montrer flatté ? Sans doute une telle place est-elle tactiquement intéressante dans la stratégie d'une carrière qu'il veut mener vite, à la hussarde, comme ses amours.

Non. Il ne doit pas se montrer flatté ni se sentir déçu. Il doit seulement se souvenir de cette exigence morale, de cette règle de vie qu'il s'est fixée le jour où, tirant derrière lui la lourde grille de la villa paternelle, il est parti vers sa destinée de musicien avec, pour tout bagage, une malle pleine de partitions et un simple sac de voyage : jamais il n'accepterait d'humiliation dont il ne soit certain que sa gloire future le vengerait. Arriviste mais sans servilité, il prendrait pour modèle de conduite Mozart.

« Ce que vous me proposez a quelque chose de faustien, monsieur le Comte », plaisante-t-il. Délibérément, il est passé de l'*Excellence* au simple *Monsieur le Comte.* Ce Monsieur le Comte s'imagine-t-il qu'on peut offrir à sa fille un Bruno Arnhein comme on lui offrirait un cheval ou un collier de perles ? Croit-il que le génie s'achète, ce *Signor Contino* ? Mais, c'est qu'il va lui enseigner la cabriole à son école... « Faustien ou, pour mieux dire, méphistophélique. »

Les deux grands seigneurs rient aimablement, mais en grands seigneurs, sans rien perdre de leur hauteur. Et Bruno, qui chante dans sa tête l'air de Figaro, ajoute presque insolemment :

« Il faut que j'y réfléchisse, vous me l'accorderez.

— Oh ! mais c'est tout naturel », répond le comte von Werdenberg.

Loin de l'irriter, cette absence d'humilité chez un si jeune homme le séduit. Mais il lui réservait une dernière botte, une flatterie à laquelle l'artiste, il le pressent, ne saura pas résister : il le félicite alors pour son récent article sur la musique et la maladie mentale.

« Vraiment remarquable, dit-il. Ce que vous écrivez sur la consonance et la dissonance, sur la folie et l'harmonie. »

Et en écho, le comte Apponyi :

« Vraiment remarquable. »

Bruno n'en dort pas de la nuit. Les yeux grands ouverts, il s'abîme dans des rêves de gloire. Lui qui tient la vie pour un jeu, il a l'intuition que son destin se joue maintenant sur un simple « oui ». Mais il s'impose de ne pas céder trop vite à ce qui, après tout, n'est que le caprice d'un homme riche et influent. Sa liberté dans l'avenir, sa dignité en dépendent, il lui semble. Et quoique fou d'impatience, il attendra le surlendemain soir pour aller présenter ses respects au comte.

Que vient-il chercher au juste dans ce grandiose palais de la Salesianergasse ? La haute protection qui lui manque encore pour obtenir un poste de second chef d'un grand orchestre ou de directeur adjoint d'un opéra impérial et royal, et se sortir enfin d'une situation précaire. Ou peut-être, l'un n'excluant nullement l'autre, il y pense, une nouvelle aventure sentimentale, une conquête de plus à ajouter sur la liste. Jusqu'ici, il s'en est tenu à des baronnes récemment anoblies et qui ne sont pas reçues à la cour. Ce serait amusant, quoique périlleux — ou plutôt : amusant *parce que* périlleux — de séduire l'héritière d'un des plus grands noms d'Autriche.

Quel est le genre de cette Elisabeth von Werdenberg ? Ressemble-t-elle à la belle femme en robe de bal démodée dont le portrait par Winterhalter orne un mur de l'antichambre où le secrétaire du comte vient de l'introduire ? Est-ce une de ces amazones blondes, froides et ennuyeusement saines qu'on voit courir un galop tôt le matin par les allées cavalières du Prater ? Ou est-ce au contraire une de ces jeunes filles idéalistes et presque exaltées d'avoir été trop tenues à l'écart des trivialités de l'existence, entourées qu'elles sont en permanence d'une escouade de gouvernantes et de dames de compagnie ? Une de ces vierges romantiques qu'il est d'autant plus facile de faire tomber qu'elles espèrent en un grand amour éternel, croient au coup de foudre et rêvent du destin d'Isolde.

Bruno a vaguement honte de cette bouffée de muflerie donjuanesque. Mais c'est aussi, se dit-il comme à sa décharge, qu'on le fait un peu trop poireauter. Si le comte veut jouer avec lui au prince archevêque Colloredo, eh bien ! lui jouera à Mozart. Au lieu d'apprendre à sa fille l'art du contrepoint, il lui apprendra l'art du contrepet. Il chiera sur les armoiries dallées dans le pavement de marbre et se torchera avec les rideaux de satin rose ; il pissera sur les azalées.

Il en est là de ces projets de vengeance quand une porte s'ouvre...

En bleu adorable !

La voyant entrer, il pense à ce vers d'Hölderlin. En bleu adorable elle est vêtue : culottes, gilet, béret et ruban de catogan en velours bleu Nattier. C'est un gille, un pierrot, un mezzetin échappé de quelque fête galante du siècle des Lumières. C'est, en travesti, Elisabeth — aucun doute.

« Oh ! pardon, fait-elle, surprise. Vous attendez mon père, Monsieur... ? Monsieur... ?

— Bruno Arnhein », finit-il par répondre, si troublé qu'il en bégaye. « Bruno Arnhein, mademoiselle.

— Ah ! c'est donc vous. Je vais être votre élève », dit-elle drôlement, en tendant la main. « Je suis Elisabeth. » Puis, pinçant entre deux doigts le velours bleu de son gilet à hauteur des seins : « Vous m'excuserez pour le déguisement : je suis invitée à un bal costumé. »

Lui d'ordinaire si beau parleur, il n'a pas même la présence d'esprit de protester que le déguisement est charmant, que cette ambiguïté lui sied. Comme hébété, il la dévisage sans rien dire. Elle lui sourit, tout aussi gênée.

Enfin, retrouvant un peu de sa contenance, il remarque :

« Vous ressemblez beaucoup à la dame de ce tableau.

— Ma mère.

— Je m'en doutais. Puis-je lui présenter mes hommages si elle est visible ?

— Hélas, non ! Ma mère est morte il y a douze ans.

— Oh ! vraiment, bafouille Bruno. Je ne sais comment... »

Une envie brusque de fuir : il lui semble que quoi qu'il fasse, quoi qu'il dise désormais, il s'enferrera dans le ridicule. Et que, très vite, elle le méprisera.

« Elle est morte dans l'incendie du Ringtheater, précise Elisabeth.

— Je suis tellement confus...

— Mais, je vous en prie ! Vous ne pouviez pas deviner. Et puisque vous ne le saviez pas... »

Il se demande si ces dernières paroles étaient pour lui signifier qu'un homme bien élevé se renseigne un tant soit peu avant d'aller dans le grand monde ou si elle les a prononcées sans aucune intention blessante, gentiment même. Il a perdu tout aplomb.

Elisabeth, devinant son désarroi et pour clore ce qui serait à peine un incident s'il ne l'avait pas pris si mal, en revient à son travesti :

« Vous voyez, je me suis mise en Chérubin ! »

Et, sans fausse pudeur, voici qu'elle entonne l'air de l'affolement devant l'amour : *Non so più cosa son, cosa faccio…*

Le pauvre Chérubin ne sait plus ce qu'il est ni ce qu'il fait. Son cœur est de feu, son cœur est de glace…

La voix est sans ampleur mais joliment posée et un peu rauque de timbre, ce qui n'est pas pour déplaire à Bruno. Elisabeth ne se contente pas de chanter, elle mime la scène, trouvant spontanément les gestes gauches et heurtés d'un garçon de son âge qui découvre l'amour.

Bruno est subjugué. D'un mouvement muet des lèvres, il l'accompagne dans le cheminement de la mélodie, et c'est comme s'il baisait les siennes. Leurs yeux se fixent intensément. Leurs mains se rapprochent jusqu'à se toucher. Ils ne savent plus ce qu'ils sont ni ce qu'ils font…

Quand une porte s'ouvre, brisant net l'enchantement.

Le père entre.

Suite

C'est ainsi qu'il aurait rédigé la nouvelle qu'il avait en tête, *Prélude à l'amour*. Sa manière est subtile jusqu'à la perversité. Car il ne se contente pas de mêler le réel au fictif : il a l'art de rapporter des faits vrais, précis, datés, sur le ton du conte de fées — exemple : Freud renonçant à se rendre au Ringtheater. Et, à l'inverse, ne donne souvent des détails historiques ou sociologiques exacts que pour mieux étayer une fable — exemple : les Werdenberg ne devaient pas passer Noël dans leurs châteaux tyroliens mais ils disposaient en effet d'un wagon privé et leurs déplacements mobilisaient tout un bureau de l'administration des chemins de fer... En résulte un réalisme onirique, un surnaturel aux apparences de constat. Egon von Rosenberg écrit sec. Son style est nerveux, sans mélisme. Il redoute la sentimentalité, fuit l'effet. Sa prose, pourtant, plus encore que sa poésie, baigne dans une mélancolie crépusculaire. Il est l'écrivain de la nostalgie, du regret d'un passé où tout n'aurait été qu'élégance et légèreté. Passé mythique, il ne l'ignore pas. Mais il y recourt comme à une consolation, évoquant les fêtes, les demeures, les voyages, les luxes d'une aristocratie désormais condamnée ; de tout un monde légendaire qui disparaît comme dans un mauvais rêve au moment même où lui, Juif, l'approchait et commençait d'y être reçu. Il l'évoque non sans ironie et toujours avec une certaine distance. Mais c'est de lui que parle cet Allemand quand il se moque de la névrose viennoise fin de siècle, de lui que parlerait cet homosexuel en racontant sur le mode romanesque la rencontre d'Elisabeth et de Bruno. Tout comme il peint une mère idéalisée en imaginant à sa toilette, devant une psyché, la gracieuse et noble Sophie von Werdenberg, lui qui voue un culte à la sienne, bourgeoise obèse sans charme ni chic, vêtue de rêche drap noir depuis son veuvage.

On le compare fréquemment à Hugo von Hofmannsthal. Contemporains à trois ans près, deux poètes, deux Juifs, deux *von* de même milieu et de même culture, dont l'art et l'univers se ressemblent. Hugo von Hofmannsthal écrit en 1905 : « Il faut prendre congé du monde avant qu'il ne s'effondre. Beaucoup le savent déjà et un sentiment indicible fait de beaucoup d'entre eux des poètes. » Et Egon von Rosenberg, la même année : « Adieu au monde qui bientôt s'écroulera. Combien ne sommes-nous pas à le savoir déjà ? Mais combien sommes-nous de poètes à pouvoir le dire ? »

Une différence toutefois : leur sexualité. Egon von Rosenberg se serait trahi dans cette nouvelle en mêlant aussi à la réalité et à la fiction, involontairement ou pas, quelques fantasmes. Involontairement, sans doute. Et sans doute, en se relisant, le métier reprenant ses droits sur le désir, eût-il rayé ces quelques lignes : que l'impératrice et sa dame de compagnie échangent des propos si libres sur la virilité de leur guide et le galbe de ses fesses est assurément invraisemblable. Invraisemblable, qu'une culotte de peau ou des épaules en sueur excitent ces deux grandes dames et qu'elles l'avouent sans honte. À l'inverse des écrivains qui jadis, par crainte d'une censure obtuse, précisaient entre parenthèses après des propos licencieux ou tendancieux tenus par un de leurs personnages dont, plus ou moins hypocritement, ils se désolidarisaient ainsi : *c'est un libertin qui parle, c'est un jacobin qui parle,* etc. — lui aurait dû ajouter : *c'est l'auteur qui parle.* C'est l'auteur qui, en rêvasssant à son texte, suivait le long d'un quai un marin dont la démarche résolue et cependant dansante et souple, où semblait subsister ce balancement machinal des hanches par quoi on compense le roulis à bord, l'attirait. L'auteur, que fascinait la houle des muscles du dos sous la vareuse blanche, la croupe sculpturale...

Egon errait au gré du fantasme et de la fantaisie par *calle, callette, vicoli, sottoporteghi* et *piazzette* du quartier de l'Arsenal. Venise la nuit est encore plus que de jour un décor, une scène où le désir est mis en scène, joué comme au théâtre. Le dédale des ruelles où l'on se perd, leur étroitesse où l'on se frôle, et le clapotis de l'eau, et l'odeur douce de croupi, et l'écho des voix sous les voûtes : tout y invite à un plaisir labile, mobile, sans cesse surpris, qui est le plaisir même. On croise un garçon ou une fille, on lui saisit la main, on l'entraîne dans un recoin d'ombre : c'est la *pescaretta,* la petite pêche, disaient les Vénitiens. Egon sortait pêcher chaque nuit et déambulait ainsi de tentative d'aventure en aventure furtive jusqu'à la grosse prise qu'il ramènerait à son hôtel. Il traînait dans des *cantine* de gondoliers, reluquait les matelots qui pissaient le long d'un mur avant de monter au bordel, arpentait au pied des murailles de fer des paquebots la Riva dei Schiavoni. Parfois, il poussait une pointe jusqu'à un bassin de radoub où des calfats torse nu, qui travaillaient à la lueur des torches, le faisaient penser à un tableau du Tintoret. Il retournait rarement seul au Gritti. Et en ce cas, donnait dix lires à un liftier pour qu'il le rejoigne dans sa chambre après son service.

Plus que la prise cependant, c'était la pêche qui l'intéressait : c'était ferrer en un regard ou quelques mots cet objet d'un désir versatile qui, brusquement, s'incarnait dans une chute de reins, le rond d'un bras, le creux d'une nuque et, au milieu de l'incessant commentaire intérieur qu'il tenait sur ses trouvailles successives auxquelles il attribuait des notes, le faisait s'écrier silencieusement : « Crac ! » C'était élaborer en une minute tout un roman possible ; c'était amorcer un dialogue délicatement ambigu ; et puis passer à autre chose... Sa flânerie relevait, pour lui, de la divagation de l'écrivain en quête d'un sujet.

Il n'éprouvait aucune honte à ses pratiques, au reste. Et malgré les dangers encourus, se cachait peu. Roux, grand, énorme, tonitruant, grimacier, habillé avec une recherche assez voyante, la moustache en crocs et des sourcils fournis et très arqués qui lui conféraient on ne savait quoi de vaguement diabolique comme au roi Louis II, il ne passait pourtant pas inaperçu dans les quartiers pauvres qu'il fréquentait et les tavernes où il laissait après lui un sillage de pourboires excessifs. Mais il avait rarement essuyé d'esclandre ; les marins et les ouvriers se contentant d'un geste pour repousser ses avances : le doigt sur la tempe qui signifie : « Il est toqué, celui-là ! » Les gens voyaient en lui un original plutôt qu'un vicieux.

Le bon génie des invertis le protégeait-il ? Ou est-ce, justement, qu'en prenant peu de précautions on court moins de risques ? Le scandale Fritz Krupp venait de secouer l'Allemagne comme l'affaire Oscar Wilde avait, sept ans auparavant, bouleversé l'Angleterre. On emprisonnait les homosexuels ou on les acculait au suicide. Egon avait pris le parti de ne pas même y arrêter sa pensée. Sa théorie était qu'on excite d'autant plus l'agressivité des voyous qu'on les craint ; qu'on éveille d'autant plus la curiosité de la police des mœurs qu'on se dissimule ; qu'on est d'autant plus vulnérable au chantage qu'on se soucie de sa réputation. Il avait toutefois la sagesse d'éviter les relations avec des mineurs ou avec des fils de bonnes familles. Sagesse qui, d'ailleurs, ne lui coûtant rien, n'en était pas une : son désir allait aux hommes du peuple qui travaillaient de leurs mains et non aux jeunes esthètes gommeux qu'on voyait lire Ruskin à la terrasse du Florian. Il y trouvait, disait-il, plus de gentillesse que dans la haute société ; moins d'hystérie. Et ce que la plupart de ses semblables vivaient comme un déchirement, lui le vivait comme un enrichissement, presque une chance. Il comparait son sort à celui des hommes mariés de son milieu et jugeait qu'il jouissait mieux qu'eux de l'existence, plus intensément. Déviant, il s'épargnait la fausseté, la jalousie, la mesquinerie, la rancune, la guerre à quoi usaient inutilement leur talent et leur énergie tant d'hommes et de femmes autour de lui qui avaient eu d'autres ambitions en entrant dans la vie, qu'ils eussent fait ou non un mariage de convenances. Les Arnhein étaient l'exception dans son entourage ; de mariage réussi, il ne connaissait que le leur. Au théâtre, la mode était aux drames matrimoniaux, aux tragédies conjugales : l'époque semblait désastreuse pour les couples.

À trente-deux ans, lui pouvait se dire à peu près comblé. Artiste et bourgeois, libre et riche, il voyageait, avait du succès, était fêté dans le monde. Il produisait beaucoup et sans peine. Au besoin, il écrivait à la commande, et vite s'il le fallait : quinze jours pour un livret d'opéra, dix pour une comédie, cinq pour un article de cinquante feuillets. Le poète aux tirages confidentiels qu'il était par ailleurs gagnait des fortunes avec sa plume. Sa seule faiblesse était de ne pas savoir dire non. Du coup, il se retrouvait parfois, comme c'était le cas aujourd'hui, avec trois ouvrages en retard.

Soit ! Il se cloîtrerait une semaine à l'hôtel, se jurait-il tout en suivant du regard le manège de deux nageurs qui recueillaient les paris des touristes avant de plonger dans le Grand Canal. Lui savait qu'ils étaient des voleurs et, l'argent serré sous leurs maillots, ne s'en reviendraient pas de San Giorgio... Puis, se demandant quelle commande il honorerait en premier, il chantonna, c'était de circonstance : *Uno alla volta, per carità.* Egon-ci ! Egon-là ! Chacun son tour, de grâce — comme chante Figaro.

Il n'en faut pas plus parfois pour déclencher tout le processus de la création : un mot entendu par hasard, un souvenir qui resurgit, une histoire que des inconnus racontent devant vous ou une simple association d'idées... Chacun son tour... *Uno alla volta... Le Barbier de Séville...* À propos d'opéra, cette commande assez vague d'Arnhein : « Après *Orphée* et *Prométhée,* trouvez-moi donc quelque chose de moins mythologique et de plus gai, Egon... » Eh bien, pourquoi pas un opéra bouffe ? Mais quoi ? Sur quel sujet ? Le sujet de la plupart des opéras bouffes : l'amour, bien sûr ! L'amour contrarié... Les amants qui triomphent de tous les obstacles au milieu des rires... Il faut donc un couple... Un comte et... Non : une comtesse pour changer... Elisabeth ? Oui, c'est cela ! Elisabeth... Raconter en musique Elisabeth et Bruno... Les prendre pour héros... Quant à l'intrigue, elle est toute trouvée : leur rencontre et ce qui s'ensuivit... Car tout y était : enlèvement, imbroglio, sérénade, quiproquo, fuite... Il suffira de forcer tant soit peu le comique des situations. Ce ne fut pas une plaisanterie pour Elisabeth et Bruno... Et le lieu, donc, ne peut être Vienne. Il faut une distance, un travesti... Venise, tiens ! Nulle part où on se travestisse autant... Venise au XVIIIe. La ville et l'époque suggèrent mieux que toutes autres le bonheur ; mais aussi une certaine mélancolie. Or, cette comédie ne sera pas une grosse farce grasse. On y entendra des accents de nostalgie, des rires bien proches des larmes parfois, elle baignera dans cette atmosphère de tristesse voilée que sait si bien rendre Arnhein. Ce sera du Mozart plutôt que du Rossini... On est à la veille de la Révolution : quelque chose va craquer, on ne sait quoi... On ne croit plus à rien : ni aux baquets du magnétiseur Mesmer, ni aux Évangiles. On ne croit pas encore à l'Être Suprême. Mais on craint ces cultes à venir : l'Égalité, le Bien Commun. On a déjà peur d'une tyrannie pire que celle sous laquelle on s'est habitué à vivre dans la douceur de vivre. On donne des fêtes pour oublier les horreurs prochaines : bals, soupers, feux d'artifice parmi les ruines à l'antique toutes neuves au fond du parc, aubades au bord de l'eau. On se masque, on se déguise, on met des faux nez comme aux temps de la peste, des loups pour cacher ses larmes. On tue le temps : on chasse, on patine, on joue aux charades, on boit du lait de la ferme, on rend visite au rhinocéros, on déjeune de champagne et d'huîtres, on lance des pantins de toile en l'air, on se balance sur des escarpolettes fleuries, on sodomise les chambrières, on s'écrit des lettres libertines accoudés à des bonheurs-du-jour, on danse le menuet devant une éruption du Vésuve... Ce même sentiment chavirant, déchirant qu'aujourd'hui, en 1909, ce malaise dans la civilisation. On est à la veille d'une explosion, on le pressent. Un monde va disparaître. Dieu est mort. Nietzsche est mort fou. Les églises sont vides. Les anarchistes jettent au hasard leurs bombes. Mais on craint obscurément plus encore de ces nouvelles religions : le socialisme, les masses, la race... De Londres, de Paris, de Berlin, de Vienne, de Saint-Pétersbourg, l'Europe oisive et riche débarque ici des grands express internationaux pour une dernière fête, un dernier feu d'artifice avant la nuit... Toute une foule cosmopolite au milieu de laquelle lui va son chemin, suivant fiévreusement son idée : un opéra bouffe, Elisabeth et Bruno, Venise au XVIIIe... *Les Noces de Figaro* plutôt que *Le Barbier de Séville*... Mais l'amant, cependant, se nommerait Lindor. Pantalon, le vieux ministre qui lui refuse la main de sa fille, la... La Comtessine... Oui! *La Contessina,* voilà le titre...

Et à la terrasse du café Florian, les clients les plus blasés ne peuvent retenir un sourire en voyant caracoler ce gras et grand rouquin en costume de lin blanc froissé, ce poète allemand si amusant et excentrique, si peu allemand au fond, mais si juif... Ce fou court sous les arcades, ventre en avant, épaules en arrière, pieds en dedans. Il gesticule et se parle tout haut. Puis s'enfonce dans la fraîche obscurité d'une ruelle, se répétant comme s'il craignait de l'oublier :

« *La Contessina, La Contessina, La Contessina...* »

Le portier de l'hôtel est surpris qu'il rentre à cette heure. *Niente pescaretta?* fait, des yeux, le concierge. Dans l'ascenseur, le liftier lui essuie avec son mouchoir la sueur qui lui coule du front et dit tout bas :

« Tu me veux?

— Non non, répond-il en lui pinçant la joue. Ce que je veux, c'est un grand pot de café et une rame de papier.

— Oh! pardon, *Herr Professor,* persifle l'employé, vexé.

— Mais il y aura aussi un télégramme à envoyer demain matin. Et si tu viens chercher le texte vers... disons minuit, minuit et demi, dix lires à gagner. Ça te va? »

Egon n'attend pas la réponse, il entre dans sa chambre et se jette sur le lit, déjà tout à son sujet. Il veut pouvoir poster avant la fin de la semaine un canevas complet à Bruno Arnhein. Les deux hommes travailleront comme ils l'ont déjà fait : le librettiste livre un premier découpage de l'intrigue; au fur et à mesure qu'il compose, le musicien lui envoie les monstres de ses airs, c'est-à-dire des textes faits de syllabes quelconques et accompagnés d'indications de mesure, de rythme, de temps pour le guider — sur quelle noire il peut placer l'accent tonique d'un mot, sur quel aigu il faudra éviter une voyelle fermée, sur quelle triple croche un hiatus, etc. Le librettiste rédige alors les paroles; le musicien les reçoit au courrier suivant, les essaie et les retourne pour retouches. L'un et l'autre se prennent au jeu, se renvoient la balle plusieurs fois. Dans ce va-et-vient, ce qui n'était qu'une idée confuse au départ se change en une œuvre construite.

Parfois, il leur arrive de se contredire aussi, de se disputer même, de se déchirer. « Monotone ! Neuf *a* et sept *o* dans les cinq premiers mots... » proteste Bruno. « Votre reprise ne vaut rien : elle casse l'émotion... » remarque Egon. « Vaurien vous-même ! Ce sont vos paroles qui se traînent. Moins de pathos, s.v.p. » « De 116 à 196, quatre-vingts mesures terriblement pompier. » « Intervertissez-moi le refrain et le quatrain du n° 12. » « Votre pont, quel tunnel ! » « Inchantable, ce dernier vers ! » Mais les brouilles ne durent jamais. Chacun finit toujours par donner raison à l'autre. Aucune susceptibilité entre eux, ni aucune concurrence ; la volonté, au contraire, de fondre leurs talents propres en un génie unique, qui serait en quelque sorte celui d'un auteur complet : *Rosenhein* ou *Arnberg*, s'amusent-ils à signer leurs lettres quand ils travaillent ainsi.

Un jour, fort de l'audace de ses vingt ans, le jeune Egon von Rosenberg avait envoyé à Bruno Arnhein, de dix ans son aîné et déjà célèbre, son premier recueil de poèmes : *Les Élégies de Dachau.* Y était jointe une simple carte de visite avec ces mots quelque peu énigmatiques crayonnés au dos :

Je vous aime. J'aimerais enfanter avec vous...

On lui apporte du papier et du café. Il se lève du lit où il a recueilli ses forces comme un coureur avant l'élan, bondit à la table et commence d'écrire au fil de la plume, conscient qu'il commet de temps à autre le lapsus de nommer ses personnages selon leurs vrais noms dans la vie :

Voici donc votre histoire.

Acte I. La comtessine Lisa est songeuse : elle rêve à un grand amour (cavatine). Lindor est un jouisseur vantard qui ne compte plus les conquêtes (cabalette). Pantalon l'engage pour donner à sa fille des leçons de musique (aria et récitatif). Coup de foudre entre les deux jeunes gens (duo). Mais ce serait une mésalliance. Et comment croire à la sincérité de

Bruno ? — pardon ! de Lindor (aria). Lindor est au désespoir : la comtessine le repousse (aria). Et pourtant il a deviné qu'elle l'aime... (récitatif). Sera-t-il invité au bal ? (aria).

Acte II. Le bal chez le ministre (valse — tant pis pour l'anachronisme, c'est si joli une valse). La haute société médit de Lindor (chœur). Mais, bravant l'opinion, il danse avec Elisabeth (récitatif, valse et duo). Valero, le frère de la comtessine, insulte Lindor et le provoque en duel (trio puis quintette). Lisa, qui n'ignore pas que son frère est le meilleur tireur de Viennise — tiens ! Vienne et Venise font Viennise —, dénonce son amant au ministre, son père, pour qu'il le fasse jeter en prison, ce qui lui évitera un duel sûrement fatal (récitatif et duo). Bruno croit à une trahison de Lisa — désespoir et lettre de reproches (aria). Empêchée de lui expliquer le malentendu, folle de douleur et d'amour, la comtessine est envoyée au couvent — Werdenberg la fait interner dans une maison de repos à Ischgl (air de la folie, duo, trio, chœurs). Elle appelle au secours Lindor qui vient l'enlever des griffes de la Mère Supérieure, c'est-à-dire le Dr Weissman (sérénade et duo). La haute société, scandalisée, commente (chœurs). Les amants réconciliés chantent leur bonheur (grand duo).

Acte III. Lisa et Lindor sont retrouvés par Ludwig, le frère — Elisabeth et Bruno arrêtés à la frontière italienne — (trio). Lindor risque la prison des Plombs — Bruno, les Assises — pour détournement de mineure. Lisa convainc Pantalon que le déshonneur rejaillirait sur lui et qu'il y risque sa place de ministre — les journaux libéraux commencent à en faire une affaire d'État (duo et chœurs). Elle va se jeter aux pieds du doge François-Joseph et le supplie de fléchir son père...

Egon arrête un instant d'écrire, distrait par une pensée : Elisabeth avait-elle eu vraiment l'audace de rappeler à Sa Majesté Mayerling ? Bruno prétendait qu'elle aurait dit à l'Empereur : « Nous étions dans ce chalet au fond des bois, Bruno et moi, si las d'être persécutés que nous avons songé à en finir : deux coups de pistolet et... »

Il reprend :

Werdenberg retire sa plainte et tente d'étouffer l'affaire. Lindor est libéré. Mais les deux amants seront contraints de quitter la Sérénissime. Et de se marier à l'étranger (quatuor). La veille de leur départ, ils ont l'insolence de donner un bal à leurs amis pour annoncer leurs fiançailles (chœurs, duo d'amour et, bien entendu, un dernier tour de valse). Rideau.

Qui a peur ? Qui meurt ? Qui hurle aussi fort à son côté et se tord ainsi dans l'obscurité moisie ? Quelle chair sécrète ce pus, ce sang, ce cri ? Quelle est cette bouche béante dans le vide ?

Il perçut le hurlement, la puanteur, le toucher gluant des choses, avant de saisir que c'était lui qui hurlait, lui qui saignait, lui dont l'urine tiède coulait sur le ventre. Il n'était pas mort ; l'agonie reprenait. Car retourner à la vie, retourner à la conscience d'être en vie, c'était agoniser de nouveau, c'était être conscient d'agoniser éternellement, abandonné dans cette cave et ce corps en tas où des chiens avaient mordu.

Les chiens ! Reviendraient-ils s'acharner sur ses restes ? Appeler au secours, c'était appeler les bourreaux, il le savait ; c'était appeler les molosses dressés et leurs maîtres. Mais c'était aussi ne pas mourir seul. Et dans cet état de démence lucide où le réduisaient la douleur et la peur, il y pensait par intermittence : une présence humaine ou animale même, tout valait mieux que cette solitude mortelle où on le laissait des heures et des heures, des jours peut-être, et des nuits, d'interminables nuits entre les séances de torture. Oui, finir entre leurs mains, sous leurs crocs ! Ne pas mourir seul.

Pourtant, ce n'était pas eux qu'il appelait alors. Inaudiblement, il articulait un nom où il lui semblait reconnaître, mais comme assourdi, déformé et dit par un autre à son oreille, celui de sa mère — une sorte de mâchonnement monotone.

Le menton retomba sur la poitrine. Il resta prostré ainsi quelques secondes, quelques minutes. Dans son délire, il entendait une musique : un air connu qui résonnait, à la fois aigu et cotonneux, comme la persistance d'un écho longtemps après qu'un tintement continu a cessé, comme une migraine. Était-ce en lui, ou dehors l'orchestre du camp qui jouait la valse de *La Contessina* ? La valse telle qu'on la réentend une dernière fois, subtilement dissonante et ralentie à la fin de l'opéra, tandis que tombe le rideau.

Il fut pris de panique alors : on lui avait donc remis la cagoule sur la tête, qu'il n'y voyait plus ? Ou avait-il perdu la vue des deux yeux ? Non. Ce tissu, c'était le bandage autour de sa main qui frottait l'orbite de l'œil gauche, gluant de pus, la paupière déchirée où avait séché le sang. Il se souvint que l'autre, le droit, un des hommes l'avait écrasé sous son pouce ganté — quand était-ce ? Il toucha la plaie du bout de ses doigts. Et comprit que le pan de mur nu et gris qu'il fixait n'était pas un pan de mur imaginaire mais le mur du cachot où on l'avait traîné — quand était-ce ?

Quand l'avait-on mené menottes aux poignets et bandeau sur les yeux ici ? Quand l'avait-on roué de coups de ceinturon ? Quand l'avait-on pendu par les aisselles à des barres parallèles ? Quand l'avait-on dépendu, les épaules disloquées ? Était-ce avant ou après qu'on l'avait sodomisé avec une matraque ? Avant ou après qu'on lui avait ficelé les bourses avec du barbelé ? *Avant* ou *après* — les mots mêmes lui semblaient absurdes maintenant, survivances d'un temps où le temps existait encore, où attendre c'était attendre un nouveau déchaînement de cruauté, et espérer, espérer une mort immédiate, par arrêt du cœur. Mais le temps s'abolissait depuis ; le temps n'était plus qu'un présent sans limites, une sorte d'éternité. Peut-être était-ce cela la mort. Peut-être est-ce ne pas savoir si on est mort ou pas.

Dans son délire, il se mit à rire. D'un rire muet, tout intérieur, qui ne remuait pas un muscle, pas un viscère. C'était une hilarité abstraite, désincarnée. Une extase qui l'envahissait par bouffées. Puis, mentalement, la réalité se reconstituait, plus dense, plus lourde, sans même qu'il le voulût, sans même qu'il s'y prêtât. Et avec : la terreur, la souffrance, la soif... La soif et, aussi obsédante que la soif, la question : quand lui donneraient-ils à boire ? Quand reviendraient-ils ?

Egon, qui gisait sur le ciment, rampa dans ses excréments jusqu'à une encoignure du cachot contre laquelle il s'assit, coinçant son dos meurtri. Puis, de sa main nue, il tâta son ventre et ses cuisses, qui lui semblaient s'être détachées du tronc, glissa le pouce par une déchirure du pantalon et palpa les morsures. Un morceau du genou avait été emporté et, sur le pourtour de l'écorchure, des espèces de lèvres avaient durci et gercé — mais n'était-ce pas ses lèvres, brûlantes, qu'il caressait maintenant ? N'était-ce pas sa bouche ? Parfois, fou d'horreur, il sentait son corps fiévreux se désagréger ainsi, ses membres et son visage tuméfié se fondre en un magma ; il s'évanouissait. Ou au contraire, c'était son esprit qui s'arrachait à cette matière indistincte et flottait un instant : un instant, il ne souffrait plus, il rêvait éveillé... Des cloches sonnent. Il marche sans hâte sous les arcades de la place Saint-Marc. Les deux nageurs lui montrent le chemin. Pieds nus, ils avancent en glissant sur le pavement de marbre qui carrelle l'infini. Des pièces d'or volées s'échappent des fentes de leurs maillots. Un lait nacré goutte de leurs torses, de leurs dos, de leurs bras. Quand ils se retournent pour voir s'il les suit, les pigeons s'envolent vers le campanile.

La meute des chiens aboya non loin. La vision se dissipa. Où était-il ? À Dachau. Dans une cave de la Section spéciale, le quartier où on s'occupait des cas dits particuliers : le dernier cercle, le dernier giron du dernier cercle de l'Enfer. Il était entré au camp déjà légalement mort — le fait lui avait été notifié dans la voiture qui l'y conduisait. L'administration pénitentiaire, pour le reste si tatillonne, n'enregistrait pas même les noms de ceux qui, enlevés clandestinement et amenés individuellement dans des voitures banalisées, étaient directement dirigés ici. En revanche, les bourreaux, ailleurs anonymes, se nommaient à leurs prisonniers, sûrs que jamais un seul ne se vengerait ou ne réclamerait contre eux plus tard : on ne ressortait pas vivant d'ici. Ni écrou, ni numéro matricule, ni coutil rayé, ni tonsure : on gardait ses vêtements et son identité — les cas particuliers étaient, pour la plupart, des antinazis notoires et connus. Et quelle importance ? puisqu'en franchissant le sas grillagé entre deux meutes hurlantes et bavantes de chiens berger dressés à tuer, on cessait d'exister juridiquement. Quelle importance ? puisque la mort physique qui devait s'ensuivre n'était plus qu'une question de jours, au plus une dizaine — à la discrétion des tortionnaires. On ne torturait pas ici pour extorquer des renseignements ; on torturait pour le plaisir. Pour le plaisir de tuer salement.

Comme tout était clair dans son esprit à présent ! Et comme l'enchaînement des faits et de leurs suites lui apparaissait évident, inéluctable ! Nécessaire, même. On dit que dans la phase finale de l'agonie, le mourant voit sa vie redéfiler comme un film, et qu'alors, les événements qui avaient paru les moins prévisibles quand ils étaient survenus prennent maintenant tout leur sens : cela devait arriver, cela ne pouvait être autrement... Il fallait qu'on l'arrête, il fallait qu'on le conduise les yeux bandés à ce quartier du camp, il fallait qu'on le supplicie des nuits et des jours, il fallait qu'il finisse ici. Seul.

Une meute se rapprochait, jappait derrière la porte. Depuis quand le traquaient-ils ? Depuis quand était-il leur proie ? À quel moment tout cela avait-il commencé et comment ?

En mars 33, juste un peu après les élections ; par un cruel avertissement. Les chasseurs de Juifs et d'invertis observaient les anciens rites germaniques de la chasse : ils marquaient d'abord du sang d'une autre prise le repaire supposé de la bête. Un matin, à l'entrée de l'immeuble où il avait logé naguère chez un amant occasionnel, Egon trouva ses deux chats assommés et cloués dans le bois de la porte. Frau Essler, la logeuse, à qui il les avait confiés quelques jours auparavant, sanglotait au milieu d'un attroupement de badauds. À les entendre, c'était un coup des communistes... Pris de vomissements, Egon échangea un regard d'intelligence avec elle et s'éloigna vite. C'était encore une retraite de brûlée. Les cercles de la battue se resserraient autour de lui.

Au lendemain de l'incendie du Reichstag, Egon avait jugé plus prudent de ne pas retourner dormir dans sa maison de Zehlendorf : c'était à l'aube, voire de nuit, qu'avaient lieu les rafles. Il prit donc l'habitude d'aller coucher dans quelque grand hôtel où la présence d'étrangers lui assurait une relative immunité, les nazis se souciant encore de l'opinion internationale et des témoignages des journalistes, des diplomates ; ou que le spectacle de la violence policière ne décourage les hommes d'affaires d'investir en Allemagne. Il lui arrivait aussi de demander à l'improviste l'hospitalité à des amis, amis chez lesquels il ne resterait pas plus de deux jours ou trois par crainte de les compromettre. Mais il lui avait fallu cesser de voir Rudi, qui était également en danger, puis Franz, puis Udo, puis Hans, puis Werner. Et de plus en plus souvent, quand il demandait une chambre à l'Adlon, à l'Astoria, à l'Eden, au Bristol, le directeur en personne prenait pour lui répondre un air ostensiblement embarrassé par lequel il voulait laisser entendre : « S'il ne tenait qu'à moi, cher monsieur, mais comprenez ma situation... » tandis qu'il disait :

« Je suis désolé. Surtout un bon client comme vous. Mais nous sommes complet complet » — la répétition de ce dernier mot dénonçant déjà son mensonge. Puis ajoutait mielleusement : « Mais, voulez-vous que nous demandions pour vous s'ils auraient quelque chose au Kaiserhof ?

— Au Führerhof, vous voulez dire ! ricanait Egon. Non merci. »

Car, comme par hasard, l'hôtel où on lui proposait de téléphoner était le rendez-vous favori du gratin nazi. Quand il passait devant à pied, Egon descendait du trottoir pour ne pas même avoir à fouler le tapis rouge que le palace déroulait du hall jusqu'à la chaussée et où s'essuyaient tant de bottes.

Ces sourires faux, ces faux prétextes et, pire, la lâcheté de ceux qui hier encore l'entouraient d'une cour obséquieuse tandis qu'aujourd'hui ils lui tournaient le dos ou prétendaient ne l'avoir jamais connu, lui donnaient la nausée. Une vraie nausée : l'estomac qui se creuse, la gorge qui se noue, la bouche qui se sèche — son regard croise un autre regard qui se fait vague aussitôt et lointain, qui l'exclut... Un de moins, compte-t-il mentalement.

Il était hébété de lassitude mais il gardait son humour et sa dignité. Il faisait semblant de croire qu'il n'y avait pas de chambre pour lui. Il souriait et laissait dans la soucoupe sur le comptoir son habituel pourboire à ce barman qui, militant nazi maintenant, n'adressait plus la parole et versait avec une brusquerie ostentatoire la mesure de kirsch à la sale pédale juive qu'il était devenu, lui, entre-temps.

Dans les semaines qui suivirent l'élection du 5 mars, Egon avait cherché comme tant d'autres à obtenir un visa de sortie et l'autorisation d'exporter, à défaut de sa collection de tableaux, du moins sa bibliothèque, ses manuscrits et ses avoirs liquides. Fidèle à son principe de ne pas se comporter en victime pour éviter de le devenir, il défendait haut ses droits auprès de l'administration. Mais les jours passaient en démarches perdues, en attentes inutiles. Aucune de ses anciennes relations ne pouvait plus rien pour lui ; il manquait toujours une pièce à son dossier, et il devait répondre à des questionnaires absurdes et infinis, nullement prévus par la loi. Les formulaires à remplir n'étaient d'ailleurs pas imprimés mais stencilés : le nouveau régime testait des décrets à venir, vraisemblablement ; de futures restrictions, de prochaines interdictions... La mère de sa grand-mère maternelle était-elle juive, métissée, aryenne ? Et le père de son grand-père paternel ? Pourrait-il fournir la liste complète de tous les livres qu'il possédait avec, pour chaque ouvrage, le nom de l'auteur, sa nationalité et sa race, le nom de l'éditeur, sa nationalité et sa race, la date de l'édition, le nombre de pages, le prix actuel de rachat du volume, — à la pièce, — partie d'un lot ? Le serment d'un Juif étant sans valeur, comment pouvait-il jurer qu'aucun de ses investissements à l'étranger n'avait nui à la prospérité économique de l'Allemagne ? s'était enquis un fonctionnaire zélé qui arborait la svastika au revers de son veston.

En mai, après une antichambre d'une dizaine d'heures, il comprit qu'il était vain d'espérer un quitus bancaire. Il devait désormais limiter ses espoirs sinon ses exigences à l'obtention d'un visa. Il sortirait les mains vides, si du moins on le laissait sortir.

Mais il n'en avait plus même envie. Le ressort s'était brisé en lui. Il voulait mourir maintenant : ce serait une façon comme une autre de quitter ce pays qui roulait à l'abîme. Oh ! ne plus avoir peur, ne plus se cacher, ne plus devoir se demander où aller dormir ce soir.

Hagard et vide après une nouvelle journée de démarches, il

s'était laissé choir sur un banc du Tiergarten. Il regardait le ciel jaune entre des feuillages qui frémissaient, il écoutait cette bruissante inquiétude des moineaux dans l'arbre. De temps à autre, un coup de vent plus fort rabattait une odeur de feu. La nuit tombait. Un inconnu qu'il n'avait pas entendu approcher vint s'asseoir à l'autre bout du banc, dans l'ombre. Egon songea à ces silhouettes de papier noir comme, à ses moments perdus, en découpait Goethe. Il était trop épuisé pour sentir une menace dans cette immobilité en profil perdu. Il ne tressaillit pas quand, sans se tourner vers lui, du ton d'un ivrogne qui soliloque, l'homme dit :

« Évitez l'Opernplatz ce soir. Ces sauvages brûlent vos livres avec des milliers d'autres.

— Vous savez donc qui je suis ? »

Pour toute réponse, l'inconnu se contenta de citer quatre vers de lui :

> Étranger au monde,
> Fuis donc ! Fuis encore,
> Sinon pour toi,
> Du moins pour ceux qui te suivent...

Egon alors pleura doucement. Demain, il reprendrait les démarches ; il attendrait de nouveau ; de nouveau, il ferait antichambre... Mais le lendemain, il comprit que le visa aussi lui serait refusé : il était une figure trop connue du Berlin d'*avant*. Car déjà on disait : *avant*. Avant Hitler, comme on eût dit avant le Christ... Les riches Juifs qu'on autorisait à émigrer, non sans les avoir d'abord dépouillés de leurs biens, étaient des commerçants discrets, des industriels retraités. Mais on ne laisserait jamais partir celui qui, il y a trois mois encore, signait ses articles *Dr Mephi* ou *Le Diable de Weimar*. C'était miracle, même, qu'il fût encore en vie. Folie, qu'il osât hanter les bureaux de ce service — un employé le lui fit comprendre à mots couverts.

Il abandonna enfin.

La peur ne le lâchait plus maintenant. Il la sentait comme un souffle haletant qui sans cesse se rapprochait. Elle éclatait parfois, brusque aboiement dans le silence de sa solitude, en bouffée délirante. On l'épiait : c'était cette dame dans le tramway, cette chouette qui clignait de l'œil derrière la voilette de son turban en plumes. C'était ce coiffeur chez qui il était entré pour se faire raser la moustache et teindre les cheveux : dans la glace, il le voyait soudain plisser les paupières à l'adresse d'un schupo posté derrière la vitrine. La tête mouillée, il ressortait vite de la boutique en jetant quelques marks sur le rebord du lavabo... Il sautait dans un tramway. Il en redescendait en hâte... Le suivait-on ?

Début juin, lui vinrent des idées de suicide. Mais aussi déprimé qu'il fût, il était encore assez fidèle à ce qu'il était pour imaginer, au lieu d'une fin discrète, une mort éclatante et courageuse comme avait été sa vie : s'immoler par le feu devant la Chancellerie. Ou, au passage d'un cortège officiel, se mêler à la foule puis courir plonger un couteau dans le cœur du Führer.

Il eut un sursaut. Il sut que Bruno venait d'arriver dans la capitale pour y présider à une cérémonie de la Chambre de Culture. Sous une fausse identité, mais où il savait que son ami reconnaîtrait son ami, il sollicita au téléphone un rendez-vous (devoir s'expliquer longuement avec une secrétaire pour rencontrer Bruno !). Rendez-vous accordé, bien entendu (mais devoir rappeler trois fois avant de recevoir une réponse !). Où ? Au ministère même (l'inconscience de Bruno ! Ou... son indifférence ?).

Egon voulut s'y rendre cependant. Mais à quelques centaines de mètres du ministère, rebroussa chemin. Non, il ne se risquerait pas dans ce repaire de tueurs. Il retéléphonerait pour s'excuser (s'excuser lui !). L'instinct de survie était le plus fort.

Il marcha jusqu'à l'Adlon. C'était une journée torride, sans air. Un orage menaçait, qui n'éclatait pas. Sous le ciel bas, gris ardoise, la ville semblait s'engluer dans l'asphalte fondant, s'engluer dans le nazisme. Des drapeaux à croix gammée pendaient partout. Devant l'université était dressée une estrade d'où des SA haranguaient les passants.

« L'autre jour, éructait l'un d'eux dans le porte-voix, l'autre jour nous avons brûlé ici même les mauvais livres. Mais leurs auteurs courent toujours. Que n'ont-ils été brûlés avec, ces corrupteurs ? »

Egon retraversa Unter den Linden...

Interdit aux Juifs — l'Hôtel Adlon avait apposé l'affichette réglementaire depuis la veille sur la porte tournante. Mais le concierge ne lui refusa pas une cabine pour téléphoner. Egon demanda au standard du ministère s'il pouvait parler au Directeur honoraire de la musique.

« De la part de... ?

— Du prince des poètes.

— Mais encore ? »

Il coupa subitement, d'un revers de main sur la fourche. La ligne du ministère était sans aucun doute sur table d'écoute. Il ne compromettrait pas Bruno. Il ne le contaminerait pas. Juif et homosexuel : c'était être pestiféré désormais.

Mais depuis quand était-il damné ? se demanda-t-il tandis qu'il raccrochait le combiné. À quoi il répondit à voix haute à cet homme aux yeux rougis qui lui souriait mélancoliquement dans le miroir de la cabine, cet homme qui lui ressemblait mais en plus âgé d'allure malgré les cheveux noirs et le visage glabre ; en plus las :

« Depuis toujours, *Egonino mio.* »

Car le monde peut vous avoir reçu, fêté, sacré prince des poètes ; vous n'en étiez pas moins depuis toujours un youpin, une tante. Tout Bruno Arnhein qu'il fût, Bruno Arnhein ne comprendrait jamais. Fin, sensible, tolérant, généreux, humaniste, il pouvait comprendre intellectuellement. Il ne comprenait pas dans sa chair. D'où cette légèreté : lui avoir donné rendez-vous au ministère.

Egon reprit son errance. Il marcha jusqu'à la gare du Zoo. Et s'il essayait de sauter dans un express international en partance ? Il irait jusqu'à une frontière et, là, improviserait. Avec de la chance...

On annonçait le Berlin-Amsterdam. Mais il fallait présenter un passeport pour obtenir un billet. Et il vit que les quais des trains pour l'étranger étaient munis de grilles et surveillés par des schupos et des SA maintenant. Outre des policiers en civil, plus voyants qu'ils n'eussent été en uniformes.

C'était sans espoir.

Les chiens grondaient toujours derrière la porte du cachot. Il ne rêvait pas : il était certain d'entendre au milieu des aboiements féroces la valse de *La Contessina.* Ankylosé, il tenta de remuer. Mais le moindre mouvement lui arrachait un gémissement. Il ruisselait de sueur entre ces murs gelés et tachés de salpêtre qui lui paraissaient basculer pour l'ensevelir. Il repensa à son grenier de Ratisbonne.

Comment s'était-il retrouvé à Ratisbonne ? Parce qu'à la gare Anhalter un train partait pour Leipzig et Nuremberg. Et qu'un beau prolétaire en bras de chemise qu'il avait suivi dans les urinoirs, au guichet, à la consigne, y était monté. Mais le garçon aux mains calleuses alla s'asseoir dans un compartiment plein de SA. Et du couloir, Egon le vit engager la conversation, poser des questions sur l'uniforme, s'affubler de la casquette et du baudrier que lui prêta un des hommes en riant ; il l'entendit chanter en chœur puis en canon avec ces braillards soûls de bière. Une prochaine recrue pour le parti des travailleurs !

Le cauchemar continuait. À Nuremberg, sale, épuisé, voyageur sans bagage, il dormit dans un asile de nuit où l'on acceptait les sans-papiers. Les chômeurs et les clochards dévisageaient cet intrus qui n'avait pas le genre des lieux : chapeau de paille, chaussures de bon faiseur, beau linge, était-ce un criminel en fuite ? Un malade mental ? Un amnésique ? S'ils avaient su que leur compagnon de chambrée possédait sur lui une dizaine de milliers de marks en grosses coupures !

Lui se jugeait misérable d'allure. Le lendemain, de retour à la gare, il craignit d'être suspecté s'il payait avec un de ces gros billets. Mais il avait juste assez en monnaie et petites coupures pour un aller simple à Ratisbonne. Pourquoi pas Ratisbonne ? Tout était égal, il n'avait plus de but maintenant. Et il se souvint d'une librairie où jadis, quand il était l'hôte du Prince Turn und

Taxis, il allait acheter des livres à un de ses plus fervents admirateurs. Le vieux Martin Hügel tenait-il toujours boutique à l'enseigne de *L'Amateur éclairé*, Hinter der Grieb ?

Oui. Depuis des générations les mêmes boiseries sombres, les mêmes lettres gothiques gravées dans le verre — rien n'avait changé. Mais Egon constata que la vitrine ne présentait plus à l'amateur éclairé du Heine, du Hölderlin, du Goethe, du Schiller, du Stifter, du Novalis, du Fontane. À la place : des monceaux de *Mein Kampf* disposés en éventail, en damier, en piles parmi quelques ouvrages pratiques ou scientifiques. Littérature et poésie avaient disparu. Dégoûté, il allait repartir quand lui vint la curiosité de lire les titres de ces thèses et de ces manuels : *Délire et paranoïa*, *Les Monstres dans la mythologie germanique*, *La Secte des Assassins*, et même un *Traité de l'élevage du porc*, publié par l'Institut agronomique de Bavière. Il y avait donc encore un honnête homme en Allemagne ? Il y avait donc encore un humoriste ? Egon entra, tremblant de joie. « Oh ! mais vous êtes... » fit le vieux libraire surpris, en le reconnaissant.

D'un plissement du front, Egon lui intima la prudence : un officier accoudé à un rayonnage feuilletait le livre de l'autre Rosenberg, le théoricien du racisme — *Le Mythe du xxᵉ siècle.*

Dès que l'officier ressortit, Hügel envoya son commis en course.

« Mon Dieu ! Que devient notre prince des poètes ? demanda-t-il quand ils furent enfin seuls.

— Voyez vous-même. Ai-je l'air d'un prince ?

— D'un prince qui aurait perdu une bataille, d'un prince sur le chemin de l'exil.

— En effet.

— Mais qui peut toujours compter sur son homme lige.

— Vraiment, vous me trouveriez un gîte sûr ? Je voudrais dormir. Et oublier, si je peux. Au moins deux, trois jours.

— Chez moi. Tout le temps que vous voudrez. C'est un honneur que vous me feriez... Venez ! »

Le vieillard poussa un pan de bibliothèque qui pivota et découvrit derrière la poésie romantique allemande un escalier étroit et pentu. Il habitait, au-dessus d'un étage de réserves, trois pièces encombrées d'éditions rares. Au-dessus encore, d'autres livres emplissaient à demi un grenier. Mais rien ne serait plus aisé que d'y ajouter un lit, une table, un meuble de toilette. Quant à sa servante, c'était une femme dévouée ; il y avait encore de braves gens en Allemagne ; s'il lui demandait de se taire, elle se tairait. Lui vivait en vieux célibataire ; ses seuls plaisirs étaient la lecture, un verre de schnaps et jouer de l'épinette ; il aurait une compagnie. Et si prestigieuse !

Egon, ému aux larmes, s'y abandonna enfin. Il pleura comme un enfant. L'errance s'arrêtait là, dans cette soupente de la vieille ville. Il ne suivrait plus les garçons dans les urinoirs, il ne traînerait plus dans les coulisses des théâtres et les bars des hôtels, dont l'entrée lui était interdite désormais. Il ne hanterait plus le marbre des journaux. Il n'aurait plus peur. Pour tuer le temps, il s'amuserait à écrire ce petit acte dont lui était venue l'idée pendant une insomnie à l'asile de nuit : *La Finta Commedia*. Une farce antihitlérienne qu'il enverrait au directeur honoraire de la Chambre de Musique. Qui sait ? Peut-être Bruno comprendrait-il... Et puis, il relirait tous ces livres de son adolescence, tous ces livres qui avaient fait de lui un homme de culture allemande — indéfectiblement, indissolublement, irrésistiblement, irréversiblement allemande. Certes, ce n'était plus tout à fait la vie ; ce n'était pas encore la mort cependant. Une sorte de sursis.

Vacuité pleine,
Vide plénitude,

écrivit-il dans un carnet de notes.

Les journées passaient, scandées par les carillons alentour : l'Hôtel de ville, l'Église paroissiale, le dôme Sankt Peter. Le fenestron ouvrait sur un enchevêtrement de toits pointus, de corniches, de clochers, de tours. À travers une dentelle de pierre, une échappée sur le Danube. De là, il ne voyait ni automobiles, ni éclairages au néon, ni affiches de propagande, ni drapeaux à croix gammée. C'était l'Allemagne gothique, l'Allemagne de Faust. Au milieu de ces grimoires, il pouvait s'imaginer personnage d'un conte fantastique : Mephi-le-roux a vendu son âme à un vieux savant contre un peu de paix... Les seuls échos qui lui parvenaient du monde nouveau, échos réverbérés, distordus, grotesques comme ces paroles diaboliques venues de nulle part et fracassant les murs des maisons dans certains vieux contes germaniques, étaient crachés par un invisible mégaphone sur la Haidplatz.

Au milieu de l'été, l'Allemagne devint un État à parti unique. À l'automne, l'Allemagne se retirait de la Société des Nations. Au début de l'hiver, l'Allemagne votait pour le parti unique aux élections du Reichstag. 92,2 % des Allemands approuvaient Hitler. 2154 sur les 2242 prisonniers de Dachau.

« Vous les entendez, vous les entendez ? » grommelait, furieux, Martin. Et il reprenait sur son épinette la toccata interrompue un instant.

Il neigeait ce jour-là. Et comme pour parfaire l'imagerie médiévale et romantique allemande, Noël fut blanc. Suivi d'une blanche Saint-Sylvestre.

« Minuit !

— 1934 ! Que faut-il se souhaiter ?

— Que vive notre Allemagne !

— Mort, donc, à Hitler. »

Le 2 janvier à l'aube, Egon s'éveilla en sursaut d'un rêve où, un couteau à la main, il était poursuivi dans les urinoirs d'une gare par un inconnu qui se prétendait le Führer.

« Sauvez-vous, Egon ! lui criait Martin. Sauvez-vous ! »

Il s'habilla en hâte, ouvrit un vasistas par où son hôte lui avait montré qu'il pourrait en cas de danger sauter sur le toit de la maison voisine ; de ce toit, se laisser glisser jusqu'à un appentis en contrebas ; de là, dans une cour ; et sortir par la ruelle de derrière...

Du surplomb d'une corniche verglacée où il était parvenu à se hisser malgré sa corpulence, Egon vit dans la rue que deux hommes encadraient son ami, auquel ils avaient passé les menottes, l'un le poussant, l'autre le tirant vers une voiture noire garée sur la Haidplatz.

Le mauvais rêve continuait. Sauf que ce n'était pas un rêve mais l'affolante réalité. Que faire maintenant ? Où fuir ?

Grelottant dans son costume d'été dont la couleur claire faisait se retourner les rares passants, il marcha jusqu'à la gare. Munich ! Munich lui apparaissait l'ultime chance. Aller trouver Elisabeth et Bruno. Les implorer de l'aider. Un peu comme un enfant retrouverait ses parents.

Un train partait justement, dans lequel il n'eut que le temps de grimper. Une atmosphère de liesse grasse régnait dans le wagon. Peu de voyageurs : des paysans de retour d'une visite à leur parentèle, des jeunes qui allaient skier à la Zugspitzè. Les gens se souhaitaient la bonne année. « Et bonne année à notre Führer ! » ajoutaient-ils. Ou : « Dieu vous bénisse ! Dieu bénisse Hitler ! » Une vieille femme en fichu noir risqua même un : « Hitler vous bénisse ! » Et fut bruyamment félicitée par ses voisins. « Oui, oui, Hitler nous bénisse ! » Et ce sont des Bavarois ! songeait Egon effaré. Leur curé ne leur enseigne donc déjà plus que l'idolâtrie est un péché à ces bons chrétiens ? Ici même ! dans ce fief de l'intégrisme catholique. Alors que le Prince Turn und Taxis, seigneur de la cité, avait eu quant à lui, disait-on, la dignité de refuser une entrevue au dictateur : « Nous ne connaissons pas ce monsieur. Qu'il se présente d'abord à notre majordome et inscrive son nom dans le livre des visiteurs s'il désire être reçu. Nous aviserons ensuite. Nous ne pouvons ouvrir notre maison à n'importe qui, non ? » Hélas ! en disant « nous », le prince ne parlait plus pour ses sujets apparemment. On ne l'écoutait plus : cette révolution nationale était aussi une révolution socialiste... Que serait-ce à Munich, la ville brune ?

Egon se trouvait dans l'état d'esprit d'un détenu libéré qui, après une longue incarcération, ne reconnaît plus vraiment le monde, ne connaît plus les usages de la vie en société. Par prudence, il s'enferma dans les toilettes pendant la majeure partie du trajet. La place des tantes, la place des youpins ! ironisait-il amèrement. Du moins y était-il seul, du moins n'avait-il pas à y subir la bonne humeur satisfaite des autres voyageurs, cette pesante joyeuseté qui lui faisait horreur.

À Munich comme à Berlin, les quais de la gare grouillaient d'uniformes. Il put cependant gagner sans encombre le buffet, où il demanda à téléphoner. Quelqu'un le dévisagea et lui dit :

« Vous tremblez, monsieur. Vous êtes malade ? »

Il avait froid et brûlait de fièvre en effet.

« Non, ce n'est rien, répondit-il. Merci. »

Mais il s'y reprit à trois fois pour composer le numéro des Arnhein. Et dut s'adosser à une paroi de la cabine afin de ne pas tomber. Sa voix lui semblait lointaine et floue, désespérément inaudible :

« Egon von Rosenberg. Je voudrais... »

Quand tout à coup — oh ! ce ne fut plus la sienne, mais nette, mais proche, la voix rauque, sensuelle, et cependant si distinguée, et cependant si maternelle à son oreille... La comtessine ! le contralto élégant de la comtessine, sa façon exquisément viennoise, quoique toute personnelle aussi, d'accentuer les mots, de chuinter les *r*... Elisabeth ! Elisabeth qui lui parlait :

« Egon ! Mon Dieu, vous êtes en vie... C'est vous... Vous enfin ! Quel bonheur ! Mais où êtes-vous ? D'où appelez-vous ? Je n'ai pas entendu d'opératrice...

— De la gare. Je suis à Munich.

— Non ! Vous n'avez donc pas quitté l'Allemagne ? Vous n'auriez pas fait la folie de revenir, j'espère. Nous sommes sans nouvelles de vous depuis si longtemps, Egon... Nous ne savions pas si vous aviez émigré comme Friedrich. Si vous aviez été...

— Arrêté ?

— Arrêté. Si vous étiez... Oh ! si vous vous cachiez, je veux dire. Nous étions si inquiets. Vous aviez ce rendez-vous avec Bruno, vous vous souvenez ?

— Oui. Je n'y suis pas allé.

— Et depuis... Nous ne savions pas s'il fallait vous faire rechercher. Si ce n'était pas...

— Oui, je comprends : me faire courir un plus grand danger.

— Vous êtes vraiment en danger, Egon ? »

Il ne répondit pas à cette question. Elle se tut quelques

secondes. Chacun percevait le souffle de l'autre dans l'écouteur, son angoisse. Egon crut deviner qu'elle pensait à son fils en exil, aux dangers qu'eux aussi couraient à cause de lui. Elisabeth comprit qu'il était à bout, malade.

« Egon ! reprit-elle, très émue, faussement enjouée, Egon, venez tout de suite ! Nous vous attendons ; je vais prévenir Bruno, il est à l'Opéra. Non, mieux : attendez, vous, au buffet de la gare. J'envoie tout de suite Pamina vous chercher en voiture. Elle sera là dans un quart d'heure. Nous allons nous occuper de vous, Egon. Tranquillisez-vous. Nous vous aimons. »

Il remercia et raccrocha. Il était secoué de sanglots secs.

Une main se posa sur son épaule alors, qu'il ne sentit d'abord pas, tant il tremblait.

« Rosenberg, Egon. »

Il se retourna — il savait déjà. Il se surprit à n'éprouver ni effroi ni colère mais une espèce de soulagement : c'en était fini.

« *Von,* se contenta-t-il de dire. *Von* Rosenberg. »

Puisque c'en était fini de toute façon, pourquoi ne pas se donner le chic de se défendre sur un point aussi futile qu'une particule ? La particule dont avait été gratifié un siècle avant un aïeul, Juif de cour.

« Nous vous emmenons. Toute résistance est inutile. Nous n'hésiterions pas à tirer. »

Était-ce la Gestapo ? Les deux policiers en civil, s'ils étaient des policiers en civil, le saisirent chacun à un poignet. Il ne protesta pas, ne se rebella pas ; la foule alentour ne soupçonnait rien. La scène lui parut absurde, plus mimée que vraie ; ces deux hommes, des policiers de théâtre, entre lesquels il se voyait marcher au supplice. Et ce qui l'attendait maintenant, l'interrogatoire, l'internement, la torture sans doute, le préoccupait moins que l'inquiétude des Arnhein. Pamina ne le trouverait pas. Elle poserait des questions et...

« Allez ! Montez ! »

Ils le poussèrent sans ménagement, mais aussi sans violence gratuite, dans une voiture qui démarra en trombe et, au sortir du parvis de la gare, s'engagea sur la Dachauer Straße.

Certes, il était superflu de leur demander où le chauffeur les conduisait. Mais Egon les interrogea pour le leur entendre dire :

« Puis-je savoir où vous m'emmenez ? »

L'un des deux ne manquait pas de culture :

« Un endroit délicieux, fit-il cyniquement, un endroit très romantique, que vous avez chanté autrefois dans vos élégies...

— *Les Élégies de Dachau.*

— Dachau, en effet. Au camp de concentration. Section spéciale.

— C'est-à-dire ?

— C'est-à-dire que vous n'aurez pas à travailler ni à souffrir très longtemps, Rosenberg.

— Parce que ?

— Vous voyez, Rosenberg, il y a ceux qui peuvent être régénérés. Il y a même au camp des gens que nous considérons comme des camarades, des camarades qui ont été dévoyés par la propagande communiste, et que nous comptons ramener dans le droit chemin... Et puis il y a ceux comme vous qui...

— Qui sont immédiatement éliminés, dois-je comprendre ?

— Oh ! *immédiatement* n'est pas le mot. L'élimination est certaine mais elle peut durer quelques jours.

— Vous m'annoncez en somme que je vais être torturé. Et vous me confirmez que ces histoires qu'on raconte sur certaines horreurs médiévales... Mais, quel temps perdu ! Pourquoi ne pas m'achever tout de suite puisque vous savez tout de moi ? Même le titre de mon premier recueil de poésies ! D'ailleurs... je suis très douillet. Je ne tiendrai pas.

— Vous ne manquez pas d'esprit, Rosenberg.

— C'est un talent que j'ai... que j'avais : de faire rire. En dehors de ça, que nous reste-t-il à nous autres, rebuts de l'humanité ?

— Mais vous vous trompez. Notre supérieur, le Hauptsturmführer Karl-Heinrich Flumärian, effectue actuellement pour le compte d'un médecin une étude fort intéressante sur la résistance à la douleur. Eh bien, curieusement, il a constaté que ce n'étaient pas les sujets les plus jeunes, les plus sains, les plus robustes qui tenaient le plus longtemps... Mais les pourritures de votre âge.

— Comme c'est aimable.

— La vermine juive, les pédérastes.

— Bien sûr ! Nous sommes moins sensibles que les autres, c'est bien connu. Et donc nous sommes moins sensibles à la douleur aussi.

— D'ici une heure, vous n'aurez plus le cœur à plaisanter, Rosenberg.

— Pourquoi, je serai mort ?

— Mort ? Mais vous l'êtes. Nous sommes le 2 janvier 1934, il est 9 heures 45 : d'ores et déjà vous n'avez plus d'existence juridique. Vous avez disparu sans laisser de traces. Et votre entrée au camp ne sera pas même consignée. Vous êtes, pour ainsi dire, légalement mort.

— Vous le serez bientôt physiquement », conclut celui des deux qui n'avait pas encore parlé.

Légalement mort, physiquement mort. Que veut dire cette parole qu'il s'entend répéter comme la dernière d'une prière ? Légalement mort, physiquement mort ; à la fin ne subsiste que le mot : mort. Mais qui meurt ? Qui a peur ? Qui pleure ? Qui porte la main à son cœur ? Qui se tord ainsi dans le noir ? Qui crie ? De quelle bouche, quel aveugle ? Où ? Depuis quand ? À quel moment cela a-t-il commencé et comment ? Le camp, les chiens, les coups sur le crâne, dans le crâne... Combien de jours et de nuits ? Est-ce le jour ? Est-ce la nuit ? Le 3, le 4, le 5, le 6, le 7 janvier ? La vieille pourriture comme ils disaient, la vieille pourriture a-t-elle tenu sous la torture ? Quelle pourriture, quel débris, quel tas de souffrances ? Qui sinon lui, Egon ? Egon von Rosenberg. Le poète. Le prince des poètes... Lui, dont les nerfs lâchent, la peau... Lui qui rampe sur le sol vers la lueur qu'il voit là. Car il voit ! Il voit ! Oui. Le ciel neigeux, le mur gris, la porte de fer du cachot qui remue comme au théâtre cette plaque de tôle pour les orages, la descente aux Enfers, *Orphée* ! Derrière, les chiens qui aboient, aboient toujours. Il les entend. Il les entend aboyer. Oh ! qu'ils entrent maintenant, qu'ils entrent ! Qu'ils le dévorent ! Ce qu'ils trouveront, du moins... De la merde, du sang, du pus... Et sous sa main, sous sa main qui tâte le ciment gelé, du verre cassé, un tesson de bouteille. Un tesson dont il se saisit, qu'il porte à son cou, avec quoi il perce la carotide — ultime volonté.

Le bras tressaille, la tête s'affaisse sur le ventre.

Puis, les gonds grincent, la porte s'ouvre. Et les chiens, tenus en laisse, se jettent sur ses restes. Sur l'auteur de :

L'homme au silence se mesure,
À ses pensées obscures, à ses peurs.
— Il faut rentrer.
C'est l'heure bleue où tout est âme,
Et le monde en suspens.
À l'occident, le ciel décline vers les labours,
Un clocher se détoure du rose le plus touchant,
Les oiseaux peuplent l'arbre de leur inquiétude —
Et cette odeur de feu,
Et ce froissement de soie dans l'ombre,
Et ce cri qui ricoche au loin.
La servante replie le plaid
Où les amants se jurèrent éternel amour,
Puis dînèrent de viande froide,
Le cocher porte les paniers vides au fiacre,
Le violon rangé dans sa boîte,
Il allume les lanternes.

À nuit noire, la fête finie,
On s'en retourne vers Dachau.

Acte II

La Mort-tango

« L'Inferno ! Entrez, entrez, entrez ! L'Inferno ! Prenez donc un ticket ! Du jamais vu, de l'atroce, du nouveau, de l'abominable ! Du détestable et du délectable ! L'Inferno ! Belles dames et beaux messieurs, et vous des autres sexes connus ou inconnus, l'enfer comme si vous y étiez déjà, le cauchemar de Dante ! L'Inferno ! Entrez, entrez, entrez ! L'Inferno ! Prenez donc un ticket ! Du chic, du décadent, du sublime, de l'effroyable ! Du dégoûtant et du délicieux ! L'Inferno ! Tous les vices assouvis, toutes les horreurs dont vous rêvez, et des choses à quoi vous n'auriez pas même pensé ! L'Inferno, ce n'est pas cher l'admission : un million de marks le grand frisson ou un dollar si vous voulez ! L'Inferno, le premier verre est gratuit ! Entrez, entrez, entrez ! C'est l'Inferno. »

Devant la porte du cabaret, le chasseur en cape et capuche rouge de diable débitait son baratin tout en faisant mine de pousser avec une fourche imaginaire les passants vers le brasier. Le feu éternel était un grésillement continu de tubes à incandescence enflammant l'auvent voûté de l'entrée et, seul à s'arrêter au milieu de la cohue, Siegfried en regardait, fasciné, l'effet. Il se trouvait devant cette nouvelle boîte de nuit dont tous les provinciaux parlaient tant à leur retour de la capitale ; il était à Berlin.

Les enseignes électriques allumées bien avant la tombée du jour, le vacarme des avertisseurs malgré le décret récent qui en interdisait l'usage et, sur le trottoir, une foule d'ivrognes, d'invalides, de camelots, de mendiants, de clochards, de putains et de désœuvrés adossés aux murs des maisons, assis sur les bancs ou couchés à même le goudron fondant au pied des arbres : Berlin lui apparaissait conforme à l'image qu'en donnait alors la presse, justement décrit dans ces banalités éculées et complaisantes qu'on y écrivait à son sujet : ville phare et ville de perdition, ville éblouissante et sordide, misérable et triomphale, etc. Et parce que, en voyage, nous n'aimons ordinairement rien tant que de reconnaître un fond de vérité à nos idées reçues sur les peuples, les paysages, les lieux visités, Siegfried se sentait excité comme se devait de l'être un jeune Munichois débarqué la veille par l'express de 20 h 40. Dans l'odeur d'essence et la chaleur humide d'un samedi soir d'été orageux, leur semaine finie, les vendeuses de grands magasins et les employés de bureaux, en tenue sombre de travail, rentraient chez eux. Mais peu à peu, comme si s'improvisait une mascarade, la rue se colorait et se peuplait de figures extravagantes. Des femmes coiffées à la garçonne et aussi maquillées que des clownesses, court vêtues d'un rien de crissante rayonne, les épaules nues ; des hommes en complet clair, le canotier posé de biais sur le haut du front comme voulait la mode cette saison. Et des êtres carnavalesques appartenant sans doute à ces autres sexes connus ou inconnus auxquels faisait allusion le bonimenteur de l'Inferno.

La nuit, cette folle nuit berlinoise dont parlaient les journaux, commençait. Egon lui avait donné rendez-vous à sept heures au bar de l'Hôtel Adlon.

« Un petit remontant, mon pote ? »

Deux dents en or dans une bouche édentée, les cheveux graisseux plaqués sur les tempes par une résille, le fourgueur qui venait de s'emparer de son revers de veston et le poussait vers la pénombre d'une porte cochère était un géant maigre, torse nu sous un habit noir à queue de morue. Tout en jetant des regards furtifs alentour, il précisa à voix basse :

« De la coco, je veux dire, mon pote. Du premier choix, hein, pas de la coupée comme ils t'en refilent sur le Kudamm. Qu'est-ce t'en dis ? Si t'as de la devise forte sur toi, je te fais un prix. Tu veux goûter ?

— Non non ! se défendait Siegfried, fichez-moi la paix.

— T'es d'où, toi ? Bavarois, hein. L'accent... Allez, je suis bien sûr qu'à Munich y en a pas de la comme ça.

— Lâchez-moi ! Je n'en veux pas, je vous dis. Et si j'appelais les flics ?

— Les flics ! Appelle toujours, mon pote. Dans le coin, ils me connaissent, les flics. Vu que je leur file un bakchich, les flics. Si tu gueules, c'est toi qu'ils embarquent, les flics. »

Siegfried se dégagea enfin et, pris du sentiment absurde d'être en faute, se mit à marcher vite, jouant des coudes et se retournant de temps à autre dans la crainte que la scène eût été repérée par un schupo et mal interprétée.

« De l'américain, du vrai qui lave ! »

À tout moment, quelqu'un vous accostait pour vous vendre quelque chose : un infirme, des savonnettes et des allumettes ; une chômeuse, la paire de souliers en satin doré qu'elle tenait à la main ; un escamoteur, la montre suisse qu'il venait de voler dans le gousset d'un autre passant ; un prostitué, son corps :

« Tu viens ? Pour la pipe, c'est trente mille et un clope. Pour le cul, c'est deux clopes et le même fric mais en billets neufs. Je veux pas de surchargés. Alors, tu viens, mon mignon ? »

Et, scandant de son cri aigu et régulier la rumeur continue de la rue, le petit marchand de journaux qui proposait la dernière édition de la *Neue Berliner Zeitung* :

« Le dollar à New York : un million de marks. »

Le titre barrait toute la une du quotidien, lequel coûtait aujourd'hui six cents marks, au-dessus d'un article intitulé : *Panique.* C'était et ce n'était pas, tant il paraissait depuis plusieurs jours déjà inéluctable, datable presque, l'événement de cet orageux samedi 28 juillet 1923.

Siegfried, se raisonnant, ralentit le pas : il n'avait rien fait de mal et personne ne le suivait apparemment. Il n'allait pas se conduire en provincial : après tout, il était le fils du grand Bruno Arnhein.

Au coin de l'Uhlandstraße et du Kurfürstendamm, il revit cette affiche dont la violence l'avait frappé dès son arrivée la veille, au sortir de la gare. Devant un grand ciel noir, au-dessus de maisons incendiées, une femme nue valsait avec un squelette. Signé du sigle d'une ligue armée, le slogan proclamait en lettres flamboyantes :

Berlin, tu danses avec la mort !

Au coin de la Fasanenstraße et du Kurfürstendamm, un homme-sandwich annonçait la reprise au cinéma de *La Mort lasse.* Sur le panneau avant, un peu comme s'il eût porté une plaque radiographique de son propre corps, figurait aussi un squelette. Et dans son dos, une citation du réalisateur, Fritz Lang :

> La Mort, je la vois très humaine. Avec une sorte de douceur étrange, un peu désespérée, sur ses traits creusés par la fatigue.

Au coin de la Joachimstaler Straße et du Kurfürstendamm, c'était un autre squelette encore, peint au pochoir sur une banderole appendue à la potence d'un balcon et qui s'y balançait. Siegfried lut la devise inscrite au bas, en lettres bâton :

Rouge ou mort.

Au graphisme, nota-t-il, on savait déjà à qui on avait affaire : alphabet moderne et net, la gauche ; caractères gothiques enluminés, la droite. Mais à gauche comme à droite était représentée, obsessionnelle avec sa faux levée, la Mort.

Sa curiosité le poussait à traverser le carrefour pour entrer, en face, au Café des Westens. Mais à cette heure où les habitués s'y retrouvaient pour le premier verre de la soirée et les projets de fête, la salle était si bondée que des clients buvaient dehors, adossés aux vitres ou même assis sur les ailes et les marchepieds des voitures garées devant. Ils formaient toute une bande, lâchaient des vannes aux inconnus qui avaient la prétention d'attendre que se libère une table, échangeaient des potins et des adresses de parties... Tiens ! on reprenait *La Mort lasse.* Quelle touche elle avait celle-là avec son bibi rouge. Où trouvait-on du nytrospécial ? Oh, mais c'était si facile à fabriquer : un tiers éther, un tiers produit à récurer les cuivres, un tiers colle à caoutchouc et, boum, le feu d'artifice ! Est-ce qu'il y avait ce soir pince-fesse à Moabit ? Bert travaillait avec Max au Deutsche. Non ! et celui-ci, il ne lui manquait que le casque à pointe, une deux, une deux ! *My God,* on n'y allait plus chez Uri, il n'y avait plus que des folles ! Quoi ? le dollar crevait le plafond du million. Mais, à la longue, ça devenait drôle ! Et les deux chéris qui tentaient leur chance, ils ne voyaient donc pas que c'était bourré à craquer ? Une tuerie, le Westens ! Pire que le Chemin des Dames. Ils allaient se faire piétiner. Ne manquaient plus que Les Amis de la Mort...

Siegfried y renonça.

« Nous sommes les amis de la mort ! »

Un coup de trompe... Il allait retraverser quand l'évita de justesse une torpédo qui fit une embardée et cala. Cinq hommes l'occupaient, le teint cadavéreux, du mauve sur les paupières, les lèvres fardées en blanc et de bizarres accoutrements mêlant des parures fétiches de la virilité à des accessoires de danseuses de cabaret : culottes en gros cuir, bracelets de force, débardeurs déchirés, ceinturons mais aussi bas à baguette, jarretières de satin, boas en plumes et perruques bouclées orange ou bleues. La décapotable redémarra et, une nouvelle fois, ils poussèrent en chœur leur cri de guerre tandis que les deux passagers du spider jetaient à la volée, dans son sillage, une rame de tracts titrés *Les Amis de la Mort.*

> Les temps sont fous, la camarde rôde. Plus rien n'a de valeur, l'argent moins que tout. Chaque matin, le pavé de la ville est jonché de cadavres comme la plage l'est d'épaves après un ouragan : chômeurs morts de faim, drogués morts de surdose, militants assassinés, faillis suicidés, putains étranglées par des pervers, macchabées abandonnés après une orgie nécrophilique, etc. Voici venue la fin de ce monde. Entrez dans l'autre avec nous. Rejoignez Les Amis de la Mort.

Il lui revint en mémoire une boutade de son père rentrant d'une série de concerts à Berlin : « Munich n'est qu'une aimable villégiature administrée par un comité des fêtes. On s'y occupe trop de culture et pas assez d'art. » Bruno Arnhein, au retour de ses tournées à l'étranger, soutenait même que ni Paris, ni Londres, ni New York n'égalaient en fièvre, en folie mais aussi en énergie créatrice la capitale de la nouvelle Allemagne. « C'est là que ça se passe dorénavant, affirmait-il ; là que s'invente et se réinvente chaque jour la modernité. » New York, selon lui, se préoccupait trop de commerce pour y prétendre ; Londres, de morale ; Paris, d'élégance. La vitalité était l'apanage de cette ville fascinée par la mort. Bruno n'avait-il pas eu l'envie inavouée d'y vivre et de se plonger dans ce mouvement aspirant, inspirant ? Son imprésario l'avait poussé à s'y installer. Et peut-être Bruno n'y avait-il renoncé que par amour pour Elisabeth, Elisabeth à qui, il le devinait sans même lui en parler, la frénésie berlinoise faisait peur. Ou peut-être avait-il fini par trouver, entre ses fréquents mais courts séjours à l'hôtel, Unter den Linden, et la quiétude de son cabinet de travail, Möhlstraße, l'équilibre nécessaire à son art.

Car son art, émotion et rigueur, est équilibré. Car son art est d'un équilibriste : entre l'audace et le respect de la tradition, il va son chemin de funambule dansant sur un fil tendu. Il n'est d'aucune école, il a inventé sa propre acrobatie — son style. Trop classique, jugent les modernes. Trop moderne, jugent les classiques. « Oui, personne n'apprécie, acquiesce l'artiste... en dehors du public. » Il ajoute, sur ce ton moqueur et fier à la fois qui est le sien : « Arnhein est arnheinien. »

Mais faut-il donc toujours choisir entre l'œuvre et la vie : une vie morne mais une œuvre forte ou une œuvre banale mais une vie comblée ? Comment éviter que la quête du bonheur ne détourne du travail ? Et comment, à l'inverse, éviter que le métier n'avilisse ou du moins n'assagisse l'inspiration ? Où gît le secret de l'unité, de l'unicité créatrice : ivresse et sagesse, maîtrise et délire. Où ? le secret de cette plénitude, de cet héroïsme prométhéen...

Prométhée, dans l'opéra d'Arnhein qui porte ce titre, Prométhée hurle au milieu du fracas dissonant des cuivres :

Un silence alors — d'une blanche.

Puis, pour seule réponse, le sphinx, rôle tenu par une soprano colorature, vocalise un rire :

Ah ah ah ah ah ah ah ah ah ah ah ah...

Rideau.

Soudain, Siegfried s'inquiète de l'heure, tâte sa poche de gilet... Son oignon a disparu — un cadeau déjà ancien de son père pour ses quatorze ou quinze ans. Il se retourne, furieux, vexé. Il ne s'est donc aperçu de rien. Quand l'a-t-on volé et où ? Est-ce le fourgueur aux dents d'or qui lui a fait le coup ? Ou la putain qui l'avait accosté plus tôt, un fouet à la main ? Mais il en prend vite son parti et veut y voir un signe : le temps est aboli ce soir. Ce sera une nuit de débauche et d'oubli ainsi que l'a laissé entendre Egon. Et sans plus flâner, il se dirige maintenant vers la porte de Brandebourg.

Au bar de l'Adlon, il retrouve Egon, Egon tel qu'il l'a toujours connu : énorme, immense, éternellement en sueur et le souffle court. Une sorte d'étrange géant sans âge, de vieil ogre enfant.

Enfants, son frère et lui le mimaient en cachette : jambes écartées, un gros coussin ficelé sur le ventre, ils arpentaient leur salle de jeu en se dandinant, parodiaient ses postures outrancières quand il racontait à leurs parents une anecdote qui les mettait en joie — « Vous connaissez la dernière ? Vous connaissez la meilleure ? » Ces fameuses dernières, ces fameuses meilleures qui faisaient tant rire les grandes personnes et qu'ils étaient trop jeunes, eux, pour comprendre. Ils se moquaient de lui, certes, mais ils en avaient peur aussi. Une peur immotivée car si, roulant les yeux et grimaçant, l'ogre les menaçait de mordre dans leur tendre chair fraîche de polissons ou de les piler et les jeter dans la saumure afin de les manger en conserve l'hiver venu, ils savaient bien que c'était pour plaisanter, que ça ne voulait rien dire — Friedrich, avec son sérieux de frère aîné, tenait à rassurer son cadet sur ce point. Au reste, Egon était si généreux ! À chaque visite, il leur apportait une surprise : un wagon à ajouter à leur train à vapeur, des fards pour se déguiser en chanteurs d'opéra, une grosse boîte de sciences amusantes, un cerf-volant ou des chocolats s'il revenait de Vienne. Il ne les oubliait jamais et jamais il n'oubliait les filles non plus, se rappelant jusqu'aux prénoms de leurs poupées. Rituellement, Elisabeth feignait d'être fâchée et lui disait qu'elle devrait le gronder : il allait les lui gâter, les lui pourrir, ces petits monstres. Et c'étaient alors des fous rires parce que, non moins rituellement, Egon s'agenouillait et pleurnichait comme si elle le grondait pour de bon, ce garnement. Dans la grande maison de Munich ou au chalet de Garmisch ou à la villa du lac de Constance qu'on louait l'été, chacune de ses tonitruantes apparitions apportait la gaieté dans la famille. Plus que de la gaieté : un soulagement — comme au cirque, réjouissante de vulgarité, l'entrée des clowns après la tension silencieuse qui avait régné sous le chapiteau pendant la haute voltige. D'ailleurs, les quelques jours qu'il passerait chez eux, ce ne serait plus le père qui déciderait de l'emploi du temps de la maisonnée ou de l'humeur de la soirée mais son ami, son ami si fantasque et qui, chaque fois, s'affublait pour la circonstance d'un nouveau surnom grotesque : Falstaff, Gargantua, Rüberzahl, le Roi des Aulnes, la Comtesse Egonine...

Egon, tel qu'en lui-même il le retrouve, Egon joue au maître de maison comme si l'hôtel lui appartenait et qu'il recevait personnellement la clientèle élégante qui fréquente à l'heure de l'apéritif le bar de l'Adlon.

Les salons, leur pompeux décor de colonnes en marbre et de fauteuils en cuir multipliés dans l'infini des glaces vis-à-vis sont sa scène. Son public, pour snob et blasé qu'il soit, connaît le numéro mais ne s'en lasse pas, semble-t-il. Egon von Rosenberg va de table en table, il débite sa dernière ici, là pique trois olives dans une soucoupe, s'assied un instant à son guéridon réservé, se relève aussitôt pour saluer un habitué qui part.

Dès qu'il a vu entrer Siegfried, il est allé à lui et l'a pris par le bras pour le présenter à la ronde. Il chantonne le leitmotiv du cor sur lequel « l'exécrable gamin » fait son entrée dans l'opéra de Wagner, cite les paroles du livret pour se moquer :

« Je cherchais un compagnon
Meilleur que le seul qui me soit... »

Puis, il lui demande comment s'est passée cette première journée berlinoise. Siegfried lui parle des rencontres troublantes qu'il a faites. Du vol de sa montre...

« Ah ! la montre que l'Orchestre de Dresde avait offerte à son cher chef invité pour lui rappeler allusivement que les répétitions, comme toutes les bonnes choses, devaient avoir une fin : un oignon en or avec une miniature émaillée à l'ancienne représentant Prométhée, précise Egon.

— Mais, c'est inouï ! comment vous en souvenez-vous ?

— Gros comme un éléphant, répond-il en se frappant le ventre, mais aussi une mémoire d'éléphant. Et puis, c'était à moi qu'ils s'étaient adressés pour l'achat... Allez ! venez donc, qu'on vous déniaise un peu, jeune homme. Et d'abord, poursuit-il en baissant le ton, le personnage le plus influent, le plus important à connaître de tout Berlin, le seul qui ait le pouvoir de faire ou défaire une réputation en moins de temps qu'il ne lui faut pour mélanger vermouth, cognac, whisky et vodka dans son shaker, l'inventeur du cocktail *Versailles,* j'ai nommé : notre chef barman — Pierre. Un Français qui s'est couvert de gloire dans les tranchées et n'a jamais voulu nous dire pourquoi ni comment il avait échoué parmi nous, les sales Boches... Pierre ! reprend-il plus haut, le futur docteur Siegfried Arnhein, le fils cadet de notre génial compositeur et chef d'orchestre Bruno Arnhein... »

Pierre hoche à peine la tête. Avec cette morgue bienveillante qui n'appartient qu'au personnel des palaces, il fait seulement remarquer combien monsieur ressemble à son père.

Mais à la première table dont s'approche Egon en poussant devant lui le timide Siegfried, le comte Kessler, qui connaît la mère presque aussi bien que le père, contredit le barman : Siegfried tient surtout des Werdenberg.

« Les mains, le visage et... » ajoute-t-il mais en hésitant dans une intention d'ironie « ce je ne sais quoi d'aristocratique qu'une certaine décence républicaine, démocratique, weimarienne si j'ose dire, devrait m'empêcher de mentionner, n'est-ce pas ? moi qu'on surnomme le noble spartakiste, le comte rouge. »

Egon sourit : il apprécie cet esprit si proche du sien. Mais il ne s'attarde pas auprès du comte, lequel lui fait comprendre qu'il allait sortir juste après avoir signé cette note de trois cent cinquante mille marks qu'un garçon lui présente. Reprenant le ton de la confidence, il explique brièvement à Siegfried qui est qui alentour :

« Là, Hermann Ullstein : la presse, mon patron. Là, avec le cigare, Sol Hurok, l'imprésario de ton père comme tu sais. Le jeune type à sa table est sa dernière trouvaille : un pianiste, Rudolf Serkin. Tu as reconnu évidemment, à la table voisine, Mina Heide et son mari, l'homme au monocle, Tadeuz Alansky. Celui en frac, qui boit du champagne, c'est le comte Saint-Genois d'Anneaucourt. La dame à sa droite est sa maîtresse, la baronne Glaser. La dame à sa gauche est un monsieur, un travesti de l'Eldorado et, je crois, l'amant de la dame. L'autre homme à leur table est un peintre, ami de mon ami Franz, Christian Schad. Ici, Erich Kästner. Tu connais " l'autre Bruno " ; d'ailleurs, il te dit bonjour, il sait qui tu es. En face de lui, Furtwängler. Tout seul au comptoir, c'est le Dr Gustav Hartlaub : la galerie de peinture. Il expose Otto Dix et Max Beckmann. J'intrigue pour lui faire prendre Franz... Tu vois aussi, avec trois demoiselles comme d'habitude, Emil Jannings. Et puis, en chiens de faïence, là-bas, avec la colonne entre eux deux, les ennemis jurés de la critique dramatique : Alfred Kerr et Herbert Jhering. Ils ne s'entendent que sur une seule chose : éreinter le malheureux Egon von Rosenberg. »

Il exécute une révérence grotesque à leur adresse et se

retourne de façon à leur exhiber mais comme sans l'avoir fait exprès son cul entre les deux pans relevés de l'habit noir. Mina Heide lui fait alors signe de s'approcher ; l'actrice veut, un, lui rappeler qu'il lui avait promis des paroles de chanson, ce lâcheur, et, deux, apprendre le nom de son charmant protégé. « Un, je ne vous ai nullement oubliée, chère Mina, comment le pourrais-je ? Deux, Siegfried Arnhein pour vous servir », répond-il tout en échangeant avec ce dernier un regard complice qui signifie à peu près : aucun souvenir qu'elle m'ait jamais demandé rien de tel ni non plus aucune envie de travailler pour elle. Mais il n'en prend pas moins la pose du poète de génie qui lisse ses cheveux sous des caresses inspirées avant d'improviser : « Voilà, c'est un tango. Le tango revient très fort et la mort est à la mode. Donc, titre ? *La Mort-tango* ! Et on y va...

Dans les salons,
Ô ! sanglots longs,
De l'hôtel Adlon,
J'ai dansé le tango de la mort
Avec un fourgueur aux dents d'or
Qui m'avait volé mon oignon,
Le mignon ! »

On rit, on applaudit ; il salue.

Son aisance, sa facilité enchantaient la famille Arnhein. Quand il repartait, on se souvenait longtemps après encore des contes qu'il avait inventés pour les enfants, des sketches qu'il avait joués devant les grandes personnes. Ce qui étonne surtout, c'est son habileté à puiser dans le moindre fait divers, la plus banale histoire qu'on lui raconte un sujet de chanson, d'article, de poème, un argument de ballet, un livret d'opéra, un scénario de film. Rien où il ne trouve aussitôt un « angle » dit-il, un départ, un canevas pour sa commedia dell'arte personnelle. Et sa curiosité ne s'est jamais spécialisée : arts, sports, mœurs, sciences, société, politique, littérature — il s'intéresse à tout, peut tenir dans la presse n'importe quelle rubrique, la mode aussi bien que les nécrologies. « L'univers, prétend-il avec une bruyante immodestie, l'univers est egonvonrosenbergien. »

Siegfried l'admire mais il est agacé de le voir ainsi en représentation, qui butine d'un auditoire à l'autre. À cette table, Egon fait état d'un rapport secret du ministère de l'Intérieur selon lequel des calculs minutieux ont permis de recenser les effectifs des ligues paramilitaires antirépublicaines, soit, cite-t-il de mémoire, soixante et onze mille hommes pour toute l'Allemagne, auxquels il faut ajouter les neuf mille hommes des forces de l'ordre bavaroises qui ont conclu un accord avec l'union de l'Oberland et ceux de la Reichswer du Sud : cent mille hommes en tout ; contre à peine plus de quarante mille policiers loyaux envers la république... À cette table, il compare le style du boxeur Max Schmeling, jeu de jambes, jabs croisés, mobilité du torse, au rythme nerveux, au lyrisme brisé des poèmes du jeune Bert Brecht. Il proteste à cette autre table : le genre garçonne n'est pas impudique, au contraire ! on peut toujours montrer ses jambes et couper ses cheveux, si c'est pour cacher sous un fard épais, plâtreux, le visage ; donc, cacher ses émotions, ses sentiments... Et comme un couple à la table voisine paraît choqué d'entendre contredit un de leurs préjugés par ce gros pitre, il s'assied entre ces deux inconnus et entreprend de leur expliquer les théories relativistes d'un jeune physicien du nom d'Heisenberg.

« Un génie, chère madame, un génie de l'âge de ce monsieur, qui pourrait être mon fils », précise-t-il en désignant Siegfried.

En même temps, les yeux exorbités, il coule un regard sur le garçon qui passe, et pose sur son plateau, sans les compter, toute une liasse de billets surchargés qu'il tire, froissés et détrempés par la sueur, de sous le plastron glacé de sa chemise.

Puis, tout à coup, il se lève, s'éponge le front dans sa pochette et, tirant Siegfried par la main, sort à reculons en saluant comme au théâtre et en murmurant assez haut pour être entendu par l'assistance :

« Baste ! le numéro est terminé, le numéro est terminé. »

Il paraît pris d'une phobie panique. Et Siegfried se retrouve coincé contre son ventre entre les glaces d'un quartier de la porte à tambour, qui tourne, tourne.

Ils trébuchent sur le tapis rouge du trottoir, s'agrippent l'un à l'autre. Deux ivrognes éconduits par le chasseur, pourrait-on croire.

Mais Egon éclate de rire. Et le chasseur ôte sa casquette et, sans même lui demander s'il veut un taxi, crie :

« Taxi ! »

Unter den Linden, dans l'air chaud saturé d'eau d'un début d'orage, l'ombre verte du feuillage se condense en halos jaunes sous les réverbères et, au passage des tramways, des incandescences mauves zèbrent la chaussée. Siegfried, l'envie de prouver qu'il n'est pas en reste de culture ni de sensibilité, remarque :

« Oh ! on dirait une peinture expressionniste. »

À quoi Egon, le poussant à l'intérieur de la berline, rétorque :

« Alors, cette nuit est déjà démodée. Car l'expressionnisme, c'est fini, mon cher, enterré. Aussi admis que l'impressionnisme, donc aussi daté. D'ailleurs, nous ne voulons plus d'ismes. Non, aujourd'hui, nous sommes Nouvelle Objectivité... Chauffeur, notre nouvel objectif à nous, c'est l'Eldenagasse. Une impasse qui donne dans l'Eldenastraße. Après Landsbergallee et le chemin de fer de ceinture.

— Les Abattoirs, en somme.

— Voilà. Vous ne voulez pas nous amener ?

— C'est pas que je veux pas mais, moi, y a du risque. Alors : tarif double, votre excellence. Moi, les rouges y nettoient le quartier rapport que des bourgeois partousent dans la barbaque. Et puis, ce soir, voilà que les types à Hitler s'en mêlent aussi. Ils bloquent les rues, quoi. Des fois ça passe, des fois pas. Je peux y perdre ma journée, moi, comprenez ? Et moi, j'ai des bons d'essence que pour trois jours. Alors, moi, votre excellence...

— Roule toujours, on verra bien. J'ai des francs français, ça te va ? »

Les barrages étaient levés, les militants s'étant dispersés dès les premiers coups de tonnerre apparemment. Mais à travers les trombes d'eau qui noyaient les vitres du taxi, on distinguait encore sur la chaussée inondée les épaves d'une bagarre rangée : hampes de drapeaux, manches de pioches, tracts. Tout un côté de l'Eldenastraße n'était qu'un haut mur aveugle hérissé de barbelés et de cassons. Dans le faisceau des phares apparut un slogan goudronné en lettres géantes au long du crépi gris :

Sodome sera détruite une seconde fois !

Tiré par deux chevaux blancs, passa un chariot bâché d'où débordait, traînant sur le pavé, une carcasse de bœuf. Le fracas des roues ferrées décrût, la voiture s'engagea sous la voûte du crématorium. Au coin de l'Eldenagasse, sous l'unique bec de gaz du cul-de-sac, était garée une longue conduite intérieure surbaissée noire.

« NSU, dit Siegfried. La nouvelle six cylindres en ligne quatre litres. »

Il devinait, à la lueur bleutée du plafonnier, un couple enlacé sur la banquette arrière. Puis il vit le mécanicien s'approcher de la portière, taper du doigt au carreau et tirer de sous un pan de sa vaste cape en ciré noir un seau.

« Du sang », fit Egon avec flegme.

Et, au chauffeur de taxi qui venait d'arrêter son compteur et déjà consultait le cours des devises étrangères dans son journal du soir :

« Non. Tu vas nous attendre ici. Nous en avons pour une dizaine de minutes. »

Siegfried, guère rassuré, demanda pourquoi les deux peintres, ses amis, vivaient dans un endroit aussi lugubre.

« Ah ! Nouvelle Objectivité oblige. Franz peint des quartiers de viande, des écorchés d'animaux, des scènes d'abattage. En ce moment, il travaille à un autoportrait en équarrisseur. Et Werner leur a trouvé un atelier qui est, en fait, un ancien entrepôt de vitrier, très vaste et lumineux. Je l'ai payé une bouchée de pain. Tu vas voir... »

On y accédait par un escalier de secours glissant de pluie.

Ensuite, il fallait pousser une porte pare-feu marquée : *Entrée interdite aux personnes étrangères au service.* Mais le dernier mot avait été barré et corrigé à la craie en : *plaisir.*

« Franz ? Werner ? »

Ils s'avancèrent.

Un des deux garçons posait nu, étendu sur un établi en fer pour la taille des vitres. L'autre peignait une grande toile qui reposait de travers sur deux chevalets d'inégale hauteur. Le modèle, d'une beauté sculpturale, immobile et sa musculature tétanisée par la posture se dessinant exactement sous la peau glabre, lisse, polie par la sueur, paraissait d'autant plus plastique qu'il s'était casqué d'un calot de nageur en latex couleur chair et qu'il cachait son sexe sous un pan de torchon taché de peinture ocre.

Mais, bizarrement, ce corps parfait d'athlète antique, le peintre le défigurait en le représentant, l'exagérait jusqu'à la caricature : front bosselé, yeux globuleux, menton prognathe, trop grosses mains crochues ; des traits épatés de mongolien, une pâleur maladive.

À l'entrée d'Egon et de Siegfried, ni l'un ni l'autre n'avait bougé. Tout juste s'ils avaient articulé ensemble un bref bonsoir. La concentration psychique de celui qui peignait, la concentration physique de celui qui posait étaient sensibles comme l'électricité dans l'atmosphère de cette soirée orageuse. À les voir tous deux communier dans un accomplissement silencieux, on se sentait voyeur, de trop. Mais Egon n'en continuait pas moins de les observer comme s'ils avaient fait l'amour devant lui. Une sorte de profonde joie grave, obscène et subtile, décantait dans l'air surchauffé de l'atelier.

Siegfried, plus gêné encore, avait détourné le regard et du tableau et de la statue vivante. Il examinait le désordre de la pièce. Aucune cloison ; les meubles étaient entreposés comme des accessoires et des morceaux de décor dans les coulisses d'un théâtre : un divan défoncé, une cuisinière à gaz, un punching-bag et une panoplie d'haltères, un grand lit défait, un guéridon de café, une chaise prototype du Bauhaus, une brassée de chemises blanches jetées sur un présentoir de magasin, un siège d'avion, un banc incliné pour les exercices abdominaux, des planches d'anatomie, un gramophone, un tapis persan jonché de disques, de livres et d'affiches roulées, une collection de bottes et de gros brodequins de chantier, un panneau publicitaire en tôle emboutie figurant un bock de bière débordant de mousse, un drapeau rouge avec faucille et marteau rebrodés, une crucifixion sulpicienne, des tableaux et des châssis empilés contre les murs et, en plein milieu de l'aire cimentée, devant une colonne, une baignoire ancienne alimentée par un tuyau d'arrosage ficelé au plafond. Théâtral aussi était l'éclairage : une rampe posée au sol, des poursuites. Et théâtrale, l'odeur de sueur, de vernis, de poussière, d'embrocation et d'essence siccative.

Au-dessus de sa tête, la pluie ruisselait sur la verrière dépolie. Dans *Le Songe d'une nuit d'été,* la première suite orchestrale composée par son père pour la scène, on l'entend couler ainsi le long d'une vitre — une douzaine de mesures jouées aux seules percussions...

« Bon sang, Egon ! Arrête de me reluquer comme ça, tu me fais bander. »

Siegfried sursaute. Le mot est juste : il le constate, le torchon qui recouvrait le sexe du modèle est soulevé par une raideur soudaine.

« Non mais vois ses yeux, Werner ! insiste Franz. On dirait cet acteur hongrois que nous avons rencontré l'autre soir chez Herzfeld. Tu sais qui je veux dire ? Cette face de crapaud...

— Peter Lorre.

— Peter Lorre, voilà. »

Werner rit. Il jette sa spatule, frappe dans ses mains et proclame :

« Bon ! la séance est levée, camarades syndiqués. Que la fête commence. »

Franz, ankylosé, se redresse et s'étire. Egon le prend dans ses bras, pose la joue sur sa poitrine.

Faut-il partir ou rester ? se demande Siegfried. Que faire et qu'en penser ? Il voudrait n'éprouver que du dégoût : deux hommes enlacés tendrement, la différence d'âge soulignée par le contraste de la nudité avec l'habit strict, de la sveltesse musculeuse avec l'obésité. Mais il se sent obscurément attiré aussi : aucun exhibitionnisme dans leur effusion, aucune vulgarité. Au contraire : un naturel d'autant plus fort que le sentiment est à l'évidence partagé. Comme il serait rassurant de ne voir en ce couple que deux hommes tenant des emplois du répertoire : le vieux cochon et son jeune gigolo ; la scène sous ses yeux relèverait alors d'un genre connu. Mais il y a entre eux de l'amour. Et on ne peut dire qui, dans ce rapport, est le *suborneur* et qui le *dominé,* ni si ces deux termes légaux ou ceux de vice, de virilité, de passivité, de rapport, même, ont un sens quelconque. Les choses sont sans doute moins simples que ne le décrète la loi réprimant l'homosexualité — la 175.

« Eh ! les 175, s'écrie Werner. Faites-moi une petite place auprès de vous. »

Écartant un bras, Egon le laisse se glisser entre eux deux. Tous trois s'étreignent ; et quand Franz ôte son calot de nageur, le latex claque avec un bruit mat de suçon. Siegfried recule.

Le groupe se défait enfin. Franz alors s'essuie dans le peignoir que lui jette Werner. Werner, après s'être tamponné les mains à la térébenthine, tire d'une poche de pantalon un flacon rempli de poudre blanche qu'il ouvre sous le nez d'Egon. Egon sort du baquet à glace une bouteille de tokay et la débouche. Quand il se rappelle la présence de son invité et lui fait signe d'approcher pour les présentations :

« Franz Spies, dit-il ; Werner Auschutz ; Siegfried, le second fils de Bruno Arnhein. »

Ce qu'entendant, les deux peintres ébauchent un pas de valse et braillent :

« *Contessina, Contessina, amore e dolore...* »

Egon proteste :

« *Contessina, Contessina...* On croirait que nous n'avons jamais rien fait d'autre, Bruno et moi ! Et *Comme il vous plaira* ? Et *Le Prince Inconstant* ? et *Prométhée* ? Le grand air de l'amour au second acte, quand le sphinx instruit le héros :

Amour est double,
Ni homme ni femme,
Amour est trouble,
Il n'a ni laideur ni beauté,
Il n'a ni folie ni sagesse,
Amour est ce qui flotte entre nous,
Cette énigme, ce qui reste
Quand nous nous sommes tus,
Ce silence ému.

Ce n'est pas beau, ça, mes enfants ?

— *Bravo bravo, Egonino !*

— Bravo Bruno, surtout, corrige modestement Egon. Car sans la musique, les paroles n'auraient pas la même force, la même ambiguïté... Je ne sais comment il s'y est pris : on n'entend jamais l'accord qu'on attendrait, c'est toujours juste à côté. Un demi ton au-dessus ou en dessous, légèrement faux. Comme dans l'amour... Tu saurais le chanter, toi, Siegfried.

— *Si si, canta canta, Siegfridino.* »

Mais Siegfried se bute ; il se tait.

Werner, au moyen de son rasoir à main, fragmente sur un miroir de poche le tas de cocaïne. Il la dispose en rails puis, habilement, du fil de la lame, déplace les lignes pour dessiner une croix gammée. Il s'amuse :

« Sniffons hitlérien. »

Franz le siffle. Egon roule entre ses doigts un billet d'un million de marks avec quoi inhaler la drogue.

« Siegfried, à toi l'honneur. »

Siegfried refuse d'un geste outré la pipette qu'on lui tend. Mais pour se donner une contenance, il s'empare de la bouteille de vin blanc et boit une longue gorgée au goulot.

On frappe à la porte alors. Du dehors, le chauffeur de taxi leur demande s'ils en ont encore pour longtemps.

« Cinq minutes », lui crie Franz qui se rhabille maintenant.

Il enfile un pantalon de marin en toile blanche, passe un gilet de mine en gros cuir sur sa chemise sans col dont il roule les manches tandis que, pris de fou rire, Werner s'évertue à lui introduire dans les narines un peu de cocaïne qu'il avait au bout de l'index.

Egon tourne autour d'eux en dansant et fredonne sur l'air de la *Contessinawalzer* :

« Ah, où va-t-on ? tsalam tsam. Ah, que fait-on ? tsalam tsam, ce soir...

— Je ne sais pas, tsalam tsam, à vous de voir, tsalam tsam, allez-y tous les trois », enchaîne, mais d'une belle voix de basse, Werner. « Moi, je me repose une heure ou deux. Je n'ai pas dormi depuis hier matin, je suis mort. Tant que cette foutue toile ne sera pas achevée...

— Moi, au contraire, il faut que je bouge, dit Franz en reniflant bruyamment. C'est bien beau de poser mais je préfère peindre... Où tu nous emmènes, Rüberzahl ?

— Partout ! Notre ami doit tout connaître. De l'Eden jusqu'à l'Inferno...

— Seulement voilà », l'interrompt Franz sur un ton posé et en affectant d'ignorer la présence de celui à qui le propos s'adresse, « notre ami est un emmerdeur. Et s'il doit nous tirer une gueule toute la nuit... »

Le silence se fait. D'un plissement des paupières, Egon remercie son amant d'avoir osé dire ce que sa désuète politesse, son indulgence naturelle et la vénération qu'il voue au père du jeune homme l'auraient retenu de dire, lui.

La réaction immédiate de Siegfried le surprend cependant : voici qu'il se saisit du miroir et, le portant à son nez, prise avec frénésie ce qui reste de cocaïne.

Les deux peintres éclatent de rire et se récrient :

« Il est fou ! Eh, laisse-nous-en un peu !

— Mollo, c'est pas du sucre en poudre !

— Non, mais regarde-moi ça ! Et un coup de vin blanc par-dessus...

— *Basta, Siegfridino !* »

Egon s'amuse comme à une scène de comédie qu'il aurait écrite. Et reprenant son pas de valseur, il lance à la cantonade vers d'imaginaires coulisses :

« Rideau ! »

Quatuor

« Egon von Rosenberg ?

— Oui, mon père ne vous a pas raconté l'histoire ? Le malheureux était traqué, il a appelé mes parents au secours. Par quel hasard se trouvait-il à Munich ? C'est ce que nous n'avons jamais su. Nous pensions qu'il avait quitté le pays comme mon frère Friedrich. Ou qu'il était interné dans un camp de concentration. Ou déjà mort, à vrai dire, même si nous n'osions pas nous l'avouer. Beaucoup de gens de ce milieu, la presse, le spectacle... beaucoup disparaissaient discrètement alors, sans qu'on sache si c'était volontaire de leur part ou s'ils avaient été arrêtés. On parlait aussi d'une vague de suicides... C'était effrayant. Et nous étions sans nouvelles de lui depuis des mois. Quand un beau jour, juste après les fêtes de fin d'année...

— En 34, donc.

— Oui, en 34. Le 2 ou le 3 janvier, si mes souvenirs sont exacts, Maman reçoit ce coup de fil d'Egon. Elle avait l'air absolument bouleversée. Elle me dit : “ Egon est en vie ! Et il se trouve en ville. À la gare. Ma chérie, va vite ! Je lui ai dit de t'attendre, que tu venais tout de suite le prendre en voiture. À son ton, j'ai deviné qu'il était au plus mal. ” Je suis donc allée à la gare. Mais là : pas d'Egon. Je le cherche partout : le buffet, la salle d'attente, les quais. Je demande aux gens s'ils n'auraient pas vu un homme dans la cinquantaine, très grand, roux. Enfin, je leur fais sa description : Egon passait rarement inaperçu. Une dame me répond : “ Ah oui ! Un fou, non ? Il était en costume d'été, par un froid pareil. Sans manteau ! Un malade. Quelqu'un de bizarre. " Plus tard, ce détail nous a intrigués et nous en avons souvent reparlé à la maison : si c'était bien lui, pourquoi était-il habillé comme ça ? Lui qui portait toujours des fourrures l'hiver, une pelisse... Et puis cette dame m'a dit qu'elle l'avait vu sortir de la gare entre deux messieurs. Des médecins, selon elle, ou des parents de ce pauvre homme. Elle m'a demandé si j'étais de la famille. Elle avait son opinion toute faite : le pauvre homme, comme elle disait, le pauvre homme s'était échappé de l'asile et nous le recherchions.

— Et vous ? Vous avez soupçonné...

— Mais, puisque ces hommes étaient en civil : qu'Egon venait d'être arrêté par la Gestapo.

— Parce que la Gestapo existait déjà ?

— Elle existait déjà. Que croyez-vous, Jean ? La Gestapo a été mise en place dès le début. Dès le printemps 33... C'est une des toutes premières mesures qu'ait prises Hitler. Et on commençait alors à connaître certaines de leurs méthodes. On le savait, qu'ils enlevaient parfois les gens comme ça, ni vu ni connu. Et même au milieu d'une foule. On était terrorisés mais on en parlait encore un peu à l'époque.

— Qui : on ?

— On en parlait entre nous à l'Université en tout cas. On en parlait à voix basse évidemment, entre amis sûrs. Les étudiants s'inscrivaient en masse au parti.

— Vous avez donc pensé...

— Oh, pour moi, ça ne faisait aucun doute : Egon était filé, il nous avait appelés en désespoir de cause, mais trop tard, hélas ! il venait d'être enlevé. C'est à quoi j'ai tout de suite pensé.

— Et qu'avez-vous fait ?

— À ce moment-là, un type m'a abordée... Un gros porc en culottes de cuir avec l'insigne du parti à son chapeau, et il m'a dit : " Mademoiselle Arnhein, si j'étais vous, je ne poserais pas de questions et je retournerais gentiment à la maison. » J'étais terrifiée. Je me demandais comment ce paysan du haut pays savait mon nom. Mais j'ai compris qu'il était inutile d'insister. Et je suis donc retournée à la maison.

— Eh bien, votre père m'a longuement parlé de von Rosenberg, mais il ne m'a pas raconté cette histoire.

— Nous étions absolument désespérés. Papa venait juste de rentrer de l'Opéra pour accueillir son vieil ami quand je suis arrivée...

— Il a essayé d'en apprendre un peu plus ? Il a essayé d'intervenir pour lui ?

— Mais, je pense... Oui, je crois, je suis sûre qu'il a... Vous savez, à l'époque il avait encore de l'influence, et comme il ne manquait pas de courage, il a dû... Il a... Enfin, je me rappelle d'une effroyable dispute avec Siegfried. Les SS avaient déjà assassiné un ami de mon père, le critique...

— Willi Schmidt.

— Willi Schmidt, oui. Et maintenant, Egon... Il a... »

Pamina se troublait, se sachant insincère. Ce besoin qu'elle avait eu d'ajouter un fait sans doute vrai, la dispute entre le père et le fils, mais anachronique — von Rosenberg ayant disparu au tout début de l'année et Willi Schmidt ayant été tué par erreur lors du massacre des chefs de la SA six mois plus tard —, dénonçait sinon un mensonge délibéré, du moins la gêne qu'elle ressentait à évoquer le comportement de son père durant cette période floue, qui s'estompait dans sa mémoire : ces quelques mois incertains où, loin d'être bannie des rues, en dépit de ce que prétendait la propagande, la délinquance politique, déjà largement impunie avant la révolution brune, devint violence officielle, insécurité institutionnelle, délinquance d'État. Les voyous faisaient toujours la loi mais ils étaient du bon côté maintenant. Et Schreiber imaginait aisément comment la famille s'était refermée sur un silence honteux, une peur sourde.

« Nous étions nous aussi dans une situation difficile, reprit-elle sur un ton moins hésitant. À cause de Friedrich.

— À votre avis, von Rosenberg a été emmené à...

— À Dachau ? Probablement.

— Vous connaissiez l'existence du camp de concentration ?

— Quelle question !

— Je vous la pose parce qu'on a prétendu que la plupart des gens ignoraient...

— Qu'il y avait un camp à Dachau ? Mais ! tout le monde savait qu'il y avait un camp à Dachau. C'était même dans les journaux, le gouvernement ne l'a jamais caché.

— Dès 33 ?

— Absolument. Dans l'esprit des gens, d'ailleurs, ce n'était ni plus ni moins qu'une prison où l'on enfermait les opposants au régime. Et plutôt moins redoutable que Stadelheim. Peut-être parce que Dachau, pour les Munichois, c'est la petite ville pittoresque où l'on allait passer le dimanche, déjeuner sur l'herbe, danser dans les guinguettes, goûter la bière nouvelle. Les artistes l'avaient lancé au début du siècle. L'époque... eh bien, justement, des *Élégies de Dachau.* »

Comme pour prendre une certaine distance d'avec Schreiber, Pamina se retourna et s'accouda à la balustrade contre laquelle ils s'étaient d'abord adossés côte à côte. Elle cligna des yeux, face à l'éblouissement du lac sous le soleil au zénith. La rive opposée sublimait en une brume bleutée, le monde se réduisait en éléments simples : lumière et air — l'air léger et grisant d'une belle journée de l'été finissant. « Du champagne », avait dit l'écrivain, qui ne reculait jamais devant aucun poncif littéraire. Mais comme au même moment il lui tendait une coupe, le mot ne désignait sans doute que le vin et non cet état gazeux, cette clarté blonde des choses. Elle éprouvait cependant un certain plaisir à entrer dans son fantasme : elle se savait incarner à ses yeux, de par sa beauté, son talent, son élégance en même temps que cette existence dangereuse qu'elle menait, un personnage éminemment romanesque. Car on voit plus souvent dans la littérature populaire que dans la vie, des femmes habillées en haute couture se dévouer courageusement à une cause. Elle était l'héroïne qu'un homme aussi viril, aussi distingué et riche, somme toute, de qualités également romanesques, se devait d'inviter à déjeuner ici — à l'Éden de Morges. Initiative qu'elle appréciait, au reste, comme tout ce qui l'éloignait momentanément du combat clandestin et de Genève, où elle se sentait observée et, partant, plus tendue. Comme la guerre lui semblait lointaine, brumeuse, irréelle, sur cette terrasse devant le lac Léman. Mais comme elle était proche de son père soudain — sur la terrasse devant le lac de Constance.

Parfois, Schreiber avait de ces intuitions, on eût dit qu'il lisait les pensées d'autrui :

« Vous vous faites beaucoup de souci pour lui », remarqua-t-il sans avoir à préciser qui était *lui.* « Vous êtes très inquiète ?

— Comment ne le serais-je pas ? Pour que Siegfried vous ait fait parvenir ce message qui, en fait, m'était destiné assurément. Car c'est à moi qu'il a voulu apprendre que notre père était au plus mal, je n'ai aucun doute sur ce point.

— Je n'en ai aucun non plus.

— Et comme vous me le disiez, il y a deux raisons de s'inquiéter. D'abord, que mon frère ait su que nous sommes en relation... Mais ce n'est pas le plus grave pour moi. Le plus grave, c'est que mon père soit si malade que ma mère ait dû faire appel à lui. Parce que j'imagine que c'est elle qui aura informé Siegfried...

— Mais avez-vous pensé que c'est peut-être elle aussi, après tout, qui lui aura suggéré...

— Vous voulez dire : que nous n'avons pas été espionnés, que c'est ma mère qui lui aura suggéré de me contacter par votre entremise puisque vous vous êtes déjà si généreusement acquitté de la mission *L'Amour et la vie d'une femme* ? Oui, j'y ai pensé. Mais, si c'est le cas ! Pour que ma mère ait pris le risque, pour qu'elle ait eu l'imprudence d'avouer notre... notre complicité, en somme, alors c'est qu'en effet mon père est mourant. Je ne vous l'ai pas dit, mais Siegfried a prévenu également ma sœur Dorabella.

— Comment ? se récria Schreiber. Comment le savez-vous ? Si ce n'est pas indiscret... »

Pamina éluda d'un sourire qui signifiait : c'est indiscret. Dorabella communiquait avec elle par l'intermédiaire de la Nonciature Apostolique à Berne. Son mari, le Prince Casalfeltre, jouissant à ce titre du privilège des camériers pontificaux, remettait son courrier au Saint-Siège. Le Vatican le transmettait à sa légation en Suisse, laquelle l'adressait sous un faux nom à Pamina, aux bons soins de l'Hôtel de la Paix, Genève. Dans sa dernière lettre, Dorabella lui écrivait qu'elle venait d'apprendre par leur frère que leur père était au plus mal et qu'il souhaitait revoir ses enfants.

« Il faut que nous y allions ! Il le faut, se dit tout haut, songeuse, Pamina.

— Quoi ? Vous voulez... ?

— Oui, à Lindau.

— Mais, c'est de la folie ! Vous ne craignez donc pas que ce soit un piège ?

— Un piège ?

— Ces lettres... Pour vous attirer en Allemagne, précisément. Et là... »

Elle haussa légèrement les épaules, dubitative à la fois, et fataliste. Lui, poursuivit son idée :

« Si c'était, excusez-moi, une machination de votre frère ? Ou si ces lettres étaient des faux du Bureau VI ?

— Mais non, voyons. Vous lisez trop de romans, mon cher.

— Et j'en écris, fit-il vaguement vexé. Peut-être n'aurais-je jamais dû vous parler de cette lettre !

— Mais si, au contraire... »

Il ignorait évidemment que, dès qu'elle en avait été informée, elle en avait référé à son réseau, lequel, par mesure de sécurité, la releva immédiatement de toute activité : il fallait d'abord savoir si elle n'était pas *brûlée.* Pamina n'osa pas avouer qu'elle n'était pas mécontente, après trois missions dans le mois, d'être *mise en sommeil,* comme on disait dans le jargon de la clandestinité. Sans doute n'était-elle pas la parfaite héroïne schreiberienne. Quoiqu'elle s'apprêtât à braver de plus grands périls encore.

« Si, reprit-elle, nous nous retrouvons à la villa en présence de Siegfried...

— Mais, à ce que nous avons cru comprendre tous deux, votre père ne veut plus le recevoir à la villa, n'est-ce pas ?

— Dans sa lettre à Dorabella, Siegfried écrit qu'il a exprimé le désir de revoir ses quatre enfants. Le quatuor, comme il nous appelait gentiment. En dépit de tout, nous formons une famille, vous savez.

— Vraiment ?

— À tout le moins, nous sommes quatre à aimer le même père… Et si nous sommes réunis, alors je compte sur l'occasion pour faire enfin sortir d'Allemagne Alice et Arno.

— Vous avez un plan, Pamina ? Une idée ? »

De nouveau, sa seule réponse fut un sourire élusif. Et Schreiber dit avec une sorte de brusquerie : « Si nous passions à table ? »

Éden était écrit à l'envers, de biais, en ombre portée sur le sol de marbre. Et les verrières fin de siècle de la rotonde déposaient au pied des colonnes ocellées d'irisations, le tapis de prière d'un lacis de reflets. L'éclat mat du linge, l'infini dans les glaces, le léger balancement des palmes devant les baies ouvertes, une certaine opacité du silence aussi, conféraient au restaurant un air de luxueuse solennité, un air d'éternité. Le temps semblait s'être arrêté. Et la violence du monde extérieur, la violence du monde où l'on se faisait la guerre, se réduisait à une seule image, vulgaire et dérisoire, sur la couverture d'un magazine de la semaine précédente que lisait en mangeant un vieillard solitaire : une gouache criarde qui représentait la très récente évasion de Mussolini. On voyait les planeurs dans le ciel autour du Gran Sasso, l'Hôtel Imperiale où le dictateur avait été retenu prisonnier, et Skorzeny l'entraînant vers le petit Fieseler-Storch aux ailes marquées de croix gammées. En cartouche, hilare, Hitler.

« C'est proprement insensé ! » s'écria Schreiber tandis que le maître d'hôtel les menait à leur table. « Quel exploit ! Avez-vous lu le récit de l'enlèvement ? Je n'aurais jamais osé inventer un tel scénario.

— Oui, oui », fit-elle. À quoi elle ajouta ironiquement : « Voilà un plan, voilà une idée. »

Il n'y avait pas d'autres clients que ce vieux monsieur distingué plongé dans la lecture de son hebdomadaire populaire illustré, un couple également âgé et également chic qui mastiquait et suçotait bruyamment sans échanger la moindre parole articulée et un homme seul, beaucoup plus jeune, à petites lunettes rondes, veste de tweed et pipe courte qui le désignaient comme modeste intellectuel britannique au premier regard. Que faisait-il là ? Les deux chefs de rang et la brigade de garçons désœuvrés qui formaient le carré, les bras croisés, autour des chariots fumants semblaient se le demander.

En s'asseyant, Pamina l'observa dans le méplat de miroir du pilier qui jouxtait son fauteuil.

« Je le connais, fit-elle soucieuse, je suis sûre de l'avoir déjà vu quelque part... Il n'y a pas très longtemps... » Puis, sursautant : « Ah ! Mon Dieu, mais oui ! L'autre jour... Quand je revenais de ma visite à Sarah... Dans le Zurich-Genève, il était dans le même compartiment que moi et...

— Eh bien ?

— Eh bien, c'était un compartiment non-fumeurs... Je ne fume pas, c'est mauvais pour la voix... Mais il a sorti sa pipe. Alors, je lui ai fait aimablement remarquer que c'était interdit et lui m'a répondu bizarrement : “ Dommage ! Je m'attendais à ce que vous me demandiez du feu... ” Sur le coup, j'ai cru avoir affaire à un original qui cherchait un moyen inédit d'entrer en matière avec une jolie femme...

— Et puis ?

— Et puis il est sorti du compartiment et je ne l'ai plus revu.

— Et vous pensez maintenant qu'il cherchait à entrer en contact avec non pas...

— Non pas une jolie femme...

— Ce n'est pas ce que j'ai voulu dire !

— Mais avec moi en particulier, pour de tout autres raisons.

— Que de mystère !

— Donnez-moi une cigarette, Jean.

— Je croyais que vous ne fumiez pas !

— Il le faut bien.

— Je n'ai que des panatelas malheureusement.

— Aucune importance, de toute façon je ne tirerai qu'une bouffée. C'est de voir une femme fumer le cigare qui vous choque ? Ma mère l'a toujours fait, on ne peut pas dire qu'elle soit vulgaire. »

Il lui tendit son étui, elle en prit un.

« Vous m'excuserez un instant... » ajouta-t-elle en se levant.

Il la vit esquiver le geste du garçon qui se précipitait vers elle briquet au poing, puis marcher d'un pas déterminé vers l'inconnu aux petites lunettes rondes.

« Auriez-vous du feu, je vous prie ? » l'interpella-t-elle en français avec un sourire provocant.

Il se leva cérémonieusement et lui répondit en allemand :

« Avec plaisir ! Mais, vous en avez mis du temps à m'en demander, mademoiselle Arnhein... »

Pourquoi n'avait-elle pas encore songé à cette éventualité ? Il ne tentait pas de capter l'intérêt d'une jolie femme ni d'attirer l'attention de la passeuse d'enfants juifs, c'était la soprano à qui il voulait exprimer son admiration.

Elle se trompait dans ses conjectures cependant. Avant même de se présenter, il lui dit, ou plutôt lui récita sur le ton d'une leçon apprise par cœur :

« Ricky Boy avait un petit singe mécanique qui jouait du tambour, vous un ourson en peluche auquel il manquait l'œil droit et qui se nommait Fridolin. »

Elle tressaillit. Il poursuivit, imperturbable, dans son allemand correct, quoique scolaire, et qu'il parlait avec un très léger accent anglais, ou flamand peut-être :

« Votre frère avait aussi un beau livre de contes des frères Grimm dans lequel un jour vous avez découpé des images pour en faire un petit livre à votre poupée. À sa naissance, votre père a composé la *Friedrichwalzer*...

— Et à la mienne ?

— La *Paminapolka*.

— Comment s'appelait le chien de Friedrich ?

— Purzel. Et le vôtre Bubi. »

L'inconnu était donc un messager de Friedrich ! Friedrich lui avait donné ces indices pour qu'elle l'identifie comme un ami. Mais si ces détails intimes avaient été acquis sous la torture ? Si cet homme était un ennemi ? L'idée effleura son esprit mais elle ne s'y arrêta pas. Très émue, elle se laissa glisser dans le fauteuil devant elle.

« Quel bonheur ! fit-elle. Quand l'avez-vous vu la dernière fois ?

— Il y a dix jours.

— Mais, au fait, à qui ai-je le plaisir de... ?

— Carl van Rijk », répondit-il d'un air qui sous-entendait que c'était là un nom de guerre.

« Vous me pardonnerez pour l'autre fois dans le train. Je n'ai pas eu la présence d'...

— Oh ! c'est moi. Je n'ai compris qu'après que vous deviez ignorer cette procédure d'approche. Sur le coup, j'ai cru que vous vouliez, vous, m'avertir d'un danger en me signalant qu'il était interdit de fumer. C'est pourquoi j'ai changé de wagon.

— Comment va mon frère ?

— Que vous dire ? Par où commencer ? Il va bien...

— Je ne vous demande pas où il est actuellement, ni ce qu'il fait. Pas plus que je ne vous demanderai comment vous m'avez trouvée. Nous ne posons jamais ces questions nous autres, pour la raison que nous n'y répondrions pas si on nous les posait. Mais sa santé ? Il n'est pas blessé ni malade ? Et son moral, surtout, son moral ? Être séparé de sa femme et de ses enfants...

— Non. À part, comme nous tous, cette fatigue extrême, due à cette constante tension nerveuse. C'est très dur. Très dur. On voudrait tant tout laisser tomber parfois, non ? Ne plus toujours vivre sur ses gardes. Mais ! rien à faire... Les nazis, eux, ne nous laisseraient pas tomber. »

Soudain aux aguets, elle se leva vivement.

« Mais, vous êtes allemand ! dit-elle. Vous n'avez plus votre accent ! »

Voilà qu'il parlait couramment en effet, et sans la moindre trace d'intonation anglaise ou flamande, une langue familière. Il lui saisit le poignet pour l'inviter à se rasseoir et avoua :

« Je suis allemand, oui. Mais ne vous affolez pas. Vous seriez-vous fiée d'emblée à moi si vous m'aviez pris pour un de vos concitoyens ?

— C'est juste.

— Je suis un exilé, comme votre frère. De la même classe, si j'ose dire, que votre frère : ceux de janvier 33. Quand j'ai été déchu de ma nationalité, j'ai pu prendre la néerlandaise parce que ma mère est originaire de Hollande. Mais vous savez ce qu'il en est de ma nouvelle patrie... »

Elle scruta ses yeux bleu vif derrière les lunettes cerclées de fer. Il lui inspirait confiance ; elle le félicita :

« Bravo pour votre talent d'acteur. Si vous aviez continué dans ce rôle, jamais je n'aurais soupçonné... Vous êtes très lié à mon frère ?

— J'ai fait avec lui la guerre d'Espagne, dans les Brigades. Nous avons été blessés ensemble devant Teruel.

— Ah ! Vous êtes le fameux Rolf ? »

Il acquiesça. Dans un mouvement irrésistible de sympathie, elle lui prit le bras par-dessus la table. Ils échangèrent un regard ému. Puis, pour rompre ce silence, et parce qu'il le voyait s'impatienter à l'autre table, il dit :

« Qui est cet homme avec qui vous devez déjeuner ?

— Jean Schreiber, un écrivain suisse. » Elle se retourna et, d'un sourire, quémanda pardon pour son impolitesse, avant de poursuivre : « Il faisait partie d'une mission diplomatique qui a pu, au printemps dernier, se rendre en Allemagne. Lui, y a rencontré mes parents à Lindau...

— Et les enfants de Friedrich ?

— Vous êtes donc au courant.

— Quelle tragique situation !

— Arno et Alice vivent toujours avec eux... Vivaient, du moins, aux dernières nouvelles, qui remontent à plus de deux mois. Quand Schreiber leur a rendu visite, ils ne portaient pas l'étoile jaune.

— Et Sarah ? Que savez-vous ? Vous ne reveniez pas de Davos quand nous nous sommes, euh, croisés dans le train ?

— Eh bien... C'est-à-dire... Sarah a changé de sanatorium. Elle n'est plus à Davos.

— Comment va-t-elle ?

— Très mal. Je l'ai trouvée au plus bas. Et les médecins la

jugent inguérissable, sauf miracle. Elle est d'une maigreur à faire peur. Je compte retourner la voir dans deux, trois jours. Il n'y a pas que la tuberculose, hélas ! Il y a qu'elle vit dans une solitude effroyable, sans son mari, sans ses enfants, loin du reste de sa famille, qui a disparu ou émigré en Amérique ; et qu'elle devient folle, la malheureuse. Ce qui aggrave d'autant son état. Par moments, elle est très exaltée, elle délire presque : elle prétend vouloir passer la frontière et aller rechercher ses petits ! À d'autres moments, elle s'en désintéresse complètement, elle ne sait plus vraiment de qui je parle quand je dis : Alice, Arno. Ou même : Friedrich. Elle avait encore des photos d'eux sur sa table de chevet il n'y a pas si longtemps. Mais la dernière fois que j'y étais, elle les avait enlevées. Je ne sais pas ce qu'elle en a fait, si elle les a rangées dans un tiroir ou si elle les a détruites. Je n'ai pas osé le lui demander. »

Inconsciemment, Pamina se recroquevilla dans son fauteuil comme elle avait vu faire Sarah.

La nuit tombe sur Sils. Les ténèbres lèvent du lac et noient les bois. Au-dessus de la masse sombre des pins arolles, une clarté résiduelle dore l'infini, duquel se découpe, net, le contour des trois-milles. Et plus haut, une étoile luit, unique, dans un ciel d'apothéose où flottent quelques rares nuages. Un chien aboie au loin, une voile affale sur l'eau. C'est l'heure crépusculaire, tant chantée par von Rosenberg :

L'air, noir, soûle,
Les lointains se rapprochent,
Le jour meurt, haletant...

Un fanal s'allume à la pointe de Chasté, le rocher où Nietzsche eut un jour la révélation de l'*éternel retour.* Toute profondeur s'abolit soudain : le paysage est plat et lisse. Et Pamina frissonne : dans cette chambre aérienne, sans vitrage, ouverte en surplomb d'une trouée des bois, elle éprouve l'insidieuse peur qui s'empare chaque soir à cette même heure de Sarah. L'obscurité la cerne ainsi peu à peu ; elle sent alors plus proche dans l'ombre cet univers hostile, pour elle irrespirable, où son mari se bat, où ses enfants sont otages, et ses parents arrêtés sans doute, entassés dans des trains, menés on ne sait où — à ce qui, du moins, se murmure ici. Outre la peur, c'est un sentiment confus de faute : elle aurait dû mieux seconder Friedrich ; lui donner assez d'amour, lui redonner assez de confiance en soi pour qu'il n'aille pas chercher ailleurs, dans un combat perdu d'avance, l'oubli de ses échecs, qui étaient leurs échecs à tous deux. Et comment a-t-elle pu abandonner si légèrement à Elisabeth et Bruno, Arno et Alice ?

« Cesse de te tourmenter ! » lui chantonne avec douceur Pamina.

Sarah sourit tristement, puis se replie sur un long mutisme.

Parfois, il lui vient aussi de brusques révoltes : son mari l'a abandonnée, ses enfants lui ont été volés, jamais elle n'aura été vraiment acceptée par les Arnhein. Elle dansait bien, elle avait une jolie voix ; si on l'avait encouragée, si elle n'avait pas été mère trop jeune, elle aurait fait une carrière au théâtre. Elle aimait tant s'amuser, sortir, courir les bals, Paris ! Elle va mourir, elle le sait ; elle ne fêtera jamais ses trente ans. De toute façon, elle ne veut plus vivre. Hitler ou la tuberculose…

« À propos, fait-elle dans un rire quelque peu dément, sais-tu qu'un nouveau règlement du sanatorium nous interdit d'employer le mot au-dehors. Quand nous descendons au village, nous ne devons pas dire que nous sommes tuberculeux. Comme si les gens ne le savaient pas !

— Il t'arrive de descendre au village ?

— De moins en moins souvent. Pour quoi y faire d'ailleurs ? Une fois qu'on a visité la maison de Nietzsche… Non, je préfère rester pour tenir compagnie à mon amie Luisa.

— Ah ! tu t'es fait une amie ? Tu ne me l'as pas dit.

— Oui. Elle a la chambre voisine. C'est une Allemande. Et, tiens-toi bien ! la femme d'un colonel de la Luftwaffe.

— Nazi ?

— Je n'en sais rien et je ne lui poserai jamais la question. Mais j'imagine qu'à ce grade…

— Pas forcément.

— Elle, de son côté, n'a jamais fait la moindre remarque

sur mon prénom... Son mari a préféré l'envoyer se soigner en Suisse quand il a été question qu'on supprime les tuberculeux en Allemagne.

— Oui, en même temps que les malades mentaux et les épileptiques, les salauds !

— Au réfectoire, un jour, une infirmière m'a prise pour elle. Et quand on nous a présentées l'une à l'autre, nous avons constaté comme nous nous ressemblions. C'est drôle, non ? Nous pourrions être deux sœurs. Nous sommes deux sœurs. Mais Luisa est plus maigre que moi encore, et, je crois, plus atteinte. Je l'aide du mieux que je peux... »

Sarah réprime un sanglot ; sa voix se brise.

Pamina l'entoure de ses bras. Puis, d'un geste maternel, borde soigneusement la couverture sous le matelas de sa chaise longue. Pour dire quelque chose, elle dit :

« Cette lumière au bout de la pointe, c'est là où est la pierre ?

— Quelle pierre ?

— La pierre de l'Éternel retour, où sont gravés les vers du *Zarathoustra* :

> La douleur dit : Passe !
> Mais la joie veut l'éternité,
> Veut la profonde, profonde éternité !

— Oh ! les Arnhein et leur culture ! » s'écrie Sarah, esquissant une de ces loucheries espiègles qui charmaient tant son mari au début de leur amour, quand il l'appelait sa clownesse, son singe chéri. « Je crois entendre Friedrich ! Parfois, je me demandais si vous existiez vraiment, si vous n'étiez pas des personnages de roman, des personnages symbolisant le génie allemand dans un roman à thèse. Chez nous, c'était plus prosaïque. On parlait des affaires surtout, et pour les vacances, on accompagnait ma mère deux semaines à Wiesbaden, où elle soignait ses rhumatismes. Jamais un concert, presque pas de livres... Les Juifs, paraît-il, étaient assoiffés de culture parce que c'était le seul moyen qui leur était laissé de s'assimiler. J'ai souvent entendu ton frère me le dire. Mais à la maison, la culture, on s'en moquait. Il est vrai qu'on se sentait si peu juifs ! Depuis le temps... Et beaucoup de gens l'ont seulement appris quand les nazis ont décrété le boycottage des Grands Magasins Blunt.

— Oui, c'est la pointe de Chasté. Je me souviens : Papa nous avait tous emmenés pour lire l'inscription avec lui, religieusement, et nous la commenter ensuite. C'est le dernier été que nous avons passé ensemble, le Magicien, la Comtessine et le Quatuor.

— Vois-tu ! Même ces noms que vous vous donniez... Comme une troupe de comédiens. Et cette complicité entre vous, vos *private jokes,* votre esprit de clan. C'était écrasant pour moi !

— Je peux imaginer... Ce devait être en 24 ou en 25. Nous sommes partis en famille sur les traces de Nietzsche : Lucerne, l'Engadine, le Piémont, la Riviera, Nice enfin — une idée du Magicien. À l'époque, les véhicules automobiles étaient encore interdits dans les Grisons. Nous avions une énorme Mercedes-Benz 6 litres qu'il a fallu atteler comme une carriole à trois gros chevaux de labour pour aller de Saint-Moritz à Bellinzona. Nous, les filles, nous étions ravies de voir notre père jouer les cochers et de voyager comme au siècle dernier, nous trouvions cela follement romantique. Mais les garçons ont passé leur temps à se chamailler, et surtout à propos de Nietzsche. Siegfried était déjà hitlérien fanatique. Et Friedrich, au contraire...

— Je veux le revoir ! Je veux revoir Friedrich », gémit Sarah.

Pamina parle, parle, parle dans l'espoir de la distraire de son angoisse grandissante et de lui faire oublier que les lumières du sanatorium vont réglementairement s'éteindre dans quelques minutes, mais cette exubérance factice, cette feinte futilité exacerbent sa détresse au contraire. Et quand elle s'en aperçoit enfin, il est trop tard : Sarah pleure. Comme une traînée de poudre, un chuchotement court le long de la galerie, de chambre en chambre : les malades se souhaitent bonne nuit. Pamina serre sa belle-sœur contre son cœur et articule un muet : pardon. Le do grave du bourdon annonçant la fin des visites retentit ; au second coup, l'heure de dormir. L'éclairage meurt doucement tandis que s'allument les veilleuses... Et c'est cette sourde terreur qui nous saisit dès les premières mesures de l'andante dans la *Symphonie lyrique.* Une longue et solennelle pédale do dièse obscurcit autour de nous la salle de concert, immobilise devant nous le mouvement des têtes, instille en nous la nuit et son mystère quand surgit, inespérée, précédée à nos yeux du reflet des cuivres dansant au-dessus de la masse sombre des archets au moment où les solistes se lèvent, la plainte atonale des cors et des trompettes, et que la soprano, jetant un regard vaguement inquiet au chef, dont l'index pointe dans le vide la note sur laquelle le temps change et décline du 6/8, stable, diurne encore, à un vertigineux nocturne 3/2, s'avance sur le devant de la scène pour lancer son strident :

O ! Nuit...

Le monde bascule dans les ténèbres, un grand vent se lève des hauteurs, le chien aboie toujours. Et l'ombre mobile d'un pin fait trembloter par intermittence l'éclat du falot à la pointe de l'Éternel retour.

« Il faut que j'y aille ! » soupire Pamina.

Mais Sarah la retient encore par la main quelques secondes tandis qu'approche, ébranlant le caillebotis de la galerie, le pas pesant, hommasse, de la surveillante.

« J'ai peur, dit-elle, j'ai peur de m'endormir : je fais de tels cauchemars. » Et plus bas : « Je voudrais le revoir, je voudrais revoir Friedrich. »

« Je voudrais le revoir, je voudrais revoir Friedrich », dit Pamina. Puis, reprenant le fil de la conversation : « Écoutez, Rolf, je ne peux pas rester plus longtemps avec vous. Il faut que j'y aille.

— Oui, répondit-il avec une nuance d'ironie, votre écrivain s'impatiente.

— Quand nous revoyons-nous ? Et où ? Et comment ?

— Pamina, vous reverrez sans doute votre frère avant moi.

— Quoi ? »

Elle doutait d'avoir correctement entendu.

« C'était cela que je devais vous annoncer. Friedrich a demandé d'être relevé quelque temps. En vérité, je crois que c'est le réseau qui l'envoie ici mais j'ignore pourquoi. En tout cas... C'était pour cela que je devais vous contacter. Et prévenir sa femme, que je n'ai pas trouvée à Davos.

— Je vais donc le revoir ? Quelle joie ! Mais je crois que ce serait dangereux pour lui d'aller à Sils.

— De toute façon, voici la consigne : à partir de lundi, il faut que vous traversiez tous les soirs vers six heures le pont du Mont-Blanc.

— Très bonne idée : l'endroit est dégagé, on peut voir venir.

— Là, en vous retrouvant, vous improviserez.

— Un frère et une sœur... Mais nous ? Quand nous retrouverons-nous ?

— La guerre finira bien un jour ! » répliqua-t-il en riant pour désavouer la grandiloquence de ses propres paroles. « Et nous la gagnerons. »

Très émus, ils se serrèrent cérémonieusement la main alors qu'ils auraient voulu s'embrasser, en frère et sœur — l'un comme l'autre le devinèrent. Pamina, en son for, déplorait souvent cette pudeur des militants, cette froideur forcée et fausse des combattants de l'ombre. Pourquoi redoutaient-ils tant tout élan du cœur ? De quoi avaient-ils peur ? D'eux-mêmes plus que de l'ennemi, aurait-on dit.

En retournant à la table où l'attendait Schreiber, elle fit : « Je suis sans excuses ! Mais je vous rapporte votre cigare. » À quoi elle ajouta tandis qu'ils se rasseyaient : « Vous ne m'en voudrez plus quand vous saurez : figurez-vous que je vais retrouver Siegfried ! »

Si grand était son trouble qu'elle ne s'aperçut pas de son lapsus. Elle fut surprise d'entendre Schreiber répéter après elle, surpris :

« Siegfried ! »

Tempo di marcio

« Siegfried ! Siegfried !

— Il en tient une, le *méchant gamin* !

— Il dort ? Il n'est pas évanoui ?

— Il ne bouge pas plus que s'il était mort.

— Mais il vit, au moins ? Laisse-moi voir.

— Mais oui, il vit. Et il n'est pas évanoui. Tu l'entends souffler ?

— Avec tout ce qu'il a bu...

— Et reniflé ! Pas étonnant.

— Pas étonnant, en effet. Quelle nuit !

— Et quel emmerdeur !

— Ah ça ! On ne savait jamais s'il s'amusait ou pas. S'il voulait partir ou rester... Aide-moi, Werner.

— Il a toujours été comme ça. Je l'ai connu gamin, on l'appelait déjà La Râle. Jamais content, pleurnichant pour un oui ou un non. Et pourtant, plein de charme aussi. D'une grande drôlerie. Il ne savait pas quoi inventer pour nous faire rire. Il jouait des sketches, il montait des petites pièces qu'il écrivait. Je me rappelle les imitations qu'il faisait de son père au pupitre : à mourir de rire...

— Prends plutôt les jambes, Franz.

— C'est qu'il est lourd, bon sang !

— *Méchant gamin !* Mais au fond, j'étais un peu comme lui, enfant. Toujours insatisfait. Et comédien !

— Déjà... Que fait-on, Egon ?

— Le mieux est encore de le laisser là, non ?

— Il a commencé chez les Russes...

— À nous faire la gueule ? Oh ! avant, même, avant.

— Ici, souviens-toi.

— Oui. Ensuite, quand je l'ai amené à l'Eldorado. Où pourtant, ce n'est pas si...

— Décadent ! comme ils disent.

— Entrez, entrez ! Bienvenue, *welcome* au cabaret de la fin du monde !

— Non. Ça c'est le Weltende, tu confonds.

— Tu n'y étais pas, Franz ?

— Pas habillé pour ! Ces bourgeois... D'ailleurs, l'Eldorado ! Merci.

— Si ç'avait pas été pour lui, tu sais...

— Après, chez Mitzi, cette gueule qu'il nous tirait !

— Atroce.

— Et quand il a dit devant la baronne : Mais, y a que du youpin, ici !

— Ah ! je n'ai pas entendu. Sinon, je lui aurais fait la leçon. C'est drôle : jamais je n'ai entendu ses parents tenir des propos antisémites. Jamais devant moi, en tout cas.

— Il était déjà pas mal parti, remarque.

— Ça n'excuse rien.

— Et après, à l'Inferno : de quoi avait-il peur ? Qu'on le viole, le pauvre chéri ? Tu l'as regardé ? Tu as vu cet air dégoûté ?

— Avoue : on y est allé un peu fort en le traînant aux Égouts.

— Quoi ! il faudrait savoir : il prétendait qu'il voulait tout voir.

— Il aura tout vu.

— Bon, alors ? On le laisse là dans l'entrée ou on le tire jusqu'au lit ?

— Et puis quoi ? On le borde aussi ? Et on se couche où, nous ? Sur le tapis ?

— Il ne bouge pas. Rien n'y fait. Je n'ai jamais vu personne aussi dans les vapes.

— Siegfried !

— Non, Franz a raison : autant le laisser là. Mets-lui un édredon, tout de même.

— Quoi ? Avec cette chaleur !

— Le temps qu'il dessoûle. On est frileux dans son état...

— Moi, je rentre, mes enfants.

— Oh ! Egon, tu es sûr que tu ne veux pas une petite place entre nous deux ?

— Il en faudrait une grosse !

— On te la fera. Reste, Egon !

— Non. Vous êtes gentils. Mais il est cinq heures du matin et je dois être à dix au journal. Vous prendrez soin de lui, hein ? Je me sens responsable : le fils de Bruno Arnhein ! Quand il se réveillera, donnez-lui à boire du thé bouillant et très sucré...

Quand son combat avec le dragon l'aura épuisé,
Qu'un breuvage le remette de cette fatigue...

— Qu'est-ce que tu nous chantes ?

— Eh bien, *Siegfried* !

— Ah oui ! Mon bon Mime.

— Surtout, n'allez pas me le pervertir, cet enfant !

— Mais non, mon bon Mime.

— Allez ! Je me sauve. »

Egon enjamba le corps de Siegfried et poussa la porte marquée *exit.* Sans se déshabiller, les deux peintres se vautrèrent sur le lit défait ; s'endormirent vite.

Où était-il ? En se retournant, Siegfried heurta durement du coude la porte en fer, qui résonna comme un orage de théâtre. Il regarda autour de lui. Il crut reconnaître les éléments disparates d'un décor dans des coulisses, mais il ignorait quelles coulisses, de quel spectacle : il y avait un divan dont la peluche déchirée laissait voir la bourre, un punching-bag animé d'un léger balancement, un drapeau communiste, une crucifixion. Et le tapis était jonché d'affiches et de pleines pages détachées d'une revue d'art. Il se redressa sur les genoux, retomba pesamment ;

les murs remuaient du même mouvement que le sac de sable, le plafond tanguait, le sol fuyait vers les verrières. Il ramassa une image qui lui parut risible, à la fois obscène et familière : une lame de couteau se dresse comme un pénis entre une paire de testicules consistant en deux oreilles transpercées d'une flèche. Une autre flèche est fichée dans la fesse nue d'un pénitent coiffé d'une capuche et qui, par une échelle, grimpe au corps béant d'un homme dont les bras sont des arbres morts ; la peau, de la coquille d'œuf. Dans les entrailles de cet œuf humain, tout un sabbat de sorcières et de fous danse autour d'un grand feu. *Le Jardin des délices* de Jérôme Bosch dépeignait assez exactement son état au matin de cette longue bordée : un irritant priapisme, des brûlures d'estomac dues aux excès de schnaps et de champagne, ses oreilles retentissant encore des cris perçants des girls et des cuivres dans les cabarets ; et, comme si elle le serrait toujours, le pressait, le bousculait, la foule, l'apeurante foule berlinoise. Souvenir cauchemardesque de visages grimaçants, ricanants, exagérément fardés, et dont les sourires mêmes lui semblèrent soudain menaçants, la joie mauvaise ; souvenir, parmi cette foule, de s'être alors volatilisé dans les vapeurs de l'éther, dans les vapeurs de ce mélange de solvants chimiques mis depuis peu à la mode et qui, inhalé, colorait autrement le monde sensible alentour, vos bruyants voisins de table, les équilibristes sur leur échelle en soie, la haie d'honneur des chômeurs tendant la main à la sortie, et la rue sous la pluie, qu'il changeait en un tableau de Jérôme Bosch.

« La *mort indigo,* mon gars. C'est comme ça que ça s'appelle... »

Mais à quel moment cela avait-il commencé et comment ? Ce sentiment d'une lente descente, irréversible, cet irrésistible sentiment d'un enlisement dans l'ivresse ; et d'une chute ensuite, et d'un anéantissement. Il se rappelait maintenant avoir philosophé avec exubérance sous une boule de miroir tournante dont les facettes décomposaient le spectre lumineux : rouge, orange, jaune, vert... Le sens de l'existence lui avait été révélé alors ; il avait su un instant ce qui distinguait l'être — ces plumes bleues qui voletaient dans un faisceau rose — du néant. Il l'avait vu. Mais à quel moment ? Et où ?

Était-ce à l'Oiseau bleu ? Le restaurant russe où ils avaient commencé leur tournée en vidant à trois un flacon de vodka glacée. N'était-ce pas plutôt chez Mitzi Steinberg ? Ou, avant de s'y rendre, à l'Eldorado ? Car c'était avant la soirée donnée par la baronne, qu'ils avaient visité en coup de vent l'Eldorado, Egon et lui seulement, Franz ayant dû les attendre à la porte, faute d'être assez habillé.

« Le premier cercle, annonça le poète en entrant, le premier cercle de l'Enfer. »

C'était un enfer très chic encore, très luxueux. Mais deux coupes de champagne plus tard, Siegfried, adossé aux boiseries laquées du bar, l'entendit dire :

« Il y a dans l'Enfer de Dante un cercle où les damnés qui attentèrent à leurs jours, leur chair se mue en bois. »

Il se sentait basculer dans la paroi, s'y fondre. Ses mains, ses bras se faisaient lourds, comme s'ils étaient en bois justement. Sans savoir pourquoi, il riait aux éclats. À ses côtés, disert, infatigable, Egon continuait de saluer dignement ses nombreuses connaissances dans l'assistance tout en lui parlant de *La Divine Comédie* :

« Et dans le cercle des sodomites, comme ici, les malheureux sont condamnés à se courir après en tournant en rond éternellement. »

Le Monsieur Loyal du cabaret faisait siffler son fouet tandis que sur une passerelle circulaire, courait autour du public une ronde de travestis empanachés poussant en mesure des piaulements suraigus au refrain de :

Des p'tites femmes, y en a pas qu'à Berlin
Y a des blondes à Paname, des rouquines à London
Qu'ont deux bras, deux jambes, deux yeux aussi
Mais des comme ça, vous en verrez qu'ici
Avec leur p'tit truc en sus
Je vous en dirai pas plus
Aïe ! aïe ! aïe !
Avec leur p'tit truc en sus...

Puis des femmes, de vraies femmes, sans le petit truc en sus, mais bottées, mais casquées, descendaient, martiales, le grand escalier et défilaient au pas de l'oie sur une marche prussienne arrangée jazz... Mais n'était-ce pas au Luxus ? Ou au Wintergarten ? Ou à l'Admiralpalast ? Les boîtes de nuit où ils s'étaient contentés d'entrer, de boire un verre et de ressortir aussitôt n'en faisaient déjà plus qu'une dans sa mémoire. Tout comme les divers numéros qu'ils avaient vus ainsi, en passant, du promenoir, ne faisaient plus qu'une revue monotone où se succédaient travestis emplumés et danseuses manœuvrant militairement tandis que, sous l'autorité du meneur en uniforme, le public reprenait en chœur les paroles d'une rengaine grisante de bêtise :

Zaza, fais-moi voir ton zircon
Ton zéphyr zinzolin
J'en suis zinzin !
Ton joli zakouski
Ton zenana, Zaza
Ton tendre zeste rose
J'aime tant t'entendre zozoter...

Ou :

En mangeant mon couscous
J'ai sucé sa banane
Ça m'a fait une secousse
J' me croyais sur un âne !

Et encore, bafouillé par un faux bègue :

Sur le Ku-ku
Sur le Kudamm
Y a des dames
Y a des dames !
J' leur fais coucou
Sur le Kudamm
J' leur fais coucou
Et puis youp là !

Les shows se confondaient, et les sketches, et les sexes. Comme se confondaient les rôles, les costumes, les décors. Ne subsistait, avec l'éclat du strass, que le souvenir des thèmes dominants : l'équivoque des genres, le militarisme tourné en farce, le fétichisme infantile du petit truc, du zizi, du pom pom, et, non moins obsessionnelle, la célébration de la ville — Berlin, Berlin, Berlin, Berlin, Berlin !

Mais dans un cercle plus obscur, plus étroit de l'enfer, au Cozy Corner, Siegfried avait vu, ceci il se le rappelait — escarpins dorés et bas résille mais biceps tatoués et maillot de docker, maquillage de poupée et boa d'autruche mais crâne rasé et béret de cuir —, un inquiétant androgyne qui, du haut d'un tabouret de bar, les poings sur les hanches, chantait haineusement :

Que je crève demain ?
J' m'en fous !
Berlin, Berlin,
Ta gueule,
T'es qu'une putain,
J' t'ai assez vue !
Berlin, tu pues,
Tu pues la mort !

Et plus inquiétant encore, parce que plus drôle : au Weltende, dont le portier, en vous ouvrant, vous prédisait la fin du monde, ce clown triste, affublé de seins et de fesses en baudruche qui gonflaient en cadence sur l'air de :

Je vaux un million de marks
Je vaux dix millions de marks
Je vaux cent millions de marks
Au secours, M. Stresemann !
Au secours, je vais éclater...

et enfin éclataient en effet, au milieu de fous rires où résonnait une sourde angoisse.

« Au secours, M. Stresemann ! » devint la scie de leur soirée quand Egon eut avoué à Franz qu'il en était l'auteur. Pas de taxi en vue ? « Au secours, M. Stresemann ! » Le patron offrait une seconde tournée ? « Au secours, M. Stresemann ! » Une girl levait la jambe à contretemps ? « Au secours, M. Stresemann ! » Il y aurait lecture poétique à la réception que donnaient les Steinberg ? « Au secours, M. Stresemann ! je vais éclater... »

En chemin, Egon avait annoncé :

« Pas question qu'on s'y éternise. Seulement, il est utile que je te présente à Mitzi. Elle peut faire de toi un vrai Berlinois. C'est sans doute la plus snob de toutes les riches Juives de la ville ; en tout cas, la plus snob de mes amies. Mais je l'adore, elle me fait rire. Et elle vaut beaucoup mieux que la faune de fausses gloires qui l'entoure. Ses artistes chéris ! Ses futurs génies... D'ailleurs, notre visite à nous aussi est intéressée, n'est-ce pas, Franz ?

— Autant que tu le saches : Egonino veut fourguer à son jules deux ou trois toiles de mézigue... De toute façon, leur villa mérite une petite visite : tout en macassar et miroir rose dedans. Beaucoup mieux que l'Eldorado, crois-moi. Tu dois voir ça.

— Malheureusement, il y a un an la pauvre Mitzi ne se doutait pas que le style laques et glaces teintées serait si vite démodé, si vite daté. *Out,* comme elle dit. L'autre jour, elle m'a téléphoné : en larmes ! Voilà qu'il faut être *Bauhaus* maintenant : verre, cuir et acier. Dépouillement, ascétisme... Elle n'en dort plus ! Gropius lui a dit que leur maison ressemblait trop à un dancing, à un paquebot ; qu'il voulait les faire habiter un hangar ou une usine. Ils venaient d'en prendre pour cinquante mille dollars (les Steinberg comptent en dollars, *of course* !). Et tout à recommencer ! Pour encore plus de sous. Car moins ils vous en mettent, ces nouveaux architectes, plus c'est coûteux ! Exactement comme les nouveaux couturiers... Atroce, non ? mon cher Egon... Et je vous jure que je n'invente pas, je vous jure qu'elle a ajouté le plus sérieusement du monde : “ En espérant tout de même qu'ils ne trouveraient rien de plus moderne avant la fin des travaux, si nous décidions de tout reprendre à zéro ! En espérant que ça nous durerait deux ou trois saisons au moins... Que nous conseillez-vous ? Julius veut garder ses miroirs roses. ”

— Au secours, M. Stresemann ! »

N'était-ce pas à ce moment-là, dans cette galerie où il se vit avancer, innombrable, vers un infini rose et miroitant, n'était-ce pas à ce moment-là que cela avait commencé ? Comme une insinuante nausée, le sentiment de l'anéantissement, odeur d'éther, odeur de mort indigo. Sa maussaderie alors s'était chargée de hargne : saloperie de youpins ! Sales tantouses ! Gousses !

« Entrez dans la vie future ! » s'écriait, pâmée, la baronne en accueillant ses invités. Et d'un geste de tragédienne, elle drapait son épaule nue dans une mousseline à imprimé cubiste.

Ce serait donc ça, la vie future ? Des garçonnes et des gommeux assis par terre ou avachis sur de vastes poufs bas pour écouter religieusement une poétesse hirsute qui, d'emblée, se fit justice en se proclamant de l'école n'importe-quoïste et se mit à glapir, après un long silence sans doute lourd de sens, une suite incohérente de vocables :

> Yes, peut-être, néant, hurle, ô ! néant adéquat, mes bas, mort, je, te, toc toc, la mort, cosmique, comique forcément, ah ah ! son nom, le nom de, moi, ploup ! mon corps, ploup ! guerre, la guerre, n'importe...

Quoi ? Ce serait donc ça, la vie future ? Mais l'art allemand ? Mais le génie allemand ? Mais le peuple allemand ? Mais la race aryenne... Il n'y aurait donc plus que cette vermine pour mener le monde ? Que cette pourriture... Vermine qu'il recensait maintenant alentour, pourriture dont il tenait des comptes d'ivrogne, en ruminant : un tiers de tantes, un tiers de gouines, deux tiers de youtres ! Et le reste : fausses baronnes ! Car c'est une fausse, pas de doute...

Fausse ou vraie, la baronne voulut le présenter à quelques riches héritières, précisant après le nom de chacune, comme eût fait une maquerelle vantant la spécialité de chacune de ses demoiselles : les grands magasins ! la banque ! les fourrures ! la presse... Des noms qui tous se déployaient en lettres lumineuses, s'ouvraient en éventail, clignotaient, s'allumaient et s'éteignaient et se rallumaient dans le ciel nocturne de Berlin. Quant à lui, il était le second fils du grand Bruno Arnhein,

Siegfried, le second fils du grand Bruno Arnhein, Siegfried, le second fils du grand Bruno Arnhein...

Il s'en trouva d'assez mal élevées pour dénigrer son père : vraiment, il était d'un classicisme ! Une musique qui peut se chanter ! Tellement romantique ! Une écriture tonale encore ! Totalement démodé.

Siegfried ne se sentait ni la patience ni l'envie de défendre l'honneur paternel, lequel d'ailleurs, comme le notait la baronne en bonne maîtresse de maison qui redoute la dispute sous son toit, mais aussi parce qu'elle était moins bête que ses hôtes, lequel n'en avait nullement besoin :

« C'est pourtant sa musique qui restera, mes chéries.

— Oui, mais moi je pars, Madame. »

Dans l'état où il était, il ne fut pas mécontent d'avoir trouvé pareille réplique. La rage le submergeait.

« Où vas-tu ? » lui demanda Egon en lui barrant le chemin dans le hall.

« Boire un coup autre part. Et voir de la ville ce que je n'ai pas encore vu. Tiens ! L'Inferno, pourquoi pas ?

— Tu veux voir l'Inferno ? Viens ! Je t'emmène. Il n'y a rien de bien intéressant ici, crac crac, néant adéquat, mort, je, guerre, plouc ! Tu as raison... » Et, roulant des yeux comme un acteur de cinéma voulant suggérer le satanisme : « Ah ah ah ! Suis-moi en Enfer. Suis-moi, méchant gamin... »

C'était moins pour le dérider que pour amuser Franz. Egon renonçait à lui tirer le moindre sourire, ce méchant gamin qu'il avait tenu sur ses genoux autrefois, le bien nommé La Râle, alias Le Pacha Ronchon. Egon lui rappelait, mais en vain, leurs jeux dans le jardin de Möhlstraße, quand il l'emmenait avec son frère patiner au Nymphenburg, les petites comédies qu'ils montaient ensemble pour l'anniversaire d'Elisabeth, ce sombre drame historique en cinq actes et pas moins de quinze tableaux que l'enfant lui avait soumis et qu'il avait pris la peine de lire crayon en main puis de l'aider à corriger...

« Comment cela s'appelait déjà : *Le Preux Chevalier* ?

— *Le Chevalier valeureux.* »

Il lui rappela les jouets qu'il lui offrait : le Baron Pleurniche n'aimait rien tant que les armes et les armures. Egon était sûr de lui faire plaisir en lui apportant un casque en carton bouilli, un fusil en bois, une cuirasse de fer-blanc.

« Je n'aurais pas dû : j'entretenais ton militarisme, plaisanta-t-il. Au fond, je serais le premier coupable si tu devais mal tourner et t'engager un jour dans une ligue. Mais tu ne le feras pas... Tu es trop intelligent, trop artiste. Tu es un Arnhein... »

Egon riait un peu trop fort, comme s'il voulait se rassurer. Il lui tordait paternellement l'oreille à ce méchant gamin, tandis que de l'autre main il flattait amoureusement la nuque de Franz.

« Ne joue pas les Siegfried, Siegfried ! Ne te crispe pas. Jouis de la vie. Ne cherche pas à devenir un héros, un sauveur du genre humain. Aime, plutôt ! Fais ton bonheur. La pureté, l'esprit de sacrifice on s'en fiche. Ce n'est pas avec ces vieilles lunes qu'on relèvera l'Allemagne. L'honneur allemand, la vertu allemande, on a vu où ça nous a menés : au Chemin des Dames !

— Et nous, le chemin des dames..., ironisa Franz.

— Oh ! mais c'est un mot d'auteur que tu nous lâches là, mon chat », enchaîna Egon, en minaudant sur le même ton équivoque.

Se moquaient-ils de lui ? Comme pour l'impliquer dans leur numéro improvisé de folles, Egon lui rappela alors qu'il jouait aussi beaucoup à la poupée, enfant ; qu'il les volait souvent à ses deux sœurs ; qu'il les habillait et les coiffait des heures... En même temps, il se montrait volontiers protecteur envers les filles, très grand frère, très chevalier valeureux, très mâle. Surtout avec la petite Pamina. Dont il était amoureux.

« Vraiment ! » fit Siegfried, agressif, en esquivant un second pinçon de son mentor. « Eh bien... c'est que je suivais déjà le chemin des dames, moi.

— Ah ah ah. »

La limousine que Julius Steinberg avait mis à leur disposition les conduisait au centre. Il était minuit passé et il y avait encore foule dans la rue : un sabbat boschien de sorcières et de fous qui s'écartaient devant la victoire ailée en argent du bouchon de radiateur ou s'agglutinaient derrière les vitres gravées à l'or et les dévisageaient sans gêne chaque fois que la douze-cylindres devait ralentir à un croisement ; menaçants, certains. Des chômeurs, des orphelins, des invalides de guerre... Pouvaient-ils jouir de la vie, eux ? Pouvaient-ils faire leur bonheur ? Pouvaient-ils ne pas se crisper sous l'insulte que leur était un tel étalage de luxe ? N'avaient-ils pas besoin d'un héros, d'un sauveur ?

Siegfried s'interrogeait sur les sentiments réels d'Egon. Était-il absolument cynique ? S'amusait-il seulement de cette décadence comme il le prétendait ? Ou était-il plus profondément fasciné qu'il ne le croyait ? Cette débauche ne lui était-elle pas devenue nécessaire comme l'éther à l'éthéromane, l'alcool à l'alcoolique ? Sinon, pourquoi s'y serait-il complu ? Et n'était-il pas complice de ce monde qu'il fréquentait ? Ou au contraire, y allait-il en simple observateur, comme il se voulait toujours, en curieux ? Arguant que l'entomologiste des mœurs qu'il était y attrapait des papillons à épingler dans ses carnets, que le météorologue de l'air du temps y relevait les courants ; que le poète, enfin, y butinait.

« Le poète surtout, précisait-il. Je suis une abeille qui fait son miel de tout. » Et se reprenant, parce qu'il ne perdait aucune occasion de tourner en dérision son propre génie : « Ou, pour mieux dire : une mouche à merde... Au reste, je récuse cette notion de décadence. Décadence est un mot qui sent son petit vieux réactionnaire. Je m'étonne qu'un garçon de vingt ans l'emploie... L'Allemagne n'est nullement décadente. Je ne qualifierai pas de décadent un pays qui révolutionne la physique, la chimie, les mathématiques et reçoit tant de prix Nobel ; un pays qui imagine une nouvelle architecture, une nouvelle peinture, une nouvelle musique, un nouveau théâtre. Je ne qualifierai pas de décadente une ville qui compte plus de trente théâtres et trois opéras jouant en permanence, une ville où on peut le même soir choisir d'aller écouter diriger Erich Kleiber, Bruno Walter, Otto Klemperer ou Wilhelm Furtwängler. Paris est décadente, Londres est décadente, Rome est décadente. Pas Berlin. On y invente encore. On y crée... Ce sont les gâteux du Casque d'acier qui parlent de décadence. Mais que veulent-ils ? Une nouvelle tuerie ? »

Et pourtant, Egon ne pouvait pas non plus se cacher une certaine inquiétude secrète à voir la tournure récente que prenait l'aventure de la modernité. Ni son dégoût grandissant du n'importe quoi. Parce que cette frénésie de créativité ouvrait également la porte, hélas ! au n'importe quoi. Parce que, le métier étant dévalué et l'acte gratuit prôné, des truqueurs, des tricheurs en profitaient pour passer en contrebande la fausse monnaie de leurs délires. Parce que plaire n'était plus à l'ordre du jour, mais qu'il fallait au contraire dérouter. Parce que les idéologues avaient rendu suspect jusqu'au mot même d'art. Dieu était mort quelques années auparavant, c'était à présent le tour de l'art. L'art mort, tout était permis. Y compris les rots et les pets des poétesses protégées de Mitzi Steinberg.

Mais à quel moment, le beau étant apparu obsolète, ridicule, dérisoire, voire, pourquoi pas ? bourgeois, à quel moment avait-on commencé à lui préférer la caricature, quand ce n'était pas la rature ? À quel moment l'homme de théâtre n'a-t-il plus fait du théâtre mais la critique de la théâtralité ? À quel moment l'écrivain n'a-t-il plus écrit de romans mais de l'écriture, et sur l'écriture ? À quel moment le peintre ne s'est-il plus occupé que de l'idée en peinture, que de l'idée de peinture ? Comment, en musique, la théorie mathématique de la musique en est-elle arrivée à prendre chez le compositeur le pas sur sa pratique affective, poussant les plus exigeants ou, si au lieu du point de vue moral on se place du point de vue clinique, les plus névrosés à jeter au panier les quelques portées d'une mélodie qui leur était venue sous les doigts spontanément plutôt que d'enfreindre les laborieuses lois de la série ? À quel moment ont-ils renoncé au bonheur ?

Encore, les plus grands, les Schönberg, les Berg, la grandeur tragique de leur art gît-elle dans ce déchirement entre leur désir de dire et leur rigueur de théoriciens... Un ragtime jaillit alors de la douloureuse crispation atonale ; l'envolée lyrique d'un violon quasi tzigane émerge, inespérée, du magma des timbres et des notes ; un chant monotone se change en pleurs...

« C'est beau ! s'écrie, narquois, Bruno Arnhein. On dirait du Bruno Arnhein, quoi... »

Mais les autres : les faiseurs ? Les faux-monnayeurs de la modernité ? Tous ceux qui se proclament d'avant-garde comme si c'était en soi un titre de gloire, et qui les dispenserait d'avoir du talent et le respect du public. Ces irresponsables pour qui la liberté n'est pas l'aiguillon en même temps que le scrupule de l'imaginaire mais le droit, sans aucun devoir en échange, de tout faire.

« De faire sous eux, même ! » renchérit méchamment Egon.

Lui venaient parfois de ces brusques colères contre le terrorisme moderniste qui sévissait à Berlin. Colères brèves, au reste ; car comme tout vrai créateur, Egon se souciait assez peu, au fond de lui, du succès que pouvaient connaître momentanément certaines fausses valeurs. Les génies sont ordinairement plus indulgents envers la médiocrité ambiante que les simples talents qui, eux, redoutent d'y tomber. Egon savait que la postérité ferait le tri ; il avait assez foi en lui pour deviner lequel. Schönberg resterait sans doute. Et Berg. Mais plus sûrement, même s'il devait connaître auparavant cette sorte de purgatoire où, par la faute de la mode, croupissent pour un temps les plus grands après leur mort, Bruno Arnhein. Et d'abord pour la raison qu'on pouvait le chanter, justement, le chantonner ; donc, garder mémoire de son œuvre. En dépit de son snobisme, la baronne ne s'y trompait pas. Non, assurément rien ne substisterait de : *Yes, peut-être, néant, hurle, ô !* etc. Pas plus que du *p'tit truc,* du *youp là !* ou du *zircon zinzolin de Zaza...* Phénomènes d'époque, épiphénomènes...

En revanche, sans doute apprendrait-on plus tard dans les écoles ce poème d'Egon von Rosenberg :

Que sera notre vie future ?
Cette mixture d'ombre et de pluie dont parle Dante ?
Les sables du désert, l'empire de la raison,
L'infernal paradis sur terre,
La clarté des lumières ?
Ou cette joie douteuse et douce,
Et douloureuse d'un andante

D'Arnhein ?
Ce monde est sombre mais c'est le nôtre,
Viens ! j'irai devant, tu me suivras en chantant...

« Entrez ! Entrez ! »

Le bonimenteur costumé en diable était toujours posté devant l'entrée de l'Inferno. Et il promettait toujours aux passants : du nouveau, du pervers, du monstrueux, du détestable et du délectable, tous leurs vices enfin assouvis, toutes les horreurs qu'ils imaginaient mises en scène avec art, et d'inimaginables atrocités. En un mot : l'enfer. Mais, inflation obligeait, au prix de deux millions de marks maintenant, le cours du dollar ayant encore, ces six dernières heures, doublé par rapport à la devise allemande.

« Nietzsche n'avait-il pas prophétisé le déclin de nos valeurs », se moqua Egon en signant à la caisse une reconnaissance de dette libellée en livres sterling.

Le portier ne trompait pas le badaud. Passé la voûte de flammes électriques et l'œil bleu des portes battantes, on descend à tâtons un escalier plongé dans la pénombre, on est assourdi par une tonitruante musique de jazz et des hurlements humains, on est assailli par une puanteur de sueur, d'éther, d'encens et de lourds parfums mêlés ; puis, au détour d'une galerie basse, aveuglé par le faisceau d'un phare qui soudain isole de la foule le nouvel arrivant, la femme du monde qu'on voit debout sur une table vider au goulot une bouteille de champagne, les deux messieurs en frac dansant la java vache au centre de la piste, les cages dans lesquelles sont enfermées des négresses nues auxquelles on jette des noix et des bouts de banane comme aux singes du zoo, le couple de lesbiennes déguisées en poilus — avant de revenir vers la scène, d'où le présentateur annonce l'arrivée des célébrités :

« Et voici deux... non, trois nouveaux damnés parmi nous,

chers amis. J'ai nommé le prince des poètes et deux de ses charmants protégés. Bienvenue, Dr Mephi ! Bienvenue, jeunes mortels... »

L'assistance vocifère. L'éclairage vire au rouge. Des squelettes tombent des cintres et gesticulent, manipulés par des fils, au-dessus des têtes. Une femme coiffée d'un casque à pointe crie, en proie à une crise convulsive. Un homme se laisse entraîner contre un pilier par trois diables qui lui pincent le nez pour le forcer à boire de suite, deux, trois, quatre bocks de bière...

D'instinct, comme un enfant qui craint de se perdre au milieu d'une foule de grandes personnes, Siegfried s'empare d'une basque de l'habit d'Egon. L'ogre leur fraie un passage à coups de ventre vers un guéridon où, avec force gestes, brandissant une bouteille, les invite à s'asseoir un matelot. Mais est-ce un authentique matelot ? Ses mains sont blanches et soignées, ce sont des mains de bourgeois. Qui est vrai et qui est faux dans ce public très mêlé où chacun joue à être un autre, d'une autre classe que la sienne ? Qui est homme, et qui est femme, et qui de ces autres sexes connus ou inconnus dont il était question à la porte du cabaret ? Le matelot en maillot dépenaillé offre le champagne, il donne le titre de Monsieur le Professeur à une petite blonde couverte de bijoux qui lui adresse un baiser du bout de ses ongles laqués. Et dans le sucrier d'argent qu'on se passe de table en table, on trouve un curieux sucre en poudre, qui se prise.

Le bruit enfle et s'apaise par vagues. Des braiements et des rires saluent l'entrée en scène d'un auguste qui s'empêtre dans ses souliers démesurés et trébuche. Son grand front de caoutchouc est barré d'une mèche de laine noire, et sous son gros nez rouge, il porte un petit carré de moustache à la Hitler. Monsieur Loyal requiert un peu de silence pour Dolfi le pétomane. Cinq girls, qui à mieux les considérer sont sans doute cinq boys, s'avancent, tenant chacune ou chacun à la main un cierge allumé. Le clown se retourne, relève les pans de sa queue-de-pie sur le haut des reins et souffle les flammes une à une au son d'un roulement de tambour.

« C'était... Dolfi le pétomane ! »

On crie :

« *Heil* Dolfi ! »

La frénésie est à son comble. Un client se fait fouetter par un garçon, une Noire mime un coït avec la banane qu'on lui a lancée, des verres volent et se brisent contre les miroirs du promenoir. Puis les lumières rosissent et la clarinette entonne, solo, une ritournelle inattendue... Un air de valse, dirait-on. Siegfried sait qu'il le connaît, cet air, et pourtant ne peut le reconnaître. C'est une valse, une valse jouée musette au bandonéon maintenant... Se peut-il que ce soit la valse... Se peut-il que ce soit la valse de *La Contessina* ?

Descend alors des cintres sur son escarpolette, telle que la première mise en scène l'a immortalisée à l'opéra, créant d'emblée une tradition, la comtessine... Car c'est elle, en effet : avec son ombrelle et son habituelle robe à paniers de soie jaune, c'est elle. Sauf que le maquillage est criard, que les gestes sont obscènes... Comtessine de cirque, elle se balance au-dessus des têtes, aguichant vulgairement le public, qui lui arrache à chaque passage un pan de jupon ou un cerceau, et la déshabille ainsi tout en braillant :

« Contessina, contessina... »

Egon protestera-t-il ? Non : lui aussi s'amuse, visiblement.

« C'est ignoble ! s'écrie Siegfried.

— Oui, c'est ignoble, lui répond-il. Mais quel hommage également, si tu y réfléchis : c'est tout à l'honneur d'un artiste, d'être parodié ; on ne parodie que les œuvres les plus connues. D'ailleurs, ton père n'en a pas fait tant d'histoire ; il a plus d'humour que toi. Quand il a su quel outrage subissait chaque soir notre pauvre comtessine, il s'est contenté d'envoyer une note de la Société des auteurs au patron du cabaret, qui, depuis, nous paye très réglementairement nos droits... Mais ne m'offre plus d'exos, le ladre... »

En culotte et sans son corset, la comtessine remonte vers les cintres.

« Je l'ai perdue, chante-t-elle d'une voix éraillée, j'ai perdu mon innocence... »

Siegfried, enfant, ne comprenait pas ce que chantait cette jolie dame en robe jaune accoudée à la margelle du puits, ni pourquoi cette musique l'attristait.

« Maman, que dit-elle ? »

Sa mère s'était penchée vers lui et lui avait murmuré à l'oreille qu'elle l'avait perdue, cette sotte ! qu'elle avait perdu son innocence... Il n'a rien oublié ; aussi ivre qu'il soit, il se souvient d'avoir pleuré alors. Était-ce le relâchement nerveux ? Ces derniers temps, toute la famille avait vécu dans l'attente et l'anxiété. Son père partait tôt et rentrait tard, quand encore il rentrait avant que les enfants ne soient couchés. À table, il n'était question que de répétitions, de problèmes, de retards — comme à l'école, notait naïvement son frère aîné. Les parents paraissaient excédés, ils haussaient le ton pour un oui ou un non, se disputaient sans raison parfois. Friedrich et lui posaient des questions mais on leur répondait distraitement : ils verraient bien ! Ils assisteraient dans quelques jours à la création. Ce serait, pour ses sept ans, sa première sortie à l'Opéra.

L'Opéra ! — et voici que sa mère lui désignait la loge, hélas inoccupée, de l'Empereur. Voici que la salle, rouge et or, s'assombrissait. Voici qu'un homme, qui n'était autre que son père, saluait l'assistance. Voici que le rideau se levait enfin sur un jardin bleu, voici qu'une chanteuse entrait en scène et se lamentait : elle avait perdu son innocence... Siegfried était-il heureux ou déçu ? Il n'eût su le dire. Lui venait, comme portée par la mélodie, comme portée par la mélancolie de la mélodie, une envie de larmes. Siegfried le connaissait, cet air, mais ne le reconnaissait pas : il lui rappelait il ignorait quoi, quelque chose d'oublié et d'indéfini qui pourtant lui appartenait, il en était certain. Un de ces petits trésors comme il lui arrivait d'en retrouver au fond de son coffre à joujoux alors qu'il les croyait perdus : un fer à cheval ramassé dans la rue, un beau marron tombé à ses pieds dans le jardin, un portrait de sa mère publié dans une revue mondaine et qu'il avait découpé et colorié... Cet air, de sa chambre d'enfant il l'avait souvent entendu en effet, mais lointain et joué au piano seulement ; cet air, ce soir il l'entendait orchestré et chanté. C'était comme si son père ouvrait leur maison au millier d'inconnus qui écoutaient, attentifs dans la pénombre ; comme si en l'offrant à tous, cet air qui jusqu'ici avait été dans la famille, il le profanait ; comme s'il livrait leur secret. L'innocence était perdue.

> L'ho perduta, me meschina !
> Ho perduta l'innocenza...

Et l'orchestre de reprendre la valse. Et Dolfi le pétomane, qui est réapparu sur scène, de lâcher ses salves en mesure, fesses au public. Et la monstrueuse comtessine de revenir saluer en se bouchant le nez. Voilà ce qu'on fait ici de l'œuvre de son père ! Voilà ce qui fait rire l'auteur du livret et son amant — ces lopes, ces sales youpins !

« Je m'en vais ! s'écrie Siegfried. On ne peut rien imaginer de pire, rien de plus dégoûtant.

— Oh que si ! lui rétorque Franz. Il y a pire, il y a plus dégoûtant. Aux Égouts...

— Une boîte qui s'appelle les Égouts, explique Egon. Parce qu'elle est installée dans des égouts désaffectés du bord de la Sprée. »

Siegfried se lève. Il hésite une seconde. Puis, croisant les bras par manière de défi :

« Vraiment ? dit-il. Eh bien, on y va !

— On y va, mais pas tout de suite. La boîte n'ouvre qu'à deux heures du matin, quand les autres ferment.

— Entre-temps, nous pouvons lui montrer d'autres lieux, moins mal famés. Et aller chercher Werner.

— Oui. Je veux tout voir ! Tout ! Pour en être écœuré à jamais.

— Siegfried, Siegfried ! Ne joue pas au héros pur et dur, je te l'ai déjà dit. »

La mémoire lui revenait. Il se revit, étreint d'une subtile terreur mêlée de fierté, descendre derrière ses trois guides l'escalier qui menait à ce cercle plus humide, plus obscur, plus pestilentiel de l'enfer berlinois. Dans ce quartier de hangars abandonnés, aucune enseigne sur la rue ; rien qui indiquât dehors la présence d'humains sous terre. Une simple porte en fer, qu'on poussait ; cinquante marches gluantes de sang, où le pied glissait ; et là, sous une voûte chichement éclairée au gaz, une cohue de corps décapités ; des bras nus qui vous agrippaient, des mains gantées qui vous frôlaient. Puis l'œil, accoutumant dans la pénombre, distinguait les visages cachés, un regard coulé sous la fente d'une cagoule de cuir, une grinçante denture sous un loup de soie. Des dizaines d'yeux scrutaient avidement les arrivants ; des bouches riaient ou criaient. On ne pénétrait ici qu'après s'être débarrassé de ses valeurs au vestiaire et dûment masqué en noir. De faux égoutiers bottés de cuissardes vous conduisaient alors de galerie en galerie jusqu'aux salles d'orgie. Dans la première, qui était ronde et basse, des hommes ligotés contre des drains se faisaient torturer à la pince et au pal. La seconde était un bassin d'épandage où de gros bourgeois en caleçons se vautraient et se battaient dans la boue en poussant des grognements porcins. Venait ensuite une cave aménagée en boucherie : des couples y copulaient allongés dans les carcasses de bœufs fraîchement abattus, et dont la viande était revendue ou donnée aux pauvres dès qu'elle verdissait — Egon l'affirma. Enfin : la morgue. Une chambre froide réservée aux amateurs de chair humaine décomposée. Mais la porte en était cadenassée ; il fallait être parrainé par une mystérieuse maçonnerie pour avoir le droit d'y entrer. Siegfried n'en avait nulle envie, au reste. Il reculait déjà, le cœur soulevé. La puanteur qui émanait d'un ancien canal collecteur lui donnait la nausée et il portait les mains à ses tempes pour assourdir le brouhaha d'ahans et de halètements outrés qui l'assaillait dans son ivresse. Un trompettiste aveugle déambulait à tâtons parmi ces fous, soufflant dans son instrument de brèves mesures déchirantes coupées de silences.

Il y avait aussi, mais on ne l'y mena que plus tard, des recoins moins sales, moins bruyants où, bas les masques, des habitués du meilleur monde, assis dans de profonds fauteuils, dégustaient des alcools rares et bavardaient, aussi futiles que s'ils se fussent trouvés dans un salon : Arnhein pastichait divinement Mozart, ils iraient passer l'hiver au soleil de Rapallo, les Siemens venaient de regagner dix points, l'ambiance n'était plus aussi amusante à l'Inferno, demain ils miseraient sans doute sur Idéal II, Hitler ne serait qu'un feu de paille... Un personnage si vulgaire ! Une tête si peu politique ! Et si bête ! Sans classe, surtout.

Un brusque bêlement retentit au milieu de ces propos feutrés. Siegfried se retourna et reconnut la poétesse qu'il avait entendue déclamer plus tôt dans la soirée, chez la baronne. Mais était-ce réellement chez la baronne ? N'était-ce pas sur la scène d'un cabaret ? Ou ici même à l'instant ? Il doutait de tout maintenant. Scandant du pied contre un déversoir, la ménade presque nue proférait des paroles incohérentes sans qu'on pût décider si elle délirait sous l'emprise d'une drogue ou récitait une de ses poésies.

« N'importe quoi, répétait-elle, n'importe quoi le temps, n'importe quoi la vie, n'importe quoi l'homme, n'importe quoi la république. »

Mais il se surprenait à déceler un sens sous cette apparence d'absolue ineptie : le n'importequoïsme était en somme la poétique d'une époque où sur toute chose régnait le n'importe quoi. Cette sorcière décoiffée disait la vérité : la vie humaine n'avait pas plus de valeur que la monnaie sous cette misérable république... Une république proclamée dans un théâtre, à Weimar ! Quoi d'étonnant si cette république n'était qu'une comédie ? Ce gouvernement, une parodie de gouvernement ? De la part de politiciens si soucieux de symboles qu'ils avaient fait redessiner l'aigle du blason allemand, rogner ses serres, adoucir la courbe de son bec, n'en était-ce pas un, d'être monté sur les planches pour jurer, article premier, que le Reich allemand serait une république et que l'État tirerait sa souveraineté du peuple désormais ? Sur la scène même où avait été créé ce génial pastiche d'opéra baroque qu'était *La Contessina,* ils avaient présenté une constitution qui était un pastiche. L'Allemagne jouerait à la démocratie occidentale. L'Allemagne ne serait plus une communauté — « la terre et le sang », comme on apprenait autrefois à l'école —, mais une convention — « le droit et la liberté ». En l'occurrence, une convention théâtrale. Et dont le préambule aurait dû être : « La vie est théâtre, théâtre est la vie » — ces mots qui se chantent dans un autre opéra des deux mêmes auteurs. Car la politique tournait au spectacle, car gouverner semblait n'être plus qu'une question de style. On avait stylisé l'aigle, prétendait-on ; c'est-à-dire qu'on avait fait de l'oiseau de proie un chapon. N'importe quoi l'aigle ! aurait pu ajouter la poétesse. N'importe quoi l'Allemagne !

« La Râle maugrée encore ? l'interrogea Egon en pointant sur lui un doigt, blanc de cocaïne.

— La Râle étouffe dans ce cloaque ! répondit Siegfried. La Râle veut retourner à l'air libre. Et marcher.

— Marcher ? Bonne idée. »

Egon frappa dans ses mains à l'adresse des deux peintres qui, à travers les barreaux d'une échelle de fer, se baisaient et se caressaient.

« Les enfants, on s'en va. Notre héros veut marcher... Tu connais l'histoire, Siegfried ? Un jour ton père était invité à une soirée musicale au palais... Après le concert, Sa Majesté a tenu à lui jouer au piano une petite marche militaire de sa composition. En le félicitant, ton père qui a tous les culots... Il ne te l'a jamais raconté ? Il a osé lui dire : “ Très joli *tempo di marcio...* ”

— *Tempo di marcia,* tu veux dire...

— Non, justement ! *Marcia,* c'est la marche, en italien, comme tu sais. Mais *marcio* signifie : pourriture ! La marche de l'empereur était pourrie.

— Eh bien moi, après avoir pataugé dans tout ce *marcio,* j'ai besoin d'une *marcia.* Dehors. »

Dehors, les premières lueurs de l'aube jaunissaient les eaux sales de la Sprée. Déjà levés, des enfants en haillons suivaient en sautillant le long du quai la dérive d'un cadavre qui flottait sur le ventre.

« Encore un ! criait une fillette. Encore un. »

Une vieille mendiante édentée ricanait :

« Il est pour moi. »

Devant un rideau de fer baissé où était apposée une offre d'emploi, un attroupement d'ouvriers battant la semelle huait les chauffeurs qui, assis sur le marchepied des voitures, attendaient leurs maîtres. Sur une affiche lacérée, la Mort, armée de la faucille et du marteau, moissonnait une foule de pauvres criant famine. Sur une autre, un travailleur torse nu broyait entre ses mains herculéennes les colonnes de la Bourse. Les communistes voulaient du pain et la liberté. Les nationaux-socialistes, la liberté et du pain.

« Ordures ! Bourgeois ! Salauds ! Cannibales ! »

Des insultes saluaient les fêtards quand ils ressortaient des égouts, clignant des yeux.

« Pas de vain héroïsme, Siegfried ! grogna Egon. Laisse le dragon cracher sa bile. »

Mise en garde inutile : Siegfried était trop abruti pour réagir encore. Il trébuchait à chaque pas et les deux peintres durent l'empoigner aux aisselles, le soutenir et le traîner jusqu'à la limousine sous les aboiements, les sifflets, les crachats.

Quand tout à coup, menaces et injures refluèrent tandis qu'éclatait au loin une fanfare qui se rapprochait comme portée par un piétinement militaire, sur un air de Mozart.

« Vous entendez ? Je ne rêve pas ? »

Siegfried ne rêvait pas : menée par un fifre, c'était la marche de *Così fan tutte.*

Bella vita militare !

« Les voilà ! » fit la vieille.

Une crainte discrète s'emparait des quelques femmes présentes. En revanche, les hommes prirent aussitôt, comme si elle leur était naturelle, cette pose résolue du prolétaire militant dont la propagande, tant fasciste que léniniste, avait déjà fortement établi le poncif : mâchoires serrées, poings sur les hanches, pli au front — « La vie est théâtre... ».

Les enfants trépignaient et répétaient :

« Les voilà ! Les voilà ! »

Sur le quai opposé apparut le drapeau à croix gammée suivi de toute une section d'assaut marchant en rangs serrés.

Passant le pont, ils entonnaient en canon :

La belle vie militaire !
La belle vie militaire !

Les SA avaient choisi la première heure du jour pour entrer en territoire rouge.

Et un air de Mozart.

Canon

Un air de Mozart : l'exquise musique des clochettes de l'oiseleur Papageno qui, à la nursery, sonna toutes les heures de leur petite enfance, qui les éveilla aux harmonies de *La Flûte enchantée...* Mais, à part ce précieux coffret dont le carillon, martelé par un automate en porcelaine, devait maintenant ponctuer l'existence recluse de ses propres enfants, s'ils vivaient encore, à part le souvenir de ces douze notes argentines, qu'avaient en commun les quatre enfants Arnhein ? se demandait Friedrich. Outre la différence d'âge qui avait toujours éloigné les deux garçons de leurs deux sœurs, la vie avait séparé l'un de l'autre les aînés comme elle avait sans doute séparé les filles. La vie et, plus profondément que la vie, l'idéologie. L'idéologie, qui dressait l'humaniste militant contre le dignitaire nazi ; l'idéologie, qui divisait de même, il l'imaginait aisément quoiqu'il n'eût guère de nouvelles d'elles, celle de ses sœurs mariée au fils d'un héros fasciste italien et l'autre, la plus jeune, dont il savait qu'elle combattait comme lui son pays — Pamina.

Au moins, se ressemblaient-ils ? Il y avait, comme on dit, un air de famille. D'ailleurs, assez vague. Des traits, des attitudes qu'on reconnaissait indifféremment comme appartenant à Elisabeth ou à Bruno. Avec l'âge, il est vrai — c'est souvent le cas chez les vieux couples très unis —, son père et sa mère avaient fini par se ressembler comme peuvent se ressembler frère et sœur. Les parents se ressemblaient plus que leurs enfants entre eux. Et certains de ces traits aussi, remarquait-il, certaines de ces attitudes, le temps les avait tour à tour attribués puis repris à l'un ou l'autre des quatre. Le Pacha Ronchon avait été un gros garçon tassé, sans souffle, affublé d'épaisses lunettes ; Ricky Boy au même âge était le plus grand de sa classe, le plus maigre, et il suivait son père dans les plus harassantes randonnées. Mais à quarante ans, l'Oberführer de la SS Siegfried Arnhein, qu'on voyait souvent photographié auprès d'Hitler, était devenu une sorte d'ascète mince et élancé ; tandis que lui, en dépit des fatigues, des dangers, des privations dont il souffrait dans la résistance, avait forci — il ne pouvait se le cacher. L'alcool, sans doute : il ne boutonnait déjà plus la combinaison d'aviateur qu'il avait portée cinq ans auparavant, quand il se battait en Espagne. Et pour lire, il lui fallait chausser des verres correcteurs désormais. Alors que son frère n'en mettait plus depuis longtemps.

Friedrich, quand il se regardait dans une glace, se voyait chaque fois un peu plus proche de son père ; son père que l'âge pourtant avait séché au contraire, avait émacié. Son père était, pour ainsi dire, à l'œuvre en lui ; il le devinait comme une présence secrète qui crevassait la peau, accusait les os, creusait des rides. Mais ce visage las, un peu lâche maintenant, lui rappelait aussi un portrait de son frère à neuf, dix ans : le portrait où on le voit tenant sur ses genoux Dorabella.

Ou est-ce Pamina ? se reprit-il. Douce, il s'en souvenait, avait paru devoir prendre très jeune la tournure altière de sa mère, hériter son caractère entier ; ce n'était pas sans raison si ses frères l'avaient surnommée également La Princesse. Mina, en revanche, avait tout de la petite dernière espiègle parce que trop gâtée, volontiers garçonnière, pitre. Or, s'il ne savait au juste ce qu'était devenue Douce, Mina lui avait paru changée les dernières fois qu'il l'avait vue avant guerre : elle marchait sur les traces de leur mère aujourd'hui, marchait avec ce même déhanchement de grande dame.

Les enfants de la Comtessine et du Magicien étaient fort différents, mais tous quatre, ne fût-ce que par cette manie de se donner des sobriquets, seraient toujours des Arnhein. Ils seraient toujours aux yeux des autres, d'abord et avant tout, les fils et les filles de Bruno Arnhein. Ce qu'ils avaient en commun, indéfectiblement, était d'avoir eu pour continuel contrepoint à leur vie quotidienne la musique de leur père ; leur père composant au piano, ses hésitations, ses brusques accélérations enthousiastes, ses répétitions monotones, ses silences ; leur père accompagnant au piano les devoirs et les jeux ; leur père cadençant au piano andante, cantabile ou presto la journée de la maisonnée ; leur père donnant à chaque heure sa tonalité : solennelle parce qu'il achevait son requiem, tendre et tendue à la fois parce qu'il réorchestrait son concerto pour violon, enlevée parce qu'il trouvait enfin le thème d'ouverture de son prochain opéra, émouvante et haletante et puissante et harmonieuse et légère et drôle, parce que lui venait au fil de la plume le premier mouvement d'une symphonie qu'il qualifierait plus tard d'*intime*. Rageuse, heurtée, dissonante et coupée de soupirs et de pauses parce qu'il abandonnait maintenant, découragé, ce projet qu'il reprendrait dix ans plus tard seulement, d'une *Symphonie intime*.

Ultime discordance, le couvercle claquait durement contre le rebord du clavier. Le Magicien se levait et lançait à la cantonade :

« Je patauge dans ma fugue. Il faut que je sorte marcher une heure ou deux. Tamino, viens-tu avec moi ? Que je t'apprenne le monde. Et sa sagesse.

O ! Isis et Osiris... »

Mémoire de ces impressions d'enfance, mémoire de ces expressions arnheiniennes singulières dont parfois abusait au point de se rendre odieuse aux étrangers la tribu de la Möhlstraße. Brusque retour de l'affect. Tinte le carillon de Papageno... Et c'est la maison retrouvée : l'espace conquis progressivement avec la conscience des volumes, des dangers, des interdits... Le mou et le dur, l'oreiller et les montants du lit de cuivre. Le coin de la commode où l'on se cogne dix fois, cent fois avant d'apprendre à la contourner, le dessous de la table à langer qui fera plus tard un wigwam, le vaste plan de parquet vernis où le trappeur patinait jusqu'à l'escalier. Dans l'escalier, l'oriel, la banquette de l'oriel où, certains soirs qu'on avait de la peine sans savoir pourquoi, on s'asseyait pour de longues confidences contre les genoux de Maman. La tête blottie dans le creux entre ses cuisses, la joue caressée par le cachemire de son châle, on regarde la neige jaune, bleue, rouge, verte, emplir les losanges du vitrail... Maman consolait, elle révélait des secrets. Elle non plus n'était pas toujours heureuse, avouait-elle. Elle aussi voulait pleurer... Goût fade de morve, odeur de bois vernis, toucher crissant d'une nuageuse robe de crêpe mauve. Dehors, la rumeur assourdie de la rue. Elle soupirait :

« C'est ce trop long hiver munichois... »

Ensuite, il faudrait se coucher. Elle tenait la main pour le conduire au bain et le confier à la gouvernante, ce jeune chiffonnier, ce jeune charbonnier...

« Ce clochard ! » renchérissait Mlle Güdrün (« pas Gudrun »).

Mais certains soirs d'été, après le bain, on avait droit de redescendre en chemise de nuit au jardin pour un rabiot de rires, une dernière partie de colin-maillard dans la pénombre. On n'allumait pas la lampe dans le marronnier. Une seule fenêtre éclairée se détachait alors du bleu profond des murs et de la verdure, flottait en l'air. Le Magicien était à son piano : la musique provenait de ce rectangle de pure lumière accroché haut à l'obscurité comme un tableau sur un fond sombre. La musique devenait cette découpe même, nette, lumineuse, dans la nuit plane. La musique était cette fente ouverte dans le monde fini.

Infimes états, émotions dérisoires et si essentielles cependant, si empreintes en l'être, que le rêve ne cesse de les restituer dans l'exil, de les reconstituer. On est au théâtre, le rideau se lève sur une scène vide et sale, de la cire coule des colonnes et le grand lustre grouille de vers blancs. Les parents sont seuls dans la fosse d'orchestre, ils tournent le dos à la salle. On voudrait courir vers eux, les appeler. Mais aucun son ne sort de la gorge et les jambes se dérobent. La mère s'est retournée, elle crie un reproche muet, inarticulé. Le père grimace en entendant son fils lui demander :

« Alice ! Arno ! Où sont-ils ? Qu'en avez-vous fait ? »

On s'éveille en sueur. L'aube est froide, un chien aboie. On regarde alentour, hébété encore. On distingue le rougeoiement d'une cigarette, le chuchotement des deux sentinelles non loin. La rosée givre la toile de parachute dans laquelle on s'est enroulé pour dormir et qui crisse au moindre mouvement. Le camarade contre lequel on s'était étendu remue et grommelle :

« Qu'est-ce que tu racontes ? Tu rêves en allemand maintenant ? »

Sarah dort-elle, elle, à cette heure ? Rêve-t-elle, elle aussi, de son enfance allemande ? Et les enfants, un cauchemar les a-t-il réveillés là-bas ? Sont-ils toujours à Lindau, auprès de leurs grands-parents ? Ou ont-ils été arrêtés, déportés, tués ? Alice, quel âge a-t-elle ? Six... non : sept ans déjà, s'il compte juste. Arno se souvient-il encore de son père ? A-t-il gardé le petit singe qui jouait du tambour ?

« Tu entends ? Je te dis que tu as parlé allemand ! »

Devoir toujours se surveiller ! Se tenir sur ses gardes non seulement en raison des dangers extérieurs : la voiture qui freine à votre hauteur, la belle femme dont le tailleur gode sur le sein gauche et qui vous sourit sans raison apparente, l'homme au borsalino qui vous demande du feu avec une indifférence marquée, le policier qui détaille trop méticuleusement les tampons sur votre passeport et répète deux fois toutes ses questions :

« Votre nom, c'est Frédéric Arnoux ?

— Oui.

— Frédéric Arnoux ?

— Oui. »

Mais se tenir sur ses gardes intérieurement aussi. Contenir continuellement l'ennemi intérieur qui veille ; censurer, refouler en soi l'Allemand. Être sûr de ne pas se trahir sous le coup d'une colère ou de la surprise ; parler spontanément, comme sa langue maternelle, le français en France, l'anglais à Londres. Contrôler ses élans, ses gestes. Car on n'est pas étranger que par sa langue : on l'est par ses manières. On l'est par sa façon de casser son œuf à la coque dans un bol avant de le manger, par sa façon de saluer du buste et non du menton — à l'allemande, comme disent les Français... Il y a pire : c'est de ne pouvoir rire alors qu'on entend des compatriotes blaguer :

« L'Allemagne peut-elle perdre la guerre ? — Non, hélas ! Maintenant qu'elle l'a, elle la garde. »

C'est de se priver d'un sourire complice à l'adresse de ces deux soldats qui se racontent leur adolescence en Bavière...

Un jour où il se trouvait ainsi debout dans le couloir d'un train bondé aux abords de la ligne de démarcation, Friedrich — ou plutôt : Frédéric, il ne devait pas l'oublier, une seconde de moindre vigilance pouvait lui être fatale — Frédéric, donc, avait suivi, mais sans rien laisser soupçonner de son attendrissement, la conversation de deux jeunes Bavarois.

Le caporal Alban, par choix, n'avait pas fait l'école des officiers bien qu'il fût d'un milieu aisé : il habitait Bogenhausen.

« Möhlstraße ? » Friedrich s'était-il tout juste retenu de lui demander.

Le sergent Martin, lui, avait dû abandonner le violoncelle après la mort de son père : l'art ne nourrissait pas son homme. Il travaillait dans un bureau avant d'être mobilisé. Par pudeur, il ne dit pas son regret, il le chantonna légèrement :

La musique ne m'est plus,
Ne m'est plus la musique,
Depuis que tu erres parmi les morts,
Ô ! mon âme, mon seul amour...

Il chantonna cet air de l'*Orphée.* Comme Friedrich eût aimé le remercier au nom du compositeur ; leur avouer qu'il était son fils ! Comme il eût aimé se joindre à eux, partager leur gamelle, goûter à un quignon de pain noir — de pain allemand !

Parfois, face à ces hommes en uniforme vert-de-gris, il eût voulu se dénoncer, leur crier en allemand : « Vous n'êtes pas l'ennemi pour moi, je suis des vôtres. Nous avons joué aux mêmes jeux, nous avons appris l'histoire dans les mêmes livres, nous avons mangé les mêmes douceurs épicées. Hitler n'aura pas fait de vous en dix ans des hommes absolument neufs, vous ne pouvez pas avoir oublié ce que je n'ai pas oublié en exil, moi. Je sais encore par cœur les paroles de ces chants que vous entonnez en canon... »

Ô, chanter avec eux ! Ô, renouer avec la virile fraternité allemande ! S'abandonner maintenant à tout ce que jadis il avait abhorré comme étant bassement, pesamment allemand et qui lui manquait tant aujourd'hui : les chœurs entre camarades, l'entre-choc des verres de bière, le roulis des corps au coude à coude...

Se laisser arrêter pour se laisser aller enfin. En renonçant au combat, recouvrer son moi. Car ce travail de tous les instants, cette surveillance de soi épuise nerveusement. Ce travail épuise plus que les parachutages nocturnes, plus que les ruses pour échapper aux filatures, plus que les marches forcées le fusil à l'épaule ; il épuise l'âme. Ce n'est pas tout de vivre sous une autre identité que la sienne, encore faut-il être vraisemblable. Éviter d'avoir l'air de saisir ce que se disent des compatriotes, certes ; mais sans pour autant avoir l'air idiot. Frédéric Arnoux est censément musicologue. Il s'agit de jouer juste, de trouver le ton, comme un acteur — « La vie est théâtre... ».

La tension ne se relâche que dans le sommeil. Encore faut-il dormir seul. Et que les rêves ne soient pas trop angoissants. Combien de fois ne s'est-il pas surpris à marcher dans les rues de Munich ? Les cafés, les magasins, les monuments, le fracas des tramways : tout lui paraît d'une familiarité bizarrement suspecte. Il reconnaît la façade de l'Opéra, l'entrée de la Résidence. L'Odeonsplatz est telle qu'il l'a toujours connue : d'un côté, la Feldernhalle, de l'autre la noble perspective de la Ludwigstraße. Pourquoi ce malaise, pourquoi cette secrète hostilité des choses et des gens ? On le suit, on se retourne sur lui. Que fait-il dans cette ville ? Ne sait-il pas qu'il n'est plus munichois ? Ne sait-il pas qu'il n'est même plus allemand ? Il est condamné à mort... Comment a-t-il pu oublier ? Comment a-t-il pu oublier sa culotte pour sortir marcher dans ces rues ? Il se promène nu Leopoldstraße. La foule s'écarte et le hue. Il a l'imprudence de crier : « À bas le Führer ! »

Il se réveille, le cœur battant. Sa nuque heurte une forme dure que le traversin a découverte en glissant du lit : la crosse de son revolver. Il voit sa canadienne appendue au dossier d'une chaise paillée, le broc ébréché sur la table bancale, la cretonne à fleurs jaunes du cosy, le calendrier des postes représentant une chambre pareillement misérable mais peinte par Van Gogh. Et par le fenestron, des toits ocre et roses serrés entre deux fleuves gris. Il se rappelle enfin où il a dormi cette nuit : à Lyon. Dans une soupente des hauteurs de la ville prêtée par un inconnu qui n'a pas dit son nom. La veille, c'était dans le train — un soufflet entre deux wagons. La veille, un pavillon de la banlieue parisienne. La veille, l'avion. La veille encore, un couloir du métro de Londres. Les sirènes avaient hurlé jusqu'au matin... Et ce soir, où serait-ce ? Et demain ?

Ne jamais coucher deux fois dans le même lit, quand même on a la chance que ce soit un lit. Toujours fuir... Se fuir, en somme, comme depuis toujours. S'oublier dans l'action et la clandestinité. Oublier en enchaînant les missions, en recherchant sans relâche le danger, oublier qu'on est à ses propres yeux un raté si on est pour les autres un héros, oublier qu'on ne finira jamais rien de ce qui avait été commencé il y a vingt ans, oublier qu'on n'écrira pas de second livre mais qu'on n'aura pas non plus le courage de tenir le serment qu'on avait professé alors :

« Je serai un grand écrivain ou je me tuerai si à quarante ans je n'ai pas publié au moins un chef-d'œuvre, Papa ! »

Oublier de qui on est le fils, de qui on est le frère, et qu'on a négligé ses enfants au point de les laisser partir pour un pays dont ils ne reviendront jamais peut-être. Oublier qu'on a abandonné leur mère à son sort, oublier cette lettre d'elle... Cette lettre qu'il oublie toujours d'ôter de sa poche, cette lettre qu'il veut garder sur lui au risque qu'elle tombe un jour entre les mains de l'ennemi et dénonce son destinataire aussitôt, cette lettre qu'il a reprise sans presque hésiter la dernière fois qu'il a changé de veston, et tout en sachant que c'était un acte irresponsable de la part d'un résistant ; cette lettre dont le papier s'est fendillé à force d'avoir été plié, déplié, replié, mais qui reste lisible et le serait sans aucun doute pour le soldat ou le policier ou le milicien ou l'agent de la Gestapo qui, l'ayant arrêté et fouillé, la découvrirait, l'ouvrirait... Enfin, lirait les mots terribles que lui écrivait Sarah :

Zuoz, le 30 août 1939

Mon amour,

non, je ne peux m'empêcher parfois de penser que c'est d'un manque d'amour que je souffre surtout. Que la tuberculose est une maladie de l'âme avant d'être un dépérissement du corps, que le bacille est d'abord moral. Je ne voulais plus, je ne pouvais plus respirer l'air de ce pays qui n'était pas mon pays et ne le sera jamais. J'étais trop loin des miens et je n'ai pas su rester proche de toi, qui me donnais tant de force. Et tant d'incertitude, hélas ! aussi. Car tu doutais toi aussi, car l'exil te pesait à toi aussi. Et que tu ne pouvais plus te le cacher ni me le cacher. Tu as fui alors dans l'activisme comme j'ai fui dans la maladie...

Ai-je le droit de t'écrire cela, Friedrich ? Et faut-il que je recommence l'éternel procès de notre amour ? Non, il n'y a plus rien à en dire sinon : Parce que c'était toi, parce que c'était moi. Nous nous sommes trouvés l'un l'autre et perdus tous les deux sans savoir comment ni pourquoi.

« Un démon voulait et ne voulait pas... »

comme on chante dans cet opéra de ton père — je ne sais plus lequel. Sans doute pour la raison que je ne serai jamais une Arnhein. C'est de cela que je meurs également. Et d'avoir été si insouciante envers Alice et Arno.

On dit que d'un jour à l'autre la guerre va éclater maintenant. Les reverrons-nous ? Nous reverrons-nous ?

Je suis désespérée. Je t'aime.

Sarah

Elle ne serait jamais vraiment une Arnhein. Mais pour sa part, Friedrich ne saurait jamais vraiment comprendre cette obsession chez Sarah. Pourquoi aurait-elle dû l'être ? Après tout, ce n'était pas la famille qu'elle avait épousée, ce n'était pas le nom, c'était lui. Lui qui, justement, songeait sérieusement à en changer au moment où ils s'étaient connus à Paris... Envie qui le reprenait périodiquement et que seules les vicissitudes de la guerre assouviraient enfin. Mais dès ses débuts littéraires dans des revues pourtant confidentielles, il avait voulu renier son père. S'il ne l'avait pas fait alors, c'était pour avoir suivi les conseils d'Egon von Rosenberg : « Si tu signes Arnhein, on te demandera : " Ah ! vous êtes le fils de... " Et puis on n'y pensera plus et c'est de toi qu'on parlera, c'est de ton œuvre. Si tu prends un nom de plume au contraire, aussi discret que tu veuilles demeurer, il y aura toujours quelqu'un pour faire savoir quel est ton vrai nom, de qui tu es le fils. Et on voudra aussitôt découvrir pourquoi tu t'en caches, en quels termes vous êtes. On parlera de lui avant tout. Ce sera encore plus difficile pour toi de te faire entendre... Et puis ! tu auras d'emblée renoncé à cet espoir de voir le jour où c'est à ton père qu'on demandera : " Vous êtes le père de... " »

Être le fils d'un génie est, de toute façon, une malchance dans la vie. Et Friedrich avait dû traîner ce poids jusque dans son exil. En émigrant, les premiers temps il avait cru avoir rompu cette filiation qui l'accablait ; pouvoir à l'étranger n'être plus que lui. Grisante liberté ! En fuyant le totalitarisme, il fuyait aussi l'ombre portée de son père... Hélas ! le milieu de l'émigration allemande, dont il avait attendu ouverture d'esprit et générosité, s'était vite révélé, comme toute minorité, mesquin et borné. On s'y jalousait, on s'y dénigrait aussi férocement qu'on s'était divisé et désuni dans l'opposition à Hitler. Le désastre des dernières élections libres qu'eût connues le pays n'avait pas servi de leçon : les intellectuels se montraient moins solidaires, plus sectaires que jamais. En Allemagne, Friedrich Arnhein avait été avant tout le fils de Bruno Arnhein. Il le serait encore en France : sans cesse, il lui faudrait endurer des remarques infamantes sur la compromission de son père avec le nouveau régime désormais. Sans cesse il lui faudrait s'entendre presque reprocher sa lâche conduite : « Dis donc ! Alors, comme ça, ton père vient encore de... »

Son père venait d'accepter le titre de Directeur honoraire de la Chambre de musique du Reich... Son père venait de prononcer une conférence sur le génie de la musique allemande devant une assemblée de SS... Toscanini ayant eu la dignité de résilier son contrat avec le festival de Bayreuth, son père s'était offert de le remplacer au pied levé... Une sorte de bulletin paroissial publié par des artistes allemands réfugiés somma le fils de condamner au nom de toute l'émigration une si atroce servilité alors. Et quand en 36 on apprit que ce valet du pouvoir composerait l'hymne olympique des Jeux de Berlin, un pigiste hargneux d'écrire immédiatement : « Votre père est-il tombé si bas, Friedrich Arnhein ? »

Friedrich Arnhein, excédé, rétorquait-il qu'il ne se sentait pas responsable des actes et des choix, assurément regrettables, de Bruno Arnhein ? On lui faisait tenir des propos parricides dont la propagande nazie s'emparait pour flétrir la dégénérescence morale des déserteurs de la patrie en lutte. Ainsi, ayant avoué un jour que selon lui la fameuse valse n'était pas ce que son père avait fait de mieux, il avait eu la déplaisante surprise de lire dans une feuille de chou éditée par des brechtiens :

Friedrich Arnhein : « Je chie sur *La Contessina* ! »

Ce qui était devenu dans un communiqué de l'agence de presse du parti national-socialiste :

Friedrich Arnhein : « Je chie sur ma mère ! »

Se permettait-il au contraire de faire observer avec beaucoup de ménagements que son père n'était toujours pas membre du parti malgré l'insistance des autorités à l'y inscrire, ou qu'il venait de se démettre de tous ses titres et postes officiels, ou qu'il avait, à ce qu'on murmurait, aidé deux musiciens juifs ? Quel naïf, il faisait ! Ou pire : un tiède, que la piété filiale aveuglait. Un renégat. Un vendu ! écrivit froidement, entre autres insultes, un journaliste communiste. Une hyène fascisante ! N'avait-il pas osé dire publiquement : « Mon père a tort mais c'est mon père… » ? N'avait-il pas découragé ainsi des millions de travailleurs dressés contre l'hydre hitlérienne ? N'avait-il pas planté un poignard dans le dos du camarade Staline ?

Friedrich Arnhein baise le cul de son père !

À la fin de l'article si élégamment titré, l'auteur insinuait que ce n'était sans doute pas un hasard non plus si le plumitif raté était le frère d'une ordure SS.

Abel et Caïn n'avançant plus, un soir qu'il était soûl, dans un accès de désespoir le plumitif raté avait cru trouver une issue soudain : prendre un nom de plume avant de reprendre ce livre qui piétinait. Tenter de l'achever sous une autre identité, comme le premier ouvrage d'un homme neuf... Mais maintenant que cet article était paru, il ne le pouvait plus. C'eût été à ses yeux la pire des trahisons. Arnhein il était, Arnhein il serait toujours. La passion délatrice qu'ont en commun communistes et fascistes l'y forçait.

Arnhein — pourquoi ce nom impressionnait-il tant Sarah ? Pourquoi répétait-elle si obstinément qu'elle ne serait jamais une Arnhein ? Et pourquoi toujours avec une espèce de joie morbide mal dissimulée ? Pourquoi d'un air de défi, enfantin sinon infantile, et accusant cette légère loucherie qui l'avait tant séduit au début de leur amour ?

« Blunt je suis, Blunt je reste. »

C'était lui qu'elle refusait inconsciemment, c'était son amour — il le sait aujourd'hui, il le sent. Feignant de voir en lui non l'homme qui l'aimait et qu'elle aimait mais le personnage, au reste largement imaginaire, porteur d'un nom fameux, elle le dépouillait de ses qualités personnelles ; partant, de son amour pour elle. Elle le désarmait.

« Tu es désarmante ! protestait-il. T'ai-je jamais demandé d'être une Arnhein ? Et veux-tu bien me dire en quoi je le suis ? Moi qui n'ai eu de cesse de récuser mes origines, en somme... »

Mais elle déplaçait vicieusement la question. Au lieu de dire : « Je ne veux pas être à toi, Friedrich... », elle disait : « Je ne veux pas être une Arnhein... » Sans le savoir, elle se défendait de lui en son for ; elle esquivait ainsi la violence d'une passion singulière, et qui l'apeurait.

Assurément souffrait-elle d'un sentiment d'infériorité à son égard. Décliner l'honneur de porter un nom prestigieux, c'était avouer une crainte obscure de n'être pas à la hauteur. Qui sait s'il n'y avait dans ce snobisme à rebours l'indice d'un refoulement ? La résurgence d'une honte lointaine mais si proche encore : Sarah était juive.

La jeune femme scandaleuse qui sortait seule le soir, fumait dans la rue et se maquillait comme la putain d'une peinture expressionniste, avérait par sa rage même d'aguicher combien elle était peu sûre d'elle. En menant une vie aussi délibérément bohème, elle se vengeait d'une mère trop strictement parce que trop récemment bourgeoise. Et révélait sans le vouloir que l'aïeul avait été rabbin d'un ghetto letton.

Parfois, Sarah trouvait des accents presque antisémites pour moquer la vulgarité nouveau riche de ses parents. Avec une fausse insolence dérisoire, tirant une longue bouffée de son abdulah à bout doré, elle se présentait :

« Oui oui ! Blunt. Des grands magasins bon marché... »

Formule rituelle assortie d'un non moins rituel gloussement censé démentir qu'elle en conçût une quelconque fierté. Mais qui clamait haut et fort exactement le contraire. En même temps que son peu de confiance en elle... Parole conjuratoire, manière subtilement perverse de prévenir l'éventuel mépris d'un goy pour une fille de boutiquiers ; donc d'être juive encore. Autre manière de prétendre : — Je ne suis pas une Arnhein.

Son secret gisait dans ce déchirement intérieur, dans ce jeu du moi avec le moi. De la mémoire avec ce qui s'y dérobe... Sarah soutenait, et il n'avait aucune raison d'en douter, que jamais elle ne s'était sentie ni même sue juive avant ce matin d'hiver où les vitrines des grands magasins de son père avaient été trouvées barbouillées d'inscriptions à la peinture noire :

Commerce juif. Allemands ! n'entrez pas ici. N'achetons pas aux affameurs.

Était-ce en 29, en 30 ?

Deux ou trois ans auparavant, un pavé avait volé dans une vitre de leur salon et, par le carreau cassé, un inconnu avait jeté la charogne d'un chat. Mais ses parents n'avaient pas même paru considérer qu'il pût s'agir d'antisémitisme. Simple malveillance d'un garnement ! Ce fut aussi leur seul commentaire devant les enfants quand ils retrouvèrent leur voiture les cinq pneus crevés. Et ils ne virent pas non plus, ils ne voulurent pas voir d'allusion dans ce graffiti gravé au canif sur leur porte : non ! ce n'était pas l'étoile à six branches, mais deux triangles isocèles inversés et superposés. Voilà tout.

Leur fureur à s'assimiler les aveuglait, les perdait. M. Blunt n'avait pas de mots assez durs pour dénoncer le nouvel exode, la lie venue des ghettos de l'Est. Que faisait le gouvernement pour endiguer un tel flot, alors que le pays comptait plusieurs millions de chômeurs ? Du fond du cœur, eux étaient allemands. Aussi allemands que Goethe ou Beethoven. Mais ces pouilleux ? Mais ces rebuts de l'humanité ? Ils affluaient, forts de leurs préjugés religieux, baragouinant entre eux le jargon de leurs douteux marchandages. On n'entendait plus qu'eux partout, on ne voyait plus qu'eux ! Avec leurs grands chapeaux, leurs barbes, leurs papillotes... Ils envahissaient, ces profiteurs, ces parasites ! Ils abusaient de la charité publique, ces voleurs qui jamais ne deviendraient de vrais bons Allemands. M. Hitler était un brave homme au fond, mais mal entouré, mais trompé par les voyous de la SA. Sinon, il aurait vu qu'il y avait Juifs et Juifs. Il aurait compris qu'il ne fallait pas les confondre, eux, avec cette racaille. Tout ça, c'était la faute des provocateurs dans le genre d'Egon von Rosenberg. L'affreux *Dr Mephi* !

Les Blunt étaient de vrais bons Allemands. À la naissance de leur fille, ils n'en laisseraient pas moins passer ce surprenant lapsus de l'appeler Sarah. Bel acte manqué ! ironiserait plus tard l'intéressée. Témoignage en effet d'un discret reproche intérieur, d'un retour sur soi, d'un regret. Comme le nom déchiffré sur un tesson exhumé des cendres d'une culture ruinée, comme le souvenir irrésistible d'une prière apprise autrefois, comme un écho du passé... Ou un sinistre pressentiment ? Car un jour, ce prénom, les nazis le décréteraient unique et obligatoire pour les femmes juives. Pour les femelles juives — selon leur monstrueuse terminologie zoologique.

N'était-ce pas cela qu'elle cachait sous son maquillage plâtreux, sa guenon chérie, la singesse à son Friedrich ? Friedrich qui, volontiers, surnommait amoureusement sa femme en ces termes de zoologie... Sarah-la-clownesse, comme il l'appelait aussi, Sarah soulignait d'un large trait de mascara pailleté ses paupières, mais elle fermait les yeux sur son histoire. Elle ne voulait rien savoir des avanies que ses parents avaient endurées, des blessures morales qui en étaient résultées ; elle ne voulait rien savoir de leurs efforts pour s'assimiler, des interdits tournés à grand-peine, des tabous douloureusement enfreints ; ni des déconvenues soigneusement tues, ni des larmes rentrées. Ces gens avaient surveillé en eux le Juif, tout comme le résistant qu'il était devait aujourd'hui surveiller en lui l'Allemand. Ils avaient dû apprendre à se méconnaître, à se mentir, à se haïr autant qu'on les haïssait ; ils avaient dû l'apprendre à leurs enfants. Constant et harassant travail du moi et sur le moi, qui les avait meurtris, qui les avait vidés. Brisés par la haine séculaire, torturés par leurs propres reniements, épuisés de les nier ces reniements, c'étaient des âmes mortes. Ils s'étaient trompés et n'avaient trompé qu'eux. Sous le puff et le blush, c'était elle seule que leur fille bluffait. Sarah était comme le vieil oncle qui se giflait si drôlement les joues quand devant ses neveux lui échappait un juron yiddish. Sarah était comme sa mère, sa mère qu'elle avait vue après la mort de l'aïeul se débarrasser, simple négligence, de l'étole de prière et des rouleaux sacrés avec tout un ballot de vieux habits à donner aux pauvres. Comme elle, elle aurait pu murmurer alors :

« Une vieillerie ! La vieille juiverie... »

Mais Hitler non plus ne ferait pas le tri.

Sarah ! Sarah-la-clownesse, qui jouait à la femme fatale et n'était encore qu'une gamine quand ils se connurent, carrefour Vavin. Sarah, qui riait trop fort, claquait trop fort des talons en marchant, saluait avec de trop larges gestes les amis aperçus à la terrasse du Dôme ou de La Rotonde ; Sarah qui se voulait une femme libre mais n'exhibait au fond que sa pudeur et sa peur d'autrui, sa dévorante soif d'amour et la terreur secrète qu'elle en éprouvait. Friedrich la revoyait dansant seule au milieu de la piste à l'heure de fermeture du Jockey : l'un après l'autre, les musiciens rangeaient leurs instruments dans les étuis, les lumières tamisées de la salle augmentaient d'intensité et blanchissaient comme l'aube au-dehors. Mais Sarah s'amusait tant ! Elle ne voulait plus partir.

« Mon singe chéri ! Il le faut pourtant.

— Je veux qu'ils lui jouent d'abord *No bananas,* à ton singe ! »

À la fin, le saxo et le tuba durent les repousser vers la sortie en leur trompettant aux oreilles un ragtime. Puis, comme sa femme les vampait avec drôlerie, quémandant un morceau encore et encore un autre, ils les escortèrent sur un air de blues jusque chez eux, en face du cimetière Montparnasse.

Mais Friedrich la revoyait aussi s'affoler au milieu du désordre de leur appartement, incapable qu'elle était de se rappeler où elle rangeait les biberons ordinairement. Incapable ! répétait-elle, comme si elle eût jamais rangé quelque chose quelque part ordinairement. L'enfant pleurait de faim dans ses bras, elle s'accusait sur un ton mélodramatique d'être une mauvaise mère, elle l'accusait lui de ne rien faire pour aider. Il la revit éclater en sanglots, s'essuyer les yeux avec ce qu'elle croyait être un mouchoir et qui était un lange souillé, il la revit s'en barbouiller le visage, hoqueter de dégoût quand enfin elle s'aperçut de sa méprise, et hurler, hurler de colère, hurler de désespoir : les cinq tétées quotidiennes, les rêvasseries de son mari, ce sordide capharnaüm, et elle... Elle, surtout ! Sarah Blunt... Blunt ! — des grands magasins à bon marché aujourd'hui confisqués par les nazis. Les nazis qui lui avaient confisqué sa vie...

Sa vie, aurait-elle pu seulement imaginer que ce serait ça ? Et Paris, un taudis face à un cimetière, avec un chiard qui braille, de la merde plein la gueule !

Maladroitement, Friedrich avait tenté de la consoler alors :

« Ce n'est que du caca de bébé, ma chérie, calme-toi. Et puis, on va le retrouver ce biberon. Tiens ! là, sous l'évier avec la vaisselle sale d'hier...

— Mais l'autre ?

— L'autre ? Tu y as mis les fleurs que nous ont apportées André et Clara.

— Évidemment ! Il n'y a pas besoin de vases pour celles que tu m'offres...

— Oh ! je t'en prie. Pas plus tard qu'hier, tu me disais que désormais le superflu...

— Eh bien moi, les fleurs me sont nécessaires !

— Mais oui, Sarah ! À moi aussi, figure-toi ! Et sinon les fleurs, du moins un peu d'ordre et de propreté.

— J'ai toujours pensé que tu aurais dû épouser une *shiksa* !

— Une quoi ?

— Une *shiksa* ! »

Le mot avait surgi, inouï pour lui au sens exact du terme. Un mot du vieil oncle qui se giflait, assurément ; un mot de l'immémoriale mémoire. Un mot yiddish comme il en resurgissait de l'amnésie oubliée, dans les moments de détresse. Et Friedrich jeta un regard troublé à Sarah. Leur fils dans les bras, elle se tenait maintenant debout contre la fenêtre, devant l'alignement des tombes et des monuments funéraires ; l'enfant s'était tu. Le chagrin la défigurait mais cette laideur remuait en lui il ne savait quel insidieux fétichisme : il aimait ce détail de la peau laiteuse et tachée de son qui se marbre, comme gonflée de pleurs aux commissures des lèvres et sous les narines. Qui bleuit... Sarah se tenait là, face à lui, enlaidie, fiévreuse, tremblante, juive telle que jamais elle ne lui avait paru jusqu'ici ; et il se sentait coupable comme s'il l'eût battue, comme s'il l'eût traitée de sale juive.

« Une *shiksa* ! » reprit-elle en esquissant un pâle sourire de défi où se mêlait de la tendresse et, il le devinait, une secrète velléité de faire la paix à présent, de s'écrier : « Pouce ! » comme font les enfants pour suspendre le cours d'un jeu. « Je veux dire : une Gentille, une gentille chrétienne blonde et grasse, avec de gros seins, de vrais pis de laitière du Holstein, et des fleurs dans ses tresses. Une brave ménagère qui aurait su tenir l'intérieur du grand homme, lui mitonner des petits plats, laver et repasser son linge, corriger ses manuscrits même, et pondre sept enfants en sept ans, une bonne gretchen, quoi ! une qui n'aurait pas confondu la couche pleine de merde du petit dernier avec son mouchoir du dimanche... »

Et de rire alors aux éclats. Car ses pitreries étaient aussi fantasques et brusques que ses abattements.

Friedrich avait appris avec le temps à ne pas trop se décontenancer face à elle. Il savait se ressaisir vite, changer de ton dès la moindre nouvelle saute d'humeur, profiter d'une ouverture.

« Mais le grand homme, nota-t-il en poursuivant sa plaisanterie, le grand homme n'aurait pas si bien fait l'amour à une grosse vache avec des tresses. Non ? »

Elle ne l'écoutait pas ; ou du moins, feignait de ne plus l'écouter. Voici qu'elle s'adressait au bébé avec un sérieux cocasse :

« Veuillez patienter, Monsieur Arno Arnhein. Votre biberon ne saurait tarder... » Puis, haussant les épaules : « Arno Arnhein ! C'est bien une idée de votre père : vous avoir prénommé Arno. Une idée de *goy* ! » Et fredonnant, mais en changeant une lettre du mot *boy,* la dernière rengaine de Mistinguett :

Un petit goy, c'est gentil !

— Quoi ? protesta Friedrich. Que veux-tu dire ? Nous ne l'avons pas choisi ensemble, ce prénom, peut-être ?

— Non !

— Ça alors ! C'est trop fort.

— Non. J'ai dit oui, mais je n'en pensais pas moins. À un moment, je me suis même demandée si tu n'oserais pas suggérer : Bruno ! Comme ton père. Bruno-le-jeune. Bruno II. Mais tu n'as pas osé... Seulement, il a fallu tout de même que le prénom rappelle celui de Bruno. Qu'il lui fasse écho, en quelque sorte, tout en faisant écho au nom. Il a fallu que ce pauvre enfant soit encore plus Arnhein que les Arnhein : Arno Arnhein !

— Et comment aurais-tu voulu l'appeler, toi ? Dis-le-moi !

— Alice.

— Alice ? Un garçon ! Alice si c'était une fille, nous en étions tombés d'accord. Mais un garçon ?

— Alice. Je voulais une fille.

— Et pourquoi ça ?

— Justement ! Pour que cet enfant ne soit pas prédestiné.

— Je ne comprends pas.

— Pour qu'il ne naisse pas avec tout le poids du nom et le

devoir, avant même de savoir marcher, d'être un génie comme son père et le père de son père.

— Merci pour son père, en tout cas !

— Une fille aurait eu le droit d'être idiote ! Comme sa mère. Un garçon, dès sa naissance c'était fichu : il avait le devoir d'être un Arnhein !

— Idiote comme sa mère ! Ce qu'il faut pas entendre ! »

Elle lui tira la langue et loucha. Roulant des yeux aussi comiquement qu'elle, du plat de la main il la menaça d'une fessée puis l'embrassa, le bébé serré entre eux deux. À reculons, il la guida jusqu'au lit, où ils churent, riant tous trois.

Que lui avait-il manqué pour être heureuse ? se demandait Friedrich. Quelques fleurs parfois, un peu plus de luxe. Et d'abord, un peu plus de ce luxe qu'est l'attention des autres. Ses parents n'avaient pas su encourager l'artiste en elle ; lui, n'avait pas voulu, ayant trop à faire avec ses propres doutes, ses propres scrupules, ses propres découragements. Il se moquait de ses ambitions vagues, arguant non sans vraisemblance qu'elle montait sur scène plus pour se montrer que pour jouer la comédie, qu'elle était plus comédienne dans la vie qu'au théâtre ; elle n'avait guère le feu sacré. Sarah était, au reste, trop lucide pour ignorer qu'elle « ne brûlait pas les planches ». Si, à l'époque où ils se connurent, elle « enchaînait les pannes », voire « les pannouilles », c'était avant tout pour se prouver qu'elle pouvait « faire l'actrice ». Elle aimait le monde des coulisses et en parler l'argot, cet argot dont l'usage abusif dénote vite qu'on n'est pas du métier, même si on épate le péquin. Elle commettait l'erreur d'en rajouter, outre que son accent allemand assez prononcé y conférait un caractère factice, comme emprunté. Sarah s'imaginait vedette mais avait la naïveté d'une midinette quand elle accompagnait son mari dans le monde. Elle pensait poser à l'épouse blasée d'un homme connu, mais ne pouvait s'empêcher de dévisager avidement les célébrités qui entraient au foyer du théâtre ou s'avançaient dans la salle de restaurant, sans hâte, le regard censément vague, certains qu'ils étaient d'obtenir du maître d'hôtel, qui déjà s'empressait, la meilleure table… Sarah cherchait à « leur chiper le truc ». Elle s'essayait à ce faux détachement des vraies vedettes, dont la politesse consiste à paraître indifférentes à leur gloire en même temps qu'intimement flattées des sourires et des hommages que suscite leur arrivée — subtil jeu du naturel. D'un naturel qui s'étudie, qui se répète. Mais Sarah, là encore, ne savait être sobre ; elle donnait trop ouvertement dans la modestie affectée. Modestie inutile de sa part, absurde même, puisque inaperçue. Elle n'était personne, pourquoi feindre de n'être personne comme on le feint quand on est quelqu'un ? Ou, pour reprendre un mot qu'elle avait fait : « Pourquoi en faire des tonnes dans la discrétion ? » Tout à coup, elle s'en ressouvenait et, vexée, recherchait le scandale alors. Elle hélait haut le garçon qui passait, riait fort au milieu de la foule. Il fallait qu'elle se fît remarquer maintenant.

Jamais elle ne trouvait le ton juste. Un rien faisait toujours défaut, comme dans sa toilette ou son maquillage. Elle épilait et crayonnait un sourcil mais oubliait l'autre, les boutons ne boutonnaient pas les bonnes boutonnières, les clips d'oreilles étaient dépareillés, la ceinture bouclée à l'envers, le vert jurait avec le bleu. Quelque chose, on ne savait quoi, clochait ; mais sous le charme, car elle en avait, on ne devinait pas tout de suite la cause de ce léger malaise en sa présence.

« Je ne suis pas *raccord,* hein ? »

Elle apprit le terme en tournant un jour un bout d'essai pour un film où elle espérait un petit rôle de blonde soubrette allemande. Elle ne l'obtint pas mais revint du studio ravie d'avoir enrichi son vocabulaire d'un mot d'argot de cinéma. Elle avait entendu un acteur se plaindre à la script : « Mais, chérie ! je ne suis pas raccord... » Après quoi ce devint sa scie d'une saison : elle n'était pas raccord ! Elle le constatait avec une espèce d'humour amer, gonflant ses joues d'une sifflante excuse, louchant vers la pointe de son nez, croisant les chevilles — pitre. Elle ne savait pas si bien dire : elle n'était pas en accord avec son moi, pas raccord. Comme si à cause d'une erreur de marquage, elle n'eût pas trouvé sa place dans le monde, comme si par une négligence d'habilleuse ou de maquilleuse, elle eût raté un plan de l'existence. Il y avait toujours quelque chose de bancal, de décalé : un détail… Et Friedrich se demandait parfois si ce détail n'était pas sa judaïté même. Sa gaucherie naturelle manifestait tout autant que son goût du scandale un refoulement, une spontanéité exagérément brimée dans l'enfance : dans l'enfance, une part d'elle avait été comme interdite. Et Sarah ne savait pas à vingt ans qui elle voulait être, elle hésitait entre plusieurs rôles : épouse et mère, femme fatale, jeune fille affranchie — elle s'y perdait. Pas assez comédienne pour croire à aucun, trop intelligente pour les jouer d'instinct, trop juive pour ne pas se juger éternellement ; et éternellement en souffrir. Fière au fond d'elle, sans doute, d'être la femme de Friedrich Arnhein. Mais déçue aussi de vivre dans l'ombre d'un homme, et d'un homme vivant dans l'ombre d'un autre homme. Doublement frustrée, maladivement insatisfaite.

Certes, Friedrich la négligeait. Ses incohérences, ses inconséquences l'agaçaient ; il manquait de patience envers elle, s'emportait quelquefois, ne la comprenait pas toujours. Mais elle, ne comprenait-elle pas qu'elle l'atteignait au plus profond chaque fois qu'elle se récriait, moitié chagrine, moitié provocante : « Je ne serai jamais vraiment une Arnhein » ?

N'était-ce pas lui dire qu'il lui faudrait lui aussi se faire un prénom ? N'était-ce pas lui rappeler cruellement qu'il vivait lui-même dans l'ombre d'un autre ? Et mal.

Vaincu, il lâchait d'une voix lasse :

« Mais en quoi le suis-je, moi ? »

En quoi est-il un Arnhein ? Depuis le temps, qu'a-t-il encore de commun avec frère et sœurs sinon quelques souvenirs ?

Il s'éveille d'un mauvais rêve où les siens lui reprochaient, muets, de les avoir abandonnés dans les coulisses d'un théâtre. Il entend son voisin lui dire qu'il a parlé allemand dans le sommeil. Où a-t-il dormi cette nuit ? Dehors, quelque part dans un maquis du Jura.

Il distingue les fusils disposés en fascine autour d'un tronc d'arbre mort, les deux sentinelles adossées au mur en ruine et qui ne se taisent que pour tirer une bouffée du mégot qu'ils partagent. Accroché au conduit de l'abreuvoir, un pan de miroir cassé scintille, légèrement agité par le vent. Friedrich frissonne sous la soie poisseuse de givre ; une joie soudaine le brusque à se redresser sur son séant : il est enfant et s'éveille au côté de son père. Tous deux ont bivouaqué après une longue journée de marche en montagne et s'émerveillent. C'est cet instant de magie où le matin change en marine le paysage alpestre face auquel on s'était couché à la belle étoile. Une brume bleutée noie le fond de la vallée, isole les hauteurs, qui font des îles maintenant. Quelques dévers émergeant des vapeurs, quelques thalwegs herbeux, le trait noir d'un pin...

« Vois, Friedrich ! C'est la poésie des peintures orientales, de ces lavis dits *du monde flottant,* qui inspirèrent à Mahler *Le Chant de la terre...* »

Le père, assis sur ses talons, tend à son fils une gourde de thé. Puis s'écarte d'une dizaine de pas pour pisser majestueusement devant l'infini et exprimer, outre le bonheur d'apaiser un besoin naturel, son simple bonheur de vivre, en vociférant quelques mesures de Mahler.

Des sonnailles lointaines tintent en contrepoint. Et cela aussi, il le fait remarquer, est fort mahlérien.

« Dans sa *Troisième,* on entend des cloches de vaches. Tu te souviens, Friedrich ? »

Il s'en souvient : son père l'a dirigée en concert la semaine précédente et, avec son frère, ils ont suivi une répétition, assis au pied de l'estrade. Bruno Arnhein a toujours eu le souci d'éveiller ses enfants à l'art. Le peu de temps qu'il leur consacrait était pour leur apprendre à écouter, à regarder, à lire. C'est cela qu'auront partagé Friedrich, Siegfried, Dorabella et Pamina ; cela seul, qui leur aura laissé l'empreinte Arnhein : Bruno leur enseignait la musique des choses. Il le faisait sans pédantisme, il leur donnait de simples leçons de choses. Il ne leur désignait pas le beau, il les aidait à le reconnaître. C'était une aventure dont il leur inculquait le goût ; à eux de faire le chemin, ensuite... Ouvraient-ils un gros roman ? N'ayez pas peur de vous perdre ! leur conseillait-il. Lire, c'est partir en randonnée dans une forêt de mots. Laissez-vous surprendre ! Ne posez pas trop de questions avant. Vous voyez écrit à l'orée : *Wanderweg.* Allez-y !

Ou aussi : lire, c'est descendre un fleuve en terre inconnue. Laissez-vous porter par les mots, emporter par le flot des mots. Ne luttez pas contre le courant, ne cherchez pas à savoir d'avance où vous mènera l'auteur...

De découvertes en trouvailles, la vie semblait une suite symphonique. Des personnages aux destins romanesques dînaient à la maison, l'histoire d'amour de leurs parents se chantait à l'opéra, ils se réveillaient en montagne devant une *peinture du monde flottant* : la réalité, en ce flottement même, imitait l'art. L'univers était infiniment civilisé ; la nature, intimement cultivée : les vaches jouaient du Mahler, Papageno sonnait pour eux l'heure d'aller à l'école, et Mozart avait tenu sur les fonts baptismaux les petites sœurs — ou peu s'en fallait. Tout était clair et musical, tout avait un sens ; et un sens arnheinien. Ce n'était en rien ce monde obscur, brutal, insensé, hostile qu'ils habiteraient plus tard — le vrai. Une de ses plus grandes terreurs d'enfant, Friedrich l'avait éprouvée en regardant dans un livre d'art *Le Jardin des délices.* Cet homme dont le corps déchiqueté est en bois et coquille d'œuf, ce couteau brandi entre deux oreilles transpercées d'une flèche : comme si ses couilles...

À treize ans, il ignorait encore qu'il pût y avoir plus effrayant qu'un tableau, fût-il de Jérôme Bosch. Il en avait quinze quand il vit pour la première fois un convoi d'estropiés revenant du front occidental. Des hommes qui n'avaient que trois ou quatre ans de plus que lui, certains. Des hommes au crâne défoncé, des hommes sans nez ou sans bouche, des troncs d'hommes. Un aveugle qui, penché par la vitre ouverte du wagon, gémissait à la cantonade :

« Où es-tu, mon amour ? »

En ce jour du printemps 1916, à Munich, sur un quai de gare, l'horreur de la guerre éclatait avec la violence d'un schrapnel dans l'existence des enfants Arnhein. L'innocence où ils avaient vécu sans heurts graves jusque-là, l'innocence était perdue — comme chante la Contessina.

La Râle, serrant rageusement les poings, menaçait l'ennemi :

« Nous les vengerons ! »

Douce, terrifiée, cherchait refuge sous la jupe de la gouvernante de l'époque — était-ce Mlle Blanche ou Mlle Güdrün (et ses deux trémas) ? Pamina, trop jeune pour comprendre la raison de cette agitation, pleurait à tout hasard. Le Magicien devait se défendre d'un passant qui, l'ayant reconnu, le prenait à partie, pendu aux revers de son veston :

« Alors, comme ça, vous refusez de signer l'Appel des intellectuels et des artistes allemands contre la barbarie française ? J'espère qu'on va vous renvoyer de l'Opéra, M. le Maître de chapelle ! Car, en plus, vous avez l'impudence d'inscrire au programme *Carmen...*

— Je signerais n'importe quel appel contre la barbarie, mais la barbarie tout court, la leur comme la nôtre. La barbarie n'a pas de patrie. Ni la bêtise, cher Monsieur. Qu'on me renvoie ! Près des remparts de Séville, j'irai danser la séguedille...

— Je t'en prie, ne provoque pas ! » l'implorait Elisabeth, effrayée de le voir tenir tête avec tant de panache, ébaucher un pas de danse espagnole, jouer d'imaginaires castagnettes... « Bruno, ne réponds pas ! Les petits, Bruno ! Allons-nous-en... »

Pourquoi se trouvaient-ils à la gare ? Où se rendaient-ils en famille ? Friedrich l'a oublié. Mais il revoit le geste de sa mère alors : elle tire la longue épingle piquée dans son chapeau, relâchant sur ses yeux le drapé de la voilette. Elle tire entre elle et ce qui l'apeure alentour un léger rideau. De ce tulle fin que les modistes nomment joliment *tulle illusion.*

Elisabeth et Bruno ont élevé leurs enfants à l'abri d'un tulle illusion, à l'écart du réel, dans une sorte de folie. Cette folie pourtant, Friedrich le sait aujourd'hui, était une sagesse. La seule sagesse. Leur seul trésor... Il aura mis quarante ans à le comprendre. En vain il se sera rebellé contre sa culture, en vain il aura lutté contre l'influence paternelle. Il n'a, hélas ! réussi qu'à tuer en lui le créateur sinon l'amateur.

Mais il y eut une époque où il se rendait à la gare chaque jour. Les trains ramenaient du front des milliers de blessés et d'amputés. Il allait de wagon en wagon, cherchant des camarades de collège, des anciens compagnons de jeu du Jardin Anglais... Les soldats avaient le regard écarquillé et étrangement figé des noyés. Ils parlaient bas, avec lenteur, perdaient le fil souvent. Non, ils ne se souvenaient pas d'untel, non, et pour untel, ne savaient plus. Ou ne voulaient pas savoir. Plus rien n'avait d'importance, disaient-ils. D'autres ajoutaient qu'ils étaient morts eux aussi, oui, morts... Friedrich, en larmes, rentrait déjeuner à la maison. En poussant la porte, il entendait d'abord le piano... Bruno Arnhein achevait alors ses quatre sonatines dites *Fried-Sieg-Dor-Pam.* Deux millions de survivants revenaient de l'enfer à jamais marqués dans leur chair et leur âme ; lui continuait de vouloir éveiller ses enfants à la beauté des choses, de vouloir les émerveiller. Quelle beauté ? De quelles choses ? se récriait, révolté, Friedrich.

Il date son engagement de ces journées-là.

Munich était devenue capitale de la République Socialiste de Bavière. Les Gardes Rouges défilaient maintenant jusque dans l'élégante Möhlstraße. Il n'y avait plus de charbon, plus de viande, plus de pain, plus de lait... Friedrich a vu les cadavres des trois enfants retrouvés un matin morts de faim et de froid sous une arcade de la Marienplatz. Le 29 ou le 30 avril 1919, il a vu les otages assassinés au Luitpold Gymnasium ; les exécuteurs étaient des ouvriers. Mais début mai, des bourgeois de Bogenhausen, assoiffés de vengeance, se joignaient aux Corps Francs pour nettoyer au couteau la ville et, selon leurs propres termes, « noyer le rouge dans le rouge ». À Schwabing, durant plus d'une semaine, les caniveaux évacuèrent une eau rougie en effet. Il y avait tant de tués abandonnés dans les rues qu'on craignit une épidémie ; on en fit des tas, qu'on chaula. Un matin, la brigade Erhard défila des Propylées jusqu'à l'Ange de la Paix, arborant sur les casques la croix gammée. Friedrich vit pour la première fois l'emblème, et lut dans plusieurs journaux qu'il s'agissait d'un symbole de l'éternel retour. Quelques jours plus tard, la famille ayant enfin pu se voir restituer la Mercedes réquisitionnée depuis deux ans, puis se procurer cent litres d'essence, partit pour la Suisse. Un pèlerinage littéraire comme les aimait son père. Cette fois, sur les traces de Nietzsche.

Éternel retour de l'horreur ! En 37, Friedrich a vu les bombes incendiaires jaunir le ciel de Guernica. Devant Teruel, un éclat d'obus l'a blessé. Et il a reçu sur lui, comme un boulet, la tête décapitée d'un camarade. La répugnance le hante depuis, le trahit parfois quand il est très fatigué ou sous le coup d'une émotion : en un sursaut nerveux involontaire, il faut qu'à nouveau il essuie de son ventre la cervelle qui s'y est collée ; qu'il prenne avec ses doigts l'œil énucléé, tiède et gluant, qui coule le long de sa cuisse criblée de débris d'os. La démence le guette alors, il le sait. Et il boit plus qu'il ne devrait. Pourtant, il n'a jamais sombré. Je tiens, songe-t-il avec fierté, je tiens toujours. Je me tiens.

Sarah agonise dans un sanatorium, loin d'Arno et d'Alice. Alice et Arno ont été enlevés à ses parents peut-être. Peut-être massacrés... Mais il n'est pas devenu fou pour autant. Car quelque chose subsiste de son enfance, qui l'aide à tenir, qui l'aide à se tenir ; quelque chose qui tient le tout, qui le retient de voler en éclats, même au comble de l'ivresse, de la solitude et de sa lassitude de combattant de l'ombre. C'est cette sagesse reçue : la beauté des choses, que lui a enseignée son père. C'est d'avoir appris quel art y est contenu. Les choses ont une mémoire, la nature se souvient d'avoir été chantée... Éternel retour de la beauté ! Avant nous, d'autres hommes se sont éveillés à l'aube devant un monde flottant ; avant nous, ils ont pleuré de bonheur et chanté et entendu monter de la vallée des sonnailles. Ils nous ont légué leurs prières, leurs récits, leurs peintures, leurs musiques, leurs souvenirs, leurs notes. De quoi est faite la vérité du monde, la flottante vérité du monde. Nous ne sommes pas seuls, affrontés à une nature obscure et brute, dont nous ignorerions tout ; nous nous rappelons, si nous le voulons. Et si nous le voulons, nous pouvons aussi pisser devant l'infini en sifflotant par défi quelques mesures du *Chant de la terre*. L'univers n'est rien sans nous. Sans notre mémoire, sans la beauté que nous y avons trouvée et que les autres y trouvèrent avant nous, il est sans vérité. Lénine comme Hitler ont voulu en inventer une autre et révoquer ce monde-ci. Mais il n'y a qu'une vérité, pour floue qu'elle soit ; et leur monde est invraisemblable, est invivable. On peut déposer un parlement, démettre un gouvernement ; on ne peut destituer l'humanité, on ne peut dissoudre sa mémoire. Hitler aura beau hurler d'une tribune sur la Königsplatz : « Le monde commence avec nous... » tout comme les communistes chantaient, plusieurs années auparavant, sur cette même Königsplatz :

Du passé, faisons table rase...

Mais que reste-t-il qui vaille encore quand on a tout vu et qu'on a cru en mourir ou devenir fou comme Friedrich Arnhein ?

Que reste-t-il qui lui permette chaque matin — qu'il se réveille dans l'herbe humide, un couloir du métro londonien ou une chambre inconnue — de se retrouver, de réunir en une identité cohérente un moi épars qui s'égarait dans les coulisses d'un cauchemar ? Que lui reste-t-il pour tenir encore et ne pas sombrer dans la folie ? Que lui reste-t-il sinon les souvenirs de l'enfance, ses joies apprises auprès de père et mère, ses lointains émerveillements — cette singulière folie arnheinienne qui fut leur sagesse et reste leur seul trésor ? Ce qui fait qu'aujourd'hui même, le 5 octobre 1943, à Genève, tandis qu'assis sur un banc devant le lac il repense si douloureusement à sa femme et à leur amour, il lui semble qu'il pourrait enfin répondre à cette question inquiète par laquelle il répliquait à l'inquiétude de Sarah : « En quoi suis-je un Arnhein ? »

Il le sait aujourd'hui. Il sait ce qu'il y a de commun entre son frère, nazi, et lui, résistant ; entre eux deux et leurs deux sœurs. Il sait que l'idéologie ne peut avoir complètement éteint en eux la poésie de l'existence, cette vérité gazée d'un léger tulle illusion que leur ont donnée en partage leurs parents. Il a l'espoir qu'aucun des quatre enfants n'ait oublié la leçon : *La vie est théâtre, théâtre est la vie...* Siegfried se rappelle-t-il une de leurs plus grosses sottises ? Le jour où, déjouant la vigilance du régisseur et des machinistes, les deux garçons s'étaient cachés derrière un décor pendant une représentation de *La Flûte enchantée.* Tout à coup, les rochers s'entrouvrent pour laisser passer sur son trône constellé la Reine de la Nuit ; ils sont à découvert. Le public s'esclaffe et les applaudit ; la Reine laisse éclater une fureur plus trillée encore que ne l'exige son rôle :

La vengeance infernale bout dans mon cœur !

Le chef d'orchestre, leur père, pris entre colère et fou rire, dirige de la main droite et, de la gauche, annonce en mesure une terrible fessée... Quels autres enfants ont jamais été menacés d'une fessée pour ainsi dire mozartienne, et devant plus d'un millier de spectateurs ?

Dans cet état d'ébriété où le plonge l'extrême fatigue, si perdu dans sa rêverie éveillée qu'il hallucine vaguement, il se plaît à les imaginer tous quatre en ce moment pensant chacun aux trois autres, comme lui. Leurs souvenirs se croisent et tissent un lien immatériel, aussi éloignés soient-ils les uns des autres. Ils communient secrètement dans l'amour de leurs parents. Ils entonnent à distance, en canon, un grand chœur arnheinien.

Siegfried ? Il se rappelle en cet instant précis la mémorable, quoique peu sévère, correction qui suivit immédiatement le baisser du rideau après le finale de *La Flûte enchantée.*

Dorabella ? À Capri, sur la terrasse de la villa, elle joue du piano devant la mer et chantonne en italien, tout en pensant à ses frères.

Et puis voici Pamina qui, elle, pense à lui plus particulièrement pour la raison qu'ils vont se retrouver dans moins d'une heure, si le contact a été établi comme il faut. Et sans doute l'a-t-il été ; Friedrich, qui a certain don de médium, se sent étrangement confiant depuis quelques minutes...

Leurs quatre voix se joignent comme elles s'étaient jointes la dernière fois où ils furent réunis, il y a de cela bientôt quinze ans : le 5 novembre 1928 — pour fêter le soixantième anniversaire du maître. La direction de l'Opéra, la municipalité de Munich, le gouvernement Bavarois avaient, avec le concours officieux de l'ancienne famille régnante, somptueusement fait les choses. Au milieu d'un salon d'honneur du Landtag, la pâtisserie Kreutzkamm avait édifié une grandiose pièce montée en forme de piano : les touches blanches étaient de pâte d'amandes, les noires en chocolat, la caisse en nougatine ; le tout flanqué d'une cascade de petits fours et de friandises posant des notes, des clefs et des barres sur de longues portées en sucre filé. Tandis que les discours des corps constitués se succédaient, interminables, on voyait les notables en frac et col cassé jeter furtivement des regards de gamins gourmands reçus au palais de Dame Tartine. Un peu à l'écart, massés en une sorte de commando, une douzaine d'hitlériens entouraient au plus près leur chef qui, lui, n'avait pas su résister plus longtemps à l'attrait d'une assiette de gâteaux et, sa petite moustache enneigée de crème fouettée, s'empiffrait en solitaire au milieu de sa troupe. Qui avait invité ce truand et ses nervis ? Beaucoup dans l'assistance posaient la question à voix basse. Quelques-uns croyaient donner la bonne réponse en alléguant : « Siegfried, évidemment, il est du parti... » Mais la vérité, c'est que le goinfre s'était invité de sa propre autorité comme il le faisait à peu près partout depuis quelque temps déjà.

Vint enfin le tour des enfants de dire leur compliment au maître. Mais Friedrich, Siegfried, Dorabella et Pamina s'étaient concertés avant. Et, prévoyant le pesant ennui qui préside à ce genre de festivité officielle, ils avaient décidé de créer la surprise et de secouer les somnolences en entonnant a cappella et en canon un court chœur de leur composition :

Bru-ni-ver-hein-no-arn-saire-an-bon
Bru-vers-bon-hein-an-aire-no-arn-ni
Bru-hein-no-ver-ni-bon-an-saire-arn
Bru-no-Arn-hein-bon-an-ni-ver-saire

Etc.

Et Elisabeth de se joindre spontanément au quatuor. Et Bruno, tout de go, au quintette improvisé. Et le sextuor de faire front au maintien gourmé de l'assistance, uni dans cette folie douce et cette insolente gaieté complice qui n'appartiennent qu'aux Arnhein. Siegfried en oublie de jeter vers son guide et maître à penser, lequel entame son cinquième baba, ces regards idolâtres qui avaient tant exaspéré son père et son frère aîné au début de la cérémonie…

Pour autant que ses souvenirs sont exacts, le sextuor ne devait plus jamais chanter ensemble. Mais Friedrich rêve éveillé : les voici tous les six réunis à la villa de Lindau. À leurs voix, se joignent les petites voix aiguës et claires d'Arno et d'Alice :

« Papa ! Papa ! »

Et Sarah est là aussi, qui l'étreint tendrement :

« Friedrich ! Friedrich ! »

Il craint de s'endormir s'il ferme les yeux maintenant. Qu'il est las ! Voici un mois qu'il n'a jamais dormi deux nuits de suite dans le même lit. Quand encore il dormait dans un lit. Quand encore il dormait… La nuit dernière, il a passé la frontière : une longue marche forcée dans les montagnes. Derrière un passeur qui en douze heures ne lui a pas adressé trois fois la parole. Il douterait pour un peu d'être arrivé. Genève semble une vision crépusculaire qui se dissiperait s'il s'ébrouait et sortait de sa torpeur enfin. Le calme cossu des rues, les parterres fleuris devant le lac, le jet d'eau et, dans le lointain, le sifflet discrètement nostalgique d'un train, poignant comme un départ ou des retrouvailles dans un roman de gare. Un roman de Schreiber.

Schreiber ! Pourquoi ce nom tout à coup ? Pourquoi, affleurant à sa conscience si labile, le nom de cet écrivain suisse qu'il avait rencontré en… ? Mais quand ? Et où ? À Paris, en 36, au moment du Front Populaire ? Ou plus tôt : en 35, peut-être. Oui : en 35, au Congrès international des écrivains pour la défense de la culture.

« Le fascisme ne passera pas ! » avaient-ils juré tous, en se séparant. Friedrich est de ceux qui depuis, au vu des événements, ajoutent, désabusés : « Eh bien, il n'a pas passé, en effet ! Il est resté. » Il s'est même répandu à la vitesse d'une épidémie de peste à travers l'Europe. Ne subsiste au milieu d'un immense champ de décombres que ce paisible jardin, ces corbeilles de fleurs, ce jet d'eau. Hitler s'est empiffré de pays et de peuples comme il s'empiffrait de babas et de tartelettes à la cérémonie anniversaire de Bruno Arnhein. Le monde ne commence pas avec lui ; il finit. Combien de centaines de milliers de morts à cette heure ? Combien devant Stalingrad ? Combien à El Alamein ? Boudin-Blanc est-il du nombre ?

Boudin-Blanc ! Tu te rappelles ? Nous attendions la venue du quatrième. Serait-ce un garçon ou une fille ? Tu voulais une sœur et moi un frère. Nous étions fous d'impatience, surexcités par cette agitation mystérieuse dans la chambre de Maman. La porte s'ouvrait et se refermait pour laisser passer le médecin qui prenait un air important en nous voyant et posait le doigt sur les lèvres pour nous intimer le silence. Puis, ce fut le tour de la sage-femme de sortir et de rentrer, à la main un broc d'eau chaude. Dorabella pleurnichait dans les bras de la gouvernante ; sans doute avait-elle compris qu'elle ne serait bientôt plus la seule princesse de la maison... Et tout à coup : un cri, des pleurs. Et Papa :

« C'est une fille ! Nous l'appellerons Pamina. »

On nous laissa entrer pour la voir. C'était une horreur de petite sœur, un laideron rougeaud et vagissant. Je n'ai pas caché ma déception :

« Qu'elle est vilaine ! »

Toi, tu as renchéri :

« Vraiment vilaine ! »

Papa a protesté :

« Eh bien, en voilà une façon d'accueillir notre nouvelle demoiselle. »

Alors nous avons poussé des hourras et nous l'avons acclamée :

« Pamina ! Pamina ! »

Est-ce de cette manière qu'un auteur populaire ne reculant devant aucun racolage sentimental, aucune facilité de plume, y compris le parler bébé pour faire plus vrai, traiterait la scène dans un roman à quatre sous ? Est-ce en écrivant ainsi, sans scrupule aucun, moral ou littéraire, que Jean Schreiber a réussi auprès du public ? N'est-ce pas d'avoir toujours craint les sentiments, tant dans sa vie que dans la littérature, si Friedrich Arnhein est devenu impuissant littérairement ? S'il n'a jamais achevé le livre qu'il eût, en somme, écrit pour son frère d'abord — son *Abel et Caïn*.

Friedrich s'est levé comme machinalement. Il n'a pas regardé sa montre ni aucune des milliers de montres qui sont exposées dans les vitrines du quai. Il sait intimement qu'il est l'heure d'aller retrouver sa sœur sur le pont du Mont-Blanc. Pamina sera au rendez-vous, il en est sûr. Et curieusement, se sent d'autant plus ému qu'il en est sûr. Elle sera venue tous les soirs à six heures depuis plus d'une semaine.

Mais comment Schreiber se débrouillerait-il en pareille circonstance ? Oserait-il le cœur qui bat à se rompre ? Oserait-il la silhouette aperçue soudain là-bas ? Oserait-il cette hésitation du héros : n'est-ce pas sa mère qu'il voit et non sa sœur ? Elle marche comme Elisabeth, se déhanche comme Elisabeth...

Alors, notre héros court, oublieux des règles élémentaires de la clandestinité. Il court vers l'héroïne qui, tout aussi insoucieuse du danger, court également dès qu'elle le reconnaît... Schreiber, en étant kitsch, aurait-il fait vrai pour le coup ? Frère et sœur se seraient-ils embrassés au milieu du pont ?

Sanglotant de joie, se seraient-ils écriés, éperdus :

« Pamina !

— Tamino ! » ?

Le Nocturne

Pamina... Tamino... Et Friedo... Et moi, Douce... Tes enfants, Papa... Papa, ne meurs pas... Pas avant que nous nous soyons retrouvés... Retrouvés tous, Papa... Siegfried, Friedrich... Et tes filles, tes filles chéries... Nous quatre... le quatuor réuni une fois encore... Avec toi, auprès de toi, comme le jour de tes soixante ans... La dernière fois que nous avons été ensemble, Papa... Ri et pleuré ensemble... Chanté ensemble... Unis comme autrefois... Unis pour ton soixante-quinzième anniversaire... Attends ! Papa... Attends-nous... Nous t'aimons... Nous voulons te retrouver... Tous, Papa... Tous les quatre... Tu te rappelles ? Notre choral a cappella...

Le train scande, andante, les paroles inarticulées qu'elle ressasse dans sa somnolence, les mots enfantins d'une prière muette. Quand on entend tonner le canon au loin, le convoi ralentit et le fracas fugué des roues sur la voie ferrée s'apaise. Le 3/2 de la mesure se change, sans qu'on sache vraiment à quel moment cela a commencé, au fil de quel subtil glissement d'un thème à un autre, en un majestueux 6/8, comme à la fin du *Crépuscule des dieux*. Leitmotiv de la puissance divine puis leitmotiv de l'amour rédempteur : la musique des essieux et des rails berce en cadence ses pensées floues. Quand tout à coup : coup de frein, entrechoc des butoirs, stridence... Dorabella est jetée contre Aldo. Elle se mord les lèvres plaintivement. Lui se contente d'un laconique :

« Décidément ! »

Il enlace sa femme, tente de la rassurer.

« Tu t'es fait mal ? »

Non, répond-elle en un sourire qui se crispe. Il hausse alors les épaules, résigné : il va falloir évacuer le train une nouvelle fois, une nouvelle fois attendre à l'abri du remblai... Avec l'espoir de pouvoir repartir après l'alerte. Si la voie n'a pas été minée. Si le train n'est pas bombardé maintenant...

La locomotive siffle. Un cheminot court vers la queue du convoi en répétant :

« Tout le monde descend et vite ! Tout le monde descend et vite ! »

Le wagon où les Casalfeltre ont pu obtenir deux places assises en soudoyant un employé des chemins de fer au prix d'une pietà primitive en bois doré est une antique première classe : une portière ouvre sur la voie. Dès l'avis donné, les voyageurs se massent dans le couloir avec toutes leurs valises tandis qu'eux descendent par cette portière, n'emportant qu'un sac chacun, comme il est prescrit sur le bulletin qu'on leur a remis au départ.

« Vingt ans de fascisme n'auront pas appris à ce foutu peuple la discipline », ronchonne un ancien combattant qui s'empresse d'obstruer le passage en y poussant sa malle.

Autre consigne de sécurité : ne pas traverser la voie entre ou sous les wagons, mais remonter le long du convoi jusqu'à la locomotive et la contourner à quelque distance par-devant, le train pouvant manœuvrer à tout moment, sans prévenir, pendant l'alerte. À ce sujet, le contrôleur a colporté de compartiment en compartiment un récit dantesque d'où il ressort que des milliers, oui ! des milliers d'imprudents auraient été qui déchiquetés, qui décapités, qui amputés des bras ou des jambes, ou des bras et des jambes ; et qui tués par les bombes alors qu'ils avaient cru trouver un refuge sous les voitures. Et les voyageurs de se signer en l'entendant, les matrones de gémir un miserere, les curés de bénir en pensée ces malheureux ; ils n'en continuent pas moins d'enjamber les attelages ou de se glisser sous les voitures à chaque évacuation.

À chaque évacuation cependant, l'habitude aidant, le très

conjectural express Naples-Rome se vide plus vite et, à la fois, plus calmement. Voici la cinquième en cinq heures, et le chef de train en oublie de prendre la pose mussolinienne, poing sur la hanche et menton arrogant, pour hurler les ordres du haut d'un talus. Sur le mur de soutènement, des chiffres goudronnés indiquent qu'on se trouve, cinq heures après avoir quitté la gare et dix après l'heure de départ annoncée sur l'horaire officiel, à 27 km au nord de Naples, à 6 km au sud de Caserte.

« Nous n'arriverons jamais, soupire Dorabella. Quelle idée j'ai eue !

— Ne te décourage pas ! lui enjoint Aldo. C'est parce qu'on se bat par ici. Mais dès que nous aurons passé le front...

— Si nous le passons !

— Mais oui, nous le passerons. Nous ne sommes sûrement plus très loin. Après, une fois que nous serons à Rome... »

Elle s'étonne que son mari se montre si résolu soudain, lui dont l'indolence a toujours été pour tout le monde, à commencer par lui-même, un sujet de moquerie. N'a-t-il pas un jour répondu avec superbe à une méchanceté de Friedo : « Mais oui, je suis le Prince Inconstant ! Tu l'ignorais ? Inconstant, Prince Casalfeltre, c'est moi... » ? Ajoutant, parce qu'il supputait que la chose agacerait certainement son beau-frère : « Vieille noblesse dantesque. »

Les Casalfeltre s'enorgueillissent en effet de compter un ancêtre nommé dans *La Divine Comédie.* Même si, en l'occurrence, le poète a damné le misérable et l'a jeté dans le cercle où se consument éternellement éternels indécis et autres velléitaires :

> Félon Casalfeltre, qui croupis sous cette boue ardente...

L'aboulie serait-elle héréditaire dans cette noble lignée toscane qui a pourtant donné à la chrétienté un grand pape, à la découverte des continents un grand navigateur, et un condottiere renommé pour sa bravoure et sa ténacité ?

Mais c'est un autre vers fameux de Dante que cite aujourd'hui Aldo :

« Italie, non pas hôtel mais bordel... »

Une sirène retentit. Un avion pique vers la terre et explose. Au milieu de l'affolement, il trouve encore la ressource de plaisanter posément :

« Eh bien, le Duce disait toujours que l'exactitude des trains était un des premiers succès du fascisme : on veut nous réhabituer aux charmes de la démocratie, voilà tout. »

Après neuf ans de vie commune, le flegme que son mari affiche dans les pires circonstances demeure une énigme pour elle. Lui qui, en paroles, fait volontiers étalage de sa lâcheté, lâcheté grandement imaginaire, du reste, mais qu'il se complaît à revendiquer pour provoquer son entourage, il ne se montre jamais aussi nonchalant, aussi désinvolte que face à un danger réel. Obscure attirance suicidaire ou, au contraire, volonté manifeste de dignité ? Difficile de discerner ce qui motive alors sa spectaculaire insouciance. Et n'est-ce pas simplement pour se distinguer si, d'ordinaire, il joue au lâche ? Depuis vingt ans, l'idéologie bravache du régime n'aura cessé d'exalter l'audace, le courage, la virilité. Au fils d'un héros martyr de la Marche sur Rome, quelle liberté est laissée si ce n'est, à quinze ans, d'échouer dans tous les concours organisés par le parti ? Et mener ensuite avec insolence une existence aristocratiquement oisive. Un Casalfeltre pouvait, comme son père, risquer sa vie dans un mauvais combat ; il ne fraie pas avec des bureaucrates en chemises noires, il laisse cela aux Savoie. Et s'amuse en attendant.

Perdre son temps comme Aldo l'a toujours fait, opposer en quelque sorte sa frivolité à la vanité officielle, c'était résister quand, d'un bout à l'autre de la péninsule, au cinéma, dans les stades et sur ces places monumentales où autrefois on avait plaisir à paresser le soir aux terrasses des cafés, on ne voyait plus que défilés gymnastiques, meetings tonitruants et exploits absurdes. Un homme-obus se faisait catapulter dans le ciel romain et déclarait au présentateur des actualités filmées que seul le fascisme avait pu le propulser aussi haut. Un pilote tournait cent heures d'affilée sur un circuit de vitesse afin de démontrer la supériorité des carburateurs fascistes, des lubrifiants fascistes, du caoutchouc fasciste. Pour prouver qu'eux aussi en avaient, comme on dit, sous leurs culottes bouffantes, les ministres sautaient comme des caniches de cirque à travers des cerceaux enflammés. Et un bataillon alpin planta le drapeau frappé du faisceau au sommet du mont Blanc. Le point culminant de l'Europe ? « À nous ! » braillait le Duce. Le travail ? « À nous ! » Le temps libre ? « À nous également. Organisé par notre ministère du *Dopolavoro*. » Mais quand enfin tout est à eux, quand chaque heure du jour est fascisée, quel autre recours si ce n'est l'indolence et la futilité dans ce qui subsiste de vie privée ? Quand dans les discours déversés en continu sur les ondes tout adjectif est forcément au superlatif, tout verbe forcément à l'impératif, la seule élégance sans doute, le seul héroïsme encore possible, est d'user de la litote.

« Ce n'est pas très joli... » fait Aldo entre ses dents, tout en tentant de capter le regard de sa femme. « Pas très joli... »

Mais trop tard : Dorabella s'est retournée et découvre ce qui suscite la rumeur horrifiée des voyageurs alentour, le murmure incantatoire à Marie, à Jésus, à Dieu et ses saints... Les débris d'un corps humain fleurissent de rouge un olivier, des viscères gouttent d'une branche et, plus loin, une aile d'avion est plantée comme un soc dans les labours, près d'un cheval éventré qui agonise.

Aldo l'aide à s'allonger sur le cailloutis, à l'abri du remblai. D'où ils sont installés, ils ne peuvent plus voir du paysage qu'un mince bandeau terreux entre le ballast et le châssis du wagon ; puis, en glissant plus bas, un bandeau de ciel bleu où s'épanchent avec un chuintement mat des poches de fumée blanche. Dorabella, prise de nausées, s'agrippe au bras de son mari. Elle le questionne :

« Qu'est-ce que c'est ? »

Quand une boule de feu déchire le ciel, ébranle la terre, et qu'ils se retrouvent embrassés, assourdis, hébétés. À quelques mètres devant la motrice, un rail tordu se dresse au centre d'un cratère ; et le tender brûle.

« Tu n'as rien ? fait-il enfin tout bas.

— Non rien », répond-elle.

Mais elle éclate en sanglots.

Aldo aurait dû insister pour qu'elle renonce à cet impossible voyage. De Naples au lac de Constance : deux pays en guerre, les armées alliées, l'armée allemande, ce qu'il reste d'armée italienne, les partisans... Mais non ! il lui dit toujours oui. Et ce n'est pas même qu'il lui cède : venant d'elle, il accepte tout. Il approuve sans discuter la moindre de ses lubies. Pas un de ses caprices auquel il n'ait souscrit quand bien même il soupçonnait qu'elle s'en lasserait avant de l'avoir assouvi... Dorabella a-t-elle jamais entendu autre chose de sa bouche que des : « Si tu veux... » ? N'importe quoi lui passe par la tête, il est partant à peine elle lui en parle.

Elle ne saurait, certes, le lui reprocher. Elle ne peut s'en prendre qu'à soi si, à l'âge de trente-six ans, elle ne sait toujours pas ce qu'elle veut ; ni, et ceci explique cela, qui elle est. Elle se montrerait injuste envers un homme bon au fond. Mais c'est ainsi qu'ils auront vécu, en ne se disant jamais non, ce qui peut être une autre façon de s'ignorer dans un couple ; c'est ainsi qu'ils auront vécu tous deux, amoureux, une vie décevante, une vie qui fut une fuite incessante devant la vie — une vie errante. De port en aéroport, d'hôtel en manoir dont ils étaient les hôtes quelques jours, de cabine de paquebot en cabine de sleeping, de limousine en yacht... Chacun suivant ou entraînant l'autre, selon, pour une course sans but et sans fin ; l'un et l'autre perdus dans leurs rêves et leurs velléités. Prince Inconstant, Princesse Inconstante... Ils n'auraient jamais dû s'épouser. Ils sont trop proches de caractère. Ou d'absence de caractère.

Mais à qui se confier ? À qui dire sa peine quand le regard vague sur des valises défaites, se brouille de larmes, et que c'est tout juste si on ne crie pas : « Assez ! Je n'en peux plus... » ? Tout juste si, en pleine détresse, on n'appelle pas : « Maman... »

Elisabeth recevait de loin en loin une lettre de sa fille avant que le courrier n'eût été suspendu entre pays belligérants. Enveloppe commerciale de grand hôtel, enveloppe armoriée d'une demeure où ils étaient invités : Elisabeth s'amusait de trouver à l'intérieur, presque immanquablement, le papier d'un autre palace, l'en-tête biffé d'un autre château. Les Casalfeltre étaient de passage ; ils allaient repartir s'ils n'étaient déjà repartis quand elle lirait ces lignes hâtives. Inutile, donc, d'écrire à cette adresse, écrivait la fille à sa mère. Inutile d'écrire, de toute façon. Oui, ils vont bien. La vie est belle. Les gens qui les reçoivent, charmants. Elle a donné un beau récital. Aldo est en forme lui aussi. Sont-ils heureux tous deux ? Ce serait beaucoup dire. Et justement, elle n'en dira guère pour cette fois.

Comme d'habitude, la lettre est courte, l'écriture cursive et mal formée, les mots souvent élidés. Pas de formule de politesse pour commencer, mais la question : *Quoi de neuf ?* À laquelle elle répond vite : ils sont contents, ils embarquent demain pour N.Y. ... Ils séjournent chez les [*illisible*]... Ils passeront l'hiver au Maroc... Ils visitent Paris. Ils visitent Londres... Elle se présente au concours Chopin à Varsovie... Elle part se reposer seule sur la Riviera... Elle est enceinte... Elle a trouvé une raison de vivre, le vrai bonheur (si toutefois c'est ce que signifie *rais. de v.* et *vrai bonh.*)...

Maladive pudeur, qui lui fait abréger ainsi toute nouvelle agréable à lire pour ses parents. Morbide inaptitude à la constance, à la persévérance, qui lui fait démentir à chaque nouveau message son courrier précédent : N.Y. était atroce. Les [*illisible*] odieux. Le M., à mourir d'ennui sous les pluies de décembre. Ils ont détesté Paris, ils ont détesté Londres. Elle ne s'était pas assez préparée au concours, elle y a renoncé. La Riviera ne fut pas du tout reposante : il y avait fête tous les soirs chez les X ou les Y. L'enfant n'a pas vécu. Mort-né... Finalement, ils ont acheté à Capri. Une villa sublime. Le paradis, enfin ! Ils ne bougeront plus. Ils veulent la paix.

Le paradis ? Non, l'enfer, corrige-t-elle trois mois plus tard. Depuis le début de la guerre, on se sent piégés dans cette île, prisonniers. En attendant, on s'installera à Naples. À l'Excelsior.

En attendant quoi ? se fût sûrement interrogée avec mélancolie Elisabeth si elle avait reçu la lettre où sa fille lui annonçait en ces termes son énième déménagement. Depuis qu'elle a quitté la maison en 32, Dorabella aura toujours attendu quelque chose ou quelqu'un ; elle ne sait quoi, elle ne sait qui. Pas plus que le prince, son mari, elle ne touche terre.

Mais à quel moment a commencé cet enlisement dans une légère incohérence, et comment ? Ce sentiment en elle d'un léger manque d'adhérence à la réalité : comme d'être à côté des choses, tente-t-elle d'expliquer confusément... Que s'est-il passé ? Y a-t-il eu crise ? Ou y a-t-il eu discret effondrement au terme d'une longue chute, irréversible, dans la maladie, un délabrement continu mais insensible dans sa durée parce que faisant alterner bouffées d'euphorie et accès de désespoir jusqu'au jour où le mal serait nommé enfin : cyclothymie. Et la malade, puisque malade elle était selon la médecine maintenant, jugée, définie, étiquetée : maniaque dépressive.

« Que s'est-il passé ? » fut l'unique question que lui posa un médecin autrichien quand, au comble de l'angoisse, elle alla consulter lors de leur dernier séjour new-yorkais à l'automne 1938. Aujourd'hui, Dorabella a oublié le nom, et jusqu'au visage de ce petit homme affable. En freudien, sans doute jugerait-il, lui, que cet oubli n'est nullement un hasard. Elle n'a pas oublié cependant — est-ce un hasard ? — le misérable immeuble où il exerçait downtown, le divan de velours élimé, ni surtout, en cette journée étouffante de l'été indien, le ventilateur, le ventilateur dont les pales, en brassant la lumière au plafond, lançaient et rétractaient sur ses seins et son ventre leurs ombres portées tentaculaires.

Dorabella était entrée dans le cabinet en exprimant son anxiété par l'agressivité. Il ne pouvait rien pour elle, insinua-t-elle d'emblée :

« Que savez-vous de la vie ? Quelle expérience vous donne le droit de...

— D'aider les autres dans leur malheur ? » dit-il en achevant sa phrase selon son idée mais sans se départir d'une très freudienne bienveillance. « Aucune, madame. Ou si minime : je suis juif. Comme on a dû vous le dire, je vivais à Vienne où j'avais une belle clientèle et une chaire à l'université. Et puis, il y a six mois : l'Anschluss ! J'ai dû m'exiler en abandonnant à leur sort mes patients, et sans pouvoir rien emporter, pas même mes notes de travail. J'ai échoué ici mais je parle très mal l'anglais. Je ne peux donc soigner que des réfugiés autrichiens ou allemands, comme vous, Princesse.

— Je ne suis pas une réfugiée.

— Je le sais. Mais vous êtes allemande.

— Italienne par mon mariage.

— N'empêche. Vous êtes libre, que je sache, d'aller et venir au pays où vous êtes née. Libre de revoir vos parents quand vous voudrez... La veille de mon départ, ma mère s'est suicidée au gaz. Moi, je me cachais, j'étais recherché par la Gestapo. Je n'ai pas même pu suivre son enterrement... L'armée allemande est entrée à Vienne le 13 mars et dès le lendemain, les brimades ont commencé. Les nazis ont raflé des centaines de Juifs, pour le plaisir si je puis dire. Et je voudrais que vous preniez le mot au sens fort : c'était une jouissance pour eux de nous tondre, de nous accrocher une pancarte autour du cou, de nous promener à travers la ville. Ma mère a été prise dans un de ces progromes : des voyous l'ont forcée à laver au savon la rue où elle habitait. Elle est restée agenouillée toute la journée sur le pavé. À nuit noire, quand ils l'ont enfin relâchée, elle est montée chez elle sans dire un mot et... Mais si nous parlions de vous, Princesse », se reprit-il abruptement. Ajoutant, pour provoquer un sursaut salutaire de sa part, sans doute : « Que s'est-il passé ? Dites-moi tout ce qui vous vient à l'esprit. Même les choses..., les choses les plus triviales ou les plus scandaleuses. Même celles qui vous semblent le moins dignes d'intérêt. »

Mais Dorabella, allongée sur le divan maintenant, se tait. Il ne s'est rien passé. Rien qu'elle veuille lui confier.

« Non, rien... » dit-elle après s'être tue une vingtaine de minutes. « Je ne vois pas. »

Elle ment. Elle en a le très net sentiment. Mais par où commencer ? Et comment ? Des souvenirs affluent, fugaces ; des affects indécis où se mêle la honte à une indicible tristesse. Elle a douze ou treize ans et elle a mal. Assise sur la plus haute marche de l'escalier, elle regarde la pluie tambouriner les vitres colorées de l'oriel. Il lui semble qu'elle va mourir mais elle n'ose appeler au secours. Sa gorge se noue.

« Un jour, balbutie-t-elle enfin, nous... »

Au bout de cinq autres mortelles minutes de silence, le médecin l'encourage :

« Oui ?

— Maman... Je veux dire : Papa... La lettre de... »

Un silence encore.

« Quelle lettre ? »

Mais Dorabella ne dira plus rien. Elle sanglote. Et se lève, furieuse : comme si raconter cette histoire insignifiante la guérirait ! Comme s'il y avait guérison quand il n'y a pas maladie ! Car elle n'est pas malade, non.

Dehors, elle pleure encore. Elle hèle un taxi dans la Cinquième Avenue. Aldo l'attend à l'Hôtel Pierre. Est-ce de lui qu'est venue l'idée de consulter le Dr... ? (Son nom lui échappe déjà.)

Ou d'elle ? D'elle, hélas ! Et Aldo aura répondu selon son habitude : « Si tu veux... » En feignant de croire qu'elle jouirait encore d'une quelconque volonté !

À travers le flou des larmes, défilent les vitrines, défilent les enseignes lumineuses, défilent les pompeuses entrées des buildings, défile le nouveau monde étincelant, mais qui n'est qu'une façade, il lui semble. Il n'y a rien derrière, elle seule n'est pas dupe en ce monde : rien que le vide de l'existence. Et ce n'est pas uptown que le taxi la reconduit, elle le devine ; c'est vers la folie, c'est vers la mort... Elle a laissé un peu de son passé dans le cabinet sordide de ce docteur chez qui, elle en est certaine, elle ne retournera jamais, et elle file maintenant vers l'incertitude du destin. À chaque bloc, elle a un an de plus : 38e Rue, 39e Rue, 40e Rue... Elle s'imagine à quarante ans, n'ayant toujours pas eu d'enfant.

Au coin de la 42e et de la Cinquième, au milieu du ruissellement des néons, un nom fuse en gerbe lumineuse puis crépite le long d'un déroulant : *Munich, Munich, Munich*... Elle mordille le dessus de sa main gantée pour ne pas gémir d'effroi : elle sombre dans la démence, elle le suspecte. Sinon, pourquoi y aurait-il écrit dans le ciel de cette rue des spectacles et, justement, au moment où elle repense à la ville de son enfance : *Munich* ?

Et pourquoi des gamins noirs hurlent-ils :

« Munich : la paix ! Munich : la paix ! »

À hauteur des nouveaux gratte-ciel, un de ces petits crieurs de journaux se faufile dans le flot des voitures et, profitant d'un ralentissement, plaque la une du quotidien contre la vitre du taxi. Dorabella lit le gros titre : *Munich : la paix !* Elle regarde la photo d'Hitler.

Oh ! elle le sait, ce qui s'est passé. Tout lui revient soudain clairement, violemment. Une anamnèse, comme dirait le médecin... Möhlstraße, une lettre avait été déposée dans la boîte. Imprudence ou impudence de l'expéditrice, une lettre parfumée à la violette et signée *Ta Chatte.* Une lettre de Sonja, ou de Pilar, ou de « La » Birgit. Une lettre qu'avait ouverte par mégarde Elisabeth.

« Par mégarde, vraiment ? Vous ne deviniez pas ce que vous y trouveriez en l'ouvrant ?

— Non ! » s'indigne Elisabeth.

À qui répond-elle de cette voix blanche, bouleversée ? Dorabella se remémore : à Egon von Rosenberg. Elisabeth l'a fait venir pour lui parler. Sait-il que Bruno la trompe ? Elle se sent tellement humiliée ! Egon est le seul qui puisse la conseiller. C'est à lui qu'elle a pensé d'abord. Et puisque, par chance, il se trouvait à Munich. Tandis que Bruno est parti pour des répétitions à Dresde. Où l'on reprend, ironie ! *Le Prince Inconstant.*

Ils s'assoient sur la banquette de l'oriel. Dorabella les épie, cachée dans la niche que forme la volée inférieure de l'escalier. Elle entend rire Egon. De ce rire de fausset qui les amuse et les inquiète tous.

« Quel style ! s'écrie-t-il. Quel style !

— Moins fort, mon ami, je vous en prie. Les enfants...

— Et l'orthographe !

— Voyons, Egon ! il ne s'agit pas de ça.

— Mais si, justement ! c'est de ça qu'il s'agit, Elisabeth. Il s'agit de savoir si votre mari est amoureux d'une dinde qui lui écrit des choses aussi tartes. Comment avez-vous pu l'imaginer un seul instant ? Enfin, Elisabeth ! lisez plutôt... *Mon chat, je veux être qu'une moule pour ton personnage...* Une moule pour ton personnage ! *Me couler dans la peau comme une professionnelle...* Elisabeth, vous estimez si peu Bruno ?

— Oh ! cette solidarité des hommes...

— Des hommes ! C'est à moi que vous dites ça, Elisabeth ? Non pas que je ne sois pas un homme, non pas que je ne me sente pleinement homme malgré mes mœurs. Mais enfin, un homme qui aime les hommes comme moi les connaît trop bien pour ne pas être enclin à prendre le parti des femmes. C'est d'ailleurs pourquoi elles choisissent volontiers des hommes dans mon genre pour confident...

— En effet. Pardonnez-moi. Vous êtes le meilleur de mes amis, le seul en qui j'ai entièrement confiance. Mais cette lettre... Et que Bruno me mente...

— Il vous ment... S'il vous ment... Il vous ment parce qu'il vous aime.

— Jamais nous ne nous sommes juré fidélité. Pas plus que Lindor et la Contessina. Et j'aurais accepté qu'il me trompe s'il me...

— S'il vous l'avait avoué ? Rien n'est moins sûr. D'ailleurs, je ne vous vois pas jouer ce genre de vaudeville. Ce n'est pas un rôle pour vous.

— Le rôle de...

— Chchch... Vous êtes trop grande dame.

— Je ne supporte pas qu'il me cache quelque chose.

— Eh bien ! c'est qu'il ne vous cache rien. Cette histoire a si peu d'importance qu'il n'aura pas même songé à vous en parler, voilà tout. Et puisque vous évoquez notre opéra favori, laissez-moi vous rappeler les sages paroles de Lindor : “ Sachons nous mentir pieusement... ”

— Au théâtre, c'est si facile, Egon ! Mais dans la vraie vie...

— Votre amour est vrai. Et cela seul compte, Elisabeth. Moi qui cours sans répit d'aventure en aventure, croyez-vous que je sois heureux ? Elisabeth, je vous en supplie ! Vous n'allez pas renier tout ce à quoi vous avez cru jusqu'ici..., vous n'allez pas vous renier sous prétexte qu'une petite gourde avec de gros seins en poire lui a écrit...

— Ah ! parce qu'elle a de gros seins en poire ?

— Ou les fesses comme des citrouilles ! Je n'en sais rien, je ne connais pas les goûts de Bruno... *Mon chat, oui, ta leçon particulière a porté son fruit...*

— Le pauvre ! si ce sont ses goûts, je ne le gâte guère !

— *J'ai comprise mon rôle...* Comprise mon rôle ! Porté son fruit ! Non, vraiment, Elisabeth...

— *Je ne te décevrai pas plus que toi moi au lit...*

— Vous l'avez apprise par cœur, dites-moi ! Ah ! et vous riez... Je préfère ça.

— Mais non ! je ne ris pas.

— Mais si ! Vous avez trop d'esprit pour prendre cette affaire au tragique, ma bonne amie. Et puis, quelle affaire ? Après tout, rien n'indique clairement dans cette lettre qu'ils auraient... excusez-moi, qu'ils auraient couché. La syntaxe de l'épistolière inconnue est tellement déficiente. Êtes-vous sûre de comprendre ce qu'elle a voulu dire ? S'il ne s'agit pas d'une invite, ou d'une promesse simplement...

— *Toi moi au lit* !

— J'aime votre rire, Elisabeth... »

Dorabella pleure quant à elle. Elle pleure en silence et ne sait pourquoi, ni ce qu'elle souhaite vraiment. Elle se recroqueville un peu plus sous l'arche de l'escalier ; l'escalier qu'elle voudrait monter pour aller se faire consoler par sa mère ; sa mère, dont un baiser lui répugnerait maintenant, elle le sent. Comme lui répugnent les suaves manières enjouées d'Egon, comme lui répugne la comédie que se jouent les adultes. Tous les adultes.

Ils mentent, ils trichent, ils séduisent. Elle les hait. Elle hait ses professeurs, elle hait ses parents, elle hait ses frères, elle hait le surnom qu'ils lui donnent : Douce ! Comme pour la forcer à l'être, douce. Avoir treize ans la dégoûte, avoir ses règles la dégoûte. Et la dégoûte plus encore la main qui se pose sur son épaule quand elle joue du piano, l'haleine tiède sur sa nuque...

« C'est bien, ma petite fille... » lui dit son père à l'oreille, d'un ton câlin.

Croit-il donc la tromper alors? Elle devine le reproche contenu dans le compliment, elle soupçonne sous la gentillesse le manque de franchise. Quand il apprécie sincèrement, Bruno Arnhein se montre beaucoup plus critique. Mais cette brave Douce, cette chère Princesse, à quoi bon lui expliquer? Elle ne comprendrait pas. Pourquoi lui faire de la peine?

« Je n'ai pas bien joué, n'est-ce pas?

— Mais si! ma chérie. Ta technique est magnifique.

— " Ta technique est magnifique! " Autrement dit : je n'y ai pas mis de sentiment.

— Au contraire.

— Ou j'en ai mis trop, ce qui est pire! Je suis trop sentimentale. Mais Schumann n'est pas sentimental...

— Tu te mets dans tous tes états! Ma chérie, je n'ai pas voulu te vexer. Et voici que tu pleures!

— Schumann est... Comment dis-tu déjà? Schumann est passionné, douloureux, viril, digne... et quoi encore? Ah oui! Et très conscient de son art. Il n'est absolument pas sentimental. C'est ce que tu dis de tous les musiciens, Papa. De tous les musiciens que je joue. Beethoven n'est pas sentimental, Schubert n'est pas sentimental, Chopin n'est pas sentimental, Liszt n'est pas sentimental, Brahms n'est pas sentimental... Arnhein n'est pas sentimental!

— Douce, calme-toi.

— C'est parce que je suis une fille? C'est parce qu'une fille ne sera jamais capable de jouer une musique d'homme?

— Est-ce que j'ai jamais prétendu ça? »

Non, certes. Mais c'est toutefois ce qu'elle ressent intimement et dont elle souffre sans savoir l'exprimer; pas même dans sa façon de jouer. Quelque chose lui fera toujours défaut pour la seule raison qu'elle est une fille. Son rôle dans la famille est un rôle somme toute secondaire. Les hommes accaparent le devant de la scène sous l'œil complaisant de sa mère. Bruno, d'abord; parce qu'il est le père et un génie. Friedrich, ensuite; parce qu'il est l'aîné, qu'il aura assurément du génie plus tard et qu'il se montre affectueux et galant avec elle. Siegfried, enfin ; parce que le monstre a tous les talents et qu'il la fait pleurer souvent — ce qui est encore une manière de se faire aimer. Mais elle, Douce ? Elle en qui nul ne pressent un don marquant, elle qui se trouve si platement normale... Oh ! ce n'est pas qu'on la néglige. Au contraire : depuis sa petite enfance, les trois mâles l'accablent de leurs prévenances quelque peu méprisantes ; ils la révèrent sous le nom de Princesse. Afin de mieux l'isoler sans doute, afin de mieux la reléguer dans sa médiocrité. Demande-t-on à une princesse d'avoir du génie ou même un quelconque talent ? Non, il lui suffit d'être princesse, gracieuse et vaine. Écervelée comme la Dorabella de *Così fan tutte.*

Cette atmosphère vaguement enjôleuse, vaguement frôleuse qu'ils entretiennent autour des femmes de la maison, de leurs femmes, paraît ne pas déplaire à Elisabeth. Pour sa part, elle se fait sans réticence leur complice, elle se prête à leur jeu de mâles. Mais Dorabella ne résiste guère non plus, et elle ne s'est pas montrée solidaire de son sexe à la naissance du quatrième enfant. Elle n'était âgée que de cinq ans mais elle n'en a pas moins saisi l'enjeu : si c'était une sœur, elle ne serait plus la seule fille. Boudin-Blanc souhaitait une sœur : deux garçons dans la famille, c'était déjà un de trop, calculait-il. Pour les mêmes raisons égoïstes, elle priait, à l'inverse, que ce fût un frère. Ils seraient quatre hommes à l'aduler alors, quatre à l'appeler Princesse. Elle ne voulait pas d'une rivale.

Mais ce fut une rivale, mais ce fut Pamina ! Une fille — à qui pourtant jamais les hommes ne parleraient sur ce ton séducteur et protecteur qu'ils prennent en sa présence. Ils ne la mépriseraient donc pas ? Sa sœur n'a que huit ans, mais quand elle joue du piano, leur père ne lui dit pas que sa technique est magnifique. Ni que Schumann n'est pas un sentimental. Pamina comprend ces choses d'instinct sans doute. Du moins, elle les comprendra un jour, quand elle aura l'âge de Dora. Dora, elle, déçoit son père. Dora est moins aimée que sa sœur et ses frères. Dora n'occupe pas une grande place dans le cœur de sa mère, elle le sait. Et Dora ne croit plus en l'amour que ses parents disent se porter. Dora n'est pas dupe, elle aura bientôt quatorze ans. Elle en vomirait à la seule pensée, au seul énoncé de ce chiffre carré, obtus, terne, venant après le treize, si maléfique, avant le quinze, si prestigieux ; à quatorze ans, on n'est rien. Dora voudrait mourir ; elle a trop honte. Dora se renfonce un peu plus dans le recoin sous les marches. Dora pleure de colère et de désespoir.

Il n'y a donc pas d'amour vrai. L'amour ne serait qu'une intrigue plus ou moins bien menée, plus ou moins bien jouée. Voyez Elisabeth accueillant son mari de retour de Dresde. Admirez sa maîtrise : elle sourit, il ne soupçonnera jamais qu'elle était en larmes à cause de lui il y a trois heures à peine. Écoutez-la parler distraitement d'une visite inopinée d'Egon. Elle prétend qu'ils ont bavardé gentiment de tout et de rien, au coin du feu. Va-t-elle parler de la lettre parfumée à la violette ? Pas encore. Va-t-elle du moins susciter la dispute en lui marquant une certaine impatience ou une inhabituelle sévérité qui l'alerterait et le pousserait à lui poser la question rituelle : « Tu as de la peine, *amore* ? » Non plus. Elisabeth ne s'abaisse pas à ces minuscules chantages de la mimique. Son art est plus franc et plus pervers à la fois. Sans effort, elle trouve le ton exact, celui de la connivence tendre, légère, presque leste. Elle plaisante, elle lui parle de *ses* femmes, en insistant ironiquement sur le pronom possessif : les trois femmes de la maison qui l'attendaient avec ferveur mais aussi ses interprètes à l'Opéra, qui auront pris le deuil, les malheureuses, quand il les a abandonnées, se moque Elisabeth. Est-ce une ouverture ? Un prélude à la scène qu'elle entend lui faire plus tard, tête à tête ? Une sorte de récitatif obligé préparant au grand duo tumultueux de la jalousie ? Rien n'est moins sûr. Elle y renoncera, vraisemblablement. Mais elle joue juste. Elle dose ses effets : une pique ou deux, en passant, scherzando, puis, dès que pointe, comme un coup d'archet grinçant, la douleur, une esquive, un rire. Et si elle lui demande des nouvelles de sa chanteuse favorite, elle ne dira pas, ainsi qu'il est banalement convenu, « La Birgit ». Elle n'exagérera pas non plus sa complicité avec Bruno en la nommant familièrement « Birgit ». « Mlle Angstrøm » semblerait inutilement gourmé, Bruno y discernerait une hypocrisie.

« Birgit Angstrøm » aurait l'avantage de la simplicité mais aucune saveur critique. Elisabeth imagine la nuance qui marquera une nécessaire distance entre sa personne et le monde profane des coulisses, domaine réservé de son mari, qu'elle se refuse à importuner en lui extorquant ses secrets, du reste assurément dérisoires, sans renoncer pour autant au privilège que lui confère le sacrement du mariage outre son évidente autorité morale ; elle s'enquiert avec suavité et cet inaltérable accent viennois qui toujours fera fondre Bruno :

« Comment était Angstrøm ? »

Les parents accusent souvent leurs enfants de jouer la comédie, mais eux, que font-ils quand ils badinent ainsi ? Dorabella se bouche les oreilles. Du fond de sa niche, elle voudrait leur crier : « Vous trichez ! »

C'est qu'il n'y a pas d'histoire d'amour : Dorabella l'apprendra plus tard, à vivre auprès d'Aldo. Il n'y a pas d'histoire d'amour pour la raison que jamais l'histoire d'un amour n'est sûre ni achevée. Sans cesse le passé est ressassé et, de bonne ou de mauvaise foi, changé, gauchi pour les besoins présents du sentiment. On y revient toujours, on veut fixer ce moment où tout a commencé, le comment — mais en vain. Car ce que, de fait, on cherche à taire, à étouffer, c'est une souffrance : le soupçon qu'on ne saurait être deux et ne faire qu'un dans l'amour. La certitude qu'une distance demeure, que rien ne peut abolir. L'un des deux pleure quelques secondes avant l'autre et ce n'est pas forcément celui qui se sent le plus seul, le plus mal. L'un des deux trouve le mot affectueux à dire et tend la main quelques secondes avant l'autre ou lui sourit. L'un des deux jouit quelques secondes avant l'autre, et si intensément qu'il en oublie le plaisir de l'autre ; parfois, dans son spasme, jusqu'à l'existence de l'autre.

Pis : l'un des deux dit avant l'autre : « Je t'aime. » Un silence suit, puis l'autre répond : « Je t'aime. » Mais il ne s'agit pas d'une réponse, pas même d'une redite ni d'un écho. Il est déjà trop tard quand l'autre fait à son tour cet aveu tant espéré. Et le bonheur d'avoir été le premier à lâcher, en rougissant comme si c'était là une obscénité, le mot qui décide de tout, cette griserie est irrémédiablement gâchée par une évidence qui s'impose en nous : désormais, il y aura toujours l'un des deux pour s'être engagé avant l'autre au risque de le perdre.

Ainsi n'y a-t-il jamais d'unité du couple, jamais d'égalité dans le couple sinon au terme d'un arrangement dont on choisit de partager à deux le secret : on arrangera la vérité, voilà tout. Mais ce laps de temps, si bref aura-t-il été, ce très léger décalage restera dans l'histoire d'un amour comme la marque du premier malentendu, du premier de tous les malentendus à venir. Et un jour, dans un accès de doute, que l'autre ne croit pas vrai, l'un des deux interroge :

« Tu m'aimes ? »

Et l'autre, justement parce que alors il n'y croit pas, hausse les épaules et ne répond rien. Pas même, pour en rire après :

« Non. »

On est toujours seul — c'est la seule donnée sensible immuable. Et seule, Dorabella l'aura été dès le premier jour de vie commune avec son prince charmant. Seule dans la promiscuité de deux corps qui se cherchent et finissent par s'écraser, seule dans l'étreinte même, seule dans le coït. Et seule encore, couchée auprès de cette chair moite, assoupie, inhumaine maintenant ; seule, la joue posée contre ce ventre qui sonnait le creux sous son oreille ; seule, sa nuit de noces, alors que lui parvenaient du dehors les braillements avinés d'un éboueur qui, entre deux couplets d'une rengaine dans laquelle il était question d'amour éternel, invitait les ménagères à descendre leurs poubelles ; seule, regardant du fond de ce lit historique où d'autres couples princiers s'étaient aimés et boudés l'aurore rosir l'ocre des toits de Florence. Seule avec son moi qui se refusait, qui se résorbait dans la béance de son sexe, lui semblait-il, qui s'anéantissait. Seule, qui frémissait d'effroi en songeant déjà à la nuit suivante, donc à sa prochaine insomnie. Seule à souhaiter la mort.

Ce serait donc cela sa vie avec Aldo Casalfeltre ? Cela, sa vie avec le seul homme qui l'eût jamais complimentée sincèrement :

« Que j'aime votre jeu ! J'étais ému aux larmes. Rejouez pour moi le prélude, voulez-vous ? »

Lui ne l'avait pas jugée trop sentimentale. Mais il ne l'avait pas imaginée frigide non plus, sans doute.

Frigide — c'est le mot. N'a-t-elle pas été trop bien éduquée ? N'a-t-on pas tué en elle l'instinct à force de culture ? Cette culture envahissante, devenue en quelque sorte une seconde nature, ne fait-elle pas aujourd'hui obstacle à la vie, à ce qu'il est convenu d'appeler la vie ? Il n'y a plus coïncidence entre le désir et le geste qui l'exprime, plus de transparence en son âme. L'innocence est perdue. Toutes ses émotions sont faussées parce que depuis l'enfance on lui a enseigné le déguisement des émotions, le fard. Aucun sentiment ne lui appartient plus en propre, son propre malheur lui semble puisé au fond commun de souffrance et de désespérance de l'humanité. C'est le malheur qui se met en musique, qui se peint, qui s'écrit. Dorabella est trop intimement cultivée pour ne pas se sentir étrangère à soi, jusque dans sa plus obscure intimité. Un fœtus a été expulsé de son ventre dans une cuvette cabossée, et deux ans plus tard un enfant mort. Un enfant dont le corps était entièrement formé et qui, à quelques minutes près, eût été viable. Un cadavre bleui et froid. Mais la chose ne lui advenait pas vraiment à elle, la chose advenait à une autre Dorabella. Dorabella était absente de ses enfantements comme elle l'était de ses grossesses, absente de ses fausses couches aussi.

Quand a-t-elle le plus souffert, quand a-t-elle hurlé à perdre haleine ? Ce ne fut pas au réveil, dans cette chambre d'une maternité niçoise où la froide lumière hivernale nimbait les ombres humaines qui s'agitaient autour de son lit et les désincarnait, pareilles aux idées platoniciennes devant une brèche de la caverne ; et ce ne fut pas même quand elle vit l'accoucheur envelopper dans un linge le bébé et sortir de la chambre pour le jeter Dieu sait où. Elle était alors indifférente, elle ne ressentait qu'une peine légère, indéfinie, et comme épurée, comme abstraite, comme extérieure à elle. Elle n'était pas malheureuse.

Les jours de la convalescence passèrent, aussi calmes, aussi cotonneux. Le redoux fit fondre les flaques verglacées du jardin devant la Baie des Anges. Aldo lui apportait chaque matin une brassée de mimosa, lui proposait une courte promenade. Elle souriait à demi : oui, elle allait bien. Non, elle n'avait pas mal. Le moral était bon. Qu'il ne s'inquiète pas. Quand elle ressortirait, ils feraient la fête pour s'étourdir. Elle voulait s'amuser. Et elle avait envie de musique.

« Cortot donne dans huit jours un récital à Monte-Carlo, veux-tu que je prenne des places ?

— C'est une idée.

— Il y a justement au programme plusieurs pièces d'Arnhein.

— Encore mieux. Très bien. Bravo. »

D'Arnhein, Cortot jouait le *Nocturne Opus 21*...

La main gauche tâte des chromatismes confus, noyant toute tentative d'harmonie sous un ruissellement d'arpèges, elle module de tierce en tierce augmentée une mélodie ductile, lancinante jusqu'à l'intolérable — quand enfin la main droite fait jaillir du fond trouble des graves un triton qui crève à la surface comme une bulle de mélancolie. En même temps que dans le cœur de Dorabella, l'irrésistible envie de pleurer.

Sur le même temps.

Il aura donc suffi de cet accord pour que sans retenue elle sanglote soudain. Elle ne se trouve plus au concert : elle accouche d'un enfant mort, elle tend les bras vers ce petit corps froid d'où ne sort aucun son, et ses mains retombent dans le vide, et ses doigts agrippent les accoudoirs du fauteuil. Elle se tord convulsivement et gémit haut et fort, inconsciente que ses voisins lui font chut. Aldo, bouleversé, lui prend le poignet et tente de la faire lever maintenant. Maintenant qu'elle souffre enfin.

Car il aura fallu cet accord pour qu'elle soit au désespoir. Et ce n'est pas tant que le désespoir ait cristallisé après ce délai naturel nécessaire à l'être pour qu'il saisisse dans toute son horreur l'ampleur de la perte qu'il vient de subir, pour qu'il ressente la violence du choc et son écho en lui : quelques heures, quelques jours, quelques mois d'hébétude... Mais comme le pervers a besoin d'une mise en scène de son fantasme pour jouir, comme le fétichiste du masque a besoin de se masquer pour éprouver du plaisir et le masochiste qu'on le fasse souffrir suivant un scénario établi, Dorabella avait besoin de la musique pour concevoir son chagrin, besoin de l'art pour comprendre son malheur. Elle aura eu besoin de l'exquise torture d'une suite de mesures arpégées, besoin du coup de fouet d'un accord ; pour entrevoir dans quelle infinie détresse elle agonisait intérieurement, elle aura eu besoin de la tendresse démonstrative d'un nocturne d'Arnhein. Dorabella est bien une Arnhein.

« J'ai été cultivée à mort », dit-elle parfois drôlement.

Ses nerfs lâchent. Aldo l'a entraînée au foyer de la salle des fêtes tandis que le pianiste reprenait le nocturne interrompu par ses cris. Il lui demande anxieusement ce qu'il peut pour elle. Dorabella ne pleure plus, elle profère des paroles incohérentes entrecoupées de halètements nerveux mais où il distingue le retour obstiné de quelques mots, toujours les mêmes : son pays, son passé, ses parents. Elle répète inlassablement qu'elle est trop loin et trop seule, qu'elle ne veut plus de ça.

« De ça... ? »

Il ne comprend pas de quoi elle lui parle. D'autant qu'elle lui parle en allemand : elle a retrouvé naturellement sa langue maternelle, la langue des peines indicibles et des joies brusques, la langue de l'inconscient. D'ordinaire, elle s'adresse en italien à son mari. Puisqu'ils vivraient surtout en Italie et qu'elle s'exprimait mieux en italien que lui en allemand, un pacte avait été tacitement conclu entre eux au début du mariage : ce serait leur langue commune. À l'époque, l'italien de Dorabella enchantait Aldo car ce n'était pas l'italien courant mais celui qu'elle avait appris chez elle en déchiffrant des œuvres lyriques ou en écoutant ses parents le parler par jeu amoureux : c'était l'italien des livrets d'opéra, pompeusement poétique et archaïsant mais, par là, tout à fait propre à magnifier ses sentiments pour lui. « Mes feux ! lui disait-elle. Ma flamme, mon ardeur, mes transports... » Et un jour que le jeune couple s'essayait à sa première sérieuse scène de ménage, Dorabella lui avait lancé un : « Cruel, tu me trahis ! » dont l'involontaire effet comique avait fait tourner court, l'hilarité de son mari la gagnant progressivement, leur fâcherie. Depuis, ils s'étaient disputés chacun dans sa langue les très rares fois où ils s'étaient disputés. Mais en revanche, ils avaient convenu d'une langue commune pour se dire leur amour parfois : une langue étrangère pour l'un comme pour l'autre et dont l'usage ne donnerait à aucun des deux l'avantage. Le français était ce langage de l'échange affectueux. Ils en avaient une même connaissance scolaire. En le parlant, ils se sentaient en quelque sorte à égalité, plus unis d'être l'un et l'autre désarmés devant la difficulté de se dire les choses, désespérant ensemble de la pauvreté des mots d'amour.

Aldo lui dit alors en français et très précautionneusement, comme s'il redoutait un refus :

« Veux-tu, je ne sais pas, moi... que nous rentrions à Florence ? Préfères-tu que nous... eh bien, que nous restions ici ? Ou que nous repartions en croisière ? »

Mais comme prostrée, et le regard dans le vague, c'est en allemand que lui répond docilement Dorabella :

« C'est ça, Florence. Ce que tu veux, toi. Oui, voyager. Comme tu préfères. Pourquoi pas ? Ou... »

Aldo n'a-t-il pas entendu ce « ou » ? Feint-il de ne pas avoir entendu le silence qui suit ce « ou » et quête un encouragement : par exemple, qu'il répète simplement après elle, en écho : « ou » ? Car elle hésite, car elle ignore encore si elle désire vraiment retourner ou non auprès de ses parents en Allemagne. Aldo devrait l'aider. La proposition venant de lui, elle pourrait y souscrire selon son habitude en disant avec une fausse négligence : « Si tu veux... » S'engager en dégageant sa responsabilité. Acquiescer sans acquiescer. Décider et ne pas se décider. Éviter le risque.

Mais Aldo la laisse à sa velléité rentrée. Il reprend en allemand, sans qu'elle sache s'il l'interroge ou affirme :

« Tu veux que nous retournions à Florence. »

À quoi c'est elle qui, pour une fois, réplique en italien, soumise :

« Si tu veux. »

Ils retournent donc à Florence. Ils repartent en voyage, ils fuient ils ne savent quoi. Ils retraversent l'Atlantique, reviennent en France, se réinstallent pour un temps dans un manoir des environs de Londres. Ils fêtent la Noël 1937 à Berlin avec Siegfried et Ursula qu'ils n'avaient pas revus depuis la fin de l'été 1935, à l'époque où était promulguée la *Loi pour la protection du sang et de l'honneur allemands* privant les Juifs de leur citoyenneté... Ils réveillonnent en compagnie des Goebbels. Le sapin est décoré de faveurs noir blanc rouge nouées, repliées et lissées en croix gammées du plus joli effet. Et le saint Nicolas qui, au douzième coup de minuit, tombe de la cheminée pour apporter leurs cadeaux aux convives arbore sur la manche de sa robe en feutrine rouge le brassard national-socialiste. Goebbels porte un toast à l'ordre nouveau et à cette nouvelle Allemagne où le Père Noël en personne est SS ; Siegfried, pour sa part, fait le serment que le pays sera débarrassé de la vermine judéo-bolchevique avant le Noël 1940. Aldo, toujours homme du monde, feint d'être plus soûl qu'il n'est pour ne pas avoir à soutenir une discussion politique qui risquerait de tourner à la rixe. Siegfried cherche, mais en vain, à lui faire honte de ne pas militer pour le fascisme, lui fils d'un héros fasciste. Puis, quand les Goebbels sont repartis, c'est au tour du frère et de la sœur de se quereller, à propos de leurs parents. Il était convenu qu'ils se rendraient ensemble à Lindau pour célébrer le nouvel an en famille, mais les Arnhein n'iront pas. Siegfried s'est disputé récemment avec son père et sa mère au sujet de Friedrich. Et d'ailleurs, le Führer les a invités à Berchtesgaden, Ursula et lui...

Les Casalfeltre annuleront, eux, le 30 décembre. Brusquement, Dorabella craint de ne pouvoir supporter les retrouvailles. Elle téléphone à Elisabeth et pleure dans le cornet pendant les dix minutes qu'une ligne lui a été réservée par l'opératrice. Elle prend d'abord prétexte d'un récital qu'elle doit donner le 5 janvier à Venise. Puis crie presque, quand elle lui avoue :

« Non. Ce n'est pas ça. Le récital a été remis. Il y a que je vais assez mal en fait. Et je crois que je n'aurais pas la force de… Tu comprends, toi. Tu expliqueras à Papa. »

Après quoi, elle lui écrit au dos d'une carte postale de la Compagnie Générale Transatlantique, dont elle a biffé la raison sociale :

Enc. pardon, ch. Maman, je sens que je craque.
Mal remise d'une dépr. Embr. le Mag. + Mina.
Dis-leur que je les aime. Comme je t'----. D.

Ainsi va sa vie, de crises brèves en longues retombées dans l'atonie. Exactement comme sont écrites certaines pièces orchestrales de son père dans les mêmes années 37, 38, 39 : de longues tenues atonales que dénoue de temps à autre un accord majeur… Mais sa musique donne un sentiment de plénitude, heureuse ou douloureuse, tandis que dans sa vie à elle domine le sentiment de la vacuité. Du vide, même.

Et de l'indifférence aussi. Car les Casalfeltre auront traversé leur époque sans se soucier des événements de l'époque, dans un étourdissement continuel. Le monde courait à la guerre mais eux couraient le monde, ils ne pouvaient en percevoir le mouvement. On ne sent plus sous ses pieds le roulis quand on danse sur le pont d'un paquebot. On n'entend pas les coups de feu dehors quand on sabre le champagne entre amis… Les Casalfeltre apprennent la nouvelle de l'Anschluss à l'aube d'un bal masqué à Estoril. Ils sont à New York au moment des accords de Munich : Dorabella lit le nom de sa ville natale sur un journal lumineux de la 42e Rue. Le 9 novembre 1938, c'est en Allemagne la Nuit de Cristal : un millier de magasins juifs saccagés, deux cents synagogues incendiées, des morts et des blessés dont on ne connaîtra jamais le nombre exact. Coïncidence : la veille, le 8, les Casalfeltre, se trouvant à Paris, étaient invités par Daum à une soirée de gala, *La Nuit du cristal.* En juillet 1939, ils assistent au Festival de Bayreuth ; Hitler n'est encore à leurs yeux qu'un malotru entouré de gardes du corps dont la présence indiscrète trouble leur recueillement au début du *Crépuscule des dieux*. Le 24 août, de retour à leur villa de Casalfeltre Pratese, ils entendent commenter à la radio le pacte signé la veille entre l'Allemagne et — ils ne sauront quelle autre puissance, ayant déjà tourné le bouton pour capter sur un autre poste une émission de musique légère. Que leur importe l'accord passé entre Staline et Hitler ? Que leur importe, la semaine suivante, l'entrée des troupes allemandes en Pologne ? N'était l'éventuelle annulation du prochain Concours Chopin... Et que leur importe, deux jours plus tard, le dimanche 3 septembre, la déclaration de la guerre ? Surtout si l'Italie n'honorera pas son traité d'alliance avec l'Allemagne, qu'elle laissera affronter seule la riposte de l'Angleterre et de la France.

Jamais les Casalfeltre n'auront donné autant de fêtes que cet automne-là. Jamais ils n'auront été invités à autant de galas charitables pour les victimes de ceci ou de cela — à peine s'ils savent quoi, ils ne lisent pas toujours les cartons attentivement, ils en reçoivent tant ! Mais ils pourraient résumer la situation ainsi : — un bombardement allié, — un bal ; — un bombardement allié, — un bal ; etc. La seule chose ennuyeuse, selon Aldo, c'est d'avoir perdu les amis anglais et français. Et puis, selon Dorabella, rien de plus fatigant à la longue que de devoir sortir tous les soirs. Ils partiront se reposer quatre ou cinq semaines au Maroc...

Du Maroc, elle envoie une carte de vœux à Lindau. Elisabeth est troublée de voir que sa fille ne se contente plus de barrer d'un double trait, suivant les bons usages, l'en-tête ; voici que bizarrement elle barre de même la formule gravée sur le bristol : *Meilleurs vœux*. Mais, à lire entre ses lignes, si cursives, elle constate aussi que sa fille semble avoir trouvé la paix sinon la joie :

> Est-ce le bonh. enfin ? Je ne crois pas mais je prépare une intégr. des prél. et noct. du Magicien pour un récital. Où en est la guerre ? Comment allez-vous ? — Bien des choses à A. et A. Bonne année 40 à tous. Dora.
>
> p.s. — Dis à Papa qu'il se rassure : je ne joue plus du tout *sentimental*.

Où en est la guerre ?

Mussolini vole enfin au secours de la victoire allemande, l'Italie y entre à son tour en juin 40. « Nous serons héroïques ! » hurle à la radio le Duce. Héroïquement, des avions mitraillent en piqué femmes, enfants et vieillards qui fuient l'avancée des armées ennemies sur les routes de France. Ce sera encore l'occasion d'un bal au profit des victimes : les deux orphelins d'un aviateur tué à cause d'une erreur de pilotage... Aldo intrigue pour ne pas être mobilisé. Les Casalfeltre ne sont pas en vain de noblesse pontificale : il obtient du Saint-Siège passeport et immunité diplomatiques. Avec la charge d'Observateur magnifique, dont il dit en privé, moqueur : « Ne me demandez surtout pas en quoi cela consiste. Seulement, il fallait trouver un titre officiel au lointain neveu de Sixte VI. Il y a bien déjà des recteurs magnifiques, alors pourquoi pas des observateurs ? J'observerai magnifiquement... »

Mais de Capri, où les Casalfeltre se sont retirés, que peut-on observer de la guerre ? Rien, sinon que l'île se peuple vite de toute une aimable société de riches oisifs dans leur genre. Au milieu de la mer, ils mènent l'existence protégée, luxueuse et vaine qu'ils mèneraient en croisière. Dans un rare moment de lucidité, Dorabella recopie au dos d'une carte postale qu'elle veut envoyer à son père les premiers vers d'un poème d'Egon von Rosenberg :

> Passager de la vie aux yeux clos,
> Somnambule, tu danses le tango
> Tandis que tangue le pont
> Du paquebot sous tes pas.
> N'entends-tu pas, mi corazòn,
> Qu'on sonne l'alerte n° 3 ?
> Un — deux — trois.

Un poème des années de guerre. De l'autre guerre, évidemment. Du début de la vogue du tango... Quand Egon von Rosenberg leur procurait, personne ne savait ni ne voulait savoir comment, du chocolat. Quand Bruno Arnhein composait pour la circonstance *Mousse au chocolat.* Et qu'elle créait l'œuvre au piano, juchée sur le dictionnaire de latin avec lequel on rehaussait le tabouret chez les Walter. Ou était-ce chez les Mann ? Dorabella avait onze ans à l'armistice mais voilà le souvenir le plus marquant qu'il lui reste de 14-18. À croire que cette insouciance somnambulique serait héréditaire chez elle : des millions d'hommes mouraient dans les tranchées et son père écrivait cette sucrerie en sol majeur. Ce contre quoi ses deux frères se seront rebiffés en s'engageant politiquement, l'un à droite, l'autre à gauche... Qu'importait le camp, en somme ? Eux ne voulaient pas être *passagers de la vie aux yeux clos.* Aveugles comme ce malheureux soldat en gare de Munich... Autre vague souvenir de la guerre, mais terrifiant celui-là : le quai, la verrière enfumée, le convoi sanitaire, les gémissements des blessés, l'inconnu qui menace son père d'une gifle, la robe de sa mère où elle cherche refuge... La scène est associée dans son esprit, elle se demande pourquoi, à la habanera de *Carmen.* Elle chantonne l'air avec l'espoir d'en trouver la raison, mais en vain. Elle se dit qu'elle devrait écrire à son père pour lui demander s'il se rappelle, lui. Mais elle ne postera pas même cette carte postale où elle a recopié pour lui le poème d'Egon von Rosenberg au verso d'une image de la Grotte d'Azur, elle l'oubliera au fond d'un tiroir avec tant d'autres choses. Peut-être le psychanalyste dont elle a aussi oublié le nom l'aurait-il aidée à démêler les motifs d'un tel oubli. Et peut-être aurait-elle compris que le choix de cette image n'était pas fortuit non plus... Les coulisses du théâtre de la Résidence. Le décor du dernier acte d'*Orphée.* Les Enfers où, sous promesse de ne pas la regarder, l'aède a pu descendre rechercher son Eurydice. Le chef d'orchestre explique à un machiniste sur quelle mesure il doit commencer de faire varier la lumière. L'orchestre reprend sans lui depuis le début du duo. Et tandis que les amants se chantent leur amour en se tournant le dos de crainte que les dieux ne les séparent derechef et pour toujours cette fois, tandis que la musique s'allège, se fait pure extase, l'éclairage rougeoyant vire au bleu, la fosse infernale se change en grotte marine...

Dorabella revit cet instant parfois, si intense mais si fugitif aussi qu'à peine affleure l'affect bouleversant, la joie parfaite, la profonde paix : son père la surprend là — cachée dans la pénombre poussiéreuse, derrière un repli du rideau rouge. Il s'empare d'elle à bras-le-corps, la soulève de terre, la ravit et, dans l'élan, lui baise les lèvres.

O, joie parfaite ! Profonde paix
Vois, mon amour, l'azur
Retourne-toi...

chante Orphée.

« Ma petite fille, murmure-t-il, mon amour ! »

Il lui mordille le lobe de l'oreille, à coups de langue lui mouille la nuque.

Je t'aime, Papa... Ne meurs pas... Pas avant que nous ne nous soyons retrouvés... Pas avant que nous ne nous soyons embrassés... Toi et moi... Ta petite fille, Papa... Ton amour...

Sous les roues, les éclisses de la voie ferrée continuent de scander les paroles inarticulées de sa prière intérieure. Hébétée de fatigue mais trop fatiguée pour s'assoupir maintenant, elle regarde sans le regarder son mari qui somnole en face d'elle, accoudé à la tablette, le front au creux des bras. Le paysage lombard de rizières et de peupleraies étire sa géométrie dans un infini brumeux, pour point de fuite le soleil, rouge et bas à l'horizon. Il fera noir dans moins d'une heure et, comme la nuit dernière, le train s'immobilisera en rase campagne, tous feux éteints, les vitres masquées avec le coupon de crêpe funèbre dont dispose chaque compartiment. Il faudra alors attendre interminablement, dans le froid humide, le lever du jour.

De quel jour ? Le 1er novembre ? Le 2 ? Dorabella doute. Elle tente de se remémorer, de recompter les aurores et les crépuscules depuis leur départ de Naples, depuis le bombardement au nord de Naples et au sud de Caserte, depuis l'hébergement improvisé dans le palais royal de Caserte... Ensuite, combien ont-ils pris de cars? Cars cabossés, cars bricolés, cars rouillés, cars brinquebalants aux carreaux cassés et aux pneus rechapés, cars équipés au gazogène ou même tractés par une machine agricole mue à la vapeur. De Caserte à Capoue. De Capoue à Gaète. De Gaète à Littoria. De Littoria à Rome — enfin.

Après Rome, ce serait plus aisé, s'étaient-ils imaginé. À ce qu'on disait, les voies en direction du nord n'étaient pas encore coupées. Et Aldo comptait faire valoir ses droits, réels ou fictifs, pour demander assistance aux autorités, quelles qu'elles fussent. À la gare, ils eurent un espoir, hélas ! vite déçu, car l'imperturbable administration des chemins de fer affichait toujours un horaire fourni, où elle continuait de distinguer sur le papier, avec cet art tout italien de la nuance ferroviaire, rapides, express, directissimes, directs, accélérés, locaux ; même si dans la réalité le rapide pouvait s'avérer moins rapide que l'omnibus, voire être tiré par la motrice dudit omnibus. Et même si l'employé posté derrière le guichet pouvait se révéler, en dépit de sa casquette, revendeur au marché noir de billets, d'ailleurs périmés — les Casalfeltre l'apprirent à leurs dépens. Ils découvraient que l'anarchie napolitaine gagnait tout le pays. Privilèges pontificaux et appuis princiers n'étaient plus même suffisants dans l'état de corruption, dans l'état de décomposition où se trouvait l'Italie. Pour pouvoir user d'un passe-droit, pour pouvoir exhiber un coupe-file au nez des gens, encore doit-on avoir affaire à un semblant de file, à une apparence de droit. *Passagers de la vie aux yeux clos* qu'ils avaient été jusqu'ici, ils se trouvaient doublement désarmés maintenant : n'ayant pas la dignité de simplement renoncer à leurs avantages mais trop bien élevés pour les défendre par ces temps troublés. Incapables de se dire : À la guerre comme à la guerre...

Il y faut du flair. Savoir suspecter la personne la plus complaisante et confier son sort à la plus notoirement douteuse. Se résoudre vite, surtout. Même si la conséquence est qu'on ne cesse plus de jouer son existence sur des coups de tête... Répondre oui ou non, selon, au fonctionnaire qui vous demande négligemment si votre bague ne serait pas à vendre. Sourire d'un air niais en feignant de ne pas comprendre les questions de cet officier allemand ou, au contraire, lui déclarer avec exubérance que vous êtes sa compatriote. Et dans le compartiment de l'omnibus rebaptisé rapide où vous avez finalement pu monter, deviner si le bavard qui vous soûle de mots pendant des heures est un fasciste ou un antifasciste, ou un fasciste qui joue à l'antifasciste afin de vous débusquer pour vous dénoncer au prochain arrêt.

Rome, Civitavecchia, Livourne, Pise, Pistoie, Prato... Combien de trains ? Combien de retards ? Combien de changements ? Combien de salles d'attente non chauffées, au sol jonché de détritus ? Combien de vieux wagons réformés et remis sur les rails que chaque freinage disloque en un grincement lugubre ? Combien d'éclisses ?

Le temps s'éternise. De contretemps en contretemps, il s'uniformise. Se fait durée pure. Confond tout... Dans ce qu'il reste de conscience, le proche passé se mêle à des souvenirs moins récents. Des souvenirs d'il y a deux, trois, quatre, cinq jours déjà.

À Naples, un colonel américain confisque son sauf-conduit au prince, tout observateur magnifique qu'il soit... Avant de le rendre galamment à la princesse quand il apprend qu'elle est la fille de l'auteur de la célèbre valse. Bruno Arnhein, s'ils le rejoignent jamais, saura que sa musique fut plus utile qu'un passeport diplomatique pour franchir les lignes.

À Caserte, on loge pour la nuit les voyageurs rescapés du bombardement dans la galerie des glaces du palais royal. Il n'y a plus une vitre aux fenêtres et des pipistrelles peuplent les lustres.

À Littoria, autre vision de mauvais rêve, la ville neuve dont les murailles s'écaillent et se couvrent de moisissures déjà : ces quatre façades colossales édifiées devant des taudis au croisement de deux avenues triomphales qui ne mènent nulle part et se perdent dans les marais pontins. Exact symbole du fascisme fin octobre 43.

À Rome, leur frayeur quand, après avoir examiné à la

loupe le solitaire de Dorabella, un agent brandit son revolver et leur dit :

« Eh bien ! je le garde. »

Machinalement, Dorabella fait tourner entre deux doigts autour de son annulaire droit la bague désormais manquante. Elle observe ensuite longuement ses mains de pianiste puis se regarde dans la glace vissée sous le filet à bagages. Son beau visage est défait, maculé de suie. Une sorcière ! se juge-t-elle.

Le train alors recommence à rouler. On quitte Prato. Une changeante miniature toscane emplit le miroir : un paysage de collines argentées, d'allées de cyprès, de fermes fortifiées qui s'amenuise et recule. Soudain : Casalfeltre Pratese...

« Aldo ! s'écrie-t-elle. Aldo ! N'allons pas plus loin. Je n'en peux plus. Jamais nous n'arriverons à Lindau. Arrêtons-nous à Florence. Rouvrons le palais. Au moins les cuisines et une ou deux chambres du second étage que nous pourrons toujours chauffer. Nous y passerons l'hiver.

— *Hi hu heux* », bâille Aldo en massant avec les pouces ses yeux endoloris.

En tout état de cause, le train ne va pas plus loin que Florence.

« Tout le monde descend ! crie un cheminot. Pour Bologne, Milan et Venise, il faudra revenir demain. Interdiction absolue de passer la nuit dans les voitures. Évacuation. »

Sur le quai de la gare, les Casalfeltre avancent en se soutenant mutuellement, sans hâte. La rémanence en eux des cahots du convoi les fait vaciller. Mais ils sont tacitement soulagés d'avoir renoncé à leur voyage. C'était de la folie ! se répète intérieurement, comme pour se décharger d'un sentiment de culpabilité persistant, Dorabella. Elle rêve, sinon d'un bain, luxe désormais prohibé, elle rêve d'un broc d'eau chaude pour se laver, d'une flambée dans la cheminée du studiolo, de s'asseoir à son piano. À Prato,

Aldo a pu prévenir Angelo... Le voici qui s'avance vers eux, d'ailleurs, deux enveloppes à la main. Deux enveloppes réexpédiées à leur adresse florentine, l'une sous le sceau de la nonciature helvétique, l'autre par courrier spécial de la Wehrmacht.

Dorabella ouvre cette lettre en premier et lit, sur papier timbré de la svastika :

Berlin, le 18 octobre 1943.

Ma chère Douce,

Pardon si je ne te ménage guère mais il y a urgence, hélas ! Depuis ma dernière lettre, l'état de notre père a terriblement empiré. Les ballons d'oxygène sont maintenant quotidiens et les médecins le trouvent très affaibli quoique nullement diminué intellectuellement. Ce vieux fou refuse d'aller à l'hôpital. Il craint sans doute pour la vie des deux petits Juifs. J'ai eu beau lui garantir par écrit qu'ils seront toujours en sécurité du moment qu'ils ne quitteront pas la villa, tu connais aussi bien que moi le Magicien ! J'ai pourtant prêté serment sur mon honneur de SS, et pour prouver ma bonne volonté je les ai dispensés du port de l'étoile jaune : il m'a fait répondre par la Comtessine que nos neveux ne l'avaient jamais portée de toute façon et qu'il me dispensait donc de dispense... Tu vois, ma petite sœur, qu'il n'a en tout cas rien perdu de son mauvais caractère. Et tu vois quels risques je prends personnellement. Tu imagines quels blâmes j'encourrais de mes camarades si cela s'ébruitait. Mais bien que je ne sois pas encore pleinement rentré en grâce, il a demandé à me revoir *moi aussi*. Car voici, ma petite sœur, la triste nouvelle : Papa va si mal qu'il s'est convaincu que son prochain anniversaire serait le dernier, si seulement il vit jusque-là. Il veut donc nous revoir tous les quatre, nous embrasser une dernière fois tous les quatre... Je doute fort que Friedrich l'apprenne. Et même s'il l'apprend, qu'il veuille faire le voyage. Mais j'ai prévenu Pamina et je pense qu'elle viendra dès que possible à son chevet.

Quant à vous deux : j'ignore combien de temps il faudra à cette lettre pour vous atteindre, que vous soyez à Capri, à Naples, à Florence ou Dieu sait. Mais mettez-vous en route dès que tu l'auras lue. Venez vite ! Moi, je dois impérativement me rendre dans les territoires de l'Est pour une tournée des popotes que je n'ai pu décommander. Je prends l'avion dans moins d'une heure à Tempelhof. Mais je compte me trouver à Lindau le 3. Ou au plus tard le 4. Le 5, Papa aura soixante-quinze ans. Nous devons être là. Je vous attends impatiemment, Aldo et toi.

Redis-lui mon affection. Je t'embrasse, ma chère Douce.

Une dernière chose : notre Führer s'est enquis en personne de la santé de Papa. Il lui a souhaité un prompt rétablissement.

Et encore ceci : Ursula veut que je joigne à ma lettre ce mot d'elle sans le lire. Ce dont je m'acquitte volontiers.

Ton frère qui t'aime,

Siegfried.

Dorabella déplie la feuille de papier bleu gravée aux armes des Schnaben. Les yeux embués de larmes, elle lit péniblement les lignes désordonnées griffonnées par sa belle-sœur :

Ma chérie,

serons-nous réunies enfin ? Même si ce doit être
en des circonstances aussi tragiques, j'avoue
que je l'espère ardemment.
Sois rassurée quant à Siegfried :
depuis qu'il sait votre père mourant,
il est méconnaissable.
Comme si à l'ultime moment,
il souhaitait se faire pardonner.
Se faire aimer enfin.
Je crois qu'il ne s'opposera pas à la présence
(du reste assez improbable)
de son frère.
Et que nos neveux n'ont rien à craindre.

Venez vite !
Tu me manques.

Ursula

Dorabella rengorge un sanglot d'angoisse. Elle glisse un doigt qui tremble sous le rabat de l'autre enveloppe, le déchiquette. Elle reconnaît au bas de la feuille la signature de Pamina. Et trois mots dansent devant ses yeux : *Papa va mourir*.

« Papa va mourir ! » soupire-t-elle en s'abandonnant dans les bras d'Aldo. « Il faut repartir. »

Aldo ne lui répond pas tout de suite. Avec l'aide de leur domestique, il la conduit à un banc et la contraint à s'y asseoir. Dorabella répète :

« Il faut repartir. » Insiste : « Il faut repartir. » Puis crie presque : « Papa, ne... » Mais n'achève pas sa phrase.

Les deux hommes lui sourient miséricordieusement. Des passants indiscrets s'arrêtent pour la dévisager. Aldo, agacé, leur fait signe de s'éloigner. Et enfin rétorque à sa femme très doucement, en lui parlant allemand :

« Il n'y aura pas de train avant demain matin, mon amour. »

Eh bien ! demain matin, fait-elle d'un simple haussement d'épaules.

Elle se relève. Elle veut lui prouver qu'elle en a la force. Son père ne mourra pas avant qu'elle ne l'ait embrassé.

Ils repartiront donc le lendemain mais vers midi, dans le premier convoi en partance pour le Nord. Et la plainte monotone des bogies reprendra. Et ils attendront plusieurs heures dans un hangar ouvert à tous vents. Et trois fois ils devront descendre du train avant la traversée d'un pont qui peut être miné. Et aux paysages vallonnés de la Toscane succédera la plate Émilie. Et la nuit tombera sur la plaine du Pô...

La nuit tombe. De quel jour la nuit ? Depuis combien de temps sont-ils partis ? Quand arriveront-ils à Vérone, et quand à Bolzano ? Seront-ils demain en Autriche ? Le col du Brenner n'est-il pas enneigé déjà ? À Innsbruck, y aura-t-il une correspondance pour Bregenz ? De Bregenz, un bateau pour Lindau ?

À mesure qu'ils se rapprochent de la frontière, les souvenirs de la veille s'estompent. Dorabella vit en pensée dans le futur à présent. Elle anticipe rêveusement son arrivée à la villa. Elle se voit entrer dans la chambre où son père s'est assoupi, se pencher vers lui et déposer sur son front un baiser qui, si léger soit-il, le réveille. Elle s'entend lui murmurer :

« Je suis là, Papa. »

Mais c'est dans les bras de son mari qu'elle se blottit, que cela plaise ou non aux deux sœurs missionnaires qui occupent l'autre banquette du compartiment.

Aldo glisse une main sous l'encolure croisée de son breitschwanz et lui palpe les seins à travers la soie de sa combinaison. Ses doigts remontent vers le cou, elle frémit et réchauffe sa caresse dans le repli du menton sur la gorge. Elle songe que jamais elle ne l'a autant aimé, que jamais elle n'a connu une telle harmonie, jamais une telle paix.

Il la fait rire quand il lui chuchote :

« Je bande comme un bouc. Je voudrais tu sais quoi ? »

À cette heure, là-bas son père agonise peut-être. Mais il lui semble que cette effusion soudaine a quelque chose du lyrisme arnheinien. C'est en somme rendre hommage au vieil homme et à ce qu'il aimait dans la vie que de fondre ainsi, tendrement.

Le train ralentit, ralentit encore. Peu à peu, le rouge du couchant bleuit. Des reflets de grotte marine ondoient sur la vitre. Les liseuses s'éteignent. Le train s'immobilise. Les religieuses se lèvent pour tendre le crêpe noir.

Eux deux sont près de jouir dans cette froide et humide obscurité.

Quelques mesures

À leur arrivée au camp, on les dépouille de leurs bagues, de leurs alliances, de leurs colliers et de leurs bracelets, et même de leurs lunettes si elles en portent. Les dents en or seront récupérées après leur mort, et jusqu'aux vagins des cadavres seront soigneusement fouillés. Puis, on les rase : les longues chevelures fourniront le feutre pour les chaussons des tankistes et des sous-mariniers.

Les femmes sélectionnées pour le gazage immédiat sont alors appelées à se ranger en files avec leurs enfants. Un Hauptsturmführer SS leur annonce en allemand et en polonais qu'elles seront conduites dans un camp de repos après une douche et une désinfection. Il est rare qu'il ait à user de sa cravache pour se faire obéir : les déportées se montrent dociles, épuisées qu'elles sont par le voyage interminable dans des wagons à bestiaux et déjà recrues d'humiliation. Quelques enfants pleurnichent mais d'autres se taquinent dans les rangs, jouent à chat. Il faut que les kapos les menacent pour qu'ils s'assagissent et entrent en ordre avec leurs mères dans ce qu'elles imaginent être l'établissement de bains. Là, dans un vaste vestiaire, on leur ordonne de se déchausser, de se déshabiller entièrement, d'attacher ensemble vêtements et chaussures et de retenir le numéro de la patère où elles viendront les reprendre. Cela afin de déjouer leur méfiance et d'éviter une panique, prévisible si elles devinaient leur sort.

Le déshabillage achevé, les SS et le commando spécial

poussent les femmes et leurs enfants nus dans un local souterrain où, au bout de quelques minutes, les rejoindront les hommes condamnés. Quand la salle est pleine, les SS et le commando spécial ressortent. Dans la crainte que l'un d'eux soit oublié parmi ceux qui vont mourir, ils se comptent. Après quoi, ils referment les portes étanches et, de l'extérieur, éteignent les lumières.

Dehors, seules quatre cheminées au milieu d'une pelouse enneigée signalent l'emplacement de la cave.

S'avance alors une grosse berline arborant le fanion de la Croix-Rouge Internationale. Un Sturmbannführer SS en descend, accompagné d'un Hauptscharführer du service sanitaire. L'Hauptscharführer porte quatre boîtes de tôle cannelée et, en sautoir, un masque à gaz qu'il sangle sur son visage avant de commencer.

Il soulève un premier regard et déverse dans l'entonnoir le contenu de la première boîte. Il s'agit d'un granulé rose d'acide prussique stabilisé fabriqué par la firme Degesch : le Cyclone B. Au contact de l'air, les cristaux produisent instantanément un gaz asphyxiant. L'adjudant referme aussitôt le couvercle de la cheminée et passe à la suivante. Il accomplira sa mission en moins de cinq minutes. Mais, pour plus de sûreté, il attendra cinq autres minutes avant de repartir avec son supérieur dans la voiture prétendue de la Croix-Rouge.

Vingt minutes plus tard, on actionne les souffleries pour évacuer le gaz de la chambre à gaz. Mais les hommes du commando spécial qui y pénètrent les premiers après la réouverture doivent porter des masques car il en stagne toujours un peu encore dans le sas d'entrée et sous le monceau de cadavres emmêlés.

Si les cadavres se présentent ainsi, c'est que les déportés se sont bousculés, se sont battus, certains, pendant les deux ou trois minutes de leur agonie car le gaz infecte d'abord l'air proche du sol avant d'émaner lentement vers le plafond. Mus par l'instinct de survie, au moment de sombrer dans l'inconscience, en un ultime sursaut ils se sont sauvagement piétinés pour respirer plus haut.

En entrant, le Sonderkommando trouve les corps entassés par couches : au fond, en bas, les bébés, les jeunes enfants ; au-dessus, les vieillards, puis les femmes et les hommes les moins valides et, enfin, les plus forts, embrassés et mêlés dans la mort, leur peau bleuie marquée de griffures. Des filets de sang coulent des nez et des bouches ; les visages sont bouffis ; les yeux écarquillés par la terreur, déjà ternis.

Ce fut un des problèmes majeurs exposés au Dr Siegfried Arnhein par l'Obersturmbannführer Rudolf Höss : l'intrication des corps était telle qu'il fallait souvent plus de temps que prévu par le règlement pour vider la chambre à gaz. Les hommes du commando spécial devaient d'abord dénouer des bras, des jambes, des doigts raidis, ce qui retardait un travail dont on avait calculé le rendement avec des cadavres distincts, séparés les uns des autres. Des *SB unitaires* ainsi que les qualifiait par euphémisme bureaucratique l'Obersturmbannführer — *SB*, initiales de *Sonderbehandlung* (traitement spécial), désignant dans l'opaque vocabulaire concentrationnaire les déportés gazés. Euphémisme bureaucratique qui, du reste, alternait avec des colères ordurières :

« Merde ! » éructa soudain, méprisant, l'Obersturmbannführer SS, « c'est que cette vermine tient à la vie, voyez-vous ! Incapable de sacrifice, aucun honneur, aucun respect humain, ces sous-hommes ! Ça s'entre-tue encore au moment de crever. » Mais, se ravisant devant son visiteur qui le rappelait d'un simple froncement de sourcil au devoir de réserve, particulièrement rigoureux dans les camps d'extermination, il ajouta en froid professionnel du génocide : « Nous avons demandé à Testa de nous fournir un cyanure d'hydrogène plus efficace encore. Un granulé à dispersion gazeuse instantanée. Nous pourrions traiter avec ce nouveau produit entre quinze et seize mille cas par jour, soit près de cinq cent mille cas par mois, autrement dit cinq à six millions en un an. Le problème serait définitivement réglé à la fin de l'année prochaine. C'est le vœu de notre Führer, n'est-ce pas ? »

Question que l'entourage immédiat du dictateur avait pour règle absolue d'esquiver. Aussi, Siegfried n'y répondit rien, feignant même de n'avoir pas entendu. En revanche, sans le savoir, l'imprudent venait de lui suggérer l'idée d'un article pour la revue d'eugénisme de la Schutz Staffel : le dédain de la mort constitue le principe même du vitalisme. La race des seigneurs tire sa vitalité de son sens du sacrifice suprême. Le Juif disparaîtra parce qu'il tenait trop à la vie... Sophisme qu'il estimait nietzschéen et dont il se plut à imaginer les développements contradictoires dans le train qui le ramenait de Haute-Silésie.

Il y repense dans le train qui le conduit maintenant vers le lac de Constance. Depuis le départ de Berlin, l'express prend un retard toujours grandissant dû aux détournements d'itinéraire à proximité des zones bombardées. Siegfried ne cesse de jeter un coup d'œil impatient à sa nouvelle montre ; une montre de gousset qui lui a été offerte lors de sa visite du *Canada*.

Le Canada : c'est par ce nom que les détenus désignent dans leur jargon les baraquements où l'on trie les objets de valeur saisis sur les déportés à leur arrivée au camp. Les montres de mauvaise qualité sont envoyées à la Reichsbank pour être fondues, les meilleures sont données en récompense aux combattants de la SS Das Reich et aux équipages des U-boote. Enfin, quelques chefs-d'œuvre d'horlogerie sont confisqués au service de récupération par le commandant et réservés pour des cadeaux aux visiteurs de marque du camp. Siegfried a choisi un précieux oignon ancien dont le boîtier s'orne d'émaux représentant l'Enlèvement d'Europe. Belle allégorie de l'ordre nouveau, sujet convenant admirablement, un camarade fin lettré lui en a fait la remarque flatteuse, à un maître éminent de la germanisation du continent ! À un seigneur de ce pays immense, unique dans l'histoire, et qui s'étend désormais de l'Atlantique à la mer Noire, de la Baltique à la Méditerranée. Mais cette pièce de collection, surtout, rappelait à Siegfried l'oignon qu'un voleur à la tire lui avait escamoté il y a vingt ans, dans la rue, le jour de son arrivée à Berlin. La montre du *Prométhée*, l'hommage des musiciens de l'Opéra de Dresde à leur chef, et que son père lui avait donnée un jour, dans un de ces élans de générosité dont il était coutumier... Bruno Arnhein a-t-il encore de ces gestes inconsidérés ? La sagesse sera-t-elle venue avec l'âge ? Siegfried se le demande.

Pour Ursula, il a choisi dans le même lot une merveille de la bijouterie moderne : un mouvement suisse miniaturisé dont le cadran est serti dans un massif bracelet en lapis constellé de brillants. Mais Ursula lui a fait l'affront de l'oublier sur sa coiffeuse quand ils sont partis ce matin. Un présent de la veille au soir ! Comment a-t-elle pu ?

Une dispute en est résultée, évidemment. Une de plus ! Lui s'est ressouvenu que déjà elle avait perdu, à tout le moins l'a-t-elle prétendu, la parure de rubis qu'il lui avait rapportée de sa précédente tournée dans les territoires occupés. Et sans raison manifeste, Ursula s'est mise alors à lui reparler de la réunion de quelques dignitaires dans une villa des bords du Wannsee voisine de celle des Schnaben, en janvier 42. La réunion organisée par Heydrich et où fut décidée la Solution finale. Mais que sait-elle au juste ? L'un des participants à la conférence en aurait-il parlé à sa femme, laquelle aurait bavardé imprudemment avec les autres épouses invitées au goûter donné par Ursula ?

Ursula refusant de répondre à ses questions inquiètes, le ton est vite monté entre eux. Par chance, ils sont seuls à occuper le wagon privé obligeamment prêté par le Dr Goebbels. Et Siegfried connaît le scénario invariable de ses crises nerveuses, il en avait prévu le dénouement dès les premières escarmouches : à la fin, vaincue, Ursula s'administre une dose de morphine par intraveineuse ou, mieux, implore son mari de lui faire sa piqûre si ses mains tremblent trop. Son humble demande, la caresse sous laquelle il lisse la saignée afin d'y délinéer la veine, l'éclat de l'aiguille quand elle perfore la peau, le spasme et l'apaisement qui s'ensuit — c'est là en somme le seul rapport encore sexuel du couple. Ses dernières relations empreintes de quelque tendresse.

Ursula sombre dans une sorte d'atonie béate. Elle ferme les

yeux et s'abandonne au bercement de la voiture. Sa tête dodeline à la cadence des cahots où il entend, lui, un enivrant déchaînement wagnérien de cuivres, de vents, de voix... Son récent voyage lui a rendu la foi. Il a revécu certaines joies primitives qu'il avait connues jeune nazi. La visite des camps compte assurément parmi les moments les plus exaltants de la vie du SS. Et surtout s'il milite depuis la première heure, comme lui. Surtout s'il est idéaliste, comme lui. Sentimentalement idéaliste... Car nulle part ailleurs il ne peut voir son idéal aussi parfaitement concrétisé, nulle part il ne peut sentir aussi fort la brutale poésie d'une idée devenue réalité. Ici la volonté s'est muée en vérité, ici le verbe prime sur la matière, ici le désordre humain est entièrement dominé. Et le renversement des valeurs accompli enfin.

Renversement visible, lisible même, dès l'arrivée au camp. Sur le fronton de l'entrée est écrit :

Libre par le travail.

Devise qui, du reste, n'a pas été inventée par le Parti National-Socialiste mais, pour ainsi dire, acquise par contrat commercial en même temps que l'ingénierie concentrationnaire achetée au Parti Communiste.

En mai 1935, Hitler était depuis un peu plus de deux ans au pouvoir quand le service des affaires étrangères du parti, dirigé alors par Alfred Rosenberg, envoya une délégation à Moscou. Siegfried Arnhein était du voyage.

Objet du voyage ? Étudier le fonctionnement des camps soviétiques. L'Intourist était dans l'embarras. Elle n'avait traité jusqu'ici que des voyageurs communistes ou des compagnons de route encore plus dévots auxquels elle imposait le circuit obligatoire des sept merveilles du socialisme : une pouponnière modèle, le métro récemment inauguré, les nouveaux forages pétroliers à Bakou, l'avion le plus grand du monde — le *Maxime-Gorki.* Avion si grand et si lourd qu'il s'écraserait au premier décollage en conditions réelles... Une usine où l'on ne redoutait pas ce genre d'inconvénient puisqu'il s'agissait d'une fausse usine, claire et confortable comme une maison de repos, où de faux ouvriers, en bleus propres et irréprochablement repassés, entretenaient de fausses machines aussi étincelantes que peu bruyantes. Et un kolkhoze d'opérette avec des vaches lavées et lustrées trois fois par jour qui broutaient des gazons joliment fleuris. Car, fidèle à une tradition russe où s'était autrefois illustré Potemkine quand il montrait des villages fictifs à Catherine II, Staline avait fait construire une patrie du socialisme idéale strictement à l'usage des visiteurs étrangers. Et les nazis, reçus avec des égards auxquels ils ne s'étaient pas attendus, devraient d'abord accomplir le circuit.

Mais le but avoué, spécifié même dès l'entrevue préliminaire à l'ambassade d'URSS à Berlin, était de mieux connaître le système concentrationnaire. Ni Dachau ni Oranienburg ne donnaient pleine satisfaction. Le rendement y était insuffisant, les frais de fonctionnement croissants. Les Soviétiques, pour leur part, avaient plus de douze ans d'expérience dans ce domaine, le seul où ils eussent vraiment réussi. Ils savaient comment construire les baraquements, comment organiser la surveillance et la punition selon une subtile dialectique du maître et de l'esclave. Ils avaient déterminé à quel état exact de famine il faut réduire les bagnards pour briser leur volonté, ils avaient scientifiquement établi le seuil de la détresse tant physiologique que psychique ; situé le degré d'épuisement où les détenus préfèrent se laisser mourir ou sombrent dans la démence. Et ils avaient imaginé la devise à inscrire aux frontons des camps :

La liberté par le travail.

Le *Gosudarstvennoe Upravlenié Lagereï*, en abrégé *Goulag*, avait parfaitement codifié la terreur, parfaitement planifié l'horreur. Les commissaires bolcheviques en étaient fiers. Ils n'avaient rien à cacher à leurs homologues de la SS. Et c'était justement ce savoir-faire, en quelque sorte industriel, que la mission commerciale allemande était venue acheter à Moscou.

Siegfried n'a rien oublié de la visite organisée d'un camp de concentration étendu aux dimensions d'une province en Sibérie.

Le puissant spectacle de l'ordre totalitaire, avec ces milliers d'infrahumains en droguet gris, l'envoûtait. Et sa griserie s'aiguisait sous le sentiment toujours vivace du danger : leurs hôtes étaient-ils sûrs ? N'allaient-ils pas se retourner contre eux brusquement ? Certes, ils multipliaient les marques de déférence protocolaire. Jamais, sans doute, aucune délégation de leurs propres partisans n'avait été reçue avec autant de prévenance. Jamais aucun communiste n'avait eu le privilège de visiter pour son agrément les *Lagereï.* Aucun, en tout cas, ne s'y était rendu par l'ancien train de luxe du Tsar Nicolas II. Mais le gouvernement soviétique pratiquait mieux que tout autre la politique des revirements imprévisibles : souvent, au gré d'une lubie du dictateur, l'ami de la veille se retrouvait l'ennemi du lendemain. Il était cependant clair qu'il avait plus confiance en son pire ennemi déclaré que dans les démocraties occidentales. De même que pendant les années 20 à Berlin, les rouges et les chemises brunes passaient une entente tacite chaque fois que la police intervenait dans les quartiers ouvriers ; faisaient front. Leur haine commune de la légalité l'emportait sur leurs divergences idéologiques... Et contrairement aux Juifs, contrairement aux intellectuels libéraux, les prisonniers communistes sont tenus pour rééducables, pour récupérables par les administrations de Dachau et d'Oranienburg. Ces mêmes communistes allemands qui, lorsqu'ils réussissent à émigrer en URSS, s'y font persécuter, incarcérer, voire assassiner par leurs camarades.

Mais l'ancienne morale, la morale qui prescrit de donner asile à l'ami exilé, la morale qui distingue le bien du mal en dehors de toute finalité, cette morale n'avait plus cours chez eux. Tout était permis désormais, tout était possible. Et il y avait un plaisir pervers à cette connivence avec l'ennemi. Comme il y a un charme à cette confusion du bien et du mal. Le SS éprouve la volupté wagnérienne de la fusion, de l'effusion que chante Isolde :

... Dans l'haleine du monde,
Sous le souffle du Tout —
Se noyer,

Sombrer,
Sans volonté,
Suprême volupté !

Sa jouissance, la jouissance du militant, réside dans cette ambivalence : la volonté humaine ne connaît plus de borne, l'individu peut tout, mais il désire n'être rien qu'un rouage du système, il aspire à se fondre au grand Tout. Un monde sans classes, sans Juifs — un seul peuple, une seule terre, une seule masse, un seul sang. Un univers indifférencié enfin, où l'humain au bestial se confondrait, la matière à l'idée, la vie à la mort. Un infini où il n'y aurait ni bien ni mal. Place Rouge, ou sur le stade de Nuremberg, une ferveur religieuse s'empare du porte-étendard : sa présence est nécessaire au grandiose tableau vivant qu'il compose avec ses camarades ; mais sous l'œil de son guide, petit père des peuples ou père du peuple, il n'est qu'un point, qu'un pion, qu'un pan de toile rouge qui frémit à peine, indistinct des autres vu de loin, à la fois homme et simple signe. Être et chose. Tout et rien. Personne sous l'uniforme — personne aux deux sens du mot. Troublé, il frissonne tout en brandissant fermement son drapeau. Il s'anéantit en même temps qu'il crie victoire — orgasme et extase.

Extase que connut Siegfried le jour de son adoubement dans la SA. Odeur mêlée de sueur, de bière, de buffleterie graissée, virile odeur qui grise le nouveau baptisé dans cette cave voûtée d'une brasserie de Mitte. Les camarades lui lient les mains dans le dos puis lui plongent la tête dans un baquet d'eau froide. Il bande ses muscles et se crispe pour ne pas se débattre lâchement. Il suffoque et poisse son caleçon. Il se noie et en jouit. Il sait que la vie est la mort désormais, la mort la vie. L'épreuve surmontée, le voici surhomme.

Extase ! extase encore, le jour du premier uniforme SS, le jour de la première capote de cuir, le jour des premières bottes... Plaisir de s'observer longuement dans la glace, plaisir de raccourcir la jugulaire jusqu'à pincer la peau du menton, jusqu'à y graver douloureusement la boucle... Plaisir de serrer les sangles du baudrier jusqu'à s'en couper le souffle... À force de se contempler dans la pose avantageuse du combattant, on commence à voir flotter en face de soi son idéal : non plus Siegfried Arnhein mais le SS type. Comme autrefois sous l'armure de carton bouilli, l'enfant maladif qu'il était se changeait en Chevalier valeureux. Sa chair blanche et grenue de jeune obèse, sa chair de poule mouillée, qui le dégoûtait tant, la carapace argentée la contenait, la comprimait durement, la dérobait à sa vue dans un éblouissement.

Éblouissement aussi ! et joie ! et souffrance, délectable souffrance, à la tribune du stade de Berlin où, auprès de son Führer, Siegfried s'impose de demeurer en une sorte de garde-à-vous les bras croisés plusieurs heures durant. Exaltante mortification tandis que la nuit tombe sur les milliers de simples soldats également immobiles. Les phares de défense antiaérienne s'allument progressivement, dressent de gigantesques colonnes de lumière vers le ciel noir, l'orchestre entonne le thème de l'Entrée au Walhalla. Les héros nazis entrent vivants dans l'Au-delà...

Masochisme, fétichisme, narcissisme, aurait, outre la mégalomanie, diagnostiqué le docteur chez qui ses parents le menèrent consulter quand il avait douze ou treize ans, ce disciple de Freud... Psychologie juive ! Philosophie juive ! Science juive ! que Siegfried réfutera plus tard. Science qui classifie, qui catégorise, qui relativise, qui oppose et distingue, en quête de la vérité. Là où la psychologie allemande veut la fusion, la confusion avec l'être du monde, l'effusion purement sentimentale ; là où la philosophie allemande ne cherche pas à dire la vérité mais la réalité, la seule réalité sensible, la réalité hitlérienne. À l'affirmer comme le fit le célèbre Pr Martin Heidegger :

> La Révolution national-socialiste apporte le bouleversement total de notre existence allemande.
>
> Ce ne sont pas des théorèmes ni des idées qui doivent être les règles de votre être.
>
> Le Führer lui-même et lui seul est la réalité allemande présente et future et sa loi.

Masochisme, fétichisme, narcissisme, certes. Mais sadisme aussi. Mais plaisir de terroriser, de voler, de torturer, d'humilier.

Un matin de l'automne 1933, l'arme au poing, Siegfried surgit avec quatre camarades à la villa des Steinberg. La baronne Mitzi se souvient-elle de son hôte un soir il y a dix ans ? Et de la lecture d'une poétesse n'importequoïste ? Eh bien, ce sera n'importe quoi pour ces deux sales Juifs ! Et ils n'oublieront pas de sitôt cette visite. Oh ! ils peuvent toujours appeler la police, la police ne se déplacera pas, sinon pour prêter main forte à la bande. Tiens ! ils ont donc gardé leur admirable décor de glaces rosées... Julius veut-il la vie sauve ? Il faut qu'il s'agenouille alors, pour leur lécher les bottes. Les frères Flumärian essuient leurs semelles boueuses sur sa bouche, Golo le maîtrise au moyen d'une clé aux coudes, Siegfried braque un revolver sur sa nuque. Puis, quand il a le bonheur de voir deux larmes couler le long des joues du vieux banquier, il lui annonce que ses biens sont confisqués. Une équipe viendra démonter la miroiterie dès le lendemain. Ces panneaux feront très bel effet dans la villa où le Dr Arnhein et sa jeune épouse viennent d'aménager, Adolf Hitler Allee. (Ex Heinrich Heine Allee.)

Quelques semaines plus tard, c'est de Franz Spies et de Werner Auschutz que Siegfried se venge. Non qu'ils l'aient jamais vraiment offensé en somme. Tout au plus légèrement vexé dans sa susceptibilité maladive, il n'y a pas moins de dix ans. Mais exercer une vengeance gratuite, exercer sa puissance sans rien y risquer, éprouver que ce ne sont en effet plus des théorèmes ni des idées qui font la règle, ce bouleversement total de l'existence allemande est un plaisir unique. Un plaisir que de voir dans les yeux de la victime l'effroi le disputer à l'incrédulité, un plaisir que de l'entendre gémir d'une voix éteinte : « Pourquoi moi ? » Et de répondre alors, en ponctuant d'une paire de gifles : « Si je ne sais pas moi, toi tu dois savoir... » De toute façon, ces deux barbouilleurs sont des tantes ! Et il faut nettoyer l'Allemagne. Quoi de plus efficace que le chlore pour nettoyer ? Quoi de plus efficace que de faire avaler du chlore à l'une de ces ordures sous les yeux horrifiés de l'autre ? Face à face on les ligote chacun sur son tabouret. On enfile des gants de chirurgien et un grand tablier pour se protéger des éclaboussures avant de déboucher précautionneusement le bidon. Un camarade se charge d'entrouvrir de force les mâchoires du dénommé Spies. L'acide coule dans la gorge, le corps se tord en un hurlement bref. Puis, on libère de ses liens le dénommé Auschutz avant de quitter la cave où on le laissera enfermé toute une nuit avec le cadavre de son ami et les cordes. Le lendemain, en déverrouillant la porte, un autre camarade commentera laconiquement : « Deux de moins. » Et les journaux titreront à la page des faits divers : *Un pédéraste assassine son amant avant de se pendre...* C'est aussi un plaisir que de truquer les événements et de répandre de fausses nouvelles.

Ensuite, l'été 1934, c'est le parti qu'il faut nettoyer. Röhm, le chef des SA, le compagnon des premiers combats, se repose d'une nuit de beuverie avec ses fidèles dans une jolie pension des bords du Tegernsee, la Gasthaus Hanselbauer. À sept heures du matin, pénètre en trombe dans l'auberge une petite troupe menée par Hitler. Le Dr Goebbels et le Dr Arnhein l'accompagnent tandis qu'il suit dans les étages la patronne, affolée à l'idée qu'elle reçoit sous son toit le Führer. Röhm est réveillé, accusé de trahison, arrêté. Après quoi, la troupe ouvre les autres portes et découvre dans chaque chambre deux hommes qui couchaient ensemble visiblement. Les médisances distillées de longue date à voix basse par les deux têtes pensantes de la propagande n'étaient donc pas des calomnies : il y a des sodomites SA ! L'un d'eux, qui se rhabille avec des gestes encore ensommeillés, adresse à Siegfried le regard de celui qui attend d'un ami qu'il témoigne en sa faveur et mette ainsi fin à un quiproquo. Il ne peut imaginer qu'il a en face de lui un délateur. Mais Siegfried, pour marquer qu'il ne saurait être ni même avoir jamais été l'ami d'un homosexuel, lance à la cantonade, gouailleur :

« C'est qu'elles complotaient au lit, les chéries ! »

Et ses yeux, déjà vagues d'ordinaire, se font plus vagues encore.

Son reniement le trouble. Mais il jouit de son trouble aussi. Dans son accès d'ignominie, il lui semble qu'il se dédouble. C'est et ce n'est pas lui qui fait le mal. Du mal se fait en lui et, comme halluciné, il se voit agir ainsi, en héros. Sa bassesse le rehausse à ses propres yeux. Outre qu'elle le soulage d'une angoisse latente.

En l'occurrence, le soulagement fut d'autant plus profond qu'il dénouait les inquiétudes d'une courte nuit blanche : Hitler et ses proches craignaient en effet une résistance acharnée de la part des SA. Ils redoutaient d'avoir à se battre contre leurs frères d'armes de la veille. Mais leur coup a réussi sans qu'une goutte de sang soit versée entre eux. Les SA seront exécutés en prison par des simples soldats. La révolution brune est terminée. L'ordre nouveau s'installe. Dans quelques jours, le ministère de la Propagande commencera à rectifier l'histoire : les services iconographiques retoucheront les milliers de documents photographiques en leur possession pour effacer la présence de Röhm auprès d'Hitler dans toutes les grandes manifestations officielles du NSDAP. Car ce n'est pas tout de supprimer un compagnon tombé en disgrâce, encore faut-il le tuer une seconde fois en le supprimant des mémoires. Non seulement lui arranger le portrait, comme dit par litote la pègre du parti, mais arranger les portraits sur lesquels il apparaissait naguère. Röhm n'est plus ; bientôt, il n'aura pas existé... Sous le nouvel ordre totalitaire, l'histoire s'écrit au futur antérieur et le passé est toujours moins prévisible que l'avenir. Parce que le passé est continuellement réinterprété pour servir la politique présente, réécrit selon le dernier ordre du jour, revu d'après le dernier mot d'ordre. L'histoire n'est plus chronique des événements révolus dont elle garde mémoire, l'histoire varie au gré de l'actualité qu'elle est uniquement chargée de justifier dorénavant. Aucun fait ne sera plus définitif, aucune vérité établie pour toujours, aucune date sûre. Le Führer décide aussi de ce qui aura ou non eu lieu avant sa venue sur terre. La nouvelle histoire hitlérienne se venge du passé de l'Allemagne. Elle venge le peuple allemand d'un passé constamment réinventé pour la cause. Vengeance changeante comme est changeante la ligne du parti. Amnésie volontaire et revanche sur la réalité.

Morbide besoin de revanche qui anime Siegfried quand il organise un autodafé de livres le 10 mai 1933. Revanche sur une fausse réalité, revanche sur une enfance imaginaire, noircie après coup, gauchie par des souvenirs arrangés et des fantasmes d'adulte. Il se venge de la culture que lui a inculquée son père. Il jette au feu la partition de *La Contessina.*

Revanche aussi, quand il épouse Ursula Schnaben. Albrecht Arnhein avait déshérité son fils Bruno, lequel ensuite a renoncé à l'héritage de ses trois tantes Arnhein. Après leur mort, la Rheingold Bank, changeant de statut juridique, devenait société anonyme sous la présidence du baron Oskar Schnaben. Par son mariage avec la fille du baron, Siegfried a donc repris en quelque sorte l'histoire quasi légendaire des banquiers colonais inventeurs du crédit moderne là où son père l'avait interrompue. Il y ajoutera un chapitre en associant la glorieuse entreprise familiale aux œuvres du nazisme. Car de retour d'URSS, en mai 1935, il offrira à la Rheingold de financer, entre autres grands travaux du régime, la construction de nouveaux camps de concentration. Puis, plus tard, des camps d'extermination dans les territoires occupés, en proposant un mode original de remboursement des créances : une redevance par tête de déporté, payée sur les biens confisqués.

Redevance Arnhein, aurait-il pu l'appeler si le terme ne désignait déjà une pratique rendue obligatoire depuis la réforme du droit d'auteur dont son père avait été l'instigateur sous le règne de Guillaume II : la rétribution au compositeur d'un pourcentage minimal sur la recette des concerts et spectacles.

Mais Siegfried doit-il parler à son père de ce qu'il a entendu en arrivant au camp l'autre jour ? La *Contessinawalzer* ! Oui, la valse, la fameuse valse que jouait l'orchestre tzigane de la Section C, un orchestre constitué de virtuoses déportés de Bohême et de Hongrie. Et doit-il, au nom de son père, envoyer une note à l'Obersturmbannführer Höss pour réclamer le paiement des droits d'auteur ? Après tout, la loi l'exige dès qu'il y a exécution publique d'une œuvre, ce qui est le cas. L'orchestre joue devant un auditoire d'esclaves qu'il a charge d'encourager au travail, de kapos qui les font mettre en rangs sur un rythme à trois temps, de SS qui les cravachent en mesure mais non sans esquisser irrésistiblement un pas de valse, une furtive glissade valsée, avant de s'éloigner, fredonnant cet air qui leur rappelle de bons souvenirs : un bal villageois, une fête de la bière, un déjeuner de fiançailles, une nuit dans un refuge alpin, la guinguette du Jardin Anglais...

Contessina, Contessina...

Faut-il le lui dire ?

Non. Parce qu'il faudrait alors lui avouer qui sont ces musiciens tziganes, qui sont ces esclaves et leurs kapos, pour quelle raison ils ont été déportés. Et donc, pourquoi un tel camp, où il se trouve, quel est son nom et ce qu'on y fait... Partant, briser le serment solennel prononcé à la Conférence du Wannsee, lever le secret de la Solution finale.

Non. Parce que Bruno Arnhein n'aimerait sans doute pas apprendre non plus que sa musique, intentionnellement écrite pour plaire sinon pour séduire, est jouée jusqu'à l'épuisement par de faméliques condamnés à mort. La *Contessinawalzer* a certes déjà subi toutes sortes d'outrages : claironnée par mille harmonies municipales, pastichée dans le moindre cabaret de province, agrémentée de grivoiseries au caf' conc', et même transposée en flatulences modulées par le fameux Dolfi — Bruno Arnhein s'en est toujours moqué. Il n'a aucune pédanterie d'auteur. Il prétend tenir la parodie pour un hommage et jamais n'a refusé à quiconque l'autorisation d'interpréter ses œuvres... Sous réserve, évidemment, que lui soit versée la *redevance Arnhein.* Mais savoir que des prisonniers grelottant dans des haillons détrempés par le grésil sont forcés de jouer sa valse jusqu'à ce que leurs doigts gourds lâchent l'archet, mais savoir qu'ils tirent encore d'une mélodie si rabâchée des sanglots neufs...

Siegfried en était bouleversé, ému aux larmes, pris d'une vague nausée ; surpris de l'être. Devant ses camarades SS, il incriminait le vent glacé et le déjeuner trop riche qu'on leur avait servi au mess. Mais en vérité il se sentait sali par ce spectacle avilissant. Il voyait les deux officiers de son escorte dodeliner du buste aux accords de la valse, puis, à chaque refrain, lui adresser un sourire flagorneur censé signifier qu'ils n'ignoraient pas qui en était l'auteur, puis bisser — il ne tremblait pas de froid mais de dégoût, mais de colère. Ces imbéciles ne devinaient donc pas sa gêne ? Ne comprenaient-ils pas que cette musique lui évoquait des souvenirs personnels ? Des souvenirs soudainement douloureux, il se demandait pourquoi. En quelque sorte, un secret de famille.

C'était cela. La valse leur appartenait à eux, les Arnhein. Tamino, et Douce, et lui, le Baron Pleurniche, l'avaient entendue avant tout le monde, simplement égrenée note à note au piano. Ils l'avaient entendue certains soirs d'été quand, après le bain, ils redescendaient au jardin pour une dernière partie de chat perché ou une dernière chevauchée de balais dans l'obscurité.

On n'allumait pas la grosse lanterne accrochée à une branche du marronnier et, derrière la maison, dans la pénombre bleutée, la clarté lunaire faisait luire des douves au pied des remparts du Möhlburg. Caché derrière la haie du fond, le Chevalier valeureux tendait une embuscade à son vil suzerain, Friedrich-le-bâtard. Quand tout à coup, un pan de muraille de la citadelle s'entrouvrait pour laisser jaillir dans un flot de lumière dorée la musique de l'invisible Magicien. Seule la fenêtre de son cabinet de travail était éclairée et elle semblait flotter dans l'ombre comme les arpèges de son nocturne. Siegfried se souvenait aujourd'hui de la brusque bouffée de joie qui soudain l'avait distrait de son jeu : il avait levé les yeux vers son père, qu'il ne pouvait voir pourtant d'où il se trouvait, levé les yeux vers l'accord majeur résonnant dans le noir et son éclat lumineux... Joie ou détresse, il ne savait plus.

Pourquoi était-il si malheureux ? Alors que ses parents lui répétaient que l'enfance était l'âge heureux. Comment s'était-il insinué en lui ce sentiment d'étouffement ? On ne le comprenait plus, on ne répondait plus à ses questions, on lui taisait certaines choses, on l'abandonnait. Et tandis qu'il revêtait toujours plus souvent, avec toujours plus de plaisir, la panoplie de chevalier que lui avait offerte Egon, le plastron de celluloïd, les jambières et les gantelets, le heaume qui dérobait ses sourires supérieurs et ses regards autoritaires à la maisonnée, il se cuirassait moralement, se renfermait, se durcissait. Il devenait méchant, on ne cessait plus de le lui dire. Méchant, il avait écartelé la poupée articulée de Douce. Méchant, il avait maculé d'encre les cahiers de Ricky. Méchant, il avait redétendu les cordes du piano après le passage de l'accordeur Pinchas. Méchant, il avait coupé les lilas de la haie pour en offrir des brassées aux dames qui se promenaient sous les ombrages de la Maria-Theresia-Straße. Méchant, même quand il se montrait gentil avec ces belles inconnues qui s'écriaient : « Oh ! c'est d'un chou... » En le remerciant d'un baiser sonore sur la joue. Les grandes personnes l'accusaient de tricher, de mentir, mais lui soupçonnait mensonges et tricheries chez les grandes personnes.

Inconséquences surtout, incohérences. Pourquoi fallait-il saluer poliment toutes les dames élégantes du quartier sauf celles-là, si élégantes qu'elles portaient des robes de soie décolletées dès le matin ? Pourquoi Mlle Güdrün enjoignait-elle aux garçons de ne pas leur sourire à ces dames aux lèvres rouges — « *x*'il vous plaît ! » ? Ou, plus mufle encore : quand on les croisait sur le trottoir, feindre de ne pas les voir pour les forcer d'en descendre. Mais, à l'Opéra, les chanteuses aussi avaient les lèvres rouges. Pourtant, quand on leur était présenté, on devait s'incliner cérémonieusement et dire : « Mes hommages, madame. » Que signifiaient ces simagrées ? À table, le soir, singeant son accent et ses manières, Siegfried dénonçait Güdrün pour l'avoir obligé de se montrer mal élevé. Cependant, les parents donnaient raison à la gouvernante. Pourquoi, pourquoi, pourquoi ? Ils ne répondaient pas.

Ils ne répondaient pas non plus s'il leur demandait pour quelle raison Egon n'était toujours pas marié à son âge. Ils soupiraient, évasifs. Insincères, à l'évidence. Il y avait un secret. Le même secret qui leur faisait diphtonguer plus nettement le mot *ami* quand ils parlaient d'un ami d'Egon, qui leur faisait en quelque sorte guillemeter ce mot : l'Ogre n'avait pas de femme mais certains de ses amis étaient plus que des amis... Siegfried insistait. Il voulait savoir. Mais finissait toujours par obtenir pour seule réponse :

« Arrête de poser des questions ! »

Pourtant, Bruno Arnhein était fier de la curiosité inlassable de ses enfants. Du moins, il le prétendait devant Egon :

« Je leur aurai appris une chose : à s'aventurer dans les livres, à s'y risquer. Ce que j'appelle l'honneur du lecteur : une fois ouvert un roman, vous devez aller jusqu'au bout. Même s'il vous déroute au début, même si vous ne devinez pas où l'auteur vous mènera dans sa randonnée, à travers la forêt des mots... »

Des mots, des mots, des mots que tout cela. La vérité, on la leur cache. On fait mystère des choses de l'amour. Le monde n'est que duperie, n'est que fausseté. Ou pour reprendre les mots d'Egon von Rosenberg : « La vie est théâtre... » Du moins, la vie des Arnhein, si différente de la vie des autres enfants, si différente de la vraie vie. Aux autres on inculque des certitudes. Leur père à eux leur apprend à douter de tout.

La première fois qu'il l'emmène au concert, en chemin il dit à son fils :

« On n'applaudit pas entre les mouvements, ça ne se fait plus depuis cinquante ans. On applaudit à la fin, pour marquer qu'on est content de l'orchestre et de son chef... »

Il n'y a donc aucune raison pour que le public applaudisse son père quand il entre en scène et s'avance au milieu des musiciens qui se lèvent respectueusement, aucune raison qu'il l'applaudisse *avant*. À moins qu'il ne soit content de sa simple présence. Mais pourquoi ? Ils ne le connaissent pas. Ce n'est pas leur père... Siegfried ne comprend pas.

La nuit suivante, comme presque chaque nuit, un cauchemar le réveille. Il se trouvait dans la salle de concerts et tout l'auditoire lui criait qu'il était méchant, qu'il irait en enfer. Il appelait, il appelait... Il ouvre les yeux. Sa mère est penchée sur son lit. Elle lui tamponne le front avec un mouchoir humide. Il l'entend murmurer :

« Il me rendra folle. »

Retourner vers eux, c'est revenir vers l'enfance. C'est en retrouver, vivaces, les hontes, les effrois, les peines, les ambiguïtés ; c'est retraverser les Enfers comme Tamino et Pamina dans *La Flûte enchantée* — une épreuve. La pire épreuve pour lui depuis que cette lointaine terreur enfantine a resurgi : perdre Papa. La plus dure pour un homme qui s'était dressé, qui s'était durci volontairement, la plus dure pour un SS qui avait choisi autrefois comme devise personnelle : *Plus dur !*

S'endurcir, s'endurcir toujours était la seule règle de vie, la seule chance de guérison sinon de salut. Dormir à la dure, devenir en forêt le fauve cruel comme en voulait autour de lui le Führer. Se forger un corps nerveux, obtenir l'allure souple du loup, avoir l'œil luisant de fièvre. S'aguerrir dans les marches nocturnes forcées, s'enrouer à force de hurler des chants de marche ; se laisser tomber enfin à terre, comme tombent les bêtes pour s'endormir. Vide de pensées, vide de désirs, vide de fantasmes. Anéanti.

Mais refaire le chemin à l'envers avant les retrouvailles, refaire ce chemin vers l'enfance avant d'affronter un père aimé et haï, avant d'assister à sa mort, sans doute, c'est se rappeler les pensées, les désirs, les fantasmes du Baron Pleurniche. C'est repleurer en silence des larmes rentrées, c'est avoir le souffle court et se mouvoir lourdement comme jadis le gros Boudin-Blanc. C'est rêver d'être un chevalier valeureux, bardé de cuir, le SS qu'on est devenu en somme, mais c'est aussi appeler secrètement dans le noir :

« Papa, attends-moi ! »

Souvenir d'une nuit étouffante sur la terrasse de la villa que ses parents louaient alors chaque été au bord du lac de Constance. Quel âge a-t-il ? Neuf ans ? Huit ? Sept... Moins, peut-être, puisqu'il y a cette marche trop haute pour lui, d'où il tombe. L'eau est lisse, l'air moite, une ombre humaine remue les tamaris. Une peur irraisonnée l'étreint, de perdre son père. Il veut lui crier de l'attendre. Mais sa gorge se noue. Aucun son n'en sort. Le Magicien ne peut pas l'entendre. Et pourtant, il se retourne et tend la main comme s'il l'avait deviné.

« Viens ! »

Siegfried redéplie la lettre de son père, la lettre que sa mère avait jointe à la sienne avant de les remettre toutes deux comme convenu au Kreisleiter de Lindau. Il ne l'avait pas remarqué jusqu'ici et s'en étonne maintenant qu'il la relit : l'écriture n'est pas d'un malade alité. Elle est nette, les caractères bien formés, les jambages très réguliers, les lignes suivant exactement les portées qui les soulignent d'un trait gras — car en guise de papier à lettres, Bruno a pris une feuille de papier à musique. Et arrangé la clé de sol machinalement tracée d'abord en l'initiale de *Siegfried.*

Siegfried,

viens ! Viens vite ! Et fais que ton frère et tes sœurs puissent venir aussi. Toi seul en as le pouvoir. Je m'en remets à toi.

Ton père qui t'aime.

Toi seul, l'Oberführer SS — le seul d'entre nous qui aies le pouvoir, sur une simple note dictée au téléphone, de lever presque tous les obstacles à l'entrée de Dorabella et de Pamina, sinon de Friedrich, en Allemagne. Mais aussi — lit-il entre les lignes, pour réglées qu'elles soient : toi seul, notre Boudin-Blanc. Le héros de la famille qu'il fut, le despote et le comédien de génie, la vedette comme le reconnaissaient frère et sœurs, celui des quatre qui faisait la loi à la maison, le seul qui toujours tirait les ficelles, tramait des intrigues, manipulait parents et gouvernantes, le seul dont on redoutait si fort les crises de nerfs, les colères délirantes, les caprices obstinés, les machinations et les inventions perverses ; le gros garçon égocentrique et dominateur que des étrangers à la maisonnée auraient pu croire enfant unique tant il était admiré pour ses talents et craint des Arnhein.

Voici que les circonstances actuelles lui restituaient son ancien ascendant sur eux, encore renforcé de son autorité présente... *Toi seul,* lui écrivait son père : l'Oberführer SS Boudin-Blanc, comprend-il obscurément.

Sur le bureau de palissandre du wagon spécial, il a disposé en éventail, comme les cartes du tarot un diseur de bonne aventure, les pièces les plus récentes du dossier *Bruno Arnhein.*

Les doubles de ses propres lettres et télégrammes, qu'il veut classer avec le courrier reçu en réponse pour tout ce qui concerne son père et la villa de Lindau ; les derniers rapports des commissaires locaux de la Gestapo, un photostat de l'autorisation temporaire d'entrée accordée à ses sœurs et à son beau-frère ainsi que la copie de l'ordre transmis aux postes frontière du Brenner et de St-Margrethen, une note par laquelle on l'informe du rétablissement de la ligne téléphonique de l'abonné Bruno Arnhein... Et — Siegfried est ému de l'avoir retrouvée au fond de sa serviette — la carte de correspondance réglementaire que lui avait envoyée sa mère, une de ces cartes postales du seul type autorisé par la censure car toutes les situations et tous les sentiments humains s'y trouvent recensés sous douze rubriques, en trente articles dont il suffit de cocher l'intitulé imprimé. Elisabeth avait tracé une croix devant le mot *père* et une croix devant le mot *agonie* — rien d'autre.

Si de tels sentiments, strictement non allemands, étaient répertoriés, Siegfried tracerait une croix dans la case des mots : *honte, trouble, lassitude* pour exprimer ce qu'il ressent aujourd'hui. Cette même gêne qu'il éprouvait en entendant les déportés tziganes jouer sous une pluie fine mêlée de neige la *Contessinawalzer*.

Mais comment le doute s'est-il insinué en lui ? À quel moment ce malaise a-t-il commencé de lui gâcher jusqu'à sa joie de visiter les camps des territoires occupés, jusqu'à sa fierté de SS ?

Une querelle avec son père lui revient en mémoire. Une querelle de l'époque lointaine où le parti nazi épurait la fonction publique. Möhlstraße, des portes avaient claqué, comme à l'habitude, et du haut de l'escalier, le musicien avait lancé à son fils sur un ton ricanant :

« Votre idéal de la bête blonde ! Mais vous ne rêvez au juste que tableau d'avancement, points d'indice, carrière. Vous vouliez égaler les dieux germaniques ! Mais vous n'êtes que de minables bureaucrates. L'Allemagne produisait déjà depuis la guerre des ersatz de soie, des ersatz de café, des ersatz de pétrole, des ersatz de latex, elle produit maintenant des ersatz de héros. Des ersatz d'hommes. Un ersatz de vie... »

Peut-être son père disait-il vrai déjà : déjà l'idéal était oublié. Et oublié le temps où l'on marchait de nuit en forêt, oublié le temps où l'on écrivait sur le registre des refuges alpins la devise de la division Walsüngen :

Ne chasse pas le héros de ton cœur.

Cette parole de Nietzsche que des années auparavant Bruno Arnhein avait lui aussi inscrite dans le livre d'or d'une auberge de montagne... Peut-être est-ce renouer avec une certaine authenticité que de retourner auprès de lui maintenant.

Mais pour ce faire, Siegfried doit encore user de ses pouvoirs de bureaucrate, lui qui souhaitait revenir en héros ; il doit encore s'occuper de problèmes d'intendance, lui qui voulait que son retour fût une épreuve chevaleresque, une pure preuve d'amour.

Il lui a fallu d'abord obtenir un congé de son Führer. Lui annoncer sans phrases que son père se meurt et lui demander la liberté de fêter son anniversaire à son chevet, le 5 novembre.

« Il aura soixante-quinze ans. »

À quoi Hitler, tout à ses songes de grandeur et ses aigreurs d'estomac, a rétorqué :

« Et... l'opéra ? »

Siegfried a osé insister et élever la voix devant son Führer :

« Mon Führer, je vous dis que mon père meurt ! »

Alors Hitler lui a tourné le dos, non sans exécuter ce geste qui est devenu un tic depuis quelque temps : il pince entre deux doigts, dans le tissu de son pantalon, une espèce de pli d'aisance à hauteur des fesses.

« Wagnérien, n'est-ce pas ? » s'est-il écrié.

Sans doute qualifiait-il ainsi le ciel violacé où roulaient, poussé par un grand vent chargé de neige, des nuages bas et noirs.

Puis, après un silence méditatif, et tandis que, d'une gifle dans le vide, il dispersait une pestilence, il a conclu l'entretien :

« Votre père dirigeait trop vite à mon goût... »

Et l'Oberführer Arnhein a craint d'entendre dans ce blâme les prémices de sa propre disgrâce.

Perdu dans ses pensées confuses, c'est à peine s'il a ressenti le ralentissement heurté du train, le tintement de la cristallerie dans les vitrines qui ponctue chaque coup de frein. Quand un fracas de verre cassé le tire de sa rêverie...

Le train s'arrête.

« Qu'est-ce que c'est ? demande, tremblante, Ursula.

— Le portrait du Führer, madame », lui répond l'Untersturmführer Hans Behrens.

L'aide de camp de son mari s'est déjà précipité pour ramasser les débris de vitre et, avec des manières dévotes, raccroche précautionneusement le cadre à la paroi du coin salon. Il entend alors Ursula répéter sur un ton obstiné de droguée :

« Quelle horreur ! Quelle horreur ! Quelle horreur ! Quelle horreur !

— Le portrait n'a rien, chérie, lui rétorque Siegfried, surpris. Il n'y a que la vitre de cassée... »

Mais elle crie :

« Je me fiche bien de cette croûte. Ce n'est pas de ça que je parle ! Regarde, plutôt ! Regarde dehors, là ! Tu ne les vois pas ces malheureux ? Mais non, tu ne les vois pas ! C'est vrai. J'oubliais que tu es amétrope... »

Siegfried la reprend tout bas, en désignant du menton son aide de camp :

« Je t'en prie ! Pas devant... »

Il distingue mal les voyageurs dans le wagon sanitaire garé sur la contrevoie. Mais, comprenant que c'est ce spectacle qui bouleverse sa femme, il baisse sèchement le store.

Elle le relève aussitôt :

« Regarde ! insiste-t-elle. Tu peux regarder. Aucun risque avec eux, ils ne te siffleront pas comme ces soldats qui ont insulté Göring l'autre jour...

— Qui t'a donc raconté que... ?

— Ils ne voient plus. »

Dans le wagon dételé, ils sont en effet une trentaine de blessés aux yeux bandés qui tournent aveuglément les visages vers ce train qu'ils entendent manœuvrer.

« J'en ai plus qu'assez de tes scènes devant Behrens, grince entre les dents Siegfried.

— Quelles scènes ? » fait-elle d'un air de défi, prise d'une légère hystérie comme dès que le manque point en elle. « Des scènes ! parce que je dis, moi, la vérité. Des scènes ! parce que je sais, moi, qu'on nous raconte n'importe quoi...

— Ursula !

— Et que nous allons perdre la guerre.

— Tu vas te taire ?

— Me taire ? Mais puisque Behrens n'est plus là ! Le brave, il a sauté du train en marche pour courir aux nouvelles... Enfin ! quand je dis : aux nouvelles... »

De fait, comme à chaque arrêt imprévu, le jeune Untersturmführer SS est descendu du wagon privé pour aller interroger les préposés au poste d'aiguillage sur le motif de ce nouveau retard.

Ursula continue de narguer son mari :

« Pourquoi recule-t-on maintenant ? Eh bien, c'est que la voie est coupée un peu plus loin ! Et pourquoi est-elle coupée ? À cause d'un bombardement ! Mais quand tu demanderas à Behrens, il te répondra comme d'habitude que ce n'est rien, mon Général : un contrôle de la Sûreté, mon Général ! Un convoi de combattants, donc prioritaire, mon Général !

— Arrête !

— Nous allons tous mourir sous leurs bombes, voilà la vérité. Ils les jettent même de jour maintenant. Et notre défense antiaérienne...

— Ça suffit ! »

Siegfried se lève et la menace d'une gifle. Mais un violent freinage le rejette en arrière, affalé sur un divan. Et pour la seconde fois, le portrait d'Adolf Hitler tombe. Ursula pouffe nerveusement.

« Un contrôle ? Un convoi en route pour le front ? Le train spécial du Führer ? » s'enquiert-elle quand l'aide de camp remonte dans le wagon.

Ce dernier s'adresse directement, disciplinairement, à son supérieur et feint d'ignorer les insolences de son épouse :

« Un pont qui s'est écroulé, mon Général. Nous ne pouvons pas aller plus loin. Je fais mon possible pour vous réquisitionner un véhicule immédiatement. Et vous obtenir une escorte de motos... »

Faute d'avoir frappé sa femme, Siegfried frappe avec ses gants ses propres bottes.

« Un pont a sauté ! Crétin ! Taisez-vous ! » hurle-t-il à l'officier, qui est éberlué d'être si injustement reçu. Et, jetant un œil à sa précieuse montre de gousset : « La nuit va tomber dans moins d'une heure et nous n'avons pas encore atteint Nuremberg. Nous devons impérativement être arrivés demain, le 5, à Lindau !

— Mon Général, je n'ai pas...

— Il ne manquerait plus que nous arrivions les derniers...

— Mon Général, je n'ai pas dit que le pont... » continue de protester piteusement l'Untersturmführer.

Mais en vain : Siegfried lui lance ses gants au visage, il se grise de colère, il se soulage de sa secrète inquiétude en criant toujours plus fort :

« Avant de nous trouver un véhicule et une escorte, vous feriez mieux de me trouver un téléphone... Allez ! Demandez qu'on m'établisse une communication avec le 91 à Lindau ! Et plus vite que ça ! Allez ! allez ! Je vous suis... Quant à toi... »

Il achève implicitement sa phrase en tendant à sa femme le flacon de véronal.

Lorsque après une éternité de quarante minutes les deux hommes reviennent, un crissement de cuir, presque une stridence, emplit l'espace, plus flou et plus plan à la fois, plus dense... Puis un brouhaha de voix, tantôt lointaines et tantôt proches, qui vibrent comme vibrent les boiseries, les vitrages et leurs reflets changeants, et leurs éclats. Le Führer, dont elle a posé le portrait sur le divan, la fixe des yeux ; Ursula sourit. La réalité est hitlérienne, crépusculaire, luisante, assourdie, molle.

Mais à quel moment cela a commencé et comment ? Cet enlisement, cet anéantissement insensible, irréversible...

Ursula entend Siegfried lui annoncer :

« Les Casalfeltre sont arrivés ! »

Elle lui répond, hallucinée :

« Ah ! Dorabella est ici ?

— Mais non ! dit-il. Écoute-moi. J'ai réussi à appeler la villa. Je ne sais pas pourquoi, mais Maman ne pouvait ou ne voulait pas me parler, elle était occupée... C'est Anna que j'ai eue au téléphone. Elle pleurait au début, je ne comprenais rien de ce qu'elle me racontait. Elle parlait de miracle et faisait beaucoup de mystères. Je crois qu'elle lit trop de romans, la pauvre vieille. Ou peut-être qu'on me cache quelque chose. Enfin, Dieu soit loué ! le Magicien va beaucoup mieux. Dans l'écouteur, j'ai entendu jouer au piano et elle m'a dit que c'était bien lui. Après quoi, nous avons été coupés... »

Requiem quasi una fantasia

C'est un miracle. La Sainte Vierge, qu'elle priait si ardemment chaque matin sur le chemin du marché, l'a exaucée : Monsieur est sauvé. Et Dieu a voulu que ses enfants soient réunis auprès de lui en ce jour anniversaire.

« Wotan ! mon brave Wotan, fait Anna en flattant le chien à la nuque, toi aussi tu es à la fête... »

L'animal jappe et se roule sur le tapis, sensible à la fébrilité qui règne sur la villa depuis la veille au soir. En bonne Bavaroise, la vieille servante ne cesse de se signer furtivement ; elle ne cesse d'essuyer ses yeux dans un coin de son tablier brodé, de repiquer un peigne dans son chignon qui s'échevelle tandis qu'elle court de chambre en chambre, monte et redescend les escaliers, retourne jeter un œil aux cuisines tout en marmonnant, comme elle réciterait son chapelet, la liste des choses qui lui restent à faire : de l'eau chaude pour Friedrich, du fil à coudre pour Pamina, des serviettes de bain pour les Casalfeltre... Et les oignons à faire revenir avec les aiguillettes d'orange dans le beurre — du vrai beurre ! Et un autre seau de charbon à verser dans la cuisinière — le charbon offert par le Kreisleiter de Lindau.

Car, providentiellement, la section locale du parti et la municipalité ont apporté hier un colis de nourriture et trois sacs de charbon marqués *Don du Führer*... Soi-disant ! a pensé, en fidèle catholique, Anna : elle croit en la providence divine mais non en la providence nazie. Madame, qui ne va pas à la messe, paraissait du même avis qu'elle, au reste, et le lui a dit, mais sur un ton d'ironie légère :

« Don de notre propre Führer, non ? Qu'en pensez-vous, Anna ? Don de notre cher Oberführer... Chocolat belge, pâtes italiennes, charcuteries françaises : l'Empire allemand s'étend toujours... Dommage que le savon ne vienne pas de Paris. Celui-ci ne sent rien. Et puis ce papier d'emballage est d'un triste... Ah ! mais je n'avais pas vu l'étiquette dessous... *Composition : glycéride, gras animal. Fabriqué par des prisonniers du Reich.* La civilisation allemande ! »

Les deux femmes se croisent dans l'escalier. Anna tient sur les bras, soigneusement enveloppée dans du papier de soie, une robe longue en faille jaune. Elisabeth lui demande :

« Où en sommes-nous ?

— Le prince et la princesse se sont réveillés. Pamina se prépare et elle vous...

— Qu'est-ce que c'est que cette robe du soir ? Jaune *Contessina.* Superbe...

— Eh bien ! fait Anna, rougissante. Justement... Pamina voudrait que vous l'essayiez, Madame. “ Maman n'a que des vieilleries ”, elle m'a dit. J'aimerais qu'elle la porte au déjeuner si elle lui va... »

Elisabeth la lui prend prestement des mains et rentre dans sa chambre, primesautière comme une débutante le jour de sa première robe de bal, virevoltante. Anna retourne à la chambre de Pamina. Cette fièvre qui précède la fête lui rappelle un autre anniversaire de Bruno Arnhein, ses soixante-cinq ans il y a dix ans, quand pour la circonstance il l'avait invitée à l'Opéra et lui avait montré les derrières de la scène avant de descendre dans la fosse d'orchestre pour diriger son œuvre. Du haut en bas, la villa s'anime comme les coulisses du théâtre avant le lever du rideau. Chacun se change dans sa loge ; on n'est plus tout à fait dans la vraie vie mais pas encore dans l'autre : on croise des gardes à moitié costumés, à moitié habillés — cuirasses dorées et caleçons, spartiates lacées et cravates dénouées. Prométhée, les pieds dans une cuvette, écoute à la radio la retransmission des Six Jours cyclistes du Sportpalast. Le Sphinx, qui est une femme, a mis des lunettes pour consulter l'horaire dépliant de la Lufthansa. Les machinistes essaient l'un après l'autre les divers effets : la terre qui s'entrouvre et crache lave et fumées, l'aigle qui vole des cintres jusqu'à la rampe, le tonnerre qui éclate au loin sous les coups de maillet du timbalier... Des habilleuses vont et viennent.

Ce prosaïsme, ces anachronismes, loin de lui gâcher la magie du spectacle, avaient accru son plaisir quand ensuite, assise dans la loge d'honneur auprès d'Elisabeth, Anna avait vu l'aigle fondre du ciel pour venir ronger les entrailles de Prométhée, ou le Sphinx surgir dans un nuage rouge et triller :

Ah ah ah ah ah ah ah ah ah ah ah ah ah...

Anna ! Anna ! Anna ! On a besoin d'elle partout. La tête lui tourne.

Pamina s'habille. Friedrich se rase. Les Casalfeltre se lèvent enfin. Épuisés par neuf jours de voyage, ils ont dormi une quinzaine d'heures.

Ils sont arrivés les premiers, hier au soir. Ils ont simplement sonné à l'entrée. Et Elisabeth s'est écriée :

« Ce ne peut être que Siegfried ! »

Mais elle a couru pourtant, pressentant que c'était un autre de ses enfants, elle a couru devant Anna. Un taxi s'éloignait dans l'allée. À la grille, un couple parlait aux deux plantons de la Gestapo. Lesquels déjà leur poussaient le lourd portail...

« Douce ? C'est toi, Douce ? Oh ! mon Dieu... »

Mais les grandes joies sont muettes. De longues minutes, mère et fille s'étreignent sans échanger une parole, sans verser de larmes.

Aldo, très ému aussi, garde cependant assez de contenance pour raconter en quelques mots leur voyage à la servante tandis qu'ils s'avancent tous les quatre vers la villa.

« Nous sommes morts, morts, morts. Je ne sais plus même quel jour nous sommes partis de Naples. La guerre a tout dévasté... Heureusement, à la frontière nous avons pu constater que le pouvoir de mon SS de beau-frère n'est pas un vain mot.

On nous a laissé passer sans nous faire la moindre difficulté... Ils étaient prévenus. Comme les deux sbires qui vous surveillent...

— Oui. Ils ont dû recevoir de nouvelles instructions. Voici qu'ils sont aimables depuis une quinzaine de jours. Et le téléphone a été rétabli...

— Pourtant, nous ne sommes pas parvenus à vous joindre pour vous prévenir de notre arrivée, ma pauvre Anna. Ni au Brenner, ni à Innsbruck, ni même à Bregenz... »

En pénétrant à l'intérieur de la villa, ils entendent sonner le piano.

« Arno ? » s'enquiert Aldo.

Mais il lève les yeux vers le premier étage, d'où provient la musique, et voit son neveu et sa nièce qui, la tête coincée entre les barreaux de la rambarde, observent de leurs grands yeux étonnés les arrivants.

« Papa ? » interroge d'une voix blanche Dorabella. Puis, levant les yeux et comprenant à son tour que ce ne peut être que lui qui joue : « Papa ! » affirme-t-elle.

Elle se rue dans l'escalier alors, manque la marche palière, trébuche et se relève, pousse la porte — le prélude s'interrompt net.

« Monsieur n'aura pas entendu, sinon il serait descendu vous accueillir », remarque Anna. Et, se signant une nouvelle fois, elle apprend à Aldo : « Un miracle ! il s'est levé il y a cinq jours, les étouffements avaient disparu comme par enchantement, il ne souffrait plus. Hier, il est même sorti pour un petit tour au jardin. Il n'était pas essoufflé. Un miracle... »

Elisabeth, étourdie, s'est laissée mollement tomber sur une ottomane du hall. Arno et Alice l'ont rejointe, quêtant attention et affection. Leur grand-mère les cajole distraitement et plaisante pour répondre à leur curiosité.

Arno :

« Est-ce qu'ils viennent nous chercher parce que la guerre est finie ? »

Alice :

« Est-ce qu'on va avoir le droit de sortir de la villa et d'aller jouer avec les autres enfants ? »

Elle :

« Vous voulez abandonner votre grand-père ! C'est ça, hein ? »

Elle entend les rires, les larmes, les éclats de voix éperdus provenant de la chambre de Bruno. Ses yeux s'embuent.

Mais reprenant son rôle de maîtresse de maison après cette brève défaillance :

« Anna ! » appelle-t-elle en se relevant majestueusement. « Anna, si vous meniez mon gendre à la grande chambre d'en bas...

— La chambre au clavecin ? demandent les enfants.

— Oui. Accompagnez votre oncle, mes chéris... Aldo, vous permettez ? »

Elle allait rejoindre sa fille et son mari au premier étage, quand le timbre grêle de l'entrée retentit de nouveau. Elle tressaille. Et prédit à voix haute :

« Siegfried. »

Mais ne peut s'empêcher de penser : Pamina. Ou, pourquoi pas ? Friedrich.

N'osant y croire et y croyant obscurément pourtant, elle ressort, le cœur battant. Va à la grille... Mais, plantant là leur oncle, les enfants, surexcités, ont couru au-devant et déjà s'en retournent vers elle.

« Il y a une dame en noir ! » annonce Alice.

Arno ne peut articuler la moindre parole. Tremblant, comme terrorisé, il s'agrippe à la jupe d'Elisabeth. Elisabeth qui se fige et s'écrie :

« Sa——! » — mais, lisant instantanément l'effroi dans le regard de Sarah, ne termine pas.

Elle attendra que les deux policiers aient refermé le portail pour l'accueillir, pour la recueillir dans ses bras ; ses bras où elle s'évanouit.

Anna, accourue, soutient les deux femmes. Puis Aldo, avec l'aide de son neveu, porte la malade dans la villa et la dépose sur l'ottomane.

Arno dit enfin à sa sœur :

« C'est Maman. »

Quand Sarah reprend conscience, toute la maisonnée l'entoure. Elle essaie de sourire, elle essaie de parler. Mais en vain.

Bruno lui prend la main et la rassure :

« Nous avons le temps. Vous nous raconterez plus tard. Ne craignez rien, nous resterons tous ensemble quoi qu'il arrive maintenant. Vous êtes ici chez vous, Sarah.

— Marie, pleine de grâce... » marmonne Anna, agenouillée.

Sarah contemple ses deux enfants alternativement. Elle les devine quelque peu apeurés encore, vaguement réticents. Enfin, Alice se blottit au creux de son ventre décharné et Arno, assis par terre, entre ses jambes. Elle les caresse, fourrage du bout des doigts dans leurs chevelures et commence à murmurer :

« Arno, Alice... Mes petits... Je voulais tant vous revoir... Ça m'est égal, ils peuvent bien venir à présent... Alice, je suis heureuse... Si heureuse, Arno... Votre père disait que... Mais non... Et puis ça m'est égal... Je vous ai avec moi... Ils n'ont pas vu que je suis juive... On ne se quittera plus jamais... Non, ils ne l'ont pas... Tous les quatre...

— Ne vous fatiguez pas, lui enjoint doucement Elisabeth, que ses incohérences effraient. N'y pensez plus, c'est fini.

— Friedrich disait que je n'aurais pas la force... Que c'était de la folie...

— Oui, Sarah. Tout à l'heure... »

Le silence se fait, haletant, tendu. Les regards se croisent et s'évitent. Mais la sonnerie du téléphone les fait sursauter tous les huit, soudain.

« Répondez, Anna, dit Bruno. Répondez, voulez-vous ? »

Elisabeth, pour le coup, ne se trompe pas en prédisant :

« Siegfried, sans doute. »

Sarah se redresse, bouleversée, et demande :

« Il doit donc venir ici ? Friedrich avait raison ! Il ne voulait pas que je...

— Je vous le répète, Sarah, vous êtes sous mon toit. Il ne vous arrivera rien, je vous protégerai.

— Friedrich a pu passer en Suisse. Il m'a rendu visite au… Enfin, se reprend Sarah par égard pour ses enfants, à la maison de repos à Sils. Avec Pamina.

— Friedrich est donc entré en Suisse !

— Oui. Et avec Pamina, il nous rejoindra cette nuit ou tôt demain matin, Bruno. Pamina s'est arrangée… Je crois qu'on trouve des passeurs sur la rive suisse du lac, à Rorschach. C'est moins surveillé que vers Constance.

— Je ne comprends pas. Ils veulent traverser en bateau ? Mais le service a été supprimé depuis le début de…

— Non, ce sont des petites barques. Et des gens du coin qui connaissent l'emplacement des filets minés, les mouvements des vedettes de la police…

— Mais pourquoi n'ont-ils pas pris le train simplement ? Puisque Siegfried m'a promis qu'à la frontière…

— Nous l'avons fait savoir à Pamina.

— Voyons, Maman ! Promesse de SS…

— Promesse de Boudin-Blanc !

— Je t'en prie, Dorabella.

— Friedrich est condamné à mort en Allemagne. Et il est connu…

— Bien sûr ! De deux risques, ils ont choisi le moindre…

— Exactement, Aldo.

— Papa est condamné à mort, Maman ?

— Mais non, mais non, ma chérie…

— Celui qu'ils ont estimé le moindre, en tout cas. Siegfried est tellement…

— J'aimerais qu'on ne dise pas de mal de lui en son absence, s'il vous plaît. Ce serait plus élégant.

— Mais vous, Sarah, comment avez-vous osé ? Comment avez-vous pu…

— Pamina t'a procuré de faux papiers ?

— Pas du tout. Je ne lui ai rien demandé. D'ailleurs, elle aurait refusé. Elle non plus ne voulait pas que je vienne ici. Elle me soutenait que c'était de la folie.

— Parce que c'était de la folie ! Elle avait raison. Je peux à peine imaginer...

— J'avais, au... je veux dire : à la maison de repos, j'avais une amie. Luisa Hermann. Une Allemande, elle aussi. Mais mariée à un colonel de la Luftwaffe... Il est mort en mission lundi dernier et elle est morte le surlendemain, mercredi, sans avoir su... Nous lui avons caché la mort de son mari : elle était à l'agonie depuis... Depuis des semaines, en vérité. Je lui ai tenu la main jusqu'aux tout derniers instants. Le Pr Maurer et le médecin qui s'occupait d'elle ont été très compréhensifs, très humains. Ils n'ont pas cherché à nous séparer même si moi aussi, je... Et comme les soins étaient devenus inutiles au stade de la maladie où... Enfin, ils ont jugé qu'il valait autant la laisser s'éteindre doucement dans mes bras. Ils ne lui donnaient plus qu'un peu de morphine... Luisa avait mon âge. C'était la seule amie que je me sois jamais faite dans un... Et j'étais sa seule amie. On se ressemblait beaucoup. On nous prenait pour deux sœurs.

— Sarah, Sarah, Sarah, Sarah, Sarah...

— Pour vous dire que... Où j'en étais ?

— Eh bien, tu nous disais comment...

— Comment tu as fait, Maman, pour t'enfuir du *satanorium* ?

— Allons bon !

— Une idée subite ! J'avais le télégramme annonçant la mort du colonel Hermann et réclamant la présence de sa femme aux obsèques à Stuttgart. J'ai volé le passeport de Luisa, j'ai mis une robe noire et une voilette à mon chapeau... Voilà !

— Voilà ! Comme tu dis ça...

— Tu as eu ce courage, Sarah.

— Je ne serais pas la femme de Friedrich... Et puis quoi ! Ce n'est pas du courage. Il le fallait...

— Maman, tu as fait l'espionne ?

— L'espionne !

— Je ne sais pas où ils ont appris ce mot. Déjà quand nous avons reçu la visite de Schreiber, l'écrivain...

— Mes chéris, mes chéris, je voulais tant vous tenir dans

mes bras, vous serrer sur mon cœur… Oui. Il le fallait. Je l'ai fait pour vous. Papa va venir et il vous fera ressortir d'Allemagne. Mais moi, moi… »

Sa voix se brise. Elisabeth et Bruno devinent pourquoi. Sarah veut taire à ses enfants qu'elle aussi est parvenue au terme de la maladie ; que c'était d'abord ce qui lui rendait si proche son amie Luisa. Elle craignait de ne jamais revoir Arno et Alice : peut-être serait-il trop tard quand dans une semaine, dans quinze jours, dans un mois, Friedrich, Dieu sait comment, réussirait à les faire ressortir d'Allemagne… Quelles ressources d'énergie et d'audace dans cette femme fragile, qu'ils avaient toujours méjugée ! Apitoyés, ils la regardent s'efforcer de leur sourire naturellement, ses traits creusés par la souffrance, ses grands yeux fiévreux que la fatigue affecte d'une légère coquetterie, sa maigreur morbide accentuée encore par le grand deuil qu'elle porte : robe noire, bas noirs, gants noirs et pas un bijou… C'est d'elle-même qu'elle porte le deuil, dirait-on. C'est de la jeune fille brillante qu'elle fut et que ses beaux-parents n'auront jamais connue. Car la première fois qu'elle rencontra Elisabeth, Sarah était déjà tuberculeuse.

Arno la presse de questions. Le romanesque de l'aventure que vient de vivre sa mère l'enchante. Sa tante a beau le dissuader de ne pas harceler ainsi la malade, il insiste. Elle le prend dans ses bras et continue donc…

Très tôt le matin, elle est sortie du sanatorium. Elle a dû déjouer la surveillance sévère du personnel et descendre à pied jusqu'à Sils-Baselgia : une heure de marche par la forêt, puis le long du lac, par le sentier de l'Éternel retour.

« L'Éternel retour ! l'interrompt Dorabella en levant des yeux attendris sur son père. Tu te souviens ? »

De là, le car postal jusqu'à Coire ; de là, le train jusqu'à St-Margrethen. À la frontière, il faut descendre du train, passer par un sas grillagé gardé par des hommes armés de mitraillettes, présenter ses papiers dans un baraquement… Son sort se joue maintenant.

Une violente bourrasque emporte une bannière à croix gammée qui s'entortille autour d'une hampe en territoire suisse puis glisse jusqu'à terre. Trait de génie : Sarah la ramasse, la plie pieusement et la tend avec son passeport au policier qui se précipitait pour la récupérer... Elle a la présence d'esprit de relever ostensiblement sa voilette, prévenant ses soupçons s'il lui en restait. Il lit le télégramme qu'elle avait eu l'idée d'insérer dans le passeport à la page de la photo d'identité et, respectueusement, se met au garde-à-vous.

« Mes condoléances, madame, il m'a dit. J'étais en larmes. C'était... Que vous dire ? C'était si facile et, en même temps, si déplaisant d'être là, à la place de Luisa.

— La peur est venue après, non ? Dans ces moments-là...

— Je me répétais intérieurement : ça ne se voit pas que je suis juive, ça ne se voit pas. Nous étions seulement cinq voyageurs à entrer en Allemagne. J'ai entendu qu'ils demandaient à une dame si elle avait son certificat d'aryanité, étant donné le nom qu'elle portait ! Et le train ne repartait qu'une heure plus tard pour Bregenz...

— Tu as dû trouver le temps long.

— Dans le train, j'ai commencé à avoir peur. J'avais l'impression que tout le monde me dévisageait. Le voyage dure... quoi ? un quart d'heure entre la frontière et Bregenz, dix minutes entre Bregenz et Lindau... Dix minutes qui n'en finissaient plus. Pour sortir de la gare, j'ai dû montrer une nouvelle fois mon passeport. Mais décidément, être habillée en veuve m'a servi : le type de la Gestapo n'a pas même trouvé bizarre que je lui demande s'il connaissait la villa du célèbre Bruno Arnhein. Il m'a expliqué poliment comment m'y rendre. Voilà.

— Qu'est-ce que c'est : juive, Maman ? s'inquiète Alice. Est-ce que je suis juive, moi aussi ? Arno, il fait que me dire...

— Tu sais bien que oui, assure fièrement son frère. C'est pour ça qu'on a pas le droit de sortir du jardin. Parce que les Juifs ont déclaré la guerre à Hitler.

— Eh bien, mon petit bonhomme ! s'exclame Aldo, j'espère que tu ne parleras pas comme ça devant ton oncle Siegfried.

— Tiens ! à propos... »

Elisabeth et Bruno se retournent vers Anna, qu'ils avaient oubliée comme ils avaient oublié l'appel téléphonique de leur fils, captivés qu'ils étaient par le récit de Sarah. La servante s'essuie les yeux dans un coin de son tablier et leur annonce :

« L'Oberführer ne sera pas ici avant demain matin et vous prie de l'excuser.

— Ah ! très bien, merci Anna. »

Anna décèle une certaine désinvolture chez Bruno, une pointe d'ironie dans ce : « Ah ! très bien. » Et elle sent qu'une complicité les unit alors tous les sept, un émoi commun où se mêle l'inquiétude au soulagement. Inquiétude pour ce que leur réserve la venue de Siegfried : quelle sera son attitude en la présence, inattendue, de Sarah ? Soulagement d'avoir quelques heures de répit avant l'affrontement, qu'ils redoutent, entre les deux frères.

Espoir, aussi. Obscur espoir que les liens du sang se renoueront et que le sentiment d'appartenance à la famille sera le plus fort.

Ce que Bruno résume en ces mots :

« J'ai confiance. Nous serons tous réunis demain et ce sera *enchanté,* comme dirait ma petite Alice. Mais nous avons tous besoin de repos maintenant. Vous surtout, mes enfants. C'est encore moi le plus vaillant, allez ! Il est vrai, ajoute-t-il malicieusement, il est vrai que je n'ai que soixante-quatorze ans. »

Il ne fera pas d'autre allusion à la journée du lendemain. Par pudeur, il ne dira rien de sa joie, sa joie à la seule pensée que ce sera sans doute le plus beau de ses anniversaires. Sa joie, il préférera l'exprimer en musique, dans une fantaisie. Une fantaisie un peu grave, comme sa joie, et dont il entend les premières notes résonner en lui. Les premiers accords, les premières mesures...

Ce serait une œuvre intimiste, pour orchestre de chambre. Quelque chose de léger et qui, cependant, remuerait en nous on ne sait quoi de viscéral, à la façon de ces grands fracas des cuivres et des chœurs à l'unisson quand ils éclatent sous la nef des cathédrales. Une grande messe intime, une fantaisie solennelle. *Requiem quasi una fantasia* — le titre est trouvé. Un pied de nez du vieil Arnhein aux musicologues qui lui ont toujours reproché de mélanger les genres. En France, où il était en butte à une cabale antiboche menée par les debussystes, un critique avait écrit à son propos : « On ne peut jamais décider si c'est du lard ou du cochon... » Sa tournée de l'automne 1913 s'annonçait mal. Mais il avait vite mis les rieurs de son côté en dédiant publiquement à ce cuistre une œuvre de circonstance qu'il composa en une nuit et intitula : *Ni lard ni cochon, Charcuterie arnheinienne en si majeur*.

Un sourire lui échappe tandis qu'il évoque ce souvenir en son for. Il donne alors le bras à Sarah et lui dit tout bas, très tendrement :

« Venez, ma bru. Je vous conduis à la chambre de Friedrich. Ce sera la vôtre. »

Elisabeth les suit du regard tandis qu'ils montent marche à marche l'escalier, se soutenant l'un l'autre. Elle est si bouleversée qu'elle s'abandonne contre l'épaule d'Anna.

Alléluia

« Anna ! Anna ! Anna ! »

Ils l'entraînent dans une brusque ronde improvisée, un pas sautillant de valse piquée dont elle se dégage aussitôt : elle a encore tant à faire.

« Mes enfants, vous êtes fous, il est déjà onze heures passées ! »

Une folie douce s'est emparée de la villa en effet. Arno glisse à califourchon le long de la rampe d'escalier. Alice braille de sa petite voix suraiguë des alléluias. Wotan aboie. D'en haut leur parvient l'écho du piano. Bruno joue sa *Paminapolka.*

Dora et Aldo, enfin prêts, sortent de leur chambre et, dès qu'ils les aperçoivent s'écrient :

« Pamina ! Friedrich !

— Quand êtes-vous arrivés ? Nous dormions, nous étions crevés. J'ai encore en moi le mouvement du train...

— La surveillance se relâche vers minuit. Quand on a de la chance, la vedette de la Gestapo reste au port de Bregenz et ne reprend son service qu'à cinq heures. Notre passeur nous a embarqués à deux heures du matin. La barque est à fond plat, et près du bord il faut ramer au ras de l'eau : les mines sont immergées très peu profond. Le moment critique, c'est la traversée de la baie de Fußacher, tu sais, Dora ? à l'embouchure du Rhin. Là, il y a un garde-côte qui patrouille constamment. Et nous avions appris qu'un commando de nageurs de combat s'y entraîne la nuit.

— Mais, j'ai beau connaître le lac, moi, c'est au large que j'ai eu peur. Un vent ! Des vagues comme en pleine mer, des paquets d'eau. Il a fallu écoper plusieurs fois.

— Ta sœur a été formidable ! Elle a pris la barre pour que nous puissions souquer à deux. Le passeur l'a complimentée.

— Eh bien ! ce ne serait pas la peine d'avoir passé nos étés ici, enfants... La question est de savoir si le bonhomme reviendra cette nuit comme il l'a promis à Friedrich.

— Ah ! parce que...

— Il reviendra, je pense. Notre passage a déjà coûté son diamant à Pamina.

— À croire que, d'où qu'on parte, c'est le tarif pour Lindau : je n'ai plus le mien non plus ! Un salaud se l'est approprié à Rome...

— Et nous avons compris que si nous voulions continuer le voyage, il fallait le lui laisser sans protester.

— Oh ! mais notre pêcheur est un brave homme, au contraire, très honnête. Il a tenu à nous donner un reçu signé que nous pouvions déposer en lieu sûr à Rorschach...

— Non !

— On ne sait jamais, il nous a dit. Si l'Allemagne perd la guerre, plus tard vous ferez valoir vos droits, on vous remboursera peut-être.

— En revanche, il a fallu que j'insiste pour qu'il prenne la valise de Pamina.

— Oui, je voulais apporter quelques gâteries et deux ou trois robes.

— Ah ! Mina sera toujours Mina !

— Et alors !

— Enfin, nous voilà.

— Alléluia !

— Alice, ma chérie, ton disque est rayé.

— Nous avons eu du mal à repérer la villa dans le noir. Quand nous avons accosté à la terrasse, nous étions trempés jusqu'aux os...

— Morts ! Cette chère Anna était déjà réveillée heureusement, elle nous a vus et nous a ouvert une porte-fenêtre...

— Quelle aventure vous aussi !

— Quand... Quand Anna m'a dit : “ Ta femme est là, Friedrich ! ”

— Ç'a été ses premiers mots...

— Je ne comprenais pas ce qu'elle me racontait d'abord. Elle pleurait...

— C'est inouï ce que Sarah a tenté...

— Et réussi. »

Friedrich réprime un sanglot. Son tic le reprend, il essuie subrepticement sur son ventre la souillure imaginaire — les débris osseux sanguinolents d'un camarade des Brigades Internationales. Il ne trouve pas les mots pour le leur dire mais ses sœurs les lisent sur ses lèvres légèrement tétanisées : Sarah est mourante. Dans un ultime sursaut de la volonté, tendue vers le seul but qu'elle s'était donné, revoir ses enfants, elle a tenu nerveusement le temps du voyage mais c'est cela même qui hâtera sa fin sans doute. Elle s'y est brisée, elle y a brûlé le peu de vie qui lui restait. Condamnée par la maladie, elle a puisé en elle la force de revenir dans ce pays où elle est condamnée à mort parce que juive. C'est un suicide, articule-t-il inaudiblement.

Dorabella lui tend les bras. Pamina se joint à elle pour embrasser leur frère. Les voici enlacés tous trois. Ils ne pleurent pas, ils se sourient tristement. Le silence entre eux bruit de pensées confuses, d'indicibles émois, de sensations enfantines revécues soudain et qui s'épanchent, comme portées par un déferlement du piano. Leur père joue la mélodie d'un air d'opéra dont tous trois, s'ils y prêtaient attention, pourraient chantonner les paroles :

Amour est trouble,
Amour est ce qui flotte entre nous,
Cette énigme...

Alice et Arno, pénétrés par la gravité de l'instant, se sont tus. Aldo, plein de tact, les entraîne vers le billard sous prétexte de leur montrer son génie du carambolage. Friedrich peut alors confier à ses sœurs :

« Sarah se prépare. Elle veut déjeuner avec nous et je n'ai pas eu le cœur d'insister pour qu'elle reste au lit. Je lui ai dit de se reposer mais elle veut se faire belle. Quel cran ! Elle m'a cité les mots d'Egon : “ La mort sera une fête... ” Vous vous souvenez de l'Ogre ? On ne saura sans doute jamais comment il a disparu, le malheureux. Assassiné, probablement... »

Pamina se mordille les lèvres. Dorabella hoche la tête, pensive :

« Comme on l'aimait ! » soupire-t-elle.

Quand un froissement de soie les fait se retourner tous les trois...

« Maman !

— La Contessina ! »

Elisabeth exécute une pirouette pour laisser admirer la robe de faille jaune que lui a prêtée Pamina.

« Elle te va parfaitement, nous avons la même taille. Combien j'ai pu t'en chiper ! C'est ton tour de t'habiller avec les miennes.

— C'est une splendeur, ma chérie.

— C'est la robe de Molyneux que je portais pour la reprise à Glyndebourne, en costumes modernes, il y a cinq ans. Une drôle d'idée entre nous soit dit ! Et pour le cas où le public n'aurait pas compris, Brownlee s'était fait la tête de Papa.

— Tu ne vieillis pas, Maman. Est-ce que je te l'ai raconté ce matin ? À Genève, quand j'ai retrouvé Mina, eh bien j'ai eu une hésitation, figure-toi, une sorte d'hallucination : en l'apercevant de loin, j'ai cru que c'était toi... » Mais, observant une lueur de jalousie dans le regard de Dorabella, Friedrich enchaîne vite : « Et le Magicien ?

— Tu l'entends ! Il fait comme si de rien n'était mais je crois qu'il nous manigance une entrée en scène digne de lui. J'ai surpris Anna qui empesait un col et un plastron avec des airs de conspiratrice...

— Qui aurait pu imaginer ? Tout le temps qu'aura duré le voyage, je n'arrêtais pas de me répéter : Pourvu que nous... Oui, je l'avoue, c'était une obsession... Et c'était une prière : Pourvu que nous arrivions à temps, pourvu que nous arrivions à temps, pourvu que nous arrivions à temps... Mais quand j'ai ouvert la terrible lettre de Siegfried !

— Siegfried n'exagérait pas, Douce. Je sais quand votre cabotin de père joue la comédie. Non, j'ai passé des nuits et des nuits à son chevet... Mon Dieu ! je l'écoutais s'essouffler, s'essouffler... Je m'endormais quelques minutes et je me réveillais en sursaut : est-ce qu'il respire encore ? Je devenais folle. Ça me rappelait, quand il était petit, ces nuits et ces nuits au chevet de Siegfried.

— Siegfried, Siegfried, Siegfried... Vous avez remarqué ? Comme d'habitude, il n'est question que de Siegfried. Nous sommes tous là, suspendus, si je puis dire, à sa venue... Ce qu'il va faire. Ce qu'il va penser. Ce qu'il va décider pour nous. Comment il va se comporter... Exactement comme lorsque nous étions enfants et qu'il régentait la maison déjà...

— Qu'il nous terrorisait...

— Oui. Nous devrions être heureux, tout simplement heureux de nous retrouver. Sarah est ici, nous sommes ici avec vous pour l'anniversaire de Papa. Et cependant, c'est Boudin-Blanc qui, une fois de plus, nous...

— Nous volera la scène, comme nous disons nous autres.

— Moi, j'ai hâte de revoir ma chère Ursula. Depuis le temps. La dernière fois que nous nous sommes vues, c'était en... attends ! 1937. À un réveillon avec les Goebbels...

— Noël avec les Goebbels : vous en avez de la chance !

— Friedrich !

— Écoute, Pamina ! Un réveillon avec les Goebbels, c'est pas à nous que...

— Je dois avouer que c'était d'un gai ! Et d'un bon goût avec ça : le sapin décoré de croix gammées ! je ne vous dis pas.

— Des croix gammées dans le sapin !

— C'est bon de t'entendre rire, mon garçon.

— La pauvre Ursula faisait peur à voir. Un cadavre...

— Elle se drogue. La dernière fois que je l'ai vue, moi, je l'ai à peine reconnue.

— Je ne crois pas qu'elle ait trouvé le bonheur, elle non plus.

— Elle non plus ? » relève à mi-voix Elisabeth.

Il lui faut s'inventer une tâche urgente pour dissimuler à ses enfants ce pincement au cœur que lui vaut la remarque de Dorabella.

« Anna a besoin de moi en cuisine, fait-elle, je vous laisse. » Et caressant du dos de la main le savant drapé de sa robe à la hanche : « Ce n'est pas vraiment la tenue indiquée pour touiller du chocolat...

— Du chocolat ? Oh ! moi qui vous en apportais de Suisse. Avec des cigares pour toi, Maman.

— Un cigare, je veux bien. Cela fait si longtemps...

— Dis à Anna que nous mettrons le couvert », lance Dorabella tandis que sa mère sort.

Et Friedrich :

« Oui oui, comme autrefois. »

Quel plaisir, de retrouver sur les étagères vitrées de l'office les belles vaisselles ! Le service de Limoges rapporté de la tournée de 1921 en France, quand les artistes allemands se voyaient confisquer leurs cachets à la banque au titre des réparations de guerre et qu'ils se faisaient donc payer en nature. Le Meissen rocaille, aux angelots musiciens. Et l'autre, céladon, aux délicates chinoiseries... Quel plaisir, de retrouver roulé sur les longs bâtons le linge de table des jours de fête ! La nappe brodée de roses, la nappe en dentelle de Venise, la nappe damassée où s'entrelacent les noms d'Elisabeth et de Bruno. Le mercerisage et l'écru, subtilement intriqués, font que selon sa place on lit l'un ou l'autre — petite fascination de l'enfance, fascination associée au plaisir de déjeuner avec les grandes personnes les jours anniversaires, et dont le souvenir assaille Friedrich.

Il hume l'odeur de savon du linge, voluptueusement il en froisse entre ses doigts le glaçage.

« Tous ces petits bonheurs bourgeois ! » dit-il en roulant à la volée le bâton sur la table comme il voyait faire autrefois Anna ou son mari, Martin... « Ces petits bonheurs auxquels on ne croyait pas être attaché mais qu'on regrette plus tard. C'est une des choses les plus pénibles de la clandestinité : n'avoir jamais rien de frais pour se changer, n'avoir rien de beau sur soi. Ne pas pouvoir se laver tous les jours. Dormir n'importe où. Manger n'importe quoi, dans n'importe quelle assiette... Au début de mon exil à Paris, je n'y faisais pas attention. Je ne sentais pas la privation. Au contraire, j'éprouvais même une certaine fierté d'homme de gauche à vivre dans le dénuement. Puisque le prolétariat crève de faim, le militant doit se refuser toute espèce de luxe. Ce dénuement où nous vivions Sarah et moi... je pensais que c'était la liberté ! D'ailleurs, je me disais : quelle importance une jolie vaisselle, des draps propres, des fleurs ? Et puis, peu à peu, sans que je sache vraiment ce qui me manquait, j'ai commencé à ressentir ce manque... L'Allemagne me manquait, entendre parler allemand me manquait... Mais il y avait aussi tout ça.

— Oui, je le connais ce sentiment, acquiesce Pamina. Pourtant, j'ai une vie moins difficile que la tienne. Et moins dangereuse... » Et, comme elle pousse une porte coulissante du vaisselier : « Oh ! Douce, s'écrie-t-elle, regarde ! Notre dînette... »

La dînette également est en porcelaine de Meissen. Et peu de pièces ont été cassées. Par jeu, spontanément, les deux sœurs disposent les assiettes miniatures sur la grande table ovale en bêtifiant :

« Là, Papa...

— Là, Maman... »

Elles pouffent, vaguement honteuses.

Dorabella, reprenant son sérieux la première, les replace sur le présentoir et demande à son frère :

« Comment comptes-tu t'y prendre pour sauver Alice et Arno ?

— J'espère que le passeur est homme de parole et qu'il reviendra cette nuit. La barque peut prendre cinq ou six passagers. Mais, je t'en prie, Douce : pas un mot aux petits ni aux parents ! Il faut qu'ils l'ignorent jusqu'au dernier moment.

Inutile de gâcher la fête ! Et je ne veux pas de longs adieux déchirants : les petits sont très heureux ici, tu sais. Et pour les parents, ça va être très dur aussi de se séparer d'eux. Même s'ils n'auront plus l'angoisse que la Gestapo les leur prenne...

— La question, ajoute Pamina, c'est que nous ne savons pas du tout ce qui se passera quand Boudin-Blanc... »

Un hululement de sirènes la coupe. Une canonnade fait tinter la vaisselle, vibrer les vitres.

« Tiens, le voici !

— La Râle !

— C'est lui ! » s'écrient-ils en chœur.

Loin de marquer la moindre crainte, ils sont pris de fou rire.

« Eh bien, on s'amuse ici ! » note, surprise, Elisabeth en passant la tête par l'entrebâillement de la porte.

Mais leur gaieté est à son comble quand, le hululement des sirènes retombant, ils entendent des pétarades de motos et leurs neveux qui crient à la cantonade :

« Mamie, Mamie, c'est l'oncle Siegfried !

— Dans la grosse voiture noire avec le drapeau...

— Ne sortez pas de la maison ! leur ordonne leur grand-mère. Courez plutôt prévenir votre grand-père... » Et, à ses propres enfants : « Vous m'accompagnez ? »

Étrange coïncidence, songe Dorabella : juste comme on parlait du loup... Sera-t-il en SS ? se demande inopinément Friedrich. Pamina, quant à elle, donne le bras à sa mère. Aldo les rejoint.

Ils voient derrière la grille deux side-cars et la voiture du Kreisleiter de Lindau effectuer un demi-tour pendant que la Mercedes manœuvre de façon à bloquer l'allée dans sa largeur.

Les deux hommes de la Gestapo s'empressent obséquieusement pour ouvrir dans le même mouvement et la portière de la limousine et le portail du jardin. Siegfried descend...

En civil ! se fait in petto Friedrich. Dorabella se précipite vers Ursula, qui descend après son mari, du même côté. L'aide de camp les salue.

Le couple marque le pas, stupéfait ; hésite quelques secondes.

Légère reticence de l'autre part aussi. Silence.

Siegfried s'avance enfin. Et, d'une voix qui se brise :

« Friedrich ! dit-il. Mina ! Douce ! Aldo ! Vous êtes tous là ! »

Un flottement subsiste, une sensible maladresse des gestes, un embarras. Mais en leur cœur, les deux frères ont déjà décidé que ce serait la paix, dût-elle ne pas durer ; ils ont choisi le pardon, fût-il feint. Ils le font pour leur mère : ils font l'effort de s'étreindre une longue minute avant d'entrer ensemble dans la villa. Ursula et Dorabella s'embrassent éperdument.

« Comment va Papa ? s'enquiert Siegfried. Papa ? appelle-t-il anxieusement en allant vers l'escalier. Papa ? »

Il lève les yeux sur le palier où donne la chambre de son père. Une détonation mate l'accueille — un bouchon de champagne qui saute, dirait-on.

Suit un tambourinement aigrelet... La porte s'ouvre lentement.

« Papa ? »

Mais c'est le petit singe mécanique qu'il voit bondir, basculer sur la marche palière, rebondir — ta-ra-ta-ra-ta-ta.

Puis, Alice et Arno apparaissent, riant aux larmes, tirant par les basques de son frac leur grand-père.

Et ce n'est qu'un cri alors, repris par tous :

« Bon anniversaire ! Bon anniversaire ! Bon anniversaire... »

Bruno, une coupe de champagne à la main, salue en s'inclinant profondément comme s'il se trouvait au pupitre d'un concert qui commence. Il se penche par-dessus la rambarde deux fois, trois fois...

On l'acclame, on l'applaudit si fort que le grand lustre en tremble sous le dôme du hall.

Siegfried se rue dans l'escalier, qu'il grimpe de deux marches en deux marches. Son père lui donne l'accolade avec une sorte de solennité. Ses neveux rentrent dans la chambre. En ressortent aussitôt...

« Qui est-ce ? » balbutie Siegfried, grimaçant comme s'il devinait déjà.

« C'est notre Maman ! s'exclame Arno.

— Notre Maman à nous ! » confirme Alice.

Siegfried recule. Sarah s'avance, tenant par les épaules ses deux enfants, s'y soutenant.

« Elle ! dit-il. Elle ici !

— Ce n'est pas *elle*, réplique Bruno. C'est Sarah, la femme de ton frère. »

Friedrich, qui les a rejoints, intervient :

« Tu peux... eh bien, je ne sais pas, moi, lui tendre la main par exemple !

— Je ne suis plus contagieuse », ironise crânement Sarah.

À quoi son mari ajoute :

« Et la judaïté ne s'attrape pas comme ça. Tu ne cours aucun risque !

— Tamino ! » proteste mezza voce Pamina, estimant que son frère aîné manque de finesse en l'occurrence.

Elisabeth la remercie d'un cillement. Et Bruno :

« Mes enfants ! Un si beau jour...

— Je ne peux y croire, c'est un rêve ! fait Ursula résolument. Nous tous ici, et vous, Bruno, debout, une coupe de champagne à la main ! »

Elle a monté l'escalier à son tour. Bravant les regards de son mari, elle embrasse Sarah.

« Je ne vous connais pas, poursuit-elle, mais j'ai eu l'occasion de discuter avec vos charmants petits monstres.

— La dernière fois, elle nous a dit que la guerre allait finir.

— Ce n'est pas *elle*, mon nom, c'est Ursula. Tout comme ta mère s'appelle Sarah. Pas *elle*.

— Ursula a raison : la guerre est finie entre nous ! »

Pamina le proclame pour conclure. Avec l'espoir de dissiper le malaise. Elle sait que les cris, les larmes, les colères, les rancœurs ne pourront plus être contenus très longtemps, mais qu'importe ? Il faut faire comme si. Il faut faire comme au théâtre.

Bruno le pense aussi. En descendant l'escalier au milieu des siens il annonce, énigmatique :

« Second acte. »

Friedrich ramasse le petit singe tambourinaire qui, renversé sur sa clé dans le dos, se débattait convulsivement.

« C'est à peu près la seule chose que j'avais emportée dans ma valise quand j'ai quitté l'Allemagne en 33, raconte-t-il à Dorabella. Plus tard, je l'ai donné à Arno et c'est comme ça qu'il s'est retrouvé ici.

— Vous avez reçu les colis ? demande Siegfried à sa mère, en aparté.

— Mais oui. Anna a même pu nous faire un gros gâteau au chocolat comme les aime ton père.

— Tu veux bien qu'Anna déjeune avec nous comme autrefois aux anniversaires ?

— Mais ! bien sûr, mon grand. J'y ai pensé... Douce ? Mina ? Vous avez mis le couvert pour...

— Nous douze, évidemment !

— Nous n'avons pas oublié Anna... »

Anna, qui ouvre à deux battants les portes de la salle à manger et dit :

« Madame est servie. »

Second acte, se répète intérieurement Bruno.

Seul un homme de théâtre pouvait imaginer pareille intrigue, seul il pouvait la rêver avec une telle force qu'elle se réaliserait. Jamais, songe-t-il en se moquant de sa propre vanité, jamais je n'aurai autant mérité le surnom de Magicien.

Il a voulu ce miracle. Il y a cru comme on croit à un livret d'opéra, aussi invraisemblable soit-il. Et invraisemblables, ces retrouvailles ne le sont-elles pas ? Qu'en pleine guerre, Sarah, Pamina et Friedrich aient héroïquement risqué leurs vies ; que Dorabella et Aldo, ordinairement si indolents, aient accompli ce voyage interminable à travers un pays en ruine ; qu'une Juive, tuberculeuse en outre, et un dignitaire SS s'assoient à la même table ; que tous soient réunis autour de lui en ce 5 novembre 1943 ! Tous sous le charme, à l'écouter débiter des anecdotes amusantes qu'ils prétendent avoir oubliées pour lui laisser le bonheur de les leur resservir, de les leur rejouer avec sa verve habituelle ; tous à le regarder déboucher d'affilée trois bouteilles de champagne avec cette onctuosité précise du geste, avec cette élégance qui n'appartient qu'au maestro. Bruno Arnhein dirige. Il les dirige, ces retrouvailles qu'il avait, en quelque sorte, orchestrées du fond de son lit, en esprit, quand il était malade et délirait parfois. Son petit monde l'observe, attendri par son cabotinage. Son petit monde le dévisage, ce père que la maladie a peu marqué : s'il est plus maigre aujourd'hui et plus ridé, il n'a rien perdu de sa stature ni de sa prestance. De temps à autre, d'un coup de tête, il rejette en arrière les ailes de sa belle chevelure blanche, mettant ainsi en valeur son profil aquilin. Le sachant... *Commediante !* croit-il lire sur les lèvres d'Elisabeth. Un mot que, muette ou non, elle articulera toujours aussi affectueusement.

Mais, en homme de théâtre, il pressent que les choses commencent à lui échapper, que le drame couve, qu'il éclatera au second acte. Maintenant que la conversation devient à la fois générale et se fragmente en conversations particulières, il perçoit au milieu de la confusion les premiers couacs : des piques, des remarques désobligeantes. C'est Siegfried qui dit :

« Notre Führer... »

Et que Friedrich coupe :

« Enfin ! le tien... »

Ou Pamina qui répond à sa sœur :

« Jean Schreiber ? C'est quelqu'un de très bien, je t'assure... »

Et que Dorabella agace parce qu'elle lui réplique :

« L'homme peut-être. Mais ce qu'il écrit ! Je dois avouer d'ailleurs que je n'en ai jamais lu une ligne. »

Chacun prend sur soi de ne rien envenimer toutefois, Bruno le sent. Chacun se force à sourire et change de propos dès qu'il devine une résistance chez l'autre, chacun s'excuse de contredire son frère ou sa sœur. Les yeux se font vagues alors, et vagues les arguments. On n'insiste pas. On se replie prudemment sur des souvenirs communs plus anodins : les deux trémas de Mlle Gü-drün et ses chapeaux ridicules et son accent rocailleux. Ou cette partie de canotage qui avait failli mal tourner pour les deux garçons. Ou la mousse au chocolat de la guerre précédente...

« Ah oui ! Avec le chocolat que... »

Mais non ! l'histoire de la mousse au chocolat doit être esquivée vite, car il faudrait parler d'Egon — sujet tabou, à l'évidence. Comme sont taboues, si on en juge par ses grimaces quand l'un ou l'autre se risque à les évoquer, les bêtises du Baron Pleurniche. Siegfried se révèle aussi susceptible qu'il l'était, petit. Sans doute récrirait-il son enfance comme il récrivit l'enfance de plusieurs héros nazis s'il n'était entouré à cette table de témoins gênants. Quand Friedrich, plus par inadvertance que par méchanceté délibérée, l'appelle Baron Pleurniche, on frise l'incident entre les deux frères. Et l'oreille exercée du chef d'orchestre entend déjà, roulant sous l'harmonie que chacun s'efforce encore de faire régner par égard pour lui, les cris, les larmes, les colères, les rancœurs, les jalousies, les déchirements, les conflits rentrés, les secrets tus jusqu'ici et qui bientôt exploseront avec d'autant plus de violence que ses enfants ont réussi des prodiges pour rejoindre leur père ; leur père qu'ils s'attendaient à voir mourant.

Ne refouleraient-ils pas mieux leurs sentiments, ne dissimuleraient-ils pas mieux leurs ressentiments s'ils se trouvaient à son chevet assister ses derniers moments ? Mais puisque c'est une fête au contraire, mais puisque cet anniversaire ressemble aux anniversaires d'autrefois...

Friedrich, Siegfried, Dorabella, Pamina — Bruno les observe tour à tour, compte mentalement leur âge : quarante-deux, quarante, trente-six, trente et un ans. Quatre adultes, la maturité déjà gravée dans les traits, l'innocence enfantine irrémédiablement perdue. Et cependant, à ses yeux, il ne sait quoi des enfants qu'ils furent survit en eux ; quelque chose qu'il ne saurait voir ni en Sarah, ni en Ursula, ni en Aldo : ce ne sont pas ses enfants. Les siens le seront toujours.

Siegfried, d'abord. Le plus infantile des quatre, lui qui s'estime le plus accompli. Siegfried qui, évidemment, veut voler la vedette à son père. Après tout, sans lui, il y revient souvent, cette réunion de famille n'aurait jamais eu lieu. Il en est l'instigateur, se vante-t-il. Il aura fallu son intervention. Et on devrait en somme l'admirer d'avoir demandé une levée partielle du blocus autour de la villa; on devrait remercier de sa mansuétude nouvelle l'Oberführer SS. Exactement comme autrefois, après avoir terrorisé la maisonnée avec ses crises convulsives parce qu'on refusait de lui céder, le Baron Pleurniche, changeant brusquement de registre, charmait et séduisait les grandes personnes pour finir par exiger qu'on le reconnaisse comme le plus gentil des petits garçons. Il harcelait sa mère surtout :

« N'est-ce pas que je suis ton préféré ? »

Sa mère qui, aujourd'hui, ironise, mais si subtilement qu'il n'y entend pas de moquerie à son endroit :

« En Autriche, nous avions une distinction militaire merveilleuse, à ma connaissance elle n'existe dans aucun autre pays : la Marie-Thérèse. Son principe m'enchante : c'était une médaille récompensant le soldat ou l'officier qui, en désobéissant à un ordre contestable de son supérieur, lui a permis de remporter une victoire inespérée. Dommage que nous n'ayons pas une pareille décoration en Allemagne, non, mon grand ? »

Bruno surprend à la dérobée un éclat de gaieté dans les yeux de Sarah. Elle, a saisi le sarcasme et le savoure discrètement. Il l'admire, cette femme courageuse, il admire comme elle se domine. Alice et Arno la dévorent des yeux et elle sait leur cacher sa fatigue, sa souffrance.

Certains êtres ne se révèlent que dans l'adversité. Il leur faut le malheur pour s'épanouir, dirait-on. La maladie leur donne la santé morale, leur donne cette sorte de sainteté qui illumine le sourire de Sarah.

Ce matin, en arrivant et en apprenant ce qu'elle venait d'oser, Friedrich, avant d'aller la réveiller, a fait à son père un aveu bouleversant :

« Jamais je ne me suis senti si proche d'elle. Maintenant, je sais que j'avais raison de l'aimer. Et je regrette d'autant plus de n'avoir pas su l'aimer alors. Elle aurait pu être heureuse. J'aurais pu la rendre heureuse si...

— Si tu t'étais aimé toi ; si elle s'était aimée elle.

— Voilà. Si nous n'avions pas cherché à nous consoler l'un auprès de l'autre de notre mal de vivre... Mais comment comprends-tu si bien ces choses-là, Papa ? Comment les devines-tu, le Magicien ?

— Crois-tu que ta mère et moi n'ayons pas dû apprendre à nous aimer ?

— Mais vous étiez sûrs de vous. Mais vous étiez forts, vous... »

Certes. Ils avaient foi en eux malgré leur jeune âge. Ils n'étaient nullement velléitaires. Quand le scandale éclata à Vienne, aucune menace, aucune torture ne fit fléchir Elisabeth. Ce que Bruno rappelle quand il dit à sa femme :

« Dommage, aussi, que la Marie-Thérèse n'ait pas été attribuée à titre civil, ma chérie. Tu l'aurais eue.

— Pour quel haut fait ?

— Eh bien, pour être passée outre aux volontés d'un conseiller aulique, ton père. Pour n'avoir pas cédé même quand tu as été internée à la clinique du Dr Weissman.

— Mais ! la victoire impériale et royale ?

— C'était moi ! » lâche-t-il en riant de sa propre impudeur. Puis, se reprenant aussitôt : « Non ! C'était nous deux. C'était notre amour... »

Mais pourquoi leur fils aîné avait-il autant douté de soi ? Pourquoi Siegfried, pourquoi Dorabella ont-ils à ce point manqué de confiance en eux-mêmes ? Siegfried, qui s'écoute parler avantageusement de son angoisse quand il a ouvert la dernière lettre lui annonçant que leur père était au plus mal. Dorabella, qu'il surprend à soupirer, moitié sérieuse et moitié amusée, en se penchant vers son amie Ursula :

« Comme c'est difficile d'être l'enfant de Bruno Arnhein ! »

Il les regarde le regarder et se tait. Il croit soudain les entendre lui reprocher d'avoir été le père qu'il fut ; il croit les entendre lui poser silencieusement la question : comment peut-on s'épanouir dans l'ombre d'un grand homme ? Comment ne pas se sentir meurtri, écrasé et, à la longue, anéanti par son énergie surhumaine ? Comment résiste-t-on à la puissance destructrice du génie ?

Toutes choses que lui avait écrites un jour Pamina. Et auxquelles il avait répondu à la légère, pour autant qu'il s'en souvienne. À la Arnhein.

Chacun a essayé cependant.

Friedrich ? En se jettant à corps perdu dans une aventure où il s'oublierait : le militant ne s'appartient plus. Il se sacrifie à la cause. Il y sacrifie son moi.

Siegfried ? En se vouant également à un ordre qui le dépasse. Avec, de surcroît, cette perversité qui lui a fait choisir les fastes de l'ordre noir, qui lui a fait choisir la barbarie pour se venger du plus civilisé, du moins brutalement allemand des artistes allemands.

Dorabella ? En se réfugiant dans une conduite d'échec. Ou en s'obstinant, elle le lui a avoué hier soir, à inscrire au programme de ses rares récitals du Arnhein.

Pamina ? Ah ! Pamina a mieux réussi. Peut-être parce qu'elle aura su justement lui poser la question, peut-être parce qu'elle aura su le provoquer amoureusement. Incestueusement.

Mais ne s'est-elle pas trop prise au jeu ? La petite dernière, la plus insouciante des quatre, la plus délurée autrefois, paraît aujourd'hui la plus posée, la plus réfléchie, la plus équilibrée. Et pourtant, une immense tristesse l'habite, qu'il décèle sous les apparences de la sérénité. Elle vit seule, elle le lui a dit ce matin. Elle le lui a dit sur un ton de feinte indifférence à son propre sort mais en usant sciemment de son charme.

Elle lui a dit aussi, dans un éclat de rire, avec cette liberté qui la caractérise :

« Sais-tu que tu as un rival dans mon cœur, Papa ? Friedrich, figure-toi ! Oui : ton fils. En le retrouvant à Genève, en voyageant avec lui, en partageant tous les dangers du passage, voilà que je me suis mise à l'aimer. »

L'ambiguïté est voulue. Comme est voulu, obscurément voulu, ce tailleur de velours bleu qu'elle porte. Pamina connaît trop bien le portrait qu'il fit faire de sa femme pour commémorer leur première rencontre : Elisabeth sous le costume de Chérubin bleu Nattier — *En bleu adorable...* Pamina ne laisse jamais rien au hasard. Pamina est toujours en représentation. Et elle incarne sa mère de façon troublante.

Assez troublante pour éveiller en son père un désir brusque. Un désir si peu chaste qu'il n'a d'autre recours que de rameuter ses fantasmes favoris : le cul de la Birgit. Sonja, quand elle montait et descendait la gamme au rythme de sa jouissance. Pilar, qui se signait au moment de l'orgasme en traçant, des ongles, une croix dans la chair de son dos. Et la sentimentale Mary, qui lui offrit en médaillon une touffe de sa toison pubienne avant de repartir pour l'Amérique. Et la verdienne Lisa, qui le remercia après une nuit d'amour en lui lançant sur le seuil de sa chambre d'hôtel : « *O ! vincitor...* » Et Rosa, la divine Rosa.

Mais Bruno voit affluer maintenant d'autres souvenirs, inopportuns ceux-là. Les longues journées vides et solitaires qui suivirent la rupture avec Elisabeth ; son désarroi, sa déchéance alors, sa démence ou peu s'en fallut... Quand, obsédé par son absence, il ne parvenait plus à s'exprimer sur le papier ou au piano mais qu'il couvrait de graffitis obscènes les toilettes publiques où il se réfugiait au comble du malheur, après avoir déambulé des heures et des heures, hébété, dans les rues de Munich. Il s'y enfermait et là, dans l'odeur révulsive du crésyl et le chuintement infini des tuyauteries, il s'attardait à gratter un mur salpêtré pour y faire apparaître une verge éjaculant le nom d'Elisabeth. Ou bien il crayonnait un *E* et un *B* entrelacés comme ils le sont sur leurs déjeuners ; mais les barres du *E* formaient trois membres virils aux glands décalottés, et les boucles du *B*, deux seins de femme. Il reculait d'un pas pour admirer son œuvre, puis éclatait en sanglots ou vomissait dans la fosse, désespéré. Il avait peur de devenir fou.

Mon amour ! articule-t-il, muet, tandis qu'elle lui sourit, plissant les paupières pour l'interroger en silence : Ça va ?

Oui. Il hoche la tête. Et, comme s'il craignait qu'elle devine ses pensées présentes, tout en continuant de les laisser courir intérieurement, il reprend part à la discussion.

À son gendre, qui provoque Siegfried et exaspère Friedrich

en le harcelant de questions sur la lutte contre le nazisme, il fait remarquer :

« Aldo, mon cher, vous ne saisissez donc pas que notre Tamino n'a pas envie de vous parler de son action dans les Brigades Internationales ? Et encore moins de la guerre secrète en France. D'abord justement parce qu'il s'agit d'une guerre secrète et que ce serait de sa part trahir, j'imagine, s'il vous en disait plus. Ensuite, parce que mon fils a la modestie des vrais héros. Qu'il ait abattu quelques avions en Espagne ou qu'il ait saboté des trains qui partaient pour l'Allemagne, croyez bien que vous n'en saurez jamais rien. »

D'un clin d'œil, Friedrich remercie son père. Siegfried rumine une froide colère rentrée, il remue nerveusement les mâchoires. L'antifascisme dilettante de son beau-frère, antifascisme récent du reste, l'irrite beaucoup plus que l'engagement conséquent de son frère. Ursula essaie de le faire comprendre par gestes à Dorabella. Et, tandis qu'elle se lève, pour prévenir l'incident qu'elle redoute depuis le début du déjeuner, elle exprime, mais avec détachement, ce que son mari risquerait de rétorquer s'il explosait maintenant :

« À t'entendre, Aldo, il n'y aurait plus une seule chemise noire en Italie ! Tout le monde aurait rallié les Alliés... Ne te fais pas trop d'illusions, mon ami. Nous n'avons pas encore perdu... »

Elle va à la cuisine. En revient, portant douze truites fumées dans un grand plat de service :

« Tu vois ! fait fièrement Siegfried en se tournant vers son père. Tu vois, grâce à moi la tradition est respectée. Et tu dois...

— Et tu dois, oui oui, nous les préparer, Papa ! Comme autrefois. »

Bruno, tout en s'appliquant à lever les filets d'un coup de main expert avec la pointe de la pelle d'argent, observe à la dérobée sa belle-fille. Ursula lui semble aussi décharnée, aussi maladive que Sarah. Les joues creusées, le teint terne, une grande langueur dans l'attitude, il ne sait quoi de somnambulique dans la démarche. Comme si elle rêvait éveillée, comme si en marchant elle cauchemardait... La saine, la blonde jeune fille frisonne, si ingénument germanique que sa photographie, à l'époque de son mariage, avait figuré dans un manuel d'éducation raciste légendée : *L'Allemande idéale,* ressemblait aujourd'hui, dix ans plus tard, à ces droguées qui, au temps de la grande inflation, vous accostaient à la sortie des artistes derrière l'Opéra Unter den Linden : « T'as pas un ou deux petits millions pour moi, mon gars ? » Bruno y repense tout à coup : on les appelait les Goules.

Ursula mange à peine, et sert, et dessert, insistant pour qu'Anna reste assise, trouvant sans cesse de nouvelles raisons de quitter la table : il faudrait une assiette pour les arêtes, le pot à eau est vide, comment cuit le gratin ? Autant de prétextes : de fait, elle paraît craindre plus que quiconque l'imminence d'une scène et vouloir éviter d'y être présente. Du coin de l'œil, elle surveille Siegfried.

Il y a aussi, songe Bruno, qu'Ursula, comme Sarah, comme Aldo doivent se sentir quelque peu exclus de cette cérémonie familiale, quelque peu extérieurs au spectacle que donnent, que se donnent les Arnhein. Aldo le note avec drôlerie :

« J'ai souvent dit à Dora que vous devriez éditer à notre usage non seulement une chronique de la famille mais surtout un recueil de vos *private jokes* : que nous puissions suivre, nous autres ! »

Puis, comme s'il voulait prouver qu'il n'est pas indigne d'être assis parmi eux, à cette table, il se lance dans un long récit de leur voyage, Dorabella et lui.

Alice et Arno l'écoutent, aussi attentifs que lorsqu'on leur lit un conte. Ils ne savent pas s'il faut croire cette histoire, font des commentaires qui amusent leur oncle, et lui demandent, chaque fois que la voix retombe :

« Et après ? »

Friedrich, attendri, confie à sa mère en aparté :

« Je te l'avoue : j'avais peur que vous en ayez fait des petits singes savants. Mais non, ils sont si spontanés ! »

Mais Alice entend tout et s'écrie :

« Nous, nous n'avons pas de clé dans le dos. On ne nous a pas trouvés chez Il Signor...

— Tu-tu-tu ! » l'interrompt Bruno, tremblant.

Son frère la réprimande tout bas :

« Tu sais bien que c'est interdit de parler de Gobbolo ! Surtout devant l'oncle Siegfried. »

L'oncle Siegfried, par chance, ne prêtait pas attention.

Vexé d'être si rarement le centre d'intérêt et de ne parvenir à briser cette sourde hostilité qui l'entoure, il a l'idée soudaine de tirer sa montre de gousset et de la tendre à son père.

« Tiens ! dit-il. Ce sera mon cadeau d'anniversaire. Une fois, tu te souviens, tu m'as offert...

— Non ! » le coupe Ursula.

Ursula, qui provoque alors la crise qu'elle redoutait tant. Ursula, qui crie à son beau-père :

« Non non ! ne l'acceptez pas : c'est une montre volée. »

De rage, Siegfried se lève, renverse sa chaise.

« Quoi ? Qu'est-ce que tu vas encore inventer ? »

Ursula cependant lui tient tête :

« Oui, volée ! Volée dans un camp de concentration... » Et, s'exaltant à mesure qu'elle parle, elle hausse encore le ton : « Vous ne savez pas ce qui se passe là-bas ? Eh bien, je vous le dis, moi. On amène les Juifs par trains entiers, on les dépouille de tout et puis on...

— Ursula ! un mot de plus et je te jure que...

— Je vous en prie ! Arrêtez ! »

Aldo, surpris de son propre courage, s'est interposé entre Ursula et Siegfried. Friedrich et Pamina viennent en renfort, empêchant leur frère de lever la main sur sa femme.

« C'est une montre volée à un Juif ! poursuit-elle, hystérique. Une montre volée à un Juif ! Une montre volée à un Juif ! » Puis, s'adressant plus personnellement à Sarah : « On les tue tous ! On tue même les petits... »

Sarah recueille et serre sur son ventre Alice et Arno, qui ont accouru auprès d'elle instinctivement. Elle pousse une sorte de gémissement animal. Les enfants pleurent d'effroi.

« Ne l'écoutez pas ! » fait Siegfried, reprenant son calme. « Elle est folle, elle se drogue, elle dit n'importe quoi... »

Bruno, debout, tonne :

« Tais-toi ! Et toi aussi, Ursula ! »

Elisabeth est en larmes. Arno l'implore :

« On peut sortir, nous deux ? On peut aller dans le jardin ?

— C'est ça, lui répond sa grand-mère, sortez, mes chéris ! Allez dans le jardin. »

À quoi Sarah ajoute maternellement :

« Mais couvrez-vous ! »

Brindisi

Au bout du môle, Wotan aboie comme jamais les enfants ne l'ont entendu aboyer.

« C'est la fin du monde ! » annonce doctement Arno, répétant ce qu'il entend dire le Magicien quand le ciel se violace ainsi et que des rafales de vent rident le lac assombri, ploient les saules pleureurs du bord, font grincer les ferrures des stores relevés, dispersent les tas de feuilles mortes sur la pelouse, agitent l'Orphée. Est-ce le tangage du bateau qui effraie le chien ou a-t-il vu quelque chose flotter entre deux eaux ?

Alice appelle son frère du côté de l'entrée de la villa. Posté derrière les grilles, un homme très grand, en manteau de cuir, la désignait à un autre homme. Arno voit le doigt ganté pointer vers lui tandis qu'il accourt auprès de sa sœur.

« Cachons-nous, lui fait-il tout bas. Ne restons pas ici. »

Il est obscurément conscient d'un danger. Il distingue le mot *juifs* et le mot *enfants* dans les paroles confuses des deux inconnus. Il se glisse entre la haie et le muret, marche accroupi jusqu'à une brèche du portail, d'où ils verront mieux la grande allée. Alice le suit pas à pas en l'imitant.

« Tu as vu, Arno ? Ils sont beaucoup. Qu'est-ce qu'ils font là ?

— C'est des SS ! » assure Arno, qui dénombre trois motards casqués, cinq hommes en uniforme noir et un autre en civil outre les habituels plantons de la Gestapo, Doublepatte et Patachon.

Plusieurs voitures sont garées en épi et des side-cars ferment l'étroit passage en chicane laissé entre elles. Les enfants se recroquevillent un peu plus quand ils entendent des pas, un remuement d'herbes, un froissement de toile cirée, un halètement de chiens. Alice étouffe un cri : un mufle noir et humide a surgi par la brèche. La bête grogne ; Arno se fige, le cœur battant... Mais le maître tire sur la laisse sans doute, et la gueule disparaît, à leur soulagement.

Arno compte mentalement quelques secondes, puis, donnant la main à sa sœur, l'entraîne vers la terrasse. Ils feront le tour, pour rentrer dans la villa.

Mais faut-il rentrer maintenant ? Voilà déjà trois fois qu'ils retournent à l'intérieur, et trois fois qu'ils en ressortent presque aussitôt, bouleversés par les scènes auxquelles ils assistent alors. Du reste, c'est à peine si on remarque leur présence quand ils passent. Les grandes personnes sont tout à leurs histoires de grandes personnes. Et la maison, qu'ils ont toujours connue si paisible, retentit d'éclats dont ils ne comprennent pas le pourquoi. Ce devait être un si beau jour ! Un jour enchanté, selon Alice : le Magicien s'est levé, a ouvert des bouteilles de champagne et leur en a fait goûter une gorgée dans son verre ; il y a plein de bonnes choses à manger, un gros gâteau au chocolat piqué de soixante-quinze bougies attend sur une desserte... Mais, surtout, leurs parents sont là. Maman qui est si belle et si douce, Papa qui est si bon et si fort... « Un miracle ! » ne cessait de répéter Anna. Anna, qui s'est discrètement réfugiée dans la cuisine où elle leur a donné à lécher les spatules et les cuillers. Elle aussi le pense, elle aussi le dit :

« Tout le monde devrait être heureux et remercier Dieu. Mais non ! vos oncles crient, vos tantes pleurent. Et monsieur et madame, les pauvres... »

Alice et Arno ont vu Dorabella sangloter comme une petite fille, assise sur les genoux de leur grand-mère.

« J'ai tendu les bras, hoquetait-elle, j'ai... Il était mort, Maman. Mort. »

Ils ont entendu le Magicien reprendre avec méchanceté

leur père, leur père qu'il appelle cependant toujours très gentiment Tamino :

« Tamino, tu es drôle ! Comprends-nous ! Que fallait-il faire ? Qu'en savions-nous, mon garçon ? Depuis quatre ans que nous sommes complètement isolés. Sans radio : on nous l'a confisquée. Les journaux ? Je te laisse imaginer ce que sont les journaux ici ! Non, le peu de nouvelles, Anna nous les rapporte du marché. Tu peux juger ce qu'elles valent. En plus, la malheureuse est très mal vue en ville : on colporte des rumeurs insensées sur nous. À la boulangerie où nous sommes inscrits, ils ont déjà refusé plusieurs fois de la servir. Ils lui demandent : " Combien vous êtes chez vous : trois ou cinq ? " Tout le monde sait très bien ce qu'il en est des petits. Et je soupçonne notre chère Anna de ne pas tout nous raconter pour ne pas nous effrayer plus... »

Siegfried s'était levé de table. Au fumoir, cachés derrière une causeuse, ils l'ont épié qui téléphonait, s'interrompant souvent pour protester :

« Ne coupez pas ! Ne coupez pas ! »

Il doutait de ce que lui disait un certain Hans, lui demandait de répéter plus lentement.

Quand ils sont retournés à la salle à manger, c'était leur père qui s'emportait, prenant la famille à témoin :

« Ce n'est pas moi qui le dis, c'est Ursula... Oh ! les nazis sont des poètes, ils ont le génie de l'expression : la Nuit de Cristal, Nuit et Brouillard. On ne peut pas nommer plus joliment pareilles atrocités. Nuit et Brouillard ! La Nuit de Cristal ! On croirait des titres de lieder, des titres de poèmes d'Egon... »

Egon, le mystérieux Egon qu'ils appellent également l'Ogre, un Ogre qui leur offrait des jouets quand ils avaient l'âge de leurs neveux... Egon leur est un autre sujet de dispute.

N'y tenant plus, Sarah est montée dans sa chambre.

Alice ne la voit pas et s'en inquiète. Pamina la prend dans ses bras.

« Ma jolie, lui dit-elle, ta maman a eu un malaise. Rien de grave, mais elle se repose. Il ne faut pas la déranger... Oh ! ce n'est pas gai pour vous mes pauvres petits. Vous n'aviez jamais la moindre visite. Jamais personne ! Mais aujourd'hui que nous sommes tous là... Quel gâchis ! Vous vous attendiez à une fête et...

— Oui, renchérit Elisabeth. C'est trop bête ! Nous devrions avoir honte tous autant que nous sommes. Quel spectacle pour eux ! Ne pouvons-nous prendre sur nous, les grandes personnes ? Ne pouvons-nous faire comme si ? Finir de déjeuner, tiens. Au moins par égard pour notre Anna, qui a tellement travaillé... Nous nous aimons, tout de même. Et vous êtes tous mes enfants. Oui, vous aussi, Aldo. Toi aussi, Ursula...

— Oh ! Maman... » s'écrie Pamina, fondant en larmes à son tour. « Maman, que nous est-il arrivé ? À quel moment cela a commencé et comment ? Ce sentiment que quelque chose entre nous s'était brisé... Un sentiment d'enlisement dans le chaos, un sentiment d'effondrement. Oui, en même temps que s'effondrait l'Allemagne... Que nous est-il arrivé ? Nous étions si unis quand nous étions plus jeunes. Malgré les différences d'âge, nous quatre, malgré les... les difficultés du Pacha Ronchon. Il nous faisait rire aussi, tu te rappelles ? Il nous charmait tous, à sa manière. Exactement comme tu nous charmais, Papa. Moi, j'étais trop petite pour tout comprendre mais je devinais qu'il avait du génie. Et je comprenais qu'il était le préféré de Maman pour la seule raison qu'il était le plus malheureux. Je ne savais pas pourquoi, je ne sais toujours pas pourquoi il était si malheureux, mais, au fond, je n'étais pas jalouse de lui, même quand il n'y en avait que pour lui. Je ne l'enviais pas. Ni Tamino ni Douce non plus, je crois. En dépit de tout, nous étions unis, nous formions un vrai clan : les Arnhein ! Les Arnhein contre le reste du monde ; ce monde que nous trouvions étriqué, terne, plat... Les Arnhein contre ces grands bourgeois ennuyeux qui habitaient le quartier. Car nous habitions Bogenhausen, nous avions des domestiques et la Mercedes, mais nous ne vivions pas comme les gens de Bogenhausen. Chez nous, il y avait une poésie de la vie, une fantaisie. Le luxe, pour nous, n'était qu'une plaisanterie de plus... Quand j'amenais à la maison des camarades du collège, elles n'en croyaient pas leurs yeux : elles vous voyaient vous embrasser tous les deux devant nous et vous dire des choses tendres comme deux jeunes amoureux : mais oui ! c'étaient nos parents, la Comtessine et le Magicien... " Et cet ami de la famille, ce grand ogre roux qui joue avec vos poupées, les filles ? Un Juif, à ce qu'on raconte ! Tes parents le reçoivent ? — Mais oui. Il est si gentil et si amusant. Et d'abord qu'est-ce que ça veut dire : Juif ? — Tes parents ne te l'ont pas dit ? — Non... " Non, vous ne nous disiez pas ces choses-là ! Mais nous, nous montions des petits spectacles ; mais nous, nous décorions nos chambres comme nous voulions, et nous jouions de la musique ensemble, et nous inventions continuellement de nouveaux plaisirs. Nous n'avions aucune de ces hontes qu'ont souvent les enfants d'artistes, en société. Nous étions contents d'être différents des autres. Nous étions même fiers des chapeaux invraisemblables de Mlle Güdrün...

— *X*'il vous plaît !

— C'était la modiste de l'Opéra qui les lui fournissait. L'année où j'ai inscrit au programme *Aïda,* elle a même porté un pschent doré...

— Eh bien ! les autres enfants de Bogenhausen se seraient laissé priver de dessert ou mettre au piquet plutôt que de sortir au Jardin Anglais sous la garde d'une Mlle Güdrün. Mais nous, nous en moquions. Et lorsque j'allais chez mes camarades de classe, c'était mon tour d'ouvrir des yeux ronds : quoi ? elles ne faisaient pas de théâtre à la maison ! Quoi ? leurs parents ne leur lisaient pas en famille des romans de Dickens, de Tolstoï ou de Balzac... Vous vous rappelez ? Nous ne suivions pas forcément très bien l'intrigue, en tout cas moi, mais nous étions tous sensibles au merveilleux. À la magie des mots... Nous t'écoutions, fascinés : tu lisais si bien, Papa ! Tu changeais de voix pour chaque personnage. Tu nous faisais entendre le vent des steppes, le roulement des fiacres sur le pavé, le bal... Vous vous rappelez, vous vous rappelez ? Vous vous rappelez Möhlstraße ? Vous vous rappelez le jardin de Möhlstraße ? Des fois, le soir, quand il faisait beau, après le bain nous avions le droit de redescendre pour un petit rabiot de rires ou finir une partie de croquet commencée avant le dîner...

— Oui. Nous n'allumions pas la lampe dans le marronnier. C'était plus amusant dans le noir. Nous avions un peu peur...

— Mais Papa était au piano...

— Seule ta fenêtre était éclairée. Nous sentions ta présence. Ce carré de lumière, la musique, la chaleur d'une soirée d'été qui n'en finissait plus.

— Un enchantement ! comme dit mon Alice.

— Que nous est-il arrivé ? Pourquoi nous sommes-nous quittés ? À quel moment ? Comment ? Est-ce la faute à Hitler ? »

Le silence se fait, recueilli. Bruno lève les yeux au plafond. Elisabeth tremble tant qu'elle doit reposer son verre de vin avant d'avoir pu le porter à ses lèvres. Friedrich, rêveur, cajole machinalement sa fille, qui s'est blottie entre ses genoux. Dorabella s'est levée pour embrasser Pamina. Les deux sœurs s'abandonnent dans une longue accolade, se sourient à travers leurs larmes. Puis, pour conclure sur une note plus légère en se dégageant de l'étreinte, à cause de cette hantise, héritée de son père, que l'étalage des sentiments ne tourne à la vulgarité, avec cette même volonté d'éviter que le drame ne se dévoie en mélodrame, avec cette même exigence d'ironie :

« Douce, prête-moi donc ton poudrier, que je me refasse une beauté, murmure Pamina. J'ai l'air d'une sorcière, non ? Le chagrin ne me va pas au teint. »

Elle se tourne sur le côté pour se remaquiller. Dans le miroir ovale du boîtier, elle aperçoit Siegfried. Il s'avance pour reprendre sa place parmi eux. En s'asseyant, il annonce sombrement :

« La ligne est coupée ! C'est très préoccupant. »

L'indifférence dans laquelle tombe la nouvelle le laisse soupçonner qu'une espèce de front commun s'est constitué en son absence, une complicité dont il se sent exclu, une fois de plus. Vexé, il ajoute sur un ton important :

« Je devais absolument rejoindre au téléphone... »

Mais il se dispense de dire qui il devait rejoindre. Le Führer ? se demande son frère. Siegfried se sentirait-il gêné de prononcer devant eux son nom tout à coup, ou du moins son titre de Führer ? Est-ce, en somme, une première victoire de la sourde résistance que la famille lui oppose ?

Le silence se fait alors plus lourd, ponctué d'un cliquetis irritant : Ursula n'a pas même conscience qu'elle tapote le bord de son assiette du bout des ongles.

Quand, Alice propose à son père :

« Si j'allais chercher mon violon ? Je peux jouer un petit morceau en attendant le gâteau...

— Ah ! parce qu'il y a un gâteau ? » feint de s'étonner Bruno.

Elisabeth, qui s'est ressaisie, frappe dans ses mains.

« Bravo, ma chérie, dit-elle. Bonne idée. Nous finirons ce déjeuner en musique... Mes enfants, je vous en prie, ayons la... oui, la dignité de reprendre. En l'honneur de votre père... Mais où se cache Arno ? Je ne le vois pas.

— Toujours au jardin, répond Alice.

— Il pleut pourtant ! Que fait-il ?

— Eh bien, il y a plein de soldats et de motos derrière les grilles. Des SS. Alors, il les surveille. Parce qu'on a peur pour Maman.

— Quoi ? » s'écrie Friedrich, blêmissant.

Il repousse sa chaise, jette un regard haineux à son frère. Son frère qui semble sincèrement surpris et crie :

« Qu'est-ce que c'est que cette histoire ?

— Salaud ! crache Friedrich. Salaud ! C'était un piège, hein ?

— Mais non, je t'assure... »

Les deux frères se précipitent ensemble dans le hall, se bousculent sur le seuil, marchent vers le portail.

Mais, du môle, Arno hèle son père dès qu'il le voit :

« Viens, Papa ! Viens vite... »

Friedrich se retourne, court dans sa direction.

« Il y a un homme mort dans l'eau, Papa ! »

Au bout du ponton, le chien aboie toujours. Friedrich aperçoit le noyé rencogné entre deux pilotis. Sans prendre le temps de se déchausser, il entre dans l'eau froide, piquetée de pluie ; décoince le cadavre en le tirant par les aisselles, puis traîne le corps inerte sur l'herbe ; le retourne...

« Ah, merde, fait-il. Merde... Arno, ne regarde pas ! Surtout, ne regarde pas ! Rentre à la villa. »

Le visage nécrosé, bouffi, bleui, est défoncé de la tempe droite au nez, défiguré par une balle tirée à bout portant sans doute. Mais, à la veste et aux cuissards de toile enduite, Friedrich identifie le passeur qui l'a fait traverser le lac cette nuit en compagnie de Pamina.

Pamina est accourue auprès de son frère et jette sur la dépouille la cape de pluie qu'elle lui apportait. À quelques pas derrière elle, Elisabeth, Bruno, Dorabella, Ursula, Aldo se massent et regardent avec horreur. Une bourrasque a soulevé la cape, Anna se baisse pour fermer l'œil demeuré intact. Après quoi, elle entraîne au-dedans de la villa Alice et Arno.

« Mais, la barque ? » demande Pamina, qui a fini par faire taire Wotan à force de flatteries.

« Là, dans les roseaux ! » répond Aldo.

Enfonçant dans la vase, il suit son beau-frère et l'aide à haler la barge échouée. Friedrich la pousse jusqu'à l'appontement, auquel il l'amarre de plusieurs tours de corde.

Salis, transis, ils emportent alors le cadavre vers le garage. Que faire maintenant ? interroge du regard Bruno. Dorabella doit soutenir sa mère, qui trébuche dans l'herbe inondée.

Tous ont oublié Siegfried et pourquoi les deux frères s'étaient levés de table, avaient couru dehors. Sauf Ursula, laquelle s'inquiète et va au portail. Le dispositif qui bloque l'accès à la villa lui laisse présager quelque effrayante machination, mais dans laquelle, elle le sent, son mari n'est pour rien. Ce qui l'inquiète d'autant plus.

Elle le voit assis à l'intérieur de la Mercedes, en grande discussion avec le Kreisleiter de Lindau. L'aide de camp est resté dehors, stoïque sous la pluie, adossé à la portière. Pour monter la garde, certes. Mais elle ne sait quoi dans son attitude lui donne à penser qu'il s'agit moins de protéger que de surveiller l'Oberführer.

« Que se passe-t-il, lieutenant ? le questionne-t-elle.

— Je ne peux pas vous le dire, madame », lui répond-il, esquissant un mince sourire qui aggrave les soupçons d'Ursula.

Elle insiste :

« Vous ne pouvez pas ou vous ne voulez pas ? Vous ne pouvez pas parce que vous ne savez pas, ou vous ne voulez pas parce que justement vous savez ? Vous êtes l'aide de camp de mon mari. J'ai le droit de...

— C'est-à-dire que je ne le serai peut-être plus d'ici une heure ou deux.

— Comment ça ? »

Devant ses beaux-parents qui se sont discrètement approchés, Ursula s'entend répliquer dans une langue châtiée, avec une courtoisie plus insolente que n'eût été en la circonstance une certaine familiarité :

« Oui, madame. Soit que je le suive dans sa disgrâce ; soit, et c'est beaucoup plus probable, que je me trouve promu par le prochain ordre télégraphique du Reichsführer...

— D'Himmler ? »

Question stupide, songe Ursula à peine elle l'a posée : qui d'autre qu'Himmler ? Et pour toute réponse en effet, l'Untersturmführer se contente de claquer des talons.

Siegfried frappe alors du plat de la main à la vitre pour qu'il lui ouvre la portière. Il descend de la Mercedes, visiblement très abattu, et comme tassé. Un instant, il se redresse pour cracher son mépris à la face du jeune officier :

« Je n'ai pas dit mon dernier mot. Et je crains pour vous que vous n'ayez fait un mauvais choix, mon petit Behrens. »

Sa contenance digne les étonne tous : il a su ne pas hurler. Et d'autant mieux impressionner l'autre. Leur Boudin-Blanc aurait-il soudainement appris la mesure ? Ou est-il si brisé qu'il n'a plus même le ressort d'une colère ?

Leur Boudin-Blanc est un enfant puni qui pousse le portail pour venir chercher réconfort auprès de ses parents. Jamais, depuis son adolescence, ils ne l'avaient vu aussi piteux qu'aujourd'hui, dans ce costume de ville détrempé, les chaussures boueuses, la cravate en bataille, un simple insigne au revers du veston rappelant encore son appartenance au Parti National-

Socialiste. À croire que c'étaient le long manteau de cuir étroitement sanglé, les bottes parfaitement cirées qui, flattant son fétichisme comme autrefois les panoplies de chevalier dont il s'affublait pour jouer, lui donnaient confiance en soi ; à croire que seuls l'uniforme noir et la tête de mort brodée sur la casquette faisaient de lui un nazi. Ainsi, Bruno avait souvent constaté, et sans doute le phénomène était-il du même ordre, que certains grands interprètes wagnériens chantaient avec moins d'éclat et moins de délicatesse au concert, sous l'habit ou la robe longue, qu'à la scène, en costume. Ils auraient dû se sentir plus à l'aise de n'avoir pas à jouer, engoncés sous des peaux de bêtes et des cuirasses, coiffés du pesant casque à cornes, encombrés d'un bouclier, d'une lance, d'une épée ; ils auraient dû mieux nuancer alors, et mieux tenir la note, n'ayant plus à se soucier que de leur voix — mais c'était le contraire. Au point qu'un jour, lors d'un enregistrement en studio, Bruno avait plaisamment suggéré à Lauritz Melchior d'enfiler une cotte de mailles sous son complet-veston.

Ursula, observant avec inquiétude l'effondrement nerveux de son mari, estime qu'il est l'heure de faire taire les griefs.

« Je suis là ! » lui dit-elle très simplement.

En même temps, elle lui tend le coude : qu'il prenne sa femme par le bras... Elle est là, à son côté ; elle ne veut pas le brusquer, elle attendra qu'il veuille leur expliquer ce qui se passe... Ou pas, s'il ne le souhaite pas. Quoi qu'il en soit, tous ont déjà plus ou moins saisi qu'il était victime d'un complot interne à la SS. Et tous saisissent qu'ils en subiront les conséquences tragiques ; qu'ils en seront forcément les victimes à leur tour, par contrecoup. Car, s'ils ne jouissent plus de l'espèce d'immunité tacite que leur garantissait sa présence parmi eux, qui les protégera quand la Gestapo pénétrera dans la villa ? Sarah, Alice, Arno sont juifs ; Friedrich est condamné à mort contumace ; Pamina, très suspecte assurément : le sort qui les attend ne fait aucun doute. Au mieux — ou au pire, puisqu'on ne sait quelle mort est préférable —, la déportation à un camp de concentration ; sinon, une exécution immédiate. Et nul doute non plus que Dorabella et Aldo ne soient tenus pour complices, de près ou de loin ; nul doute qu'Elisabeth et Bruno ne soient à tout le moins inculpés pour avoir hébergé un condamné à mort et des Juifs. Qu'il s'agisse de leurs enfants n'y change rien : le nouveau Reich a aboli ce droit d'asile, reconnu depuis l'aube de la civilisation chrétienne, qui dispense les parents de dénoncer leurs enfants criminels à la Justice.

Étrangement, s'il imagine ce qu'ils risquent maintenant, tous autant qu'ils sont, réunis sous son toit, Bruno n'en éprouve pas de terreur mais presque un soulagement, un indicible soulagement. Comme un homme qui se noie et nage contre le courant et n'a plus la volonté de se débattre et, grisé d'épuisement, se laisse enfin emporter par la vague, ainsi, ivre d'émotions et fatigué de cette sourde culpabilité qui le mine depuis le matin, il veut s'abandonner aux événements ; il veut y voir une chance. La chance que ses enfants se réconcilient dans l'adversité et lui pardonnent, s'ils avaient quelque chose à lui pardonner.

Égoïsme ambigu, trouble sentiment paternel, et qu'il ne s'avoue pas. Tendresse féroce de l'ogre qu'il sera toujours pour ses enfants, obscurément ; ses enfants, rassemblés autour de lui, et qu'il regarde en songeant, avec une cruelle bonté : qu'importe ? puisqu'ils sont là, autour de moi... Ses enfants tels qu'il les voit, défaits, vaincus, anxieux, sont redevenus des enfants. Et il en est heureux.

Siegfried : au piquet, dirait-on, juché qu'il est sur l'escabeau de la bibliothèque, le front entre ses bras croisés sur ses genoux. Friedrich, qui se frictionne la tête dans une serviette que lui a fournie Anna : un gamin de retour d'une baignade buissonnière, le gamin qu'il fut en vacances au bord du lac jadis. Dorabella, Pamina, Ursula ont pris place sur le grand canapé auprès d'Elisabeth, formant le coin des filles en quelque sorte. Quant à Alice et Arno, conscients de la gravité de l'heure, ils se sont assis par terre, à ses pieds, et ouvrent de grands yeux sérieux.

Alors, refusant le drame, retrouvant en lui cette inaltérable légèreté où il puise sa force de caractère, et qui parfois le ferait juger irresponsable ou insensible s'il ne la pratiquait avec constance et comme une morale rigoureuse, comme une sagesse :

« Si nous faisions la fête ? » dit-il.

Le bonheur ne se conquiert pas, le bonheur s'exerce. C'est un discret héroïsme quotidien; non un absolu. C'est une élégance choisie, un chic. Ce biais, ce rien de tulle illusion, ce coup de houppette après les larmes...

Des paquets de vent ébranlent les vitres et des ténèbres fument sur le lac; bas dans le ciel la queue d'un orage roule ses écailles de foudre et des sirènes mugissent au loin; le grand lustre qu'il venait d'allumer s'éteint. Avec ses boiseries sombres, la bibliothèque où toute la famille l'a suivi lui évoque la soute d'un navire perdu dans la tempête; son piano, une épave à quoi il se raccroche. La villa est assiégée, le portail gardé, et la ligne téléphonique, qui avait été rétablie la semaine dernière, est de nouveau coupée. Personne n'a encore prononcé le mot d'otages mais tous y pensent sans doute : ils sont aux mains de la Gestapo, et n'ont guère d'espoir de s'en sortir. Pourtant, ce n'est ni insensibilité ni irresponsabilité s'il ajoute, à la fois gai et un peu solennel, levant imaginairement un verre :

« *Brindisi!* Il nous faut un brindisi comme dans tout bon opéra romantique. Il nous faut jouir de l'heure qui vient comme si ce devait être la dernière, il nous faut saluer le temps qui passe et célébrer dignement ce jour. Nous voici réunis, n'est-ce pas merveilleux? Avons-nous jamais été aussi proches? Nous sommes-nous jamais autant aimés? Eh bien! nous allons boire! Eh bien, nous allons faire de la musique, nous allons chanter, nous allons danser, voulez-vous? »

Amor fati est sa devise; les deux mots gravés au linteau de l'entrée, les deux mots de la vignette qu'il timbre sur ses livres et ses partitions, en ex-libris. *Amor fati :* non pas se soumettre aveuglément à la fatalité mais la désirer, en quelque sorte. Vouloir son destin...

Amor fati est aussi, il ne l'oublie pas, le titre d'un lied qu'il composa autrefois sur un texte d'Egon von Rosenberg :

Et dans la nuit,
Nous voguons au-devant de la nuit...

Bruno pivote sur le tabouret à vis du grand Bösendorfer et, non sans hésiter sur les premières mesures, il commence à le jouer ce lied.

Et voici que Pamina en entonne le chant, d'abord assez bas, d'une voix négligente, puis, se levant pour mieux respirer, avec une assurance grandissante... Voici que Dorabella, piquée au jeu, approche une chaise du piano et, à la gauche de son père, se met à improviser un contrepoint dans les graves... Voici qu'Alice court chercher son violon.

Ne manquait au public du Magicien que Sarah. Mais Sarah se présente à la porte de la bibliothèque et entre modestement, sans la pousser plus, en se glissant de côté par l'entrebâillement. Elle semble flotter, frileusement enfouie sous les plumes d'une ancienne sortie de bal que lui a prêtée Elisabeth.

« Oh ! » fait Bruno, à qui cette somptueuse cape en cygne rappelle quelques soirées triomphales d'avant Hitler — un gala à la Residenz, la cérémonie du centenaire au Bayerische Staatsoper en 1911.

Friedrich accueille sa femme à bras ouverts, l'étreint avec tant de violence qu'elle en suffoque presque et réprime un cri. Elle se dégage doucement mais, les yeux dans les yeux, lui demande en silence, d'une discrète mimique qu'il comprend, ce qui s'est passé en son absence. Pourquoi ces voitures de police et ces motos dans l'allée, pourquoi ces maîtres chiens qu'elle a vu, par la fenêtre de sa chambre, patrouiller le long des grilles de la villa ?

Indirectement, Siegfried lui répond. Car, tout à coup, c'est comme s'il ne pouvait contenir plus longtemps un flot de paroles qui débondaient en lui depuis son entretien avec le Kreisleiter de Lindau, dans la limousine réquisitonnée hier au soir par son aide de camp. Hans Behrens, le traître, complotait déjà, sans aucun doute, profitant de chaque halte forcée du train pour communiquer avec ses ennemis — mais qui, au juste ? Siegfried se perd en conjectures confuses, il accuse sans nommer. Il ne se soucie pas d'être suivi, c'est pour lui qu'il soliloque. En colère, il se dit qu'il est victime d'un malentendu. Puis, qu'on l'aura calomnié...

« Auprès d'Himmler ? » s'enquiert Ursula, qui a quelque notion des luttes d'influence et des rivalités meurtrières qui rongent de l'intérieur la SS, surtout depuis la mise en œuvre de la Solution finale.

Mais, soit qu'il n'ait pas entendu, soit qu'il redoute d'être amené à divulguer un secret, Siegfried ne lui répond pas. Il poursuit son idée, ajoutant qu'il n'a pas perdu l'espoir d'alerter, à défaut du Führer, son ami Joseph...

« Goebbels ! » glisse Friedrich à l'oreille de Sarah.

Goebbels le défendra auprès du Führer, il en est sûr. Encore faut-il qu'il puisse sortir de la villa à l'insu de son aide de camp et des agents de la Gestapo pour téléphoner ou télégraphier librement à Berlin. Ou mieux, s'il s'y trouve, le joindre à la Wolfsschanze. Rien n'est joué : que Siegfried obtienne une entrevue afin de s'expliquer devant le Führer, et il se fait fort de retourner la situation. Voire, en se disculpant, d'accuser à son tour le Reichsführer... Que lui reproche-t-on ? Rien ! Des vétilles. On cherche à l'abattre à coups de ragots, à coups de mensonges. La seule chose qui puisse être retenue contre lui dans ce faux procès qu'on lui intente : il avait promis que son père composerait un grand opéra national-socialiste...

Elisabeth se crispe. Bruno feint de n'avoir pas relevé ; il continue au piano.

Dorabella l'accompagne paresseusement, Pamina chante mezza voce, Alice se joint au trio. Mais Siegfried se justifie sans désemparer, et parle et parle... Hans Bausch, le Kreisleiter, n'est pas un imbécile selon lui. Un opportuniste, certes, mais justement, à cause de son opportunisme, quelqu'un d'assez prudent pour ménager un homme puissant comme l'était encore hier l'Oberführer. Et qui pourrait demain rentrer en grâce à la faveur d'un revirement aussi subit... Siegfried l'a donc bluffé. Il l'a flatté, il l'a intimidé, il l'a menacé à mots couverts. Il lui a fait valoir que ce n'était pas très habile de se fier à un simple Untersturmführer. Hans Behrens ? Aucun avenir ! Trop ambitieux pour ses capacités intellectuelles : il tombera à la première occasion... Et puis, Siegfried a su alarmer le Kreisleiter sur les risques qu'il courait personnellement dans cette sombre affaire : peut-être était-il lui-même manipulé. Il aura cru recevoir un ordre d'Himmler...

« D'Himmler », fait tout bas, en écho, Ursula.

Mais non, c'était un imitateur dont il aura entendu la voix au téléphone : le coup s'est déjà fait ! Et d'autres, encore plus tordus. Tout est bon dans cette guerre intestine que se livrent certains chefs. D'ailleurs, n'est-ce pas le jeune officier qui lui a passé l'appel du Reichsführer ?

Bref, Siegfried a insinué le doute dans l'esprit du Kreisleiter, et lui a ensuite d'autant plus aisément suggéré de réclamer un ordre écrit avant de laisser intervenir la Gestapo. Il a réussi à gagner quelques heures ainsi — premier point.

« Et le second ? » demande Bruno, s'interrompant net sur un accord plaqué.

« Écoutez ! » répond Siegfried en s'adressant à tous, fier que son père lui prête enfin attention. « Écoutez, je ne sais pas du tout s'il le fera, il ne m'a rien promis, mais je lui ai demandé deux choses : qu'il lève le barrage une heure à l'heure de la relève, vers sept heures, et d'emmener mon aide de camp. Que je puisse sortir, moi, pour vous sauver... Voilà. Nous n'avons plus qu'à attendre la nuit, et espérer. C'est notre seule chance...

— *Notre !* » souligne avec mordant Ursula.

Et Friedrich, sentencieux :

« Le système est en pleine décomposition, apparemment. Intéressant à noter. »

Mais son père, même s'il comprend que son ironie est une défense contre la peur, le reprend :

« Tamino ! Est-ce bien le moment ? »

Il devine la terreur dans le regard de Sarah. Elle frémit sous le plumage blanc, s'ébroue légèrement comme une mouette blessée. Alice, devenue pensive, pose son violon et demande :

« Ils vont nous tuer, grand-père ? »

Ému aux larmes, Bruno se contente de lui sourire évasivement. Mais Arno se récrie alors :

« Pourquoi on ne part pas avec la barque avant qu'ils entrent, la *Gespato* ? »

Et Pamina :

« Absolument ! C'est à quoi je pensais. C'est très risqué mais c'est notre unique chance de nous en tirer ! Il ne faut pas rester ici, il faut tenter le tout pour le tout. Et voilà la seule solution : la barque de notre passeur ! Arno a raison... Nous pouvons y tenir à six ou sept...

— Sarah, donc ; les deux petits, évidemment ; Douce et Aldo ; toi et... moi.

— Ce n'est pas possible, Friedrich : les parents ?

— Mina, nous restons ta mère et moi. N'est-ce pas, *amore mio* ? Vous êtes plus en danger que nous. Et puis... »

Bruno esquisse un geste de lassitude fataliste dans le vide. Mais Pamina se rebelle :

« Non, dit-elle. Nous ne pouvons pas vous laisser. Pas question.

— Si. J'insiste. Seulement, vous devez prendre avec vous Siegfried aussi...

— Quoi ?

— Non », fait Siegfried, tout en remerciant d'un hochement de tête son père. « Non. Ce ne serait pas leur rendre service, en effet. Ni à vous. Je veux être là, si on vient vous arrêter. Devant moi, ils n'oseront pas... Ils n'oseront pas ! » répète-t-il, éludant ainsi toute précision gênante sur les atrocités qu'ils oseraient commettre dans le cas contraire. Et, s'exaltant à s'entendre parler si généreusement, se grisant de son revirement et de la stupeur qu'il provoque, il ajoute : « Écoutez ! Je veux vous aider. Je veux sincèrement vous aider. Et tous ! Je dis bien : tous. Mes... mes neveux. Et vous, Sarah... Puisque je ne suis plus, hélas ! en mesure de garantir votre sécurité ici, je crois que la meilleure idée, en effet, est que vous essayiez de traverser le lac dès que la nuit sera tombée. Je vous promets que je ne m'y opposerai pas. Je vous le promets... Et je ferai mieux encore : au moment où vous embarquerez, moi j'irai distraire leur attention s'ils sont encore derrière la grille et si le Kreisleiter...

— Oui, renchérit calmement Ursula. Nous pouvons très bien tous les deux sortir pour faire diversion, les occuper le temps que vous soyez hors de leur portée. Qu'est-ce que nous risquons, nous autres ? Vous, il faut seulement prier qu'il n'y ait pas trop de vagues et que vous échappiez aux garde-côtes.

— Le mauvais temps peut être un avantage : la surveillance se relâche.

— Nous aurons besoin d'une boussole : tu as encore ta boussole de randonneur, Papa ?

— Oui. On m'a confisqué mes jumelles mais on m'a laissé ma boussole, je ne sais pas pourquoi.

— On ne voulait pas que tu te perdes dans la forêt des mots ! comme tu nous disais quand nous étions petits. Tu te souviens ?

— " Allez à l'aventure, lisez ! Lisez toujours ! N'abandonnez pas... " »

Un même fou rire bref, puis un même long silence... Bouleversés, les deux frères s'entre-regardent. Et comme l'un et l'autre hésitent, et comme ni l'un ni l'autre ne trouvent les mots justes, ils échangent une bourrade affectueuse, ils se sourient.

Pamina songe au chemin intérieur parcouru par Siegfried, à ce qu'a dû lui coûter l'aveu de sa faiblesse, et de dire : « Mes neveux... » L'Oberführer SS ! Leur terrible Pacha Ronchon... La voix blanche, elle essaie tant bien que mal de lui exprimer leur gratitude :

« Tu ne t'embarqueras pas avec nous, Friedo, mais... Mais, Friedo, tu seras parmi nous tout de même. Dans nos cœurs... » Et, comme pour s'excuser d'une telle grandiloquence, dans une pirouette, elle jette : « Voilà. C'est dit. »

Dorabella, avec une égale pudeur arnheinienne — cet art que leur père met à briser net, d'une dissonance, l'envolée d'une mélodie trop sentimentale —, remercie Ursula tout aussi sobrement :

« Je t'aime, toi. »

Elle s'effrayait de la voir si malade, les mains et la commissure des lèvres agitées d'un tremblement nerveux ininterrompu, les yeux fixant Dieu savait quoi devant elle d'invisible aux autres ; elle s'effrayait de n'avoir vu dans une aumônière de maquillage oubliée aux toilettes ni fards, ni cotons, ni pinceaux mais le contenu d'une trousse d'infirmière : flacons, seringues, garrot de caoutchouc — elle est touchée de la trouver si déterminée soudain ; et si tranquille cependant, si reposée. Comme après une prise.

« C'est décidé... » fait, plein de flegme, Aldo, comme pour résumer en trois mots le sentiment commun et ce léger vertige qui les saisit tous s'ils jugent la bizarrerie de leur destinée, s'ils envisagent l'étrangeté de leur aventure ; aventure dont il dit, avec sa nonchalance coutumière, que rehaussent les chantonnements de l'accent italien : « Tout ça est romanesquissime ! » avant d'effectuer une brillante sortie de théâtre.

Pour cacher son émotion, peut-être. Ou pour ourdir une surprise en compagnie de ses neveux, qu'il hèle sur le seuil, en leur lançant un clin d'œil rien moins que discret :

« Alice ! Arno ! »

C'est décidé, donc.

En quelques mots, en quelques minutes, le sort en aura été jeté. Et comment ne pas être abasourdi à seulement énumérer, comme ils le font tous ensemble très confusément, les événements qui se sont succédé ces derniers jours pour chacun d'eux ? Oh ! et qu'ils se soient retrouvés ici, auprès de leur père. Oh ! et qu'ils s'apprêtent à repartir dans quelques heures...

« Trois grandes heures ! » compte Bruno en jetant un regard au cartel rocaille de la cheminée. « Trois grandes heures tout à nous, mes enfants. Quelle joie ! »

Mais ne soupçonnent-ils pas, les uns les autres, la détresse d'Elisabeth ? Ne la voient-ils pas s'affaisser, sourdement gémissante, contre l'accoudoir du canapé ; ne la voient-ils pas s'abandonner à une douloureuse hébétude ? Ne l'entendent-ils pas murmurer des paroles un peu incohérentes où reviennent sans cesse les noms d'Alice et d'Arno ? Et ces quelques mots distincts, déchirants :

« Mon Dieu ! Je m'étais tant attachée à eux. Et... »

Sa voix se brise. Sa main désigne dans le vague un vaste paysage désolé, battu par les vents, où elle les imagine orphelins, loin d'elle, perdus, seuls. Et la guerre s'éternise... Et...

« *Mia !* » fait enfin avec tendresse Bruno.

Se ressaisissant, elle lui sourit en guise d'excuse. Jusqu'au bout elle avait voulu garder sa dignité de grande dame ; mais c'en était trop. Trop de bonheurs trop vite, et trop de peines. Trop de sentiments trop mêlés.

Lui, fanfaronne encore. Mais elle devine quel effort il fait sur soi, comme il lutte pour ne pas se laisser abattre. Et elle redoute que ne le reprennent ses étouffements.

« Nous n'avons que trois petites heures à nous, *mia* ! Ne les gâchons pas. N'ayons pas de regrets... », dit-il en lui prenant les mains, en la forçant du regard à continuer de lui sourire. « Allons ! Contessina... »

Mais pourquoi Anna drape-t-elle déjà les fenêtres de crêpe noir ? Puisque l'électricité a été coupée, il est inutile de respecter les consignes...

Et pourquoi ces chuchotements mystérieux derrière la porte, pourquoi ces rires ?

La porte s'ouvre.

« Oh ! » s'exclament en chœur Elisabeth, Sarah, Dorabella, Pamina, Ursula, Bruno, Siegfried, Friedrich...

Alice et Arno s'avancent, poussant devant eux, posé sur la desserte roulante, le gâteau illuminé des soixante-quinze bougies. Aldo, qui ferme la marche, brandit deux magnums de champagne, les deux derniers magnums de la cave — des bouteilles offertes au maître, les étiquettes en font foi, à la création de *Comme il vous plaira*.

« Il est trop vieux sans doute, dit Bruno. Vingt ans, pour un champagne... Et tiède avec ça. Mais on s'en moque, non ? »

Et sautent les bouchons, et fusent les : « Bon anniversaire ! »

On applaudit, on s'embrasse. Friedrich et Siegfried cherchent, mais en vain, à se rappeler ce canon qu'ils avaient entonné avec leurs sœurs à l'occasion de... Mais de quel anniversaire ? Quelle année ? Ils ont oublié.

« Mais si ! s'insurge Dorabella. Souvenez-vous : il y avait même... »

Hitler — allait-elle dire. Mais elle se mord les lèvres,

honteuse de son impair évité de justesse : Hitler n'a vraiment rien à faire dans cette fête.

Au moment de souffler les bougies, leur père cabotine tant soit peu :

« Un vieil asthmatique comme moi ! Comment voulez-vous ? »

Mais ses enfants se joignent à lui et l'illusion est parfaite : les flammes s'éteignent toutes à la même seconde.

« Hein ! » dit-il fièrement, comme s'il était dupe.

Puis, se ruant sur le piano, il fait déferler sous ses doigts toute une gamme descendante, toute une gamme ascendante, hésite, plaque quelques accords, égrène quelques arpèges, hésite encore... Mais voici qu'il se lance dans une valse, une vulgaire valse, une exquise, une voluptueuse et espiègle petite valse.

La *Friedrichwalzer,* la *Siegfriedwalzer,* la *Dorabellawalzer,* la *Paminapolka* — il les jouera toutes. Et dans la bibliothèque éclairée d'un unique chandelier baroque posé sur le piano, tout tournera autour d'eux, ivres qu'ils sont de vin, de chant, de danse, ivres de plaisir ou ivres de tristesse, ils ne sauront bientôt plus ; tandis que derrière les vitres où tambourine la pluie, les vitres aveuglées de tentures funèbres, tombera la nuit.

« Nous allons boire, nous allons chanter, nous allons danser ! » — le Magicien ne l'avait-il pas annoncé ? Ils boivent donc. Et ils chantent. Et ils dansent, oublieux du temps qui passe. Ils se donnent la main pour une ronde bavaroise échevelée, ils jodlent à la tyrolienne, ils cassent des verres... Puis, c'est une nouvelle valse, et les couples se refont au gré du hasard ou d'un brusque élan de tendresse : Siegfried et Pamina, Siegfried et Elisabeth, Elisabeth et Aldo, Aldo et Ursula, Aldo et Sarah, même — Sarah qu'il entraîne dans un tango valsé. Et Alice et Arno, qui ne veulent pas être de reste. Ou Dorabella avec la vieille Anna. Ou, pourquoi pas ? Siegfried et Friedrich ébauchant tout à coup un de ces virils pas de deux comme en piétinent quand ils sont soûls les montagnards sur le parquet des auberges — les auberges où leur père les menait, adolescents, au soir des longues randonnées...

Sans se lasser, Bruno joue et improvise, il enchaîne à des mélodies connues d'autres mélodies, inconnues d'eux, et qu'il invente au besoin, en changeant de ton ou en trichant avec la mesure dès que retombe leur liesse : cette gaieté nerveuse si profondément triste. Si arnheinienne en quelque sorte.

Ou bien, ressentant avec eux la nécessité d'un répit dans cette folie douce, doucement, paresseusement il laisse dériver la musique vers un nocturne.

La valse n'est jamais très loin cependant. D'un flot confus et lent de notes, voici que resurgit, comme portée par une lame de fond, insensible d'abord, puis déjà audible si on prête l'oreille, la cadence à trois temps, vite irrésistible, et qui les entraîne... Sur l'air — car c'est l'air, ils le reconnaissent finalement — de *La Contessina.*

« Tu sais, dit alors Siegfried, je dois te l'avouer : l'autre jour, je l'ai entendu jouer dans un camp. À... »

Mais son père ne l'écoute pas. Il ne veut pas savoir ce qui se passe dans les camps. Il veut qu'on boive, qu'on chante et qu'on danse. Il veut qu'on reprenne en chœur le lied qu'il entonne :

Ah ! quand cela a-t-il commencé ?
Et comment ? Ce sentiment en nous...

Mais se reprend et passe à autre chose quand lui reviennent en mémoire les deux derniers vers du poème qu'il mit en musique autrefois :

Que ferons-nous du temps qui nous reste ?
Et quand, ah ! quand nous reverrons-nous ?

Non, il ne veut pas de ces sinistres allusions. Il veut que chacun s'étourdisse. Cinq heures sonneront, six heures sonneront, sept — les adieux seront brefs. Il le veut.

L'ordre est bref. Il le donne lui — il est le père.

« Mes enfants ! il faut que vous y alliez maintenant », dit-il en refermant le piano quelques minutes avant que sept heures ne sonnent.

Sans hâte excessive, chacun va prendre dans sa chambre une veste chaude ou un manteau. Arno demande s'il peut emporter le petit singe automate ; et Alice, son violon.

« Bien sûr ! »

Elisabeth est touchée de constater que ses deux petits-enfants, dont elle craignait de ne pouvoir supporter les sanglots à l'heure de se quitter, ont au contraire, si jeunes encore, assez de maturité déjà pour avoir compris pourquoi les adieux seront écourtés, pourquoi leurs parents éviteront les embrassades passionnées et les grands mots. Eux aussi s'efforcent de sourire comme si de rien n'était. Avec tact.

Bruno est allé chercher sa boussole, et Anna une lanterne sourde.

Puis elle ouvre une porte-fenêtre et ils sortent derrière elle, en silence. Le vent est retombé quelque peu, si la pluie continue de tomber dru. Ils descendent en cortège, de terrasse en terrasse, jusqu'au lac. Friedrich va devant, soutenant Sarah. Puis vient Pamina, tenant ses neveux par la main... Elisabeth et Bruno, enlacés, ferment la marche.

« Et le cadavre du passeur ? » s'inquiète inopinément Aldo.

Tous l'avaient oublié en effet. Mais Siegfried affirme :

« Je m'en occuperai, moi. »

Puis, sans faire de phrases, il souhaite à son frère et ses sœurs bonne chance et intime à sa femme de ne pas l'accompagner jusqu'à la grille.

« J'y vais seul. »

Il s'éloigne, progressant prudemment d'arbre en arbre — comme on le lui avait appris aux cours de marche nocturne, à l'école de la SA. Mais il glisse dans l'herbe, mais il bute contre un tas de feuilles mortes, mais il trébuche sur une souche.

Quand — à quelques mètres du portail — il se fige : une sirène retentit, un phare l'aveugle soudain. Éblouis, ses yeux infirmes entrevoient mal les formes sous cette clarté blafarde et comme liquéfiée : éclat sombre des casques et des cirés, éclat des carrosseries... Il distingue les chevaux de frise dentés barrant le passage cependant ; et, au fond de l'allée, pareille à un dragon tapi dans l'ombre, une autochenille. Assez pour saisir instantanément que, loin d'avoir été renvoyée ou, du moins, allégée, la garde a été renforcée... L'ont-ils vu, lui ? se demande-t-il.

Rien de moins sûr. Et Siegfried alors se retourne. Et il voit la lueur de la lanterne là-bas. Et dans le noir, il court vers sa famille, il court vers l'eau.

Apeurés par la stridence lugubre de la sirène, Sarah, Dorabella, Pamina, Aldo et les enfants se sont hâtés d'embarquer. Friedrich dénoue la corde déjà...

Quand Pamina aperçoit son frère et l'appelle :

« Viens, mon Friedo ! Viens... Il y a place pour toi aussi. On se serrera. Viens avec nous ! »

Les mains se tendent vers lui. Il hésite encore.

« Oui, monte avec eux », insiste Ursula.

Siegfried entre dans l'eau alors. Il se hisse sur la barge et empoigne vigoureusement une rame.

Au bout du ponton, ils ne sont déjà plus que des ombres informes : Anna et Ursula, qui sanglote. Elisabeth et Bruno, silencieux, enlacés et indiscernables sous la grande cape de loden... Non, les enfants distinguent quelques lueurs encore : la tache blanche du plastron empesé, un rayon de soie jaune, le solitaire qui brille au doigt de leur mère quand elle lève la main en signe d'adieu.

Les parents n'ont pas prononcé un mot sinon pour faire taire Wotan. Ils ont regardé la barge surchargée s'enfoncer dans l'obscurité, ils ont regardé longtemps après qu'elle a disparu.

Avaient-ils en tête les premières mesures, les premiers vers d'*Amor fati* ?

Et dans la nuit,
Nous voguons au-devant de la nuit,
Cherchant notre passage
Sous la voie lactée,
Entre les bouches du fleuve ici,
Là, l'Ile des morts —
Les deux cyprès,
Les deux sphinx de pierre,
Visibles encore.
Et la rame gifle l'eau
Où dansent doucement les étoiles,
Et la lame sans cesse nous ramène
Vers notre destinée...

Acte III

Da capo

BRUNO ARNHEIN

1868-1951

1868 — Verdi et Wagner ont cinquante-cinq ans, Brahms trente-cinq, Bizet trente ; Puccini, Mahler et Debussy sont encore des enfants. Guillaume Ier règne sur la Prusse, Louis II sur la Bavière, François-Joseph sur l'Autriche.

Le 5 novembre, à Cologne, naissance de Bruno, premier enfant d'Albrecht et de Magdalena Arnhein. Albrecht Arnhein succède à son père à la tête de la Rheingold Bank. C'est un homme à principes, très austère, très puritain. « Il ne savait pas ou, plutôt, ne voulait pas se faire aimer. » Magdalena, née Garrigue, d'une famille d'émigrés huguenots, est la fille unique d'un professeur d'université. Milieu moins aisé mais plus cultivé. Bonne pianiste, très jolie voix, elle réunit autour d'elle un salon musical et littéraire et donne à son fils ses premiers rudiments de solfège. « J'ai su lire les notes avant de savoir l'alphabet. »

1874 — Bruno est admis à l'école un an avant l'âge. La plus ancienne photo qu'on possède de lui le montre déguisé en Papageno à la fête de fin d'année.

1875 — Sa mère meurt en couches. La petite fille, prénommée Elisabeth, ne survivra que six mois. Désespoir et premières crises d'asthme. Il est alors élevé par ses trois tantes, Resi, Effi et Trudi — surnommées *Les Filles du Rhin.* « Elles étaient un peu folles mais elles m'auront inculqué le goût du luxe et l'art de la dépense. » Elles l'emmènent avec elles dans de longs voyages à travers l'Europe, lui font consulter partout les plus grands médecins des nerfs.

1876 — À Vienne, naissance d'Elisabeth von Werdenberg.

1877 — Naissance d'Egon von Rosenberg à Dantzig. Bruno séjourne à Lindau. Il y compose, sur le piano de l'hôtel, sa première œuvre, curieusement intitulée : *Le-Menuet-dans-le-lac.*

1878 — « Repris en main par mon père et une gouvernante tortionnaire... » Il entre au Königsgymnasium, collège de l'élite colonaise. Son maître d'études note : « Très doué, très brillant mais santé fragile et caractère ombrageux. » Son professeur de musique : « Aucune disposition pour la musique malgré sa prétention à composer ; pas d'oreille. » C'est la seule matière où il échoue.

1882 — Premier pèlerinage à Bayreuth, l'année de *Parsifal.* Révélation. « *Anch'io sono compositore !* » écrit-il au dos d'une carte postale. Ce n'est pas l'avis de son professeur : « Harmonie : médiocre. Contrepoint : nul. Composition : médiocre. Instrumentation : médiocre. Atteint de wagnérite aiguë. » Au vu de quoi, Albrecht Arnhein lui enjoint de renoncer à la musique ; il le destine à la banque. Conflits violents entre le père et le fils. Crises d'asthme. Cure dans les Alpes.

1884 — Opus n° 2 : le lied *À elle.* « *Elle* était la jeune veuve d'un fameux général prussien qui me déniaisa un soir d'été orageux pendant un entracte à Bayreuth, juste avant *L'Enchantement du Vendredi saint.* »

1885 — Premières randonnées en montagne, premières amours, premiers chagrins. Tentative de suicide — « feinte » précisera-t-il plus tard très honnêtement. Mais est-ce au moyen d'un chantage à la récidive qu'il obtient enfin de son père de s'inscrire au conservatoire de musique ? Par la suite, il donnera plusieurs versions contradictoires des événements de cette période troublée de sa vie, qu'il appellera « l'année terrible ».

1886 — Voyage en Italie avec un condisciple, son aîné de trois ans : Gustav Schröder. Amitié passionnée et tumultueuse, éblouissements partagés. Puis brouille. Le 25 octobre, à Vérone où il l'a quitté, « Gus-le-Magnifique » se suicide dans des

circonstances demeurées obscures. Bruno, « en pleine crise d'athéisme nietzschéen », n'en compose pas moins ses *Cinq chants sacrés.*
1887 — « Je n'adressais plus la parole à mon père ; je lui écrivais des lettres de dix ou douze pages auxquelles il me répondait par des notes de dix ou douze mots atroces, souvent rédigées, le ladre, au dos d'effets bancaires périmés — pour m'apprendre l'économie, disait-il. » Bruno rompt avec lui ; de sa vie, il ne le reverra plus. Il s'installe à Vienne pour y achever ses études de musique. Chichement entretenu par ses tantes au début, il finira par refuser leur aide quand elles exigeront qu'il fasse la paix avec leur frère. Il mène alors une joyeuse vie de bohème et ne compte plus les conquêtes féminines. « Si j'avais eu le moyen d'engager un Leporello, nul doute qu'il aurait dressé une liste de près de cinquante noms. »
1888 — En date du 31 décembre, il inscrit sur son agenda ces mots mélancoliques : « Rien fait de toute cette foutue année. » Mais...
1889 — en quelques mois, il compose : les *3 Suites orchestrales,* les *5 Cahiers de lieder,* outre deux sonates pour piano et deux quatuors à cordes.
1890 — Premiers succès : création à Weimar de sa symphonie *La Dionysiaque.* Création à Dresde de son *1er Concerto pour piano.*
1891 — Les douze lieder *Wanderwege* créés à Salzbourg par Rosa Sucher.
1892 — Bruno est appelé quelques mois à Hambourg par Gustav Mahler pour y être son assistant. Début d'une difficile amitié entre les deux jeunes musiciens. « La ville était trop petite pour nous deux. »
1893 — Bruno est devenu « une espèce de doublure officielle des grands chefs ». Il remplace très souvent, entre autres, le capricieux Arthur Nikisch. À Vienne, où il est retourné, le comte Otto von Werdenberg l'engage comme professeur de musique de sa fille, Elisabeth, laquelle n'a pas encore dix-sept ans. « Elle était en travesti de velours bleu, elle m'a chanté l'air de Chérubin, je l'ai aimée dès la première note. » Le scandale éclate bientôt, lors d'un grand bal. « Quinze jours plus tard, la

comtessine était depuis deux semaines ma maîtresse. » Bruno, emprisonné, évite de justesse un duel avec un frère d'Elisabeth. Elisabeth, sur ordre de son père, se voit internée pour démence précoce. Bruno, libéré, l'enlève.
1894 — Les journaux libéraux s'emparent de l'affaire, qui devient politique. Bruno est inculpé de détournement de mineure avec violence. Elisabeth implore la clémence de l'Empereur, auquel elle a l'audace de rappeler le drame de Mayerling. Le conseiller aulique, son père, retire finalement sa plainte contre le musicien. Le couple s'exile à Munich, mais non sans avoir donné la veille à Vienne, que cette nouvelle insolence amuse et choque à la fois, « une réception de fiançailles masquée ».
1895 — « Question : faut-il renoncer à l'amour pour recommencer à créer ? »
1896 — Bruno est nommé maître de chapelle du roi de Bavière par le régent Luitpold.
1897 — Bruno se lie d'amitié avec le jeune poète Egon von Rosenberg. Premières tournées triomphales à travers l'Europe.
1899 — Création à Dresde des *Zarathustralieder*. Bruno travaille à son premier opéra : *Le Noyé de Salef*. « Grand raffut wagnérique sur un livret wagnéroïde du compositeur, inspiré par la vie de Frédéric de Hohenstaufen, torrentielle orchestration wagnérisante exigeant, outre douze voix exceptionnelles et des chœurs des deux sexes, cent vingt musiciens pour wagnériser le tout — soit, trois actes et cinq longues heures de spectacle, entractes non compris », se moquera-t-il plus tard.
1901 — Le 27 juin, naissance de Friedrich.
1902 — *Le Noyé* est créé à Berlin. Commentaire laconique du maître le lendemain de la création : « Noyade. » L'échec est irrémédiable, l'œuvre retirée de l'affiche après la troisième représentation. « J'avais ruiné les commanditaires de l'opéra ; du moins, j'étais guéri de ma wagnérite. » — À l'automne, rupture d'avec Elisabeth. Désespoir, puis retrouvailles.
1903 — Le 20 avril, naissance de Siegfried. En date du 31 décembre, le père note sur son agenda : « Rien, cette année. »

1904 — Première tournée outre-Atlantique : New York, Boston, Philadelphie, Washington, Chicago, San Francisco, Los Angeles, Mexico, Buenos Aires, Rio de Janeiro. Au retour, Bruno fait construire la villa de Möhlstraße. En date du 31 décembre, sur son agenda : « Toujours rien. »
1905 — *Orphée,* sur un livret d'Egon von Rosenberg. Le miracle tant attendu ! « Écrit en trois semaines au printemps, monté en cinq à l'automne... » À l'Opéra de Dresde, puis repris dans toutes les capitales. Un triomphe immédiat et définitif. « À trente-six ans, j'étais enfin moi : Bruno Arnhein. »
1906 — *Prométhée...*

*

« Voulez-vous que nous reprenions ? dit Schreiber. Voulez-vous que nous reprenions *da capo* ? » ajouta-t-il en prononçant avec drôlerie, du nez, ces deux mots comme s'il n'était pas très sûr de son vocabulaire.

« Si vous voulez », répondit Pamina sans dissimuler une certaine lassitude. « Si vous voulez... »

Elle jugeait impolie l'insistance du romancier ; indélicate, surtout, sa façon de l'impliquer dans son travail de romancier. « Voulez-vous... » disait-il. Mais elle n'avait rien demandé. Elle voulait bien à la rigueur, l'aider dans ses recherches, elle le lui avait promis et ne reviendrait donc pas sur sa parole ; mais de là à se laisser piéger dans l'illusion, soigneusement entretenue par l'écrivain, qu'une vie romancée de son père le ferait revivre pour elle aussi ! Elle savait qu'elle n'aurait aucune envie de lire plus tard son *Bruno Arnhein.*

Non que personne ne pût lui parler de Bruno Arnhein. Au contraire : Pamina recevait volontiers des historiens ou des musicologues qui ne lui étaient rien personnellement mais préparaient une étude sérieuse sur son père, entreprenaient sa biographie. Légataire morale, elle estimait son devoir de leur accorder un entretien s'ils le lui demandaient, de leur ouvrir grandes les archives et de leur fournir des documents dont elle pensait qu'ils feraient bon usage. Simple piété filiale : hormis ses neveux, elle était la seule Arnhein vivant encore, il lui paraissait naturel de tenir ce rôle. Autant pour défendre la mémoire de Bruno Arnhein que pour le protéger du zèle de ses adorateurs. Pamina n'était pas de ces enfants abusifs qui font de l'histoire de leur père une légende après sa mort. Bruno Arnhein avait tant ironisé sur sa propre gloire, c'eût été d'autant plus le trahir. Comme lui, sa fille redoutait la niaiserie inhérente au genre *vie des grands hommes.* Trente ans après, elle se souvenait d'un esclandre de son père un jour qu'il avait découvert dans un de ses livres d'écolière une vie du *divin Mozart :*

« Le divin Mozart ! *Wolfgang était un ange. Il mangeait sa soupe et n'oubliait jamais de dire sa prière le soir avant de se coucher, il parlait poliment aux grandes personnes...* Il leur montrait son cul, oui ! Et tripotait sa cousine sous la table.

— Voyons, monsieur ! Devant *x*ette enfant ! *X*'il vous plaît...

— Pardon, mademoiselle Güdrün, je m'emporte en effet... »

Aussi, l'idée de Schreiber, écrire une vie romancée de son père, ne plaisait guère à Pamina. Mais elle ne savait comment avouer ses réticences à un homme par ailleurs charmant, généreux, droit, et qui leur avait rendu l'incommensurable service de témoigner en faveur du compositeur à cet absurde procès en dénazification intenté par les forces alliées en 1945... Encore, Schreiber eût-il été un bon écrivain ! On accepte mieux d'un bon écrivain qu'il se mesure à un autre grand artiste dont il veut raconter la vie, on supporte qu'il prenne des libertés avec l'histoire si c'est pour fonder un mythe — mais Schreiber !

Schreiber s'était-il jamais seulement posé les deux ou trois questions sur son art que devrait se poser tout romancier avant de prendre la plume :

— De quel point de vue écrirai-je ? En auteur omniscient, doué du pouvoir magique d'entrer dans les maisons sans se faire voir et d'y percer les âmes, et d'y sonder les cœurs ; un auteur devinant les moindres sentiments de ses héros, connaissant d'avance leurs caractères, ne s'étonnant de rien. Ou, à l'inverse, en enquêteur discret mais toujours présent, avançant au hasard de ses bonheurs d'écriture, doutant de l'intrigue et de l'identité de ses personnages.

— Quel sera le temps du récit ? Le présent ? ce présent qui éternise en quelque sorte le passé, et donne à chaque scène l'aspect inquiétant des tableaux vivants, à chaque chose décrite un air de nature morte... Le passé ? temps mensonger des conteurs, net et fini, précis comme ces enluminures des recueils de contes... Ou l'imparfait ? la mélancolie de l'imparfait, l'écho assourdi, qu'il fait entendre en nous, de nos peines et de nos joies enfuies, de nos regrets... Ou encore : une multiplicité de temps ? Donc de tons. D'abondantes ruptures dans le récit, des redites, des retours en arrière ; une mobilité comme dans le souvenir.

— Et comment nommer les personnages ? De leurs noms ? De leurs prénoms ? Rien n'est insignifiant dans un livre ; ce n'est pas là un détail sans importance non plus.

Or, sur ce point déjà, Pamina était agacée avant même qu'il eût commencé de rédiger sa vie de Bruno Arnhein. Car elle se doutait qu'il nommerait le musicien de son prénom seul, comme le héros d'un roman, sans se demander si cette familiarité n'était pas une vulgarité, s'agissant d'un homme ayant réellement vécu. Pamina avait horreur de ces biographies dans lesquelles Mozart est appelé Wolfgang ; Beethoven, Ludwig ; Schubert, Franz... horreur de cette connivence à laquelle l'auteur force alors son lecteur. Sous la plume de Schreiber, son père se nommerait simplement Bruno, elle s'en doutait et se demandait comment l'en dissuader... Le plus drôle étant qu'elle, dans la vraie vie, parlant de l'homme et non de l'auteur, ou même lui adressant la parole directement, disait souvent : « Schreiber. » Et non : « Jean. »

« Jean ! fit-elle en l'occurrence, Jean, si vous voulez ! Mais je vous l'ai dit : il n'y a rien à reprendre jusqu'ici. Mieux ! vous m'avez appris des choses que j'ignorais.

— Vraiment ? Seulement, je n'en suis qu'au printemps 1906 : l'année de *Prométhée.* Votre père a trente-sept ans...

— Et moi, quelle chance ! je ne suis pas encore née. »

Son rire sonna faux. Au fond, elle venait de le comprendre, elle ne se souciait pas uniquement de la destinée romanesque de son père ; elle redoutait son propre sort dans ce livre à venir. La seule idée de s'y trouver nommée la rebutait déjà... Une vie romancée ! se répétait-elle intérieurement, avec répugnance, en regardant ces liasses de notes et ces brouillons de chronologie qu'il lui présentait.

Une vie romancée ! Mais la vie, la vraie vie, la vie même ? La vie non pas considérée comme une suite d'événements et qui peut être racontée et donc romancée, mais le sentiment de la vie, mais sa densité, mais sa tonalité, mais son poids de vie ? Ou son absence, au contraire : ce vide de l'existence, ce vide infini... Ce vide infini où elle se voyait maintenant, debout devant la glace de l'armoire dans laquelle, en tirant la porte vers elle, elle avait tout à coup capté le reflet d'une autre glace en face, derrière son dos ; dans laquelle elle avait capturé sa présence innombrable et solitaire. Au milieu du pompeux décor de cette chambre d'hôtel, camaïeu de gris pastel et de crème satiné, d'un simple geste elle venait d'ouvrir un abîme miroitant, vert d'eau, où elle se voyait flotter dans le vague de ses pensées, avec les années qu'elle allait vivre et qui se profilaient derrière elle, également vides, également vaines, perdues à courir de récital en concert, à dormir dans des chambres d'hôtel toutes différentes et toutes semblables — la quarantaine. La morne quarantaine.

Banal ameublement d'hôtel, fade cuisine d'hôtel, vie d'hôtel à l'écart de la vie. Vastes couloirs d'hôtel où rien ne bouge si ce n'est, à peine, à une poignée de porte, quand on passe, la pancarte *Ne pas déranger*. Noms d'hôtels : La Réserve, L'Ermitage, L'Éden, La Paix... Elle n'avait pas choisi d'y vivre mais elle y vivait. Ce n'était pas la vie, du moins ce n'était pas ce qu'il est convenu d'appeler la vie dans les romans d'aventure comme en écrivait Schreiber, mais une existence étale et plate, sans hystérie. Un état qui n'était ni le bonheur ni le malheur non plus. Un défi au romanesque, depuis sept ans que la guerre était finie.

Sept ans ! Comme les choses semblaient lointaines et proches à la fois. Un portrait d'Hitler, le chiffre de cinquante millions de morts, ce reportage sur les charniers, l'insoutenable regard d'un rescapé des camps, la statue de l'ange bénissant les ruines de Dresde... Aux souvenirs de la guerre telle qu'on l'avait vécue s'ajoutait ce qu'on en avait vu, ce qu'on en avait lu ensuite. Et cette réalité, résumée, figurée, symbolisée comme elle le serait plus tard dans les livres d'histoire sans doute, cette réalité reconstituée, soit paresse de la mémoire, soit désir d'oublier une expérience douloureuse sans pour autant en oublier l'époque, se substituait progressivement en chacun à son propre souvenir. Et de même que tous les enfants qui apprennent dans le même manuel scolaire se représentent à peu près de la même façon tel personnage ou tel événement illustré dans leur livre, d'après l'image et le commentaire à apprendre par cœur, la guerre, la guerre que chacun avait vécue au jour le jour, la guerre devenait, avec le temps, *La Seconde Guerre mondiale — 1939-1945*. Peu à peu, les phrases toutes faites, les formules convenues qui légendaient les clichés des magazines contaminaient jusqu'au sentiment, jusqu'au souvenir le plus intime de ce qu'on avait connu personnellement. « La vie reprend en Allemagne », disait-on dès fin 45. La vie reprenait parce que — « notre document » — à Stuttgart, sur un anneau de vitesse déblayé parmi les décombres, les usines Mercedes faisaient tourner un véhicule prototype. La vie reprenait parce que — « voir photo » — à Munich, dix mille tonneaux de bière seraient mis en perce pour l'Oktoberfest, à peine moins qu'en 1938, dernière année de référence. Et Pamina, chaque fois qu'elle revenait d'Allemagne, si on lui demandait où en était son pays, répondait sans autrement y penser, pour la seule raison que c'était la réponse qu'on attendait d'elle :

« La vie reprend : on bétonne, on bétonne... »

Ironie légère qui dissimulait mal sa secrète nostalgie d'une époque qu'elle avait à peine connue, antérieure au nazisme. Car la vie qui était censée reprendre était une vie fonctionnelle, une vie massifiée, une vie bétonnée — sans luxe, sans décorum.

Plus de cent théâtres, opéras et salles de concert avaient été détruits par les bombardements. Salles baroques, salles romantiques, salles néoclassiques ou néogothiques, princières ou bourgeoises, toutes de velours, de stuc et d'or. Avec de hautes colonnes soutenant le paradis, des lustres de cristal ruisselant en cascade, de lourds rideaux rouges que des angelots tirent à demi, des ciels nuageux où dansent des nymphes... On les reconstruirait, on les reconstruisait déjà, mais comment ? En béton brut, dans le style bunker. On chanterait désormais Mozart sous des vélums de ciment, devant des murs de brique nue, dans le rayon d'un projecteur conçu pour la défense antiaérienne. Hitler avait perdu la guerre sauf en cela. Et quelque chose subsisterait du totalitarisme : la vie évaluée au taux de la production industrielle, la vie considérée du point de vue statistique, la vie dominée par l'idéologie, la vie laborieuse. Comme, au théâtre, le souci fascisant de mobiliser les masses et de voir dans l'art aussi un combat, le refus du plaisir frivole : cette pesanteur, tenue pour la modernité.

La guerre à la légèreté, le totalitarisme l'avait gagnée.

Une certaine civilisation européenne, une certaine tradition de faste, de politesse et d'insouciance ne se maintenait plus que dans ces derniers grands hôtels où Pamina descendait, ces derniers théâtres où se jouait encore une certaine comédie sociale. Et peut-être était-ce la raison profonde, la raison profondément arnheinienne, qui la faisait choisir d'y vivre, ainsi protégée de la vraie vie, de ce que les romanciers populaires croient la vraie vie : la vie aventureuse qu'elle avait menée, en héroïne, pendant la guerre. La vieille Europe, l'Europe des festivals et des thermes, l'Europe des palaces, des belvédères, des planches et des promenades au bord du lac, l'Europe qu'on traversait en sleeping sans montrer son passeport quand on voyageait en première classe, jusqu'aux frontières de la Russie ; cette Europe allait disparaître, avait déjà grandement disparu. Pamina, qui l'avait à peine connue cette Europe, en avait la nostalgie.

« L'Europe..., avait-elle dit sans enthousiasme à Schreiber, je suis descendue à l'Hôtel de l'Europe. Venez m'y retrouver vers cinq heures. Nous reparlerons de tout ça. »

Tout ça : la jeunesse de Bruno Arnhein, les années d'apprentissage, les années de sa vie avant la guerre — l'autre guerre : la Première Guerre mondiale. Ces années qu'il avait tant regrettées dans sa vieillesse, ces années vécues dans le sourd pressentiment de l'imminence d'une catastrophe, ces années où s'inventa la modernité. Si l'on avait su entendre alors ce que disaient d'inouï les créateurs et les penseurs, tout pouvait encore être évité : la tuerie de 14-18, la révolution de 17, Hitler, Staline, Auschwitz, Hiroshima, les Camps soviétiques — du moins se plaisait-il à le penser au soir de sa vie.

« On ne nous a pas écoutés. On n'a pas écouté notre musique. On n'a pas écouté ce que chante le contralto dans la Troisième de Mahler :

Oh ! Hommes, prenez garde...

On n'a pas écouté les paroles de Nietzsche. Ni Freud non plus. Ni Egon von Rosenberg. Aux grandes théories politiques, à tous les fanatismes, à tous les angélismes, à tous les ismes, nous opposions notre ironie et notre lucidité. À la brutalité de la culture, notre exigence de civilité. Avant Einstein, nous avions découvert la relativité de nos valeurs. Hélas ! personne n'a su entendre alors. »

Mais ces conversations des derniers mois avec son père, ces derniers moments demeureraient son secret, son trésor. Pamina ne voulait pas les divulguer à Schreiber. En vérité, elle n'avait plus aucune envie de continuer avec lui, plus aucune envie de remuer le passé maintenant. Et elle se reprochait même de l'avoir invité à l'accompagner au concert ensuite.

Schreiber se sentait vaguement voyeur — de trop. Il l'observait à la dérobée, troublé de la voir si accablée en apparence, proche de lui dans la réalité mais très lointaine aussi, fascinée qu'elle était par sa propre image dans la glace ; perdue. Il n'osait pas poursuivre ; le silence s'appesantissait. Elle paraissait avoir oublié jusqu'à sa présence ici.

Quand, brusquement, elle claqua la porte de l'armoire à la volée, se retourna, alla à la coiffeuse et, comme s'il était urgent pour elle, comme s'il était vital de retrouver un certain fard, une certaine nuance de fard, se mit à trier compulsivement les poudriers, les flacons, les palettes, les pinceaux, les boîtes. Le laque, la nacre, la porcelaine tintaient entre ses ongles longs. Il la voyait soulever les couvercles, dévisser les bouchons, perdre patience. Il la vit pousser jusqu'au bord du meuble, par mégarde ou délibérément, il ne sut, une bouteille de parfum, qui se brisa net sur le parquet, répandant dans la chambre un effluve de *Je reviens*... Puis, se ruer sur le lit et s'y écraser en sanglots.

Il s'approcha d'elle enfin ; s'agenouilla au chevet du lit pour lui parler à l'oreille, doucement :

« Qu'y a-t-il, Pamina ? »

Elle haussa les épaules.

Il insista :

« Qu'y a-t-il ? Vous êtes malade ?

— Non, je vais bien », finit-elle par murmurer en inspirant par saccades. « Je vais très bien. Ce n'est pas ça.

— Voulez-vous que je m'en aille ?

— Mais non. Restez. Ça m'est égal. »

Elle tourna vers lui un visage bouffi de larmes, implora d'un sourire gauche qu'il lui passe ce que ce dernier mot pouvait avoir d'un peu cruel pour lui. Mais, qu'il parte ou qu'il reste maintenant lui était égal, à vrai dire. Puisque, à sa honte, elle pleurait sans raison devant lui. Et sans retenue.

Schreiber reprit plus doucement encore :

« Qu'y a-t-il ? Parlez.

— On n'en peut plus », répondit-elle tout bas, le front enfoui au creux de son coude. « On n'en peut plus. On a envie de hurler parfois...

— Eh bien, hurlez ! » fit gentiment Schreiber, surpris de l'entendre donner un tour impersonnel à sa plainte, comme si elle voulait dénoncer un mal universel. « Hurlez ! Pamina. Seulement, vous risquez de vous casser la voix... »

Elle se retourna, se récriant :

« Mais comment voulez-vous que je hurle si vous me dites de hurler ? Comment voulez-vous que je hurle si vous me rappelez que je risque de me casser la voix ? »

Elle riait et pleurait à la fois, du fond de sa détresse. Cherchant à l'apaiser, il s'empara de sa main affectueusement.

« Je vous comprends, dit-il. Je la connais cette sensation : on étouffe, on n'en peut plus...

— Je — n'en peux plus », dit-elle en détachant le pronom personnel intentionnellement.

Schreiber avait déjà remarqué comme elle se crispait dès qu'il la citait. Elle semblait toujours craindre obscurément de se laisser déposséder et de tomber sous son influence ; alors même que c'était elle qui le charmait.

Il rompit un silence embarrassé :

« Nous ne sommes pas obligés d'aller à ce concert, vous savez. Il est encore temps d'annuler, non ?

— Non, dit-elle. Pas question. À quarante ans, je ne vais pas commencer à jouer les cantatrices à caprices. D'ailleurs, nous sommes les invités d'Adenauer, qui doit prononcer un laïus à la mémoire de mon père... »

Elle y revenait souvent : elle avait fêté ses quarante ans quelques semaines auparavant, si du moins c'est fêter un anniversaire que d'en occuper la journée à classer des milliers de documents et de souvenirs comme elle l'avait fait ce jour-là, enfermée dans la bibliothèque de la villa en compagnie d'un notaire et du conservateur de ce qui deviendrait bientôt Musée Bruno Arnhein. Schreiber se demanda si là ne gisait pas la cause profonde de son désarroi présent. Elle prononçait le chiffre avec une pointe d'effroi, le sifflait en allemand comme s'il lui était une gifle. À quarante ans elle n'avait pas enfanté, à quarante ans elle vivait solitaire, n'étant toujours pas mariée et ayant perdu tous les siens hormis ses deux neveux ; ses neveux qu'elle avait dû inscrire en pension, aussi pénible que cela fût à tous les trois, pour pouvoir poursuivre sa carrière.

Mais pourquoi poursuivre une telle carrière ? Qu'espérait-elle encore qui justifiât autant de sacrifices ? À quarante ans, il ne restait rien du peu de puissance vocale qu'elle eût jamais eu, et elle ne chantait donc plus qu'en récital, accompagnée au piano, dans de petites salles choisies, un répertoire voué par la force des choses à la tendresse ou la mélancolie — Mozart, Schubert, Schumann, Brahms, Wolf, Arnhein... Et certes, il n'existait sans doute pas d'art plus subtil que le sien, plus sûr. Aucune autre voix de l'époque ne mettait autant de nuances dans les plus banales paroles, autant de clarté crépusculaire dans les pianissimos, autant de noblesse dans le moindre soupir — faisant d'un lied de trois minutes un opéra miniature. Et le rituel même de la soirée, où rien n'était laissé au hasard — ne poussait-elle pas parfois la perversité jusqu'à prévoir avec son pianiste un infime incident qui donnerait la mesure de la perfection de cette soirée, la rehausserait d'une touche de fragilité humaine ? —, l'assortiment des airs aussi bien que la coupe et la couleur de sa robe longue, tout contribuait au plaisir d'un public raffiné. Pamina Arnhein chantait avec sa tête, disait-on.

Mais la jouissance du chant ? Mais la jouissance viscérale, la jouissance utérine du chant quand il jaillit, ample, charnu, des profondeurs de l'être ? Mais la volupté de sentir vibrer dans son ventre une immense salle d'opéra, et la joie de jouer sur scène, en costume, les folles, les criminelles, ou tout bonnement le rôle de Pamina ? Cette volupté, cette joie dont elle était irrémédiablement frustrée. Et dans ce cas, à quoi bon continuer ? se demandait-elle après chaque concert, quand elle se cloîtrait quelques minutes dans sa loge.

Pamina continuait cependant, sans savoir pourquoi.

« Allons, en scène ! » fit-elle énigmatiquement.

Elle avait retrouvé son souffle et, avec, son habituelle dignité. Elle se leva du lit et ajouta sur un ton à la fois léger et fataliste :

« *The show must go on!* Il faut que je me refasse une beauté. Excusez-moi. »

Au passage devant sa coiffeuse, elle donna un coup de talon furtif dans le flacon de parfum cassé, et rafla en vrac une brassée de fards et de crèmes en pots, qu'elle emporta dans la salle de bains.

Elle poussa insuffisamment du coude la porte, qui s'immobilisa entrouverte.

« Où en étions-nous ? 1906, disiez-vous. *Prométhée...* » lança-t-elle d'une voix trop forte, puisque la porte n'était pas fermée, et toutefois avec naturel, comme si rien ne s'était passé entre-temps.

Mais Schreiber demeura coi. Par l'entrebâillement, il l'épiait. L'auteur en lui nota mentalement une pensée qui l'obsédait, une image : il assistait à l'ultime toilette d'une morte. Pamina scrutait sans indulgence son visage strié de coulées noires, la tricherie de l'arrondi que dessinait un dépôt gras de rouge feu sous la courbe des lèvres très pâles, le grain de sa peau inégalement poudrée. Et c'étaient les yeux d'une morte qu'en quelque sorte elle remaquillait avec du gris cendre, c'étaient les paupières d'une morte qu'elle soulignait d'un trait de bistre funèbre.

De la rue, provenait la mélopée mécanique d'un limonaire qui égrenait *Rêverie*.

Schreiber se rappela leurs retrouvailles à l'Hôtel de la Paix, l'été 1945. Il l'attendait dans le hall, ému comme la toute première fois. Mais la guerre était finie, finie la clandestinité qui leur valut ces troublantes comédies quand ils se rencontraient ; inutile, la ruse. Comment Pamina lui apparaîtrait-elle ?

Enfoui dans un fauteuil club qui faisait face à l'entrée ouvrant sur le quai, il se ressouvenait de ses entrées spectaculaires : en haut des marches, une certaine hésitation étudiée avant de s'avancer résolument, un certain déhanchement, une certaine manière de relever sa voilette et de jeter un regard souverain qui le fascinait. Mais n'aurait-elle pas perdu de sa superbe après les terribles épreuves qu'elle venait de subir et dont la veille elle l'avait informé brièvement au téléphone, énumérant en une espèce de litanie atone ses deuils ? Sa mère :

morte. Ses deux frères : morts. Sa sœur : morte. Mortes ses deux belles-sœurs et mort son beau-frère.

Il n'avait pas eu la moindre nouvelle d'elle pendant plus d'un an. Fin novembre 43, trois semaines après l'anniversaire de Bruno Arnhein, elle lui avait fait savoir, par l'entremise d'un inconnu, qu'avec ses frères elle avait réussi à faire sortir d'Allemagne ses neveux mais que Sarah s'était éteinte quelques jours plus tard à Zurich, dans un hôtel où logeait la famille provisoirement réunie. Schreiber trouva mystérieux que les deux frères fussent redevenus frères, il voulut apprendre comment s'était effectuée la traversée du lac ; mais l'homme ne connaissait pas les détails, ou ne souhaitait pas en donner. Il avait seulement ajouté que la plus grande prudence était de mise : les autorités suisses refoulaient impitoyablement aux frontières les réfugiés juifs, à commencer par les jeunes orphelins. D'où les distances prises par Pamina. Il ne devait pas s'en offusquer.

De fait, un silence d'un an et demi avait suivi, que Schreiber n'avait pas tenté de rompre, pas même le jour de la capitulation allemande, quand, parcourant distraitement la page spectacles dans le journal, ses yeux s'étaient posés sur l'annonce d'un récital Pamina Arnhein, le 9 mai, à Lucerne... Et puis la veille, enfin, tandis qu'il lisait un article sur le bombardement d'Hiroshima, cet appel, d'autant plus bouleversant que le ton était tranquille, presque indifférent :

« Friedrich s'est suicidé, ou on l'a suicidé, dans un bureau de la Gestapo. Siegfried s'est suicidé, ou on l'a suicidé, dans un bureau de la Gestapo. Le prince Casalfeltre a été tué dans une embuscade, avec un groupe de partisans qu'il avait rejoint. Dorabella ne l'a pas supporté, elle est morte on ne sait pas trop de quoi, d'un arrêt du cœur sans doute. Et Ursula a été retrouvée morte lapidée dans les ruines de Berlin. Ma mère s'est éteinte doucement, de chagrin, dans les bras de mon père. Mon père, lui, est toujours en vie. Nous partons à la fin de la semaine le retrouver. J'ai obtenu un laissez-passer. Écoutez, Jean, je suis pour deux jours à Genève. Voulez-vous que nous nous retrouvions, c'est de circonstance, à l'Hôtel de la Paix ? »

À quoi elle ajouta, dans un petit ricanement malicieux, qui le surprit : « Comme d'habitude. »

Telle était Pamina. Cran, pudeur, folie, ou habitude acquise de jouer dans la vie qui lui était devenue une seconde nature et dont elle n'avait plus même conscience, le personnage apparemment n'avait rien perdu de sa poésie.

Mais la poésie, la sombre poésie de son entrée, l'eût-il imaginée dans un roman ?

Car, soudain, il la vit s'avancer dans le hall et, ce à quoi il n'avait pas songé, non pas seule, mais tenant ses deux neveux par les épaules, les poussant tendrement devant elle comme une femelle ses petits. Allégorie de la douleur résignée et digne, image si sobrement poignante que le discret papotage d'une clientèle pourtant affectée de cette cécité particulière des habitués des palaces à tout ce qui pourrait déranger leur dispendieuse quiétude se taisait sur leur passage entre les cercles de fauteuils, en diagonale. Pourquoi cette gêne qui se lisait dans les regards ? Ils voyaient une femme élégante, vêtue de noir, en deuil sans doute, accompagnée de deux enfants portant l'uniforme bleu sombre de quelque coûteux pensionnat ; leur présence n'était aucunement déplacée en ce lieu. Et cependant, quelque chose choquait presque : la gravité de ces enfants, on ne savait quoi de farouche dans leur contenance d'enfants bien élevés ? Peut-être.

Mais aussi, Schreiber le remarqua parce qu'il en savait la cause, leur façon de lever les yeux sur leur tante comme pour quêter dans son regard l'assurance qu'elle ne les abandonnerait pas à leur sort : ils n'avaient plus qu'elle au monde pour leur montrer les bonnes manières quand on entre dans un grand hôtel, ils n'avaient plus qu'elle au monde... Mais aussi, et il en fut très ému, la vigueur avec laquelle la fillette serrait sur sa poitrine l'étui de son petit violon, l'air de craindre qu'on le lui vole. Et l'écrivain devina alors ce que ce détail touchant lui évoquait obscurément : l'immémoriale errance juive. Alice fuyait un pogrome, emportant son seul moyen de subsistance, son seul trésor.

Il se leva et les accueillit maladroitement, plus intimidé qu'à sa première entrevue avec Pamina, à cette même table. Il se demandait que dire, que faire. Devant tant de tristesse, devant tant de noblesse dans la tristesse surtout, sa curiosité dévorante d'auteur lui parut aussi manifeste qu'indécente ; l'homme en oubliait ses plus élémentaires devoirs d'hôte — ne fût-ce que de proposer un rafraîchissement. Il bafouillait :

« Je... Vous... Est-ce que vous...? »

Pamina vint à son secours très simplement :

« Eh bien, nous voici. Par où commencer ? Ah oui, au fait ! J'ai promis à mes gamins une glace. »

Arno avait, à l'évidence, hérité la tournure d'esprit Arnhein, il nota, facétieux :

« Voilà par où commencer certainement. »

Et Alice compléta d'une voix fluette :

« Ensuite, tu raconteras à Monsieur tout ce qui nous est arrivé d'affreux, Mina. »

Schreiber était déconcerté par leur franchise, où il y avait moins de naïveté enfantine que la marque d'une éducation soignée — les leçons d'une certaine politesse du malheur. Pamina, il le comprit vite, tenait à ce qu'il n'y eût aucun sujet interdit devant ses neveux, pas même la mort de leurs parents. Manifestement, elle jugeait que ce n'est pas aider les enfants à surmonter les drames de la vie que leur taire la vérité, que ce n'est pas leur faciliter le travail du deuil qu'éviter de reparler des disparus. Elle tenait à faire d'eux les dépositaires d'une histoire, voire d'une légende Arnhein.

Cependant, quel ne fut pas l'effarement de Schreiber en entendant Arno déclarer après avoir goûté consciencieusement la glace à petites cuillerées :

« La vanille n'est pas aussi bonne qu'au Baur-au-lac de Zurich, l'hôtel où est morte Maman. »

Pamina elle-même, qui, pour boire une gorgée de thé, venait de ménager une pause dans son récit des romanesques retrouvailles de la famille le 5 novembre 1943, sembla embarrassée. Et pas uniquement à l'égard de l'écrivain : n'était-elle pas allée trop loin dans sa volonté de réalisme envers ses neveux ? N'aurait-elle pas dû préserver quelque illusion comme ses parents l'avaient fait pour eux, Friedrich, Siegfried, Dorabella, Pamina ? Et continuer, après son père, de leur apprendre la vie dans le livret de *La Flûte enchantée.*

« Où en étions-nous ? » reprit-elle en inspirant amplement, en cantatrice.

« Au moment où nous montions dans la barque... » répondit Schreiber, en s'amusant de ce *nous* qui lui était venu spontanément. « Quand votre frère Siegfried vous a rejoints...

— Oui. La traversée du lac. Épouvantable ! Il pleuvait, c'était nuit noire. La barque surchargée et les eaux assez agitées. À un moment, une vedette de la police est passée si près...

— On a failli chavirer.

— Moi, je vomissais, je vomissais, je vomissais.

— Alice !

— Heureusement, ils ne nous ont pas repérés.

— Il y a eu un autre moment terrible : une mine a explosé pas très loin de nous, puis une autre, qui a provoqué un remous énorme... Nous ne savions jamais exactement où nous étions, si nous voguions dans la bonne direction, nous avions peur d'avoir tourné en rond. Aucun repère à cause du couvre-feu, tant en Suisse qu'en Allemagne. Et naviguer à la boussole, vous savez... Notre terreur était d'aborder sur la rive allemande sans même nous en être aperçus. Et puis... Entre mes deux frères, il y avait... Comment dire ? Un reste de méfiance fort naturelle. Quant à cette demoiselle, elle vous a dit ce qu'il en était de sa part... Enfin ! nous avons touché terre. Pas très loin de Rorschach. Absolument épuisés, tous autant que nous étions. La pluie avait cessé et le ciel était un peu plus clair. Nous avons trouvé à nous abriter dans un hangar à bateau pour attendre la fin de la nuit. Mais ce n'était pas tout d'avoir passé en Suisse ! Nous n'étions que deux à posséder un permis de séjour : leur mère, qui l'avait laissé avec ses papiers personnels au sanatorium de Sils, et moi. La seule chose à faire était donc d'alerter mon avocat à Zurich et de lui demander qu'il fasse son possible pour venir nous chercher avec deux voitures. Me Meyer s'était occupé des Mann et de quelques autres exilés célèbres, il m'avait débrouillé plusieurs affaires d'enfants apatrides réfugiés, j'avais absolument confiance en lui. Mais nous avons tout de même passé une journée assez éprouvante à l'attendre dans ce hangar après que j'ai réussi à le joindre au téléphone : Sarah avait une très forte fièvre, elle délirait. Siegfried était dans un état nerveux à faire peur, il nous a avoué qu'il lui fallait une dose de morphine quotidienne pour tenir et qu'il souffrait de manque. Et puis, le propriétaire du bateau pouvait nous surprendre là à tout instant, nous avions froid, nous avions faim, nous pensions tous à nos vieux parents que nous avions laissés et à ce qu'ils risquaient maintenant : peut-être étaient-ils déjà arrêtés à l'heure où nous attendions Me Meyer...

— Je peux imaginer votre angoisse.

— Quand enfin il est arrivé, je crois que nous avons tous pleuré. Mais aujourd'hui, je crois aussi que cette épreuve nous a encore rapprochés, frères et sœurs. Nous ne voulions plus nous quitter... C'était, ah... Oui. J'ose le dire : en même temps, ç'avait quelque chose de ces jeux d'enfants, de ces grandes journées de jeu où, ensemble, on s'invente des aventures, on s'imagine d'autres vies. On est brigands, naufragés, chercheurs d'or, chevaliers et princesses, que sais-je ? Notre Pacha Ronchon, euh, je veux dire...

— Siegfried.

— Siegfried, quand nous étions petits, avait un vrai génie pour ce genre de parties interminables avec ses camarades de collège et nous, ses sœurs. Il nous distribuait les rôles, il était le scénariste incontesté de la bande, il nous faisait interpréter ses fantasmes, en quelque sorte. Et il ne se trouvait jamais à court d'intrigues et de rebondissements : le jeu ne s'arrêtait qu'à nuit noire. Mais, je ne sais pas pourquoi, il y avait toujours dans son histoire un épisode où les bandits, ou les nobles seigneurs et leurs gentes dames, ou les Robinson suisses étaient surpris par l'orage et devaient se réfugier dans une cahute faite de branchages. Le Pacha Ronchon, lui, restait dehors à bruiter, à mimer la tempête. Il agitait les branches pour nous faire peur à nous, les filles, qui imitions les pleurs de nos poupées ou pleurions pour de bon... Vous riez, Schreiber ? Mais cette traversée du lac et ces heures passées dans le hangar ensuite, oui, ç'avait quelque chose de... »

Pamina n'acheva pas sa phrase et sourit rêveusement, les yeux dans le vague. Le pianiste du bar attenant au salon commença de jouer, annonçant ainsi l'heure venue des drinks. Les enfants demandèrent d'un hochement de tête s'ils avaient l'autorisation de se lever pour se rapprocher du piano. Leur tante acquiesça de même manière. Alice n'oublia pas d'emporter son violon, son précieux violon.

« Je prendrai volontiers quelque chose d'un peu plus fort ! » reprit Pamina en reposant sa tasse de thé, comme si d'entendre jouer cool un quelconque standard américain avait suffi à lui donner envie d'alcool. « Si c'est comme au Baur de Zurich, après *Blue moon,* nous aurons droit, je parierais, à *Lili Marlene...*

— *For you, Lili Marlene...*, fredonna Schreiber. Qu'aimeriez-vous boire, chère amie ?

— Un *Berlin occupé,* s'ils savent le faire ici.

— Qu'est-ce que c'est que ça ?

— Vous ne devinez pas ? Un quart bourbon, un quart vodka, un quart cognac, un quart whisky.

— Horreur !

— Les pires tragédies de l'histoire finissent toujours par des chansons et de nouveaux cocktails... Tiens ! que vous avais-je prédit ? Vous entendez ? *Lili Marlene* ! »

Ils rirent.

« Je me contenterai d'un *Zone anglaise* ! » ajouta-t-elle en le voyant adresser un signe de la main au serveur qui passait.

« Un whisky, si j'ai bien compris ! » dit Schreiber. Puis, redevenant sérieux : « Mais, je vous en prie, parlez-moi des jours que vous avez passés alors au Baur-au-lac.

— Si vous voulez. Donc, Me Meyer s'est arrangé avec l'hôtel pour que nous y logions tous les huit le temps qu'il trouve une solution. Tout le monde nous a aidés fort gentiment : normalement, nous aurions dû fournir des passeports ou nous présenter à la police. Mais nous n'avons pas été enregistrés et nous occupions des chambres prétendument en travaux, dans la même aile, au même étage. C'était une curieuse existence que nous menions là, tous ensemble. Une existence entre parenthèses, si je puis dire. Nous ne sortions pas, évidemment. Sauf moi, quelquefois. Nous déjeunions et nous dînions dans les chambres, toujours servis par les mêmes employés sûrs. Nous nous sentions protégés, un peu comme si nous étions hébergés dans une ambassade. Nous vivions en somme dans le luxe et la tranquillité. Si nous n'avions pas écouté la radio, nous en aurions presque oublié la guerre, oublié tout le reste. D'une certaine manière, c'étaient encore nos jeux d'enfants, ces jeux dont je vous parlais à l'instant, qui continuaient. Seulement, l'état de Sarah empirait. Et Siegfried voulait repasser tout de suite la frontière pour se défendre et, s'il le pouvait, s'occuper du sort de nos parents. Nous n'avions aucune nouvelle d'eux et une chose nous inquiétait particulièrement : si la Gestapo fouillait la villa et découvrait le cadavre du passeur roulé dans la cape de pluie, au garage...

— En effet : le cadavre du passeur ?

— Quelle présence d'esprit a eue Anna ! Vous vous rappelez Anna ?

— Mais, certainement : une admiratrice ! » fit, faussement faraud, Schreiber. « Une très brave femme.

— Notre Anna a eu un courage inouï. Quand mon père m'a raconté ce qu'elle avait accompli pour eux ! Une chose affreuse, mais il n'y avait assurément pas d'autre issue : avec l'aide d'Ursula, elle a ramené le corps au lac et l'a noyé... Qu'au moins la police politique ne les accuse pas aussi de ce crime, comme ils n'auraient pas manqué de le faire sinon !

— La nuit, les deux femmes portant ce cadavre pour le noyer : jamais je n'oserais une scène pareille dans un bouquin. »

Pamina, quelque peu choquée par sa remarque, avala d'un trait son verre de whisky. Mais Schreiber sut, d'un sourire, l'inviter à poursuivre, et elle devina qu'il s'agissait moins chez lui d'insensibilité que de déformation professionnelle. Bruno Arnhein, quoique meilleur artiste, était affecté d'un tic assez similaire, lui qui au spectacle de la nature, face à la brutalité des éléments mêmes : une avalanche, le grondement de l'océan, les arbres courbés et effeuillés par la tempête — s'écriait : « Oh ! Du très grand art... » Ou, devant un splendide coucher de soleil : « Ouille ouille ! ça fait un peu trop Tchaïkovski. »

« Et ensuite ? dit Schreiber.

— Ensuite, ils ont attendu, attendu. À l'aube, enfin, la Gestapo a envahi la villa. Avec l'ordre d'arrêter l'Oberführer SS Arnhein, deux enfants juifs et deux *terroristes* — autrement dit, Friedrich et moi. Curieusement, Sarah n'était pas sur leur liste.

— Ils ne pouvaient pas même imaginer ! Mais... ils ne vous avaient donc pas vus embarquer la veille ?

— Soit ils ne s'étaient aperçus de rien, soit ils avaient fermé les yeux sur ordre, ce qui est plus vraisemblable. Le Kreisleiter de Lindau jouait un double jeu ; lui n'avait sûrement aucune hâte de voir arrêter mon frère, il risquait de graves représailles. Siegfried, après tout, était un très puissant monsieur la veille encore ; dès qu'il aurait alerté son ami Goebbels ou, pourquoi pas ? Hitler en personne, un retournement était à craindre. Le Kreisleiter était présent, et mon père m'a dit que les hommes de la Gestapo n'ont pas insisté longtemps : ils ne semblaient pas tellement rechercher Siegfried, ni même Alice et Arno. Ils semblaient beaucoup plus intéressés par ses brouillons et ses partitions manuscrites. Ils sont restés plusieurs heures à fouiller de fond en comble sa bibliothèque. Mon père craignait qu'ils n'aient mis la main sur sa *Finta Commedia*.

— Sa *Finta Commedia* ?

— Ah ! c'est vrai, je ne vous ai pas raconté cet autre exploit de notre chère Anna. Quelques semaines plus tôt, elle avait sorti, cousu dans sa jupe, un manuscrit de mon père pour le porter à Munich, où elle allait de temps à autre...

— Oui, je sais : aérer la maison de la Möhlstraße.

— Voilà. *La Finta Commedia* était un petit acte bouffe, une satire du nazisme que mon père avait achevé de composer pendant sa maladie...

— Sa *finta malattia*.

— Mais non ! Pourquoi ? Je ne pense pas du tout que ses crises d'asthme aient été feintes, on ne simule pas de pareils étouffements. Même si le mal est évidemment moral, à l'origine. Je crois que Papa étouffait de ne plus nous avoir autour de lui, ses enfants.

— Et d'être en résidence surveillée, et de ne plus pouvoir faire jouer sa musique où bon lui semblait, sans doute.

— Absolument.

— Ce petit opéra, qu'est-il devenu ?

— Anna a confié le manuscrit à Höffer, l'éditeur de mon père, un homme dont il était sûr, un catholique convaincu, qui n'a jamais cédé... Höffer a fait parvenir, Dieu sait comment, les partitions imprimées à quelques musiciens et chanteurs de ses amis à Dresde. Nous avons su plus tard qu'ils avaient commencé de répéter en cachette, dans les caves de l'Opéra, comme les chrétiens des catacombes. Malgré ce que prétend la presse maintenant, une sorte de résistance commençait à s'organiser en Allemagne... Mais, malheureusement, l'Opéra, qui était un des plus beaux du pays, a été bombardé quelques semaines plus tard. Et il y aurait eu plusieurs arrestations parmi les membres de l'orchestre.

— La Gestapo a mis la main sur cette *Finta Commedia* ?

— À Dresde ? Non, Dieu merci ! Mais comme ils n'avaient rien trouvé non plus à la villa après des heures et des heures de fouille, ils ont décidé d'emmener, soi-disant pour vérification d'identité ! ma mère, mon père et Ursula... Ursula a été relâchée quelques heures plus tard : la fille du baron Schnaben, la femme de l'Oberführer SS Siegfried Arnhein ; ils ne voulaient pas s'attirer d'ennuis. En revanche, ils n'ont eu aucun égard pour Papa et Maman, en dépit de leur âge. Les salauds ! ils les ont retenus plus de vingt-quatre heures sans leur donner à boire ni à manger, sans leur défaire un moment les menottes, pas même aux toilettes, et toute la nuit avec une lampe braquée dans les yeux, comme pour des criminels. Du pur sadisme, car ils n'avaient rien de sérieux à leur faire avouer : ils savaient déjà tout apparemment. Ce n'était pas un interrogatoire, simplement ils s'amusaient à les harceler de questions absurdes : combien Maman avait utilisé de cartes de rationnement le mois dernier, si Papa économisait le papier à musique comme il était recommandé... »

Schreiber perçut la légère altération de la voix, et que Pamina, sans doute à son insu, était passée au « Papa et Maman » comme chaque fois que l'émotion la submergeait, plus forte que son constant souci de distinction et cette pudeur souriante qu'elle tenait de père et mère. Il y eut quelques minutes de silence entre eux ; mais l'un et l'autre se mirent à sourire, surpris, car voici qu'un violon accompagnait les variations nonchalantes du pianiste et qu'à voir les mines égayées et attendries des clients qui s'étaient levés et se massaient à l'entrée du bar, ils ne doutèrent pas longtemps : c'était Alice qui ajoutait quelques coups d'archet, quelques envolées improvisées à la spirituelle mélodie de *My Heart belongs to Daddy*. Une chanson qui eût pu être dédiée à Pamina, songea Schreiber : son cœur appartenait à Papa.

« Maman aura encore vécu six mois après cette épreuve, reprit-elle gravement. Mais quoique je ne sache pas grand-chose de ces six mois, je suis certaine que c'est à ce moment-là, pendant cette nuit d'épouvante, que le ressort s'est brisé. Ensuite, m'a dit Papa, rien n'y a fait, elle ne voulait plus vivre. Imaginez la comtessine en butte à cette brutalité, à cette cruauté, à cette vulgarité. C'en était trop : les derniers mois elle s'était épuisée à soigner mon père, elle n'avait plus auprès d'elle ses petits-enfants auxquels elle s'était tant attachée. Et toutes ces violentes émotions, la veille ! Et la séparation ! Mais tout cela n'était encore rien, et elle ne cessait de répéter : “ Ils ne m'ont pas même laissée seule aux toilettes, ils ne m'ont pas retiré les menottes aux toilettes, ils riaient de me voir me souiller.... ” Elle était absolument hébétée, m'a dit Papa. Ils ont été relâchés le lendemain soir et ils sont rentrés à pied à la villa. En arrivant, Maman s'est assise sur la première marche de l'escalier. Elle ne voulait plus bouger de là. Anna a dû la changer, la coucher dans son lit, l'aider à manger. Maman est restée prostrée plusieurs jours. Comme si elle ne voulait pas y croire. »

Pamina, en larmes, se tut un instant. Schreiber éprouvait quelque scrupule à l'avoir entraînée dans ce récit douloureux. Il eut une mimique qui signifiait : « Je vous en prie, si vous ne souhaitez pas continuer... » Mais, en réponse à sa sollicitude muette, elle reprit, la voix cassée :

« Non, je crois que ça me soulage de parler. Surtout à vous qui, si peu que ce fût, avez connu Maman.

— Elle m'a fait saisir le sens exact de ces mots : *une grande dame.*

— Ses deux frères sont morts à la Grande Guerre en 1915, sans descendance. Ma grand-mère avait été la dernière Längenfeld. Elle, était la dernière Werdenberg. Du moins, de la branche comtale des Werdenberg. Durant son agonie, m'a dit Papa, elle a revécu la nuit de sa petite enfance où elle a perdu sa mère. Sophie von Werdenberg est morte dans l'incendie du Ringtheater, à Vienne, en 1881 ; Maman n'avait que quatre ans... Tout à coup, elle a cru réentendre les trompes et les cloches des voitures de pompiers, elle a cru voir le ciel noir de fumée, et elle s'est mise à crier, ce furent ses derniers mots, m'a dit Papa : “ N'y va pas, Maman ! Ne va pas au théâtre... ” »

Alice avait, à force de charme enfantin, convaincu le pianiste de jouer la valse de *La Contessina* et, comme par un fait exprès, tandis que sa tante, recrue de chagrin, se renfonçait dans son fauteuil, résonnaient les premiers accords de la célèbre mélodie, jouée en blues.

Schreiber alors se leva pour jeter un œil sur le bar ; et faire éventuellement comprendre à la petite fille que ce n'était pas de circonstance. Mais il fut pris de gaieté en voyant Arno qui, sans aucune vergogne, quêtait de guéridon en guéridon, tendant un cendrier en guise de sébile.

« Votre mère a su la mort de ses enfants ? » demanda-t-il à Pamina, en venant se rasseoir auprès d'elle et sans lui dénoncer la trouvaille de son neveu, qui lui aurait déplue sans doute.

« Elle n'a pas su la mort de Friedrich. Moi-même, je ne l'ai sue que récemment, à peine quelques jours avant de recevoir du gouvernement français provisoire, par l'entremise de leur ambassade à Berne, les brevets des décorations qui lui ont été décernées à titre posthume : Friedrich est compagnon de la Libération. J'aurais préféré toutefois qu'ils les remettent à son père.

— Mais vous êtes la tutrice de vos neveux, non ? Et c'est à Alice et Arno Arnhein, ses enfants, que reviendront donc ces médailles tout naturellement.

— Vous avez certainement raison. N'empêche ! Je crains beaucoup que le nom de mon père ne soit inscrit sur les listes de nazis notoires, et qu'on l'inculpe sous peu.

— Quoi ? Ce serait absurde ! Votre père n'a jamais été nazi, que je sache.

— Oh ! ni les Américains ni les Soviétiques ne sont très regardants : le seul fait que Bruno Arnhein ait été un peu plus d'un an directeur de la Chambre de Musique du Reich ! Ils poursuivent Furtwängler pour moins que ça. Et comme nazi de première catégorie encore ! Furtwängler ! Nazi de première catégorie ! Et si l'on suivait Klaus Mann, le fils de Thomas, il faudrait condamner à mort tous ceux ou presque qui sont restés en Allemagne après 33 : ça ferait quand même beaucoup de monde ! Par chance, Lindau est sous administration française. Les Français se montrent beaucoup plus compréhensifs que les Américains ou les Anglais. Peut-être parce qu'eux-mêmes n'ont pas tous été de vertueux résistants à l'occupant nazi dès le début de la guerre, qu'ils savent mieux évaluer les compromissions et les complicités, qu'ils n'ont pas l'intolérance de ces puritains. Remarquez ! de l'autre côté, il y a de quoi avoir la nausée quand on apprend que tous, oui ! tous les citoyens de Lindau auraient été, figurez-vous, de courageux militants antihitlériens de la première heure. Et qu'ils n'ont pas de mots assez durs pour dénoncer maintenant les privilèges — les privilèges ! — dont aurait joui pendant des années Bruno Arnhein… C'est à vomir ! m'a dit Papa. »

Son indignation lui faisait momentanément oublier sa tristesse. Mais Schreiber rappela à Pamina :

« Vous me parliez de votre mère.

— Oui, répondit-elle, je vous disais que Maman aura successivement appris la mort de Sarah, en novembre donc, puis en février 44, la mort de Dorabella et, par la même occasion, celle d'Aldo. Puis, au printemps, je ne me souviens plus exactement quand, elle a été prévenue par Ursula du suicide de

Siegfried. Du suicide entre guillemets, car c'était, de toute façon, un assassinat, qu'on l'ait jeté ou qu'il se soit jeté dans le vide après avoir été torturé. Siegfried était impliqué, sans doute à tort, dans un complot contre Hitler. Il a été arrêté par la Gestapo, à Berlin. On a retrouvé son corps défenestré, dans une rue derrière l'Alexanderplatz. Ursula n'a pas pu savoir la vérité. Et on n'a pas voulu lui montrer la dépouille. C'est un ami du couple qui l'a renseignée... Quelques semaines plus tard, Siegfried a été en quelque sorte réhabilité. C'est-à-dire que le Führer a envoyé à sa veuve une belle lettre. Mais dans son espèce de lucidité hallucinée, Ursula a compris qu'il était inutile de lui réclamer justice...

— Le plus étrange et le plus émouvant, c'est que vos deux frères auront connu le même sort.

— Oui. L'ironie du destin ! Ordure ou héros, qu'importe ! puisque la mort a réuni ceux que la vie avait séparés... » s'écria Pamina, non sans dénoncer dans un léger ricanement gêné sa propre grandiloquence. Avant d'ajouter : « Quoique j'en sache encore moins sur la fin de Friedrich... Je sais seulement qu'il a été arrêté par la Milice, à Lyon, puis livré à la Gestapo. Il s'est, ou on l'a, si je puis dire, suicidé. Vraisemblablement, il a craint de trahir sous la torture, et il a préféré se tuer en se jetant du troisième étage que de donner son réseau.

— Quand était-ce ?

— La veille de Noël.

— Noël 43 ?

— 43, oui.

— Très peu après vos retrouvailles.

— Comme je vous le disais, nous étions réunis au Baur-au-lac de Zurich. Sarah allait de plus en plus mal mais les médecins consultés ont jugé qu'il était inutile de l'hospitaliser une nouvelle fois : il était trop tard. Mieux valait qu'elle mourût parmi nous. Que nous l'entourions de tendresse jusqu'au dernier moment. Elle n'en avait pas eu tellement dans sa vie. Friedrich insistait même pour qu'on n'écarte pas les petits, nous ne les avons fait sortir de la chambre que lorsque nous avons compris que c'était la fin, une heure avant à peine... Sarah est morte le 21, deux semaines après notre arrivée. Friedrich avait décidé de repasser en France au plus vite, mais il est resté à l'hôtel deux semaines encore, il l'a fait pour ses enfants. Je crois, en vérité, que dès lors, il ne tenait plus tant à la vie. En retournant en France, il devait le pressentir obscurément, il allait au-devant de la mort.

— Et Siegfried ?

— Siegfried, lui, nous avait déjà quittés. Il était retourné en Allemagne quelques jours après la mort de Sarah. Après le départ de Friedrich, je suis donc restée avec mes neveux et les Casalfeltre. Jusqu'à Noël, que nous avons fêté — enfin ! fêté n'est pas le mot juste... que nous avons passé ensemble. Aldo et Dorabella auraient pu rester en Suisse, Me Meyer s'offrait à leur faciliter les choses, et mon beau-frère n'était nulle part au monde sans ressource, il avait des amis partout et pouvait toujours trouver une quelconque *combinazione,* il disposait d'ailleurs d'un vague passeport diplomatique... Mais non ! Aldo voulait absolument retourner en Italie. Lui si indolent d'ordinaire, lui si velléitaire, ne parlait plus que de se battre !

— Votre exemple et celui de votre frère l'inspiraient. Votre héroïsme...

— Ah ! vous me flattez. Non : je crois que son heure était venue de se révéler, voilà tout. Au fond, Aldo, le peu que je l'ai fréquenté, m'a toujours assez intrigué. Bourré de charme. Bourré de fantaisie. Et sa curieuse manie de se dénigrer ! De se prétendre minable, mais avec un tel panache ! Il ne me semblait jamais aussi princier que lorsqu'il m'affirmait : “ *Ma ! Ié souis un' povre type,* Pamina... ” Maintenant, je pense qu'il y avait une vraie profondeur dans sa futilité affichée. Le fascisme le dégoûtait, et il était écrasé par la figure légendaire de son père. Mais les antifascistes, en face, l'assommaient avec leurs discours creux. Aldo était un dandy.

— Votre sœur était d'accord pour retourner en Italie ?

— Oh ! Dorabella, la malheureuse, depuis l'anniversaire de mon père, et surtout la terrible nuit ensuite, la traversée du lac de Constance, Dorabella n'avait plus aucune volonté, comme si elle y avait épuisé toute son énergie... Bref, ils sont rentrés en Italie le Jour de l'An. Et nous n'avons plus eu de nouvelles, évidemment. Mais fin février, est parvenu à la villa un courrier de la nonciature. La lettre avait été ouverte et à moitié caviardée, mais c'est ainsi que mes parents ont appris la mort de leur fille et de leur gendre. C'est seulement il y a quelques semaines que nous en avons su un peu plus : Aldo venait de rejoindre des partisans qui avaient pris le maquis en Toscane, il a été tué dans une embuscade pas très loin de Casalfeltre-Pratese. Quant à ma sœur, elle se trouvait à Florence. Elle serait morte d'un arrêt du cœur quelques heures après avoir appris la chose. À moins qu'... »

... Elle ne se soit suicidée, compléta mentalement Schreiber. Pamina pleurait, soudain trop émue pour continuer.

Du bar, provenaient des applaudissements. Et ils entendirent Arno annoncer avec la solennité caricaturale des présentateurs de cabarets :

« Mesdames, mesdemoiselles, messieurs, retenez bien ce nom : Alice Arnhein !

— Ça suffit maintenant, murmura Pamina. Ils abusent, non ? »

Elle se leva ; parut, au seuil du bar, hésiter entre l'agacement et l'amusement ; n'eut finalement pas le cœur à les réprimander. Rouges de plaisir, Alice et Arno savouraient leur triomphe. Elle feignit un peu de honte en avisant le tas de pièces et de billets que son neveu avait recueillis et qu'il recomptait attentivement tandis que sa nièce rangeait son violon dans l'étui ; à la ronde, elle adressa un sourire contrit pour se disculper d'avoir été l'instigatrice de cette manche.

« Allons, les saltimbanques, on s'en va ! » leur dit-elle, en essuyant ses larmes dans le crispin rabattu de ses gants.

Les enfants remercièrent le pianiste, qui riait aux éclats. Une petite dispute s'éleva entre eux deux : savoir s'ils devaient lui laisser quelque chose. Mais Alice conclut avec justesse que cet argent lui revenait, moins les quinze pour cent qu'elle abandonnait à son frère puisqu'il s'était institué son imprésario.

« Je vois que vous lui avez déjà inculqué quelques notions essentielles du métier ! » plaisanta Schreiber, qui avait rejoint Pamina et assisté avec elle à toute cette petite scène.

« Je crois plutôt que c'est leur grand-père, répondit Pamina. Bruno Arnhein a toujours considéré qu'il est du devoir d'un musicien d'évaluer financièrement son travail et d'exiger une rétribution en conséquence, que cela fait partie du métier. Il méprise la conception romantique de l'artiste planant à l'écart des contingences humaines. Il a horreur de ce mélange de misérabilisme et d'angélisme : l'image du créateur inspiré mais criblé de dettes, alcoolique et insomniaque...

— Quand partez-vous pour Lindau ?

— Après-demain. Les petits ont très hâte de le retrouver.

— Comme il doit se sentir seul dans cette grande villa !

— Oui. Quoiqu'elle soit pleine de soldats. La moitié d'un étage et les salons du bas ont été réquisitionnés : les Français y ont installé une sorte de maison de convalescence pour une vingtaine de leurs blessés avant de les rapatrier. Tout cela était censément provisoire, mais ce provisoire commence à durer. Mon père en a plus qu'assez. Seulement où aller ? Notre maison à Munich a été entièrement démolie, je vous l'ai dit : la seule de la rue qui ait reçu une bombe... Et comme il n'a pu jusqu'ici obtenir un visa de sortie... D'ailleurs, même s'il pouvait partir, il aurait trop peur de ne rien retrouver à son retour.

— Vous me rappellerez à son bon souvenir ?

— Je n'y manquerai pas », répondit Pamina en tendant la main à Schreiber.

L'un comme l'autre furent désagréablement étonnés de cette tournure conventionnelle involontaire que prenaient leurs adieux. Lui, se demanda, du reste, pourquoi elle les avait précipités ainsi. Elle lui sourit, l'air de vouloir dissimuler un brusque accès de désespoir. Un instant, ils hésitèrent. Puis s'embrassèrent.

Elle lui dit qu'elle avait un dîner officiel, qu'ils devaient se quitter là, qu'ils se reverraient un jour ou l'autre.

« Tôt ou tard, insista-t-elle, tôt ou tard... »

Ils sortirent tous quatre de l'hôtel, mais l'écrivain ne pouvait se résoudre à les laisser s'éloigner. Il sentait monter en lui une inexplicable envie de larmes.

Dedans, les marbres, la pénombre, le volume des salons avaient maintenu une fraîcheur relative. Mais dehors, la chaleur moite liquéfiait l'atmosphère et, malgré l'heure, le lac était un pur éblouissement métallique. On pensait à ces questions compliquées de fission nucléaire que commentaient depuis quelques jours les quotidiens. Une odeur plombée d'asphalte et d'essence mal raffinée stagnait sur le quai. Un sifflement retentit : le vapeur qui larguait les amarres pour les Eaux-Vives.

« C'est ici même, dit Pamina, que Sissi a été assassinée. Les enfants, vous vous rappelez ? Je vous ai parlé de l'Impératrice Élisabeth, qui était la marraine de votre grand-mère. Un anarchiste l'a poignardée au moment où elle montait sur un de ces bateaux.

— Le poinçon était si acéré, précisa Schreiber, qu'à peine elle a senti une piqûre. Elle était déjà à bord, puis elle s'est effondrée. Et le bateau est revenu à quai.

— Arnhein et von Rosenberg, reprit-elle, avaient eu l'idée d'un opéra sur la vie et les malheurs de l'Impératrice, qui aurait été aussi un opéra sur la fin d'une certaine civilisation autrichienne, et qui d'ailleurs aurait eu pour titre *Finis Austriae*. Mais ça ne s'est pas fait, je ne sais pas pourquoi... Ou plutôt, si, je sais pourquoi maintenant, je crois savoir pourquoi : Egon a proposé le sujet à mon père en 1931. Oui, en 1931, ou en 1932... Quoi qu'il en soit, peut-être avaient-ils tous les deux le sentiment que c'était déjà trop tard. Qu'il fallait écrire, hélas, *Finis Germaniae*... Il n'en est resté qu'une aria. Je la chante quelquefois en concert :

À quel moment cela a-t-il commencé ?
Et comment ? Ce sentiment de...

Écoutez ! fit-elle, interrompant abruptement son chantonnement, écoutez, il faut vraiment que nous y allions. »

Schreiber y entendit une demande pressante, que seule la politesse l'empêchait de formuler plus brutalement : — Laissez-nous tranquilles... Elle ne voulait pas qu'il les accompagnât plus longtemps.

Ils se saluèrent en feignant presque, par une sorte d'accord tacite entre eux, de la froideur. L'écrivain embrassa les enfants et tourna le dos au trio, qui s'éloignait sans hâte particulière vers Mon Repos. Puis, lui, revint sur ses pas, se reprochant son esprit de l'escalier : toutes ces questions qu'il aurait voulu lui poser encore... Mais non ! Trop tard ! Et il les regarda qui s'éloignaient paresseusement vers le parc au bord de l'eau ; qui marchaient avec une espèce d'accablement, lui sembla-t-il. Comme si tous trois croulaient quelque peu sous le poids de leurs destinées romanesques.

De temps à autre, Alice se retournait et lui adressait un baiser subreptice du bout des doigts.

Ricercare

Ils devaient se revoir une fois encore. Une fois encore dans un grand hôtel où elle était descendue quelques jours, se reposer entre deux récitals — à Sils-Maria.

Pamina se reprochait sa récente impolitesse envers l'écrivain, sa brusque faiblesse devant lui, cette crainte superstitieuse qu'elle avait manifestée, indigne d'elle ; ses larmes. Car, de quoi avait-elle eu peur, en somme ? Que Schreiber ne lui vole sa mémoire, ne lui vole son âme — pas moins. Schreiber ! l'insigne auteur d'*Amours impériales,* de *Seigneur et maître,* de *Péché de chair,* de *La Symphonie humaine*... Titres de flammes rougeoyant sur des couvertures illustrées du même éternel couple éternellement enlacé devant un immuable ciel étoilé et dont seuls changeaient, selon l'histoire, les costumes : lui, tour à tour en uniforme, en armure, en frac ; elle, coiffée d'un hénin, ou d'une tiare, ou d'une perruque poudrée, mais toujours un sein à demi dénudé, comme par une négligence du dessinateur, toujours les lèvres humides, toujours les paupières qui se ferment... Pamina, quand elle voyait ses livres alignés sur le présentoir d'une librairie de gare, souriait de ce sourire moitié amusé, moitié choqué, que nous tire une bonne blague de mauvais goût. Ce n'est pas vrai ! disait le mouvement muet de ses lèvres, ce n'est pas possible. Mais, si elle méprisait la littérature de Schreiber, dont, au reste, elle n'avait jamais lu plus d'une dizaine de pages, elle gardait à l'homme son estime. Elle souhaitait se faire pardonner elle ne savait quoi exactement : de ne pas apprécier ses livres, peut-être. Elle l'invita à lui rendre visite.

Avait-elle soupçonné les difficultés présentes de l'auteur, ses doutes depuis leur dernière entrevue et le concert où il l'avait accompagnée ensuite ? Au concert, en entrant dans la salle, et tandis que les lumières baissaient doucement d'intensité, elle lui avait glissé à l'oreille ces mots énigmatiques :

« Je crois que vous êtes condamné à imaginer, Schreiber. Je crois qu'il est vain de chercher la vérité dans ces milliers de documents que vous avez rassemblés. Écrivez donc un roman. Et tant pis pour nous. Ou tant mieux ! »

Il n'avait pas su alors s'il devait se vexer : il faisait trop sombre dans leur loge pour qu'il pût deviner à sa mimique si elle se moquait de son talent de romancier, si elle doutait de ses compétences de biographe, ou si c'était au contraire un encouragement à se remettre au roman. Mais il s'était révolté intérieurement : il n'allait pas abandonner un livre qui lui avait coûté, avant même qu'il en eût écrit le premier mot, tant d'efforts ! S'il avait voulu changer de genre, s'il s'astreignait à ce travail de bénédictin, c'est qu'il souhaitait montrer sinon à son public, du moins aux critiques qui l'avaient ignoré jusqu'ici, son sérieux d'écrivain, sa vraie valeur. Et il devrait y renoncer maintenant ? Mais, il avait déjà rempli des milliers de fiches, accumulé des centaines de coupures de journaux, annoté des dizaines de livres déjà parus sur le sujet ! Il avait minutieusement enquêté, interrogé près de cinquante témoins. Avec sagacité, il avait relevé les moindres contradictions dans leurs déclarations : par exemple, quand elle avait tenté de dater la disparition d'Egon von Rosenberg, Pamina s'était trompée à plusieurs reprises, révélant par ses lapsus combien la famille s'était estimée coupable de la mort du poète.

Ou bien, autre erreur : quand elle lui avait parlé du décor de miroirs rosés chez son frère Siegfried, elle avait prétendu qu'il l'avait confisqué à des Juifs lors des pogromes de la Nuit de Cristal ; puis, qu'elle l'avait vu, ce décor, la première fois qu'elle lui avait rendu visite à sa villa d'Adolf-Hitler-Allee en 1933 — soit, cinq ans auparavant ! De quoi s'accusait-elle inconsciemment ? D'avoir su que son frère volait et torturait et de ne pas lui en avoir fait reproche ? Ou, plus vraisemblablement : de n'avoir pas compris d'emblée, dès 1933, que les Juifs étaient persécutés, spoliés, et qu'ils seraient bientôt exterminés ?

Plus troublant encore : lorsque l'écrivain lui avait rendu visite pendant la guerre, Bruno Arnhein lui avait affirmé qu'il avait ignoré ce qui s'était passé le 10 mai 1933, à Munich comme à Berlin. Il le lui avait confirmé en lui montrant son journal intime de l'époque : pas une ligne sur l'événement pour la bonne raison qu'il randonnait en Autriche, ce jour-là.

Or, en feuilletant un agenda du compositeur, que sa fille lui avait permis de consulter, Schreiber était tombé sur ces mots rageusement griffonnés en travers de la page datée du 11 mai 1933 :

Ils brûlent les livres !

Plus l'écrivain accumulait de preuves, moins il avait de certitudes.

Il s'était également appliqué à regarder une à une, et très longuement chacune, les innombrables photos des albums et des archives Arnhein. Mais, ceci advient avec les portraits, même avec les nôtres, que plus on les contemple, plus on cherche à percer le secret de la personne qui fut saisie sur le vif au moment où elle le fut, et moins elle nous paraît familière. Un peu comme si notre regard fixait sur le papier un papillon mort, un peu comme si le papier glaçait cette présence lointaine, et qui nous apeure. Sans doute ne faut-il regarder qu'un instant un instantané ; une espèce de vertige nous happe sinon.

À force de scruter, dans l'espoir d'y déceler leur personnalité profonde, ces visages d'enfants ou ces visages des adultes qu'ils étaient devenus, Schreiber avait fini par ne plus rien savoir de leur caractère — au sens où l'on emploie ce mot au théâtre ou pour le roman. Ces visages lui apparaissent comme des masques lisses, sans expression. Friedrich, le héros désenchanté, n'avait pas plus l'air d'un héros désenchanté que Siegfried n'avait l'air d'un pervers. Qu'il lui ôtât imaginairement sa casquette de SS, en quoi était-il un monstre ? Pamina jugeait Dorabella indolente et insatisfaite, mais s'il ne l'avait jamais entendue porter ce jugement sur sa sœur, l'eût-il vue indolente et insatisfaite dans ses portraits ? Et Bruno lui était-il plus proche, maintenant que l'écrivain le connaissait à tous les âges de la vie ? Non : il lui était plus présent, simplement. Mais présent comme était présente son ombre sur tous ces clichés que, piètre photographe, le musicien prenait si souvent à contre-jour. Plus Schreiber avançait dans ses recherches, et moins nettement se dessinaient les personnages. Il s'était perdu en chemin. Cette vie romancée qu'il avait entreprise n'avait plus de sens, ne le menait plus nulle part.

Peu à peu, lui aussi avait commencé d'éprouver une crainte superstitieuse. Comme à Pamina, il lui paraissait dangereux maintenant de toucher à la vie d'un homme qui avait réellement vécu, d'un homme qui n'était pas une simple créature de romancier. Il devait cesser de fouiller dans son histoire. Il devait avoir le courage, après cinq ans d'enquête, d'annoncer à Pamina : « J'arrête là. »

Cette crainte superstitieuse, cette crainte de primitif qui redoute que le ciel ne punisse son orgueil de sorcier, cette crainte n'était en vérité qu'un autre indice de son découragement. Il avait peur de poursuivre parce que déjà il se noyait dans un océan de notes, de fiches, de dates, de petits faits vrais. À cause de cette abondance de documents amassés avec un zèle maniaque, tous les événements qui avaient ponctué la vie de l'artiste semblaient égaux — aussi marquants les uns que les autres et, donc, aussi insignifiants. Schreiber avait commis une erreur d'écrivain novice : à vouloir tout raconter, on ne dit rien de juste. À ne pas savoir choisir un point de vue, aussi arbitraire qu'il soit, on ne peut prétendre au vraisemblable. Et c'est justement le b a ba du métier que de privilégier avec une superbe faussement désinvolte, un air de proclamer : Tel est mon bon plaisir d'auteur ! ceci ou cela.

Et s'attarder dix pages sur une scène qui, dans la vraie vie, occuperait trois minutes de temps, ou, à l'inverse, imbu d'une liberté toute stendhalienne, passer sur trois ans de la vie du héros en un simple alinéa, non par défaut de technique littéraire ou parce qu'on bâcle mais, au contraire, selon les nécessités du récit; et décider pour chaque personnage de quelle place il occupera dans le livre, à quelle échelle il y sera représenté, dans quelle perspective; et observer le dérisoire paysage de la réalité au travers d'une lunette qui grossit ou amenuise et déforme à volonté tel détail; bref! agir en tyran, mais en tyran dont les pouvoirs seraient toutefois limités par les règles strictes de la grammaire; jouer avec les mots comme un enfant, mais un enfant dont les fantasmes seraient tempérés par l'exigence toujours consciente de communiquer avec un lecteur qui, lui, est adulte; délirer si l'on veut, mais avoir la politesse, après un cri de haine ou un hurlement de douleur, après une page de théorie littéraire pour laquelle on aura eu la délicatesse d'ouvrir une parenthèse — de la refermer, cette parenthèse.

C'était cela qu'il entrevoyait parfois du fond de son désarroi d'auteur : les rivages enchantés du romanesque. C'était cela, il se plaisait à l'imaginer, que Pamina avait voulu lui suggérer en chuchotant à son oreille, tandis que les lumières s'éteignaient et qu'éclataient les applaudissements : « Écrivez un roman. »

À quoi il eût aimé répondre, avec une solennité non dénuée d'ironie :

« Soyez ma Schéhérazade. Racontez, et je rédigerai. »

Hélas! ce genre de repartie brillante lui vient toujours trop tard — dans le silence de sa bibliothèque, stylo en main. C'est cependant une trouvaille dont il est assez fier; et qu'il utilisera ultérieurement, sans doute.

Mais il était libre après tout. Libre d'inventer, libre de combler les lacunes du récit qu'elle lui avait fait. Car Pamina ignorait beaucoup de choses. Et que ni Friedrich, ni Siegfried, ni Dorabella, ni Aldo, dont elle ne savait pas exactement comment ils étaient morts, ne pourraient y redire. Au besoin, il changerait les noms! Quelle pusillanimité l'avait empêché jusqu'ici de se livrer aux joies de l'affabulation? Le désir de prouver aux critiques — mais quoi? Qu'il savait écrire? Quand, justement, il n'écrivait plus, empêtré qu'il se trouvait dans ses scrupules, dans ses soucis stériles de faire vrai.

Ah! comme tout serait facile alors. Il suffirait d'établir un plan rigoureux sur le modèle des précédents romans, puis de donner à chacun des personnages un caractère uni, qu'une unique épithète qualifierait de la première à la dernière page : le courageux Friedrich, le cruel Siegfried, la rêveuse Dorabella, la séduisante Pamina... Quelquefois, Schreiber le voyait achevé ce nouveau livre de lui : au milieu d'une aride insomnie, le volume flottait comme un mirage, écrit de la première à la dernière ligne — il le lisait, et n'aurait plus qu'à recopier le lendemain, lui semblait-il. Son désir était si fort qu'il en hallucinait même la jaquette illustrée : un couple enlacé qui danse sous une nuit étoilée, évidemment. Bruno en jeune chef d'orchestre romantique, échevelé, la lavallière en bataille; Elisabeth dans une somptueuse robe de bal dont les épaulettes glissent sur ses épaules, élargissant son décolleté. Ils valsent et soufflent à l'auteur le titre : *Accordez-moi cette valse...*

Tenu par les règles du romanesque schreiberien, il se laisserait aller sans crainte, sans réserve ; sa plume courrait sur le papier au-devant de sa pensée, même — plaisir suprême ! Et s'il le fallait, il reprendrait les procédés narratifs de ses romans précédents, les caractères et les atmosphères de sa *Symphonie humaine.* Le roman schreiberien se présente comme un problème logique à résoudre, une suite d'équations. Aucune place à l'ambiguïté, à l'incertitude, au flou, dans une construction aussi rigoureuse. Exemple : soient deux frères, l'un bon, l'autre mauvais — autrement dit, mythiquement, Caïn et Abel. Comment les dépeindre et les opposer afin que le lecteur ne s'y trompe pas ? En deux chapitres successifs d'égale longueur. Au premier, voici Friedrich : mâle assurance, regard bleu et franc, haute et harmonieuse stature, voix grave et sensuelle, massive et saillante musculature — il marche en montagne. L'aurore est radieuse, les neiges éternelles sont immaculées, sa hauteur morale rayonne sur ces sommets — le symbole éblouit comme un glacier au soleil.

Mais, dès les premiers mots du second chapitre, on descend dans l'obscurité et la saleté humide : le vicieux Siegfried erre dans les égouts de Berlin. Il a le regard noir et fuyant, le teint brouillé, le dos voûté ; il boite. Il ressort d'un cabaret clandestin

— la scène se passe dans les années 20. Il soulève péniblement une grille qui grince ; il cligne des yeux. Radieuse était l'aurore pour son frère, blême est l'aube pour lui. Le lecteur ne peut faire erreur : cette âme fangeuse patauge dans la boue.

Une question se pose cependant : comment deux frères nés de mêmes père et mère peuvent-ils être si différents ? Une explication s'impose : il existe forcément une cause profonde à la perversité de Siegfried. (Pas d'élément indéterminé dans le système schreiberien. Et l'homme y naît naturellement bon.) Il aura donc été violenté, voire violé dans son enfance ; par un inconnu. Il errera dans les enfers de Berlin, le Berlin de la grande inflation, en quête de son innocence perdue. Il deviendra nazi pour se laver en quelque sorte de la tache, il conjurera dans la camaraderie virile et le culte de la brutalité la violence qui lui a été faite dans sa jeunesse. Objection : des millions d'Allemands le sont devenus en même temps que lui, qui ne furent pas victimes du boucher de Hanovre ni de M le maudit. Mais la solution retenue est simple et efficace, outre qu'elle permet une belle scène de réalisme fantastique : le brouillard berlinois, l'éclat jaune d'un réverbère sur le pavé mouillé, une file de chômeurs battant la semelle, des paniers de marks dévalués qu'on jette au caniveau, l'ombre portée du fou contre une muraille aveugle, et l'enfant qui hurle de terreur.

Contradiction ? Certainement. (Siegfried avait vingt ans en 1923.) Mais la réalité est inutilement compliquée ; et la démonstration nécessite qu'on s'en tienne à des conventions. Ainsi, il est convenu de qualifier le nazisme de fléau, de peste brune, de bête immonde. Ce qui dispensera d'en étudier sinon scientifiquement, du moins statistiquement le phénomène, et de relever quelques contradictions : au début, ce furent les nouveaux quartiers résidentiels aisés des grandes villes qui votèrent le plus massivement pour un parti réputé défendre les intérêts des classes moyennes appauvries par la crise économique ; les instituteurs constituaient la profession la plus représentée parmi les cadres de la SA ; les anciens communistes y étaient plus nombreux que les transfuges des partis réactionnaires ; etc. Faits négligeables si on leur oppose le péremptoire postulat schreiberien : Hitler est le diable, le Mal fascine les faibles, donc Siegfried entre dans la SS. (CQFD.)

Pour que la démonstration soit complète, un retournement est nécessaire à la fin du livre. Au dernier chapitre, les destins des deux frères, parallèles et contraires, se recoupent sans se croiser ; l'allégorie rejoignant en l'occurrence la stricte vérité, telle que l'énonçait Pamina :

« Friedrich a été arrêté et torturé par la Gestapo, il s'est suicidé. Siegfried a été arrêté et torturé par la Gestapo, il s'est suicidé. Suicide héroïque ou suicide désespéré, qu'importe ! Le destin a fraternellement réuni dans la mort ceux qu'il avait séparés dans la vie. »

Quelles belles scènes pathétiques en perspective, alternant l'une et l'autre séances de torture et d'agonie, alternant les répliques si semblables des deux frères ! Et quelle belle chute, aussi, fourniraient à l'auteur ces dernières paroles de leur sœur ! Surtout si, fidèle à sa manière, il détache la phrase en un alinéa et l'assortit d'émouvants points de suspension après le mot *vie*…

Pamina ne connaissait pas les détails de leur mort, elle n'avait pas pu lui en dire plus. Mais Schreiber avait assez lu de romans policiers et de romans d'espionnage, il avait assez vu de films noirs pour savoir les écrire ces scènes, et les rendre vraisemblables. D'autant plus vraisemblables que la Gestapo, comme toutes les polices modernes, réglait moins son comportement sur les leçons d'un quelconque manuel d'instruction, ou selon une tradition, qu'elle ne l'empruntait à une certaine fiction policière. L'art de s'adresser au prévenu, l'art de l'intimider, de le malmener, de l'humilier était imité du roman noir américain et des films produits par l'UFA. Jusqu'au roulement exagéré des yeux, jusqu'à la moue molle excessivement veule ou dédaigneuse — séquelles, dans le cinéma parlant, des mimiques hyperexpressives de l'époque du muet —, jusqu'aux ronds de fumée que le commissaire, reprenant à son compte ce qui était à l'origine une trouvaille de cinéaste, soufflait au visage du malheureux inculpé — toute cette gestuelle, tout ce rituel provenait d'Hollywood ou des films de Pabst et de Fritz Lang. De même que les répliques, puisées dans les éditions populaires d'histoires à suspense dont les auteurs, rétribués à la ligne, avaient inventé pour des raisons purement économiques, bassement matérielles — mais ce sont souvent celles qui donnent les plus grandes révolutions artistiques et, parfois, les plus heureuses réussites formelles —, le dialogue haletant, haché, aux reparties courtes mais abondantes. Exemple :

— Vite !
— Quoi ?
— Les noms !
— Quels noms ?
— Les noms de tes complices !
— Quels complices ?
— Qui est derrière tout ça ? Qui ?

Etc.

Schreiber utiliserait le truc. Seulement, il forcerait la note sur la violence et l'ignominie des bourreaux — ce sont des nazis —, et sur la dignité et la belle insolence des victimes — un martyr se distingue également par ses mots d'auteur au moment de mourir. Il ajouterait aussi les quelques accessoires obligés du pittoresque gestapo : les longs manteaux de cuir noir — même s'il est vraisemblable que, dans la réalité, les policiers les ôtaient pour être plus à l'aise quand ils torturaient —, la lampe de bureau braquée dans les yeux du résistant — même s'il a, détail propre à émouvoir le lecteur, les yeux bandés. Puis, profitant d'un moment d'inattention de son geôlier, et le récit passant de l'imparfait au présent, le héros fracasserait une vitre et se précipiterait dans le vide. Le même jour, à la même heure — coïncidence typiquement schreiberienne — les deux frères se tuent, l'un à Lyon, l'autre à Berlin. Leurs corps gisent disloqués comme des pantins sur le pavé verglacé, dans une flaque de sang. Et l'auteur jetterait alors, comme une poignée de terre sur leurs dépouilles mortelles, sa conclusion : le destin a fraternellement réuni dans la mort ceux qu'il avait séparés dans la vie...

Mais d'où venait qu'il éprouvait si vite un malaise quand il se perdait dans de pareilles rêveries ? Pourquoi cette peur qui le retenait soudain de s'aventurer plus loin dans les défilés du romanesque, de pénétrer plus avant dans la forêt de prose dont parlait Bruno Arnheim à ses enfants quand il les incitait à lire ? Pourquoi cette pudeur qui le laissait désemparé devant la page blanche ? Page blanche où il se contentait de griffonner quelques mots, qu'il regroupait ensuite en les entourant d'un trait pour former des sortes d'îlots : phrases sans sujet ni verbe, bribes de dialogues inachevés, association d'idées vagues — récifs épars d'un récit impossible. D'une impossible vie romancée.

Comment lui était-il venu, à quel moment s'était-il insinué en lui ce sentiment d'être responsable sinon coupable du destin de ses personnages, quand bien même il se fût limité à ne raconter que ce qu'il savait d'eux, que ce qu'il pouvait tenir pour sûr ? Schreiber avait maintenant trop de scrupules à les faire revivre, comme on dit en termes de critique littéraire, ces hommes et ces femmes qui avaient vécu. À mesure qu'il fouillait les caractères et les existences, il lui paraissait plus difficile de les décrire, de les raconter.

Or, il y a là une injustice, estimait-il : un écrivain ne fait jamais aussi vivant que lorsqu'il écrit vite, à gros traits, sans craindre de caricaturer, et ne se refuse aucune tournure banale, aucun adjectif éculé, aucun poncif. Tandis que celui qui nuance, accumule les détails, retouche à chaque page les portraits de ses personnages, essaie de traduire en de longues phrases sinueuses les méandres de leur psychologie et s'efforce d'exprimer par l'architecture même de ses chapitres la complexité du temps dans lequel ils évoluent, l'étrangeté d'un temps qui est le temps de la mémoire et non le temps du récit — celui-là court beaucoup plus de risques qu'on ne le juge *mortel*.

Exemple : s'il fallait expliquer le caractère fantasque d'Aldo, exposer les motivations diverses et contradictoires de son tardif enrôlement dans les rangs des antifascistes, le héros en deviendrait aussitôt incompréhensible au lecteur — insensé, littéralement. En revanche, il suffirait d'une scène agréablement conventionnelle pour régler son cas et, au fil de la plume, d'un même élan, son sort. Voici comment : l'élégant prince Casalfeltre va mourir dans une embuscade. Lui, si insouciant d'ordinaire, a un sourd pressentiment. Ce soir, il a demandé à ses camarades de monter la garde ; il veut tromper son inquiétude en contemplant la clarté d'une nuit idéalement étoilée et tiède, bruissante de mille insectes. Car, par contraste, le paysage doit être serein : c'est à quoi un lecteur exercé devine que, dans une cinquantaine de lignes, éclatera le drame. Tout est trop beau, trop paisible ; le regret que le héros aura de quitter ce monde n'en sera que plus déchirant.

L'aube point enfin : brume bleutée, rosée étincelante, pureté de l'air. Un coq chante, un chien aboie. Le prince, qui avait cédé au sommeil quelques instants, ouvre les yeux. Il frissonne sous sa misérable couverture de bivouac élimée, et rallume à un peu de braise son cigare, seul luxe qui lui soit resté — ne serait-ce que parce que la nonchalance un peu hautaine avec laquelle il le fume symbolise littérairement sa distinction aristocratique. Son cauchemar se dissipe. Il voit auprès de lui les partisans couchés en rond dans l'herbe autour du faisceau de fusils ; il les regarde dormir et ressent pour eux une secrète gratitude — sans que l'auteur, toutefois, insiste sur un sentiment aussi délicat et quasi ineffable : tendresse virile, fierté de combattre à leur côté ; à quoi se mêle la joie simple de se trouver en communion avec les éléments, dans la paix du matin et les odeurs de terre et de suint. Au milieu de ces hommes, Aldo n'a plus peur. Il en oublie son rêve prémonitoire. Et, à l'alinéa suivant, repense à sa femme — là-bas.

Là-bas, que fait-elle à cette heure ? Dort-elle ? Erre-t-elle, en proie à l'insomnie, à travers le palais désert ? Il l'imagine qui déambule dans ces salons vidés de leurs meubles et de leurs tableaux, aux cheminées sans feu, aux vitres cassées par un récent bombardement, et où des oiseaux nichent maintenant dans les caissons armoriés des plafonds. Dorabella s'assoit à son piano, lequel est légèrement désaccordé pour que la scène soit plus nostalgique encore. Elle égrène quelques notes d'un nocturne d'Arnhein en songeant à son mari et à ses parents, dont plusieurs photos encadrées sont posées sur le dessus du piano. Ses yeux s'embuent de larmes. Le jour se lève et dore les toits ocre rose de Florence. Soudain, elle s'interrompt.

Un coup de feu — l'écho a ricoché au paragraphe suivant. Puis, un tir d'armes légères. Et Aldo tombe, une fleur de sang à la bouche. Ses camarades, éveillés en sursaut, se saisissent de leurs fusils ; lui, agonise doucement. Il ne voit plus que du ciel bleu. Ébloui, il tend un doigt vers Dieu. Mais, fatale méprise ! ce sont d'autres partisans qui, mal renseignés, auront attaqué le campement, ce sont des frères d'armes qui auront tué un des leurs. Pour la tragique beauté de la page, il s'agit que la destinée du héros s'achève absurdement. Et qu'une mort injuste le frappe au moment où il avait enfin trouvé une raison de vivre.

Unanimisme intimiste typiquement schreiberien : en pendant à cette page, voici qu'au moment exact où meurt le prince, la princesse s'effondre sur son piano, plaquant involontairement, dans sa chute, un accord dissonant. Sa mélancolique destinée s'achève ainsi, avec le chapitre, sur trois points de suspension... Comme s'était achevée la destinée de Sarah. Comme s'achèverait la destinée d'Elisabeth.

Et que ferait alors Bruno, sinon pleurer les siens et, inspiré par la douleur, s'asseoir à son tour au piano pour y improviser un bouleversant lamento, un sublime adagio, son œuvre la plus géniale ?

Mais non. Cela, ce n'est pas la réalité. C'est la scène convenue, presque obligée, dès qu'on veut mettre en scène un génie dans un roman, cette chose impossible, et si datée, au reste, si désuète ; c'est une réalité elliptique et allégorique qui a pour seule vertu d'être admise à force d'avoir été lue et répétée dans leurs propres livres par des écrivains censés faire vivant ; c'est la fictive réalité de ses pauvres fictions — Schreiber a trop de scrupules, aujourd'hui, pour l'ignorer. Car, il le sait ou du moins le devine, de sa souffrance un artiste tire parti mais après coup, mais discrètement. Et c'est alors la trouvaille d'un bémol inespéré cassant la cadence dans un andante, c'est la grisaille d'un vernis mat sur une lumineuse nature morte ; ou, à la fin d'une phrase qui n'est qu'une longue suite de présents brefs, un imparfait unique, inattendu, ouvrant une brèche sur le bonheur perdu : *Je l'aimais !* Un artiste qui a la grâce connaît le truc : une note, une touche, un tiret — et tout est dit.

Elisabeth morte, voici ce qu'écrit quelques mois plus tard Bruno Arnhein :

> Je ne sais quoi de mort bouge et geint encore en moi. Des mots que je n'ai pas su lui dire, des élans vers elle que j'ai retenus, des aveux tus. Des souvenirs aussi, infimes, mais qu'un rien ranime : un parfum de mauve, le toucher crissant d'une soie jaune, certains crépuscules plus clairs que le jour, ou, ce soir, un air de Mozart : *Dovè sono i bei momenti ?* Dès les premières mesures, elle est là, si proche. Dans la pénombre du salon de musique où je suis seul, le front contre la vitre, à regarder tomber la nuit, je sens sa présence. Je la vois, je l'entends qui me dit : « Viens ! » Une parole me hante alors, le premier vers d'un lied : *Je l'aimais...*

Un document parmi d'autres. Un papier retrouvé dans les archives du musicien et classé par l'écrivain *important.* Quoiqu'il eût pu avec tout autant de justesse le classer, s'il avait conçu une telle catégorie, *dérisoire.* Ou, plus pudiquement, *inutilisable.* Car que faire d'un semblable document ? De quelle manière l'utiliser ? Et que faire dans un roman, voire dans une vie romancée, de la vie même de Bruno Arnhein ? Que faire de son œuvre, que faire de son génie ? Mais aussi, que faire de la singularité de l'homme, que faire de son moi ? « Mon grandiose petit moi ! ironisait-il le premier, très conscient de son frégolisme ; mon encombrant, mon léger, mon pesant, mon frivole, mon modeste et orgueilleux moi, mon courageux moi, mon lâche moi, mon moi si content de soi mais si souvent déçu aussi, mon moi élégant et obscène, mon égoïste et altruiste moi, mon indifférent, mon passionné moi, mon cruel, mon tendre moi, mon drôle de moi... »

Qui pouvait mieux dire que le sujet en personne les incohérences du personnage qu'il serait dans un roman ? Bruno Arnhein est bourgeois et artiste. Bruno Arnhein est démocrate et élitiste. Bruno Arnhein est éminemment civilisé et n'aime rien tant que courir en solitaire les bois et les montagnes. Bruno Arnhein est désintéressé mais s'occupe activement de faire réformer le droit d'auteur. Bruno Arnhein accepte le poste de Directeur honoraire de la Chambre de musique du Reich, mais qui d'autre que lui ose se moquer ouvertement devant quelques amis de la grossièreté d'Hitler ? Bruno Arnhein courtise toutes les jolies femmes et ne tombe amoureux que d'une seule ; laquelle, par hasard, à l'heure du coup de foudre, était habillée en garçon et lui chanta l'air troublant de Chérubin. *Arnheinien* est synonyme de raffiné, subtil et délicat ; Bruno Arnhein, pourtant, goûte assez, du moins en paroles, la scatologie. Parlant de lui, il conclut volontiers qu'il n'a aucune qualité particulière parce qu'il les a toutes. Ou tous les défauts, et leurs contraires. Ce genre de pirouettes lui plaît. Il ne redoute rien tant que le sérieux.

Il n'aime pas non plus les gens qui se vantent de leur pudeur ou de leur sincérité. Il a horreur d'entendre des remarques telles que : « Je vais être franc avec vous. Je dis les choses comme je les pense ! » Pourquoi cette franchise posée en principe annonce-t-elle immanquablement des commentaires désobligeants sur votre personne ? Pourquoi ces choses qu'on dit comme on les pense sont-elles forcément des méchancetés ou des reproches ? Lui, au contraire, en homme éduqué, croit que chacun doit se montrer quelque peu acteur de son propre comportement, jouer la comédie ; jouer sa vie. Au besoin, légèrement tricher. Surtout, ne pas peser aux autres en leur assenant ses convictions. Ne jamais se retrancher dans ses certitudes. Douter toujours. Depuis sa tumultueuse adolescence, Bruno Arnhein revendique haut et fort le droit de se contredire.

Il dit également, non sans coquetterie : « Je suis plein de sombres superstitions, je suis un homme des Lumières. Je n'appartiens pas à ce siècle d'idéologues, notre tonitruant XXe siècle. » Mieux que quiconque, il dirige Schönberg. Mais aussi, dans une lettre sarcastique il demande au compositeur pour quelle raison il donne tant d'importance à la théorie, pourquoi il se refuse dans ses œuvres récentes les facilités charmeuses de la mélodie et compose une musique en quelque sorte *idéologique*. Lettre à laquelle il joint, sachant dans quelle misère vit Schönberg, qui ne peut plus même payer son loyer, un mandat de cinq cents gulden. Parce que tel est Bruno Arnhein. Insaisissable. Inutilisable. C'est ce qui décourageait Goebbels.

Et c'est ce qui décourage Schreiber. Car à quoi bon vouloir rivaliser avec un homme qui aurait en tout état de cause le dernier mot, pour peu qu'on prenne la peine de le citer? Comment faire plus vivant que lui quand, en quelques reparties étincelantes, il dresse le bilan de sa vie ? Et livre, narquois, l'air de ne guère s'en soucier, ou même comme pour s'en moquer, on ne sait, sa nonchalante philosophie de la vie. Le récitatif et l'aria ! dit-il en musicien qu'il est. Récitatif : la suite des événements qui marquent une vie. Aria : ce qui en résulte pour l'âme, de bonheur ou de regrets, et de nostalgie — le chant.

Le 5 novembre 1945, à l'occasion de son anniversaire, et parce que les autorités occupantes lui ont permis de se défendre devant la presse de certaines accusations qui lui valent un procès en dénazification, Bruno Arnhein accorde une entrevue à quelques correspondants de guerre étrangers auxquels se sont joints des critiques musicaux français, anglais et américains. Le vieux musicien a perdu sa femme, trois de ses quatre enfants, ses deux belles-filles et son gendre. Sa maison de Munich a été entièrement détruite, sa villa de Lindau est partiellement occupée par une unité de soins de l'armée française. Pour comble, on lui fait maintenant l'affront d'écrire dans les journaux américains et dans les journaux soviétiques qu'il mérite amplement d'être jugé comme nazi de première classe. Que fait-il ? Il ne se plaint pas. Il plaisante, au contraire, désarmant par son aplomb l'agressivité des journalistes les plus sévères à son égard, leur répondant avec courtoisie dans leur langue, même quand eux font l'effort de l'interroger en allemand. Mieux : il affirme superbement qu'il a confiance en la justice des Alliés. Et qu'il ne fera donc aucune déclaration concernant les poursuites engagées contre lui. Mais que, pour le reste, il ne se dérobera pas.

« Vos questions, messieurs ? »

Schreiber, chaque fois qu'il relisait le compte rendu de ses propos à bâtons rompus se sentait en quelque sorte nargué dans sa susceptibilité d'auteur. Comme c'est vrai ! pensait-il, tandis qu'il se répétait intérieurement, sur ce ton de déni jubilatoire qu'excite en nous un mot d'auteur dont la véracité provocante nous enchante : — Ce n'est pas vrai !

« Vous semblez serein dans votre deuil », lui dit un journaliste pour commencer.

Et Bruno Arnhein de répliquer, ironisant sur une devise fameuse de la Hitlerjugend :

« *Un jeune Allemand ne pleure pas !* Et puis, pourquoi ajouter au malheur du malheur ?

— Maître, fait un autre, si vous me permettez... Mais, d'abord, comment faut-il vous appeler ?

— J'aime assez, je l'avoue, le titre de Maître de chapelle, qui a quelque chose de délicieusement désuet. J'aime cette idée que le compositeur est avant tout fournisseur de la cour en musique sacrée. Je suis, d'ailleurs, toujours titulaire du poste : par ordonnance du prince régent Luitpold, j'ai été nommé à vie, avec pension d'un mark symbolique annuel mais, toutefois, dispense de porter la livrée, maître de chapelle du palais royal de Bavière. Les royaumes, les empires s'écroulent, mais personne ne s'étant avisé d'abroger la lettre patente, même s'il n'y a plus de Bavière et que le palais royal est à moitié en ruine, je n'en suis pas moins le maître de chapelle. Ce que, somme toute, je trouve rassurant. Pour la civilisation, s'entend. Pour la tradition, sans quoi il n'est pas de civilisation. Rien n'est perdu s'il y a encore dans ce pays dont il ne reste pas pierre sur pierre un maître de chapelle. Votre serviteur.

— Monsieur le Maître de chapelle — donc —, vous fêtez aujourd'hui vos soixante-dix-sept ans. Vous êtes né sujet du roi Louis II...

— Non, de Guillaume Ier. Je ne suis pas né bavarois.

— De Guillaume Ier, excusez-moi. Mais quels sont, je vous prie, les événements historiques qui auront le plus marqué votre vie ? De quoi vous souvenez-vous ?

— Le temps, le temps est une étrange chose. On entend tinter la même horloge qu'on entendait du fond de sa chambre d'enfant, on se frotte les yeux : trois quarts de siècle ont passé comme dans un rêve ! Et de quoi se souvient-on ? De si peu ! Ce ne sont pas les grandes dates qui nous laissent les plus grands souvenirs, j'ai honte d'énoncer une pareille banalité. Tenez ! le 11 novembre 1918, le jour de l'Armistice : c'est aussi, c'est surtout, dans ma mémoire, la reprise de *Hansel et Gretel* à l'Opéra de Berlin. Bruno Walter était malade et il m'a demandé de le remplacer au pied levé : la location était complète, il n'était pas question d'annuler. Voilà ce qui se passait, pour moi, le 11 novembre 1918. Et de même, je me rappelle, j'ignore pourquoi, au printemps qui a suivi la fin de la guerre, une éclipse de soleil. Ce devait être fin mars, si je ne me trompe, le 29 ou le 30. Il n'y avait pour ainsi dire plus d'Allemagne. Nous crevions de faim, nous crevions de froid. Nous ne savions pas si le lendemain nous serions gouvernés par des conseils ouvriers ou une dictature de junkers. Eh bien, pourtant, de cette terrible époque, le seul événement dont je garde clairement souvenir, si je puis oser ce paradoxe, c'est l'éclipse. Éclipse qui devait, je crois, confirmer la validité des théories d'Einstein. Voilà de quoi je me souviens...

— Et de vos succès, non?

— Et de mes fours, surtout ! Et de cette curieuse griserie que procure l'échec : vous avez travaillé dans la ferveur pendant des mois et, en une heure ou deux, tous vos espoirs se sont envolés. Mais au lieu d'être abattu, une fois surmontée l'humiliation, vous vous sentez plus fort : vous savez que vous aurez raison demain, même si vous avez tort aujourd'hui. Vous pressentez votre avenir beaucoup mieux qu'après un triomphe. Vous devenez voyant. Vous comprenez où vous allez maintenant. Et quelques jours plus tard, vous reprenez. Plus sûr de vous.

— On dit que vous étiez terriblement exigeant avec les musiciens.

— On le disait parce que j'exigeais d'avoir les mêmes musiciens aux répétitions et aux représentations ! Vous riez ? Mais l'amateurisme qui régnait dans les grands orchestres au début du siècle ! Mais l'absentéisme ! On croit volontiers que c'était mieux autrefois. Pas du tout ! Que je vous raconte une anecdote : je me trouvais en 1910 ou 11 à Paris. À la fin de la dernière dernière répétition, quelques heures avant un concert, je félicite un corniste qui avait été présent à toutes les séances, je le remercie pour son assiduité. Savez-vous ce qu'il me répond ? — Je vous remercie, maître, mais je dois vous prévenir que, par contre, ce n'est pas moi qui jouerai ce soir. J'ai un remplacement aux Folies-Bergère !

— Voilà, cependant, qui aurait dû vous plaire, maître, vous qui avez écrit, je vous cite : " Je prise par-dessus tout le dilettantisme. "

— Ah ! pardon : le dilettantisme n'est pas le je-m'en-fichisme ! C'est, au contraire, l'accent mis sur le plaisir, sur la délectation, autrement dit le *diletto,* dans la pratique d'un art. Et puis ! je parlais du dilettantisme dans la vie, du dilettantisme comme attitude morale. Je parlais de l'esprit de légèreté ; qualité, hélas ! trop peu allemande. Je parlais de la frivolité, je parlais de la futilité ; valeurs qui nous font trop souvent défaut. Car ce sont, à mes yeux, des valeurs. Je n'emploie pas ces termes péjorativement. J'entends par frivolité, par futilité, la liberté laissée à l'homme de ne pas s'impliquer en toute chose, la liberté de prendre ses distances avec les idées. Je revendique le droit de surprendre, comme je revendique le droit de suspendre son jugement ; le droit de s'absenter du monde. Le fascisme interdit moins qu'il n'oblige à penser. Il contraint les hommes à adhérer aux idées, il exige leur présence continuelle au monde, une mobilisation de tous les instants. En disant : le dilettantisme, je voulais dire que je choisissais, moi, la civilisation contre ce que nous autres, Allemands, nommons culture ; la pesante, la sérieuse culture. Parce que je crois moins aux idées qu'aux hommes, et moins aux hommes en tant qu'hommes qu'aux individus et à leur manière d'être. Depuis quelque temps, je lis ici et là que la civilisation occidentale serait une civilisation monstrueusement criminelle ; j'ai lu, pas plus tard qu'hier, que l'Occident était *mortifère.* Comme si le génocide c'était la civilisation occidentale, et non une barbarie perpétrée, hélas, en Europe ! Comme si Hitler incarnait l'Occident ! Alors que la mystique nazie, alors que le culte nazi de l'anéantissement nous viennent, par l'intermédiaire de l'occultisme, de l'Asie ! Alors que l'emblème même du nazisme, la svastika, est un symbole oriental ! Certes, la civilisation occidentale, comme toute autre civilisation, a anéanti d'autres civilisations ; et tué, et torturé, et réduit en esclavage de prétendus sauvages. Mais c'est aussi la seule, sans doute, qui aura eu des remords et, parfois, en ce qu'elle avait de meilleur, qui aura cherché à réparer le mal. Avec une sorte de nostalgie poignante de son innocence perdue... L'Europe sera juive, je le prédis. Mais, mon Dieu ! voici que je parle à mon tour comme un prophète. Moi qui abhorre la prophétie. Moi qui abhorre le ton grandiloquent de la prophétie.

— N'étiez-vous pas nietzschéen, maître, dans votre jeunesse ? Quand vous composiez les *Zarathustralieder.*

— Nietzschéen ? Mais nul ne peut se prétendre sérieusement nietzschéen puisque ce serait prendre Nietzsche au sérieux, justement. Donc, arrêter de penser librement. Renoncer à se contredire. Se refuser le rire. Non ! j'étais nietzschéen parce que, comme quelques joyeux plaisantins de ma génération, pour scandaliser le bourgeois je gravais au couteau dans les portes des toilettes publiques : *Dieu est mort ! Signé Nietzsche.* Dans les pissotières de l'Augustinerkeller, un malin avait ajouté en dessous : *Nietzsche est mort ! Signé Dieu.* Et moi, comme j'avais lu attentivement son œuvre, cette citation de lui : *Certains naissent posthumes !* Voilà à quoi s'amusait le Maître de chapelle ! Cela vous surprend ? J'avais la manie des graffiti dans les cabinets quand j'étais plus jeune. Ça m'a passé. Et je ne pense pas que ce sera retenu contre moi au procès. Mais, pour en revenir à Nietzsche, ce que j'appréciais d'abord, c'était sa causticité, sa vivacité. Quand il renonce à Wagner pour les beaux yeux de Carmen.

— Vous vous sentez donc si peu allemand, Bruno Arnhein ?

— Mais si ! Je suis indéfectiblement, indissolublement, irrémédiablement allemand.

— Pour que vous soyez resté en Allemagne, c'est que vous vous estimiez solidaire du peuple allemand.

— Je le suis encore dans le désastre présent. Mais je tiens à dire que le mot *peuple* me répugne profondément : pour un homme civilisé, ce mot a je ne sais quoi de suspect. Si on me demandait mon avis, je proposerais comme seule mesure pour la dénazification du pays d'interdire pendant dix ou quinze ans l'usage public de trois mots trop souillés d'hitlérisme : peuple, terre et sang. Cela vous choque, vous, démocrates ? Mais je le suis assurément plus que vous ! Je me méfie de ceux qui abusent du mot *peuple.* Appeler les gens : le peuple, c'est ne voir en eux qu'un troupeau. Tout est populaire dans les régimes totalitaires : la musique est populaire, l'armée est populaire, la voiture est la voiture du peuple... Chez certaines peuplades primitives, il existe comme cela des vocables magiques qui qualifient absolument tout. Des vocables qui ne servent à rien mais qu'on doit répéter sans cesse sous peine de voir le ciel s'écrouler sinon.

— Vous pensiez cela il y a un an ?

— Je pensais cela il y a cinquante ans. Je n'ai jamais cru au peuple allemand. Je n'ai jamais eu la mystique de l'Allemagne. Mais j'ai cru et je crois encore à Mozart, à Schubert, à Brahms.

— Avez-vous connu Brahms ?

— Oui. Mais je n'ai jamais eu l'occasion de serrer la main de Jean-Sébastien Bach. Ne riez pas ! Une fois, un journaliste américain m'a demandé si j'avais jamais rencontré Bach. Je pensais, évidemment, qu'il voulait dire : la musique de Bach. Quoique j'aie trouvé bizarre sa formule : *Did you ever meet...* Je lui ai répondu : “ Bien sûr ! ” Et lui, aussi sec : “ Et quel autre musicien célèbre quand vous étiez enfant ? ”

— Blague à part, maître, quels sont parmi vos contemporains les musiciens que vous estimez ? S'il y en a !

— Il y en a. Mais je ne vous dirai pas leurs noms. Un peu d'anonymat n'a jamais nui à personne.

— Mais, Brahms ?

— J'avais seize ans et je lui ai envoyé une copie de mon lied : *À elle.* Il m'a répondu très aimablement, par retour du courrier : “ Continuez. ” Voilà comment tout a commencé.

— Et, si je ne suis pas indiscret : comment...

— Vous voulez savoir comment j'ai été déniaisé ? Par *elle,* précisément : une jeune et jolie veuve qui me fit connaître l'extase un soir d'orage, entre deux actes de *Parsifal.* Un vrai enchantement du Vendredi saint !

— Ce n'est pas la question que je voulais vous poser, mais puisque vous en parlez si librement, monsieur le Maître de chapelle : cette dame fut votre premier amour ?

— Non, ce ne fut pas un amour. Mon premier amour fut mon unique amour, fut mon dernier amour. Vous savez qui. Vous me dispenserez de vous parler d'elle aujourd'hui.

— Pour continuer avec vos souvenirs, si vous le voulez bien : quel est votre premier souvenir d'Hitler ? La première fois que vous l'avez vu ?

— Pour autant qu'il m'en souvienne, la première fois que je l'ai vu, il se tenait en arrêt devant la vitrine d'une pâtisserie de la Maffeistraße, il salivait comme un dogue, ça lui coulait sur sa veste folklorique. Et j'ai pensé sottement, je l'avoue, qu'un putschiste qui avait le goût des sucreries ne pouvait pas être un homme très dangereux. J'ai pensé que ses théories haineuses se noieraient à la longue sous les flots de crème fouettée.

— Et la dernière fois que vous l'avez rencontré, c'était en quelle année ?

— Ah ! mais ce n'est plus une interview, c'est un interrogatoire. De quoi me soupçonnez-vous ? Quelle nouvelle pièce à joindre au dossier Arnhein ? La dernière fois que j'ai vu le Führer, c'était en — oui, en 1936. À l'automne. Je lui ai parlé de ma *Symphonie intime.* Et il m'a lâché un pet sous le nez. Voilà pour la petite histoire. D'autres questions ?

— À propos de votre *Symphonie intime*, pourquoi avez-vous abandonné si vite le sérialisme ?

— Musique de terrori... pardon ! de théoriciens. Mais mon lapsus vous révèle ce que j'en pense profondément.

— Outre Mozart, Schubert, Brahms, en quoi croyez-vous, maître ? S'il y a, toutefois, quelque chose en quoi vous croyez vraiment.

— Je crois, tenez ! en ces scintillements sur le lac. Je crois en certaines aubes brumeuses et bleutées. Je crois à la magie des nuits d'été, quand les étoiles — vous savez ? quand elles tracent une géométrie lumineuse, légèrement tremblante. Le ciel s'anime, mais l'univers alors semble régi par un ordre rigoureux, comme une fugue de Bach. Et on croit entendre la musique de l'infini. Voilà à quoi je crois. Je crois à la beauté des choses. Je crois que nous ne sommes pas venus au monde pour le changer mais pour y chanter notre chanson à nous, à l'unisson. Et je crois, comme Goethe, que " celui qui toujours s'efforce de se dépasser, celui-là nous pouvons le sauver ". Je crois en moi. Enfin, quelquefois.

— Il vous arrive de douter ?

— Alors, je tombe malade, j'étouffe. Je souffre d'asthme.

— Cela vous arrive souvent ?

— Rarement, Dieu merci. Je crois sans doute en moi plus que je ne le crois. Voilà. Ça vous fait rire ? »

« Qu'avez-vous encore trouvé ? »

Schreiber fut tiré de sa rêverie par la question de Pamina, qu'il n'avait pas entendue approcher. Mais la question ne lui était pas adressée. Pamina parlait à un vieux chasseur de papillons armé d'un grand filet dont il avait repéré la présence insolite dans le hall du Waldhaus. À deux fauteuils de distance du sien, ce dernier, habillé d'une saharienne et coiffé d'un casque colonial comme quelque explorateur revenant du désert, était occupé à disposer soigneusement sur des feuilles de papier opaque ses trouvailles de la journée.

« Une merveille ! l'entendit répondre Schreiber. Je n'aurais jamais pensé trouver dans ces parages une noctuelle dite *nabokova.* Du nom de l'entomologiste qui l'a découverte. Je suis à peu près sûr qu'il s'agit d'une *nabokova.*

— Ah oui ! » fit Pamina avec une amabilité tant soit peu désinvolte.

Elle semblait médiocrement impressionnée par l'aspect de la noctuelle, dont le chasseur convint que le seul intérêt était sa rareté. Puis, après avoir encore échangé avec lui quelques banalités sur le climat des Grisons, elle s'avança vers l'écrivain, qui se levait, et en lui désignant d'un discret clin d'œil coulé et complice le vieil homme :

« *Livingstone, I presume ?* » lui dit-elle en tendant la main.

Il rit de sa plaisanterie. Elle ajouta à voix basse :

« Le vieux Stanley est un peu gâteux mais il m'amuse... Je me suis fait attendre ? Excusez-moi. Mais, qu'avez-vous trouvé, vous ? Qu'avez-vous attrapé dans votre filet ? »

Schreiber n'avait pas rangé assez vite dans sa sacoche le compte rendu dactylographié de la conférence de presse de Bruno Arnhein qu'elle ne l'eût vu faire de loin.

« Euh, rien ! répondit-il. Rien. Un document de plus. Un document que je relisais en vous attendant. Un enchantement ! L'entrevue que votre père avait accordée à des journalistes alliés quelques semaines avant son procès. Vous vous rappelez ?

— Oui oui », fit élusivement Pamina, pressentant de nouvelles questions et dissimulant mal qu'elle en était accablée d'avance.

Mais Schreiber, qui la connaissait maintenant suffisamment pour deviner parfois ses pensées et, en l'occurrence sa fausse intuition, la rassura d'un sourire avant de lui dire, en rougissant comme un amoureux au moment des aveux :

« Pamina, j'aurais voulu vous demander, j'aurais voulu avoir cette audace de vous demander d'être ma Schéhérazade ! Mais aujourd'hui, je vous annonce solennellement que je renonce à écrire ma vie romancée. C'est sans espoir. J'arrête là. »

La politesse lui commandait de paraître navrée de sa décision ; Pamina, pourtant, ne put ou ne sut feindre. Elle se contenta de lui retourner son sourire et d'approuver d'un hochement de la tête. Mais, après un silence embarrassé, prenant conscience de ce que l'écrivain venait aussi de tirer un trait sur plusieurs années de sa propre vie, imaginant son désarroi, et qu'il flottait dans ce vide intérieur où nous jette quelque temps un échec accepté :

« Quant à moi, lui confia-t-elle affectueusement, j'aurais voulu vous redire ce soir ce que je vous avais dit au concert : vous êtes libre, Jean. Ne vous croyez pas tenu à la vérité en ce qui nous concerne. Remettez-vous à un vrai roman. Et laissez-moi avec mes souvenirs. »

Alors, ils se sentirent irrésistiblement attirés l'un vers l'autre, un baiser aux lèvres. Mais l'un et l'autre furent arrêtés comme par un interdit secret, une volonté extérieure à eux, dans leur élan juste esquissé. Et l'un comme l'autre reculèrent d'un pas — déchirés, brisés. Partageant ce sentiment étrange qu'il était trop tard désormais. Qu'il ne fallait pas.

« Si nous faisions une promenade ? » proposa Pamina, pour rattraper une situation qu'ils jugeaient tous deux impossible.

« Volontiers ! » fit-il en lui donnant gauchement le bras.

Il abandonna là sa sacoche, sans plus s'en soucier.

Par-delà les vastes baies, le bois de pins arolles formait une masse noire et indistincte, plane mais constellée des reflets sur la vitre des ampoules déjà allumées du grand lustre. Par une étroite trouée entre les arbres, dans l'axe de l'entrée, on apercevait, tel un éclat de verre, un pan de lac. Rien ne remuait sauf un fanal sur l'eau. C'était l'heure crépusculaire où une miraculeuse clarté recule les limites du monde.

Elle dit :

« Marchons jusqu'à Chasté. C'est la lumière là-bas. Vous voyez ? La petite lumière. Il y a un bon chemin. »

Elle le précéda dans la porte à tambour ; effectua, comme font les enfants par jeu, un tour complet. Un second. Un autre encore.

Enfin, se bousculant mutuellement entre les glaces d'un quartier de porte, tous deux ressortirent en riant.

Au bas de la terrasse, une pancarte fléchée indiquait *Wanderweg* — qu'ils suivirent en s'enfonçant dans l'obscurité du bois.

Allemande

Sortir, ne pas sortir, marcher jusqu'au lac, rester assise devant la fenêtre à ne rien faire, tourner machinalement les pages d'un livre — tout lui était égal maintenant. Présente à ses côtés mais recluse dans un monde intérieur, elle était là sans l'être. Il la regardait et lui souriait ; à peine si elle le voyait la regarder et lui sourire. Elle semblait avoir laissé son âme dans un bureau violemment éclairé du siège local de la Gestapo, elle semblait avoir perdu sa volonté dans les toilettes où des policiers s'étaient divertis à voir une comtesse, menottes aux poignets, se souiller. Un ressort s'était cassé en elle. Et les rouages invisibles de sa vitalité, ses facultés motrices, ses capacités respiratoires, même, en étaient irréversiblement affectées. Son esprit était absent. Elle n'avait plus guère, songeait douloureusement Bruno, de présence que charnelle.

À peine charnelle. Car, amaigrie, elle si osseuse de nature, et tassée maintenant, sans plus cette majesté dans la posture qui donnait de l'ampleur à ses robes, elle paraissait si décharnée qu'elle n'en avait plus de corps. Ne lui était restée que sa démarche déhanchée ; mais ses bras et ses jambes semblaient n'être plus retenus que par l'artifice des vêtements, dans lesquels elle flottait. Son éternel châle, qui glissait de ses épaules, lui ceignait les hanches lâchement puis tombait à ses pieds sans qu'elle s'en aperçût, sinon quand elle frissonnait — et souvent elle frissonnait. Le peu d'être qui lui restait s'épuisait ainsi en gestes vagues, inachevés, et comme hasardés. Elle ne tenait plus que par son souffle apparemment ; le souffle court, saccadé, de quelqu'un d'essoufflé, qui ne cesse de reprendre souffle. Elle parlait d'une voix égale, détimbrée, atone. Elle commençait une phrase mais, comme frappée d'une lassitude mortelle, elle s'interrompait presque aussitôt — un mot en suspens, le verbe qui ne venait pas. Qui ne viendrait pas. Elle ne savait pas. Elle ne savait plus.

Parfois, ce brusque silence s'accompagnait d'une moue fataliste : à quoi bon continuer ? articulaient ses lèvres muettes. Pourquoi ? soupirait inaudiblement Elisabeth.

Ou bien, elle appelait à la cantonade :

« Anna ! »

La servante accourait :

« Oui, madame ?

— Non, rien... » répondait-elle.

Soit qu'elle eût effectivement déjà oublié quel service elle avait voulu lui demander, soit qu'elle eût besoin d'une présence rassurante auprès d'elle, simplement.

Il lui arrivait aussi de prétendre :

« Je ne vous ai pas appelée, Anna. Mais puisque vous êtes là... »

Anna, qu'elle n'avait pas habituée à ce genre de caprices, ne lui en tenait pas rigueur. Elle en était attristée plutôt, comprenant obscurément que sa patronne n'avait plus, comme elle disait dans son langage de paysanne bavaroise, toute sa foi chrétienne.

À d'autres moments, Elisabeth parlait de soi à la troisième personne, comme d'une étrangère : « Elisabeth aimerait bien que... Elisabeth pense que... » Ou, plus égarée encore, et plus régressive : « La petite Lisa, elle a envie de... Beth veut... » Etc.

Ces bouffées d'infantilisme effrayaient Bruno. Même si l'entendre exprimer une envie quelconque lui redonnait espoir.

Devinait-elle, du fond de sa détresse, son inquiétude ? Assez pour en souffrir quand elle s'apaisait et retrouvait, à la première personne, sa cohérence ; assez pour chercher à le rasséréner, en affirmant avec une insistance maladroite qui lui faisait scander les mots à la manière d'un slogan et dénonçait d'autant plus, à son insu, leur persuasivité factice :

« Je vais bien. Je vais bien. Je vais bien. »

Elle n'avait aucune complaisance rétrospective pour son état dès qu'elle reprenait pleinement conscience. Elle s'efforçait alors de jouer la comédie et de feindre de n'avoir jamais eu la moindre faiblesse. Mais jouer cette comédie destinée à calmer les craintes de son mari lui demandait une vigilance toujours plus soutenue, et elle finissait par y consumer son peu de vie restant. Elle jouait faux la sérénité digne. Au point qu'elle lui apparaissait quelquefois, il en était troublé, comme une fausse Elisabeth qui eût joué à la vraie ; qui eût joué à celle que Bruno n'avait jamais cessé d'aimer depuis ce jour où, cinquante ans auparavant, elle lui était apparue dans son petit costume masculin de velours bleu — en Chérubin. Elisabeth se tuait à vouloir encore, par amour pour lui, se présenter à lui vivante.

Le pire pour lui était ce sourire craintif et forcé qu'elle lui adressait fréquemment, comme une enfant qui redoute d'être réprimandée. Elle redoutait, il le comprit à la longue, qu'à tort il la crût folle ; qu'il interprétât mal un geste manqué qu'elle avait commis, ou un mot dit pour un autre. Elle avait encore assez de discernement pour craindre la démence. Elle luttait, luttait toujours. Chacun de ses actes semblait un gage qu'elle lui donnait dans ces moments-là, une manière de lui faire observer : « Tu vois ! Ça va. » Et parce que, justement, voulant lui donner le change elle se surveillait, elle paraissait d'autant plus fragile mentalement, d'autant plus malade. Ses efforts pour aller mieux sentaient l'effort. Elle en avait honte et, par contrecoup, allait moins bien ; elle s'enfonçait. Si elle recouvrait sa lucidité, c'était pour s'interroger tristement : à quel moment et comment avait commencé en elle ce glissement insensible mais irréversible, ce vertige, cet enlisement ?

Son identité, et son charme, subsistaient dans certaines attitudes, certaines manières bien à elle : par exemple, quand il jouait du piano, n'ouvrir la porte qu'à moitié et se glisser de biais par l'entrebâillement pour entrer dans la bibliothèque comme en s'excusant. Et dire sans le dire : Je ne veux pas déranger.

Elle s'estimait de trop.

« Je suis un poids pour toi, soupirait-elle, une gêne maintenant. »

Il protestait véhémentement :

« Mais non, viens ! Veux-tu, eh bien, tiens ! me tourner les pages ? »

Elle lui tournait donc les pages ; puis, se lassait. Ou, parvenue à la dernière portée au bas d'une page, oubliait de tourner, ou anticipait trop et ne le laissait pas lire les dernières mesures, ou même, revenait en arrière, rabattant par mégarde la page précédente.

Un jour qu'elle commit cette erreur, elle s'écria :

« Je le fais exprès ! »
sans qu'il pût saisir, à la façon dont elle avait prononcé, si elle se reprochait son inattention ou, au contraire, la revendiquait, en une sorte de défi à la gentillesse qu'il lui prodiguait.

Puis, elle éclata en sanglots. Car sa souffrance s'exhalait ainsi : en brusques sanglots, en interminables silences. Et la marquait de bleus.

Elle se cognait aux coins des meubles, ratait des marches, se trompait de portes, ne se souvenait plus de la place des objets dans ses tiroirs, cherchait partout dans la villa l'ouvrage qu'elle tenait à la main : une broderie dont on ne distinguait plus l'endroit de l'envers à présent, tant elle avait embrouillé les fils multicolores. Bruno la surprenait à maugréer, affolée :

« Je ne m'y retrouve plus. »

Une fois, il la surprit qui murmurait en jetant alentour un regard suspicieux, comme si elle ne reconnaissait plus rien :

« Ce n'est pas chez moi, ici. »

Il y avait plus désolant encore : quand elle demandait à voix haute, oublieuse qu'ils ne vivaient plus auprès d'elle :

« Mais où sont les petits ? Je ne les vois pas ! Ils jouent au jardin ? »

Elle ne s'accoutumait pas à l'absence d'Arno et d'Alice. Mais, en ces minutes apeurantes où elle divaguait, il pouvait tout aussi bien s'agir de ses propres enfants. Tamino, Friedo, Douce, Mina — elle ne s'accoutumait pas à leur absence. Où étaient-ils ?

Que faisaient-ils ? Jouaient-ils au jardin, les petits ? Elle ne les voyait pas.

Un instant, elle avait oublié que Friedrich et Pamina n'avaient plus l'âge de jouer au jardin, oublié que Siegfried et Dorabella étaient morts.

Elle commettait de fréquents lapsus sur leurs prénoms, disant Douce pour Alice, Bruno pour Arno. Ou faisant du diminutif Friedo, qui dans la famille avait toujours été réservé à Siegfried, le diminutif de Friedrich. Ou, plus déconcertant aux oreilles de Bruno, plus choquant, elle réunissait par inadvertance en un seul nom, baroque et monstrueux comme un animal chimérique, les prénoms de ses deux fils — disant *Siegfriedrich*. Les unissait-elle en pensée ? Savait-elle en son cœur, à cause de ce sens divinatoire des mères, que son fils aîné était mort lui aussi ; qu'il avait connu le même sort que le second ? Après qu'elle eut appris la mort de Sarah, il lui arriva de parler de Friedrich à l'imparfait.

Bruno se demandait s'il devait ôter de sa vue les images de leurs enfants, car de les contempler comme elle le faisait aggravait sa mélancolie ; ou si, au contraire, en retirant un repère familier du décor au milieu duquel déjà elle lui évoquait un oiseau qui, entré par une fenêtre ouverte, volette éperdument et s'exténue à chercher l'issue d'où s'envoler à tire-d'aile, il ne risquerait pas d'exaspérer son trouble, et que n'empire encore sa tristesse.

Ses yeux se posaient longuement sur un cliché d'amateur où l'on voit, outre l'ombre portée du photographe et de son appareil à trépied, Friedrich, juché sur un cageot qui lui tient d'estrade, diriger un orchestre imaginaire avec des mines inspirées de maestro romantique.

« Quel âge avait-il ? s'interrogeait-elle plaintivement à voix haute. Huit ans ? Neuf ans ? »

Ensuite, elle regardait une amusante série de portraits de studio qui parodiaient des portraits de cour et, d'ailleurs, étaient signés à la gravure : *Oskar, photographe officiel de leurs Altesses Royales*. Devant une colonne en carton-pâte et sous un flot de fausse hermine, le Pacha Ronchon, couronné, sceptre à la main.

Assis sur des petits trônes, le Pacha Ronchon et la Princesse, avec tiare et robe à crinoline. Saluant la foule du fond d'un carrosse de papier découpé et collé sur le tirage, la dauphine Mina, âgée de deux ans et demi...

Souvent, devant les témoignages d'un temps qu'elle avait pourtant connu, elle exprimait ainsi l'ébahissement qu'on éprouve dans un musée devant des objets mystérieux, dont l'usage s'est perdu. Ce passé ne lui appartenait plus. Elle paraissait douter l'avoir vécu, douter d'avoir un jour amené ses enfants se faire portraiturer chez un certain Oskar, photographe officiel de leurs Altesses Royales.

Mais l'image qui la retenait le plus était une photographie du mariage de Dorabella et d'Aldo, prise dans la loggia du palais Casalfeltre à Florence. Elisabeth la regardait avec nostalgie, comme s'il se fût agi d'un souvenir de son propre mariage, comme si la joie visiblement forcée de la jeune épousée était la sienne — elle lui souriait de ce même sourire crispé.

Un jour où Bruno tentait de la distraire de ses vaines rêveries moroses, elle soupira :

« Douce n'était pas vraiment heureuse, nous n'avons pas su la rendre heureuse. » Et, haussant le ton à mesure qu'elle le voyait grimacer plus douloureusement, exhalant une colère trop longtemps contenue : « Non ! ajouta-t-elle, non ! Et Friedrich non plus, nous n'avons pas su le rendre heureux. Et Boudin-Blanc ! Notre pauvre Boudin-Blanc ! Nous nous sommes trompés. Il leur aura manqué quelque chose dans la vie !

— Mais quoi ? » l'interrompit Bruno, feignant momentanément de partager son sentiment coupable pour mieux récuser ses arguments quand elle aurait retrouvé son calme — c'était son habitude.

« Tu n'as rien à te reprocher ! reprenait-il alors. Nous ne sommes pas responsables, Elisabeth ! Et toi moins que moi encore. Toi qui leur as prodigué tant d'amour, tu n'es pas responsable de ce que tes enfants aient fait leur malheur. Ce n'est pas ta faute si l'aînée de tes filles ne s'est jamais épanouie, ce n'est pas ta faute si ton second fils est devenu nazi.

— Il y a eu quelque chose ! s'obstinait Elisabeth. Mais quoi ? »

Bruno redoutait plus que tout de l'entendre reprendre l'argument de leur rupture à l'époque où elle était enceinte de leur second fils. Il se méfiait de ces analyses trop hâtives et du recours à une prétendue psychologie des profondeurs. Il jugeait même quelque peu obscène ce qu'il appelait ironiquement : critique de la raison utérine. Tout comme il jugeait triviale cette explication simpliste selon laquelle l'adhésion au nazisme relevait de la seule pathologie mentale. C'était, selon lui, se condamner à ne rien comprendre au phénomène que de confondre perversité sociale et perversité de l'individu. Un homme hanté de fantasmes sadiques, fétichiste d'une certaine virilité qui s'exhibe en bottes et manteau de cuir, peut être par ailleurs le plus tolérant et le plus civilisé des démocrates — Egon von Rosenberg, pour mémoire. Et un petit-bourgeois étriqué, prosaïque, aux mœurs privées irréprochables, bon père et honnête mari, s'avérer le plus cruel, le plus imaginatif, le plus délirant des tortionnaires dans l'exercice de ses fonctions.

« Non, nous n'avons pas failli, affirmait Bruno. Nous avons donné à nos enfants une éducation soignée, beaucoup d'amour et une liberté que bien d'autres enfants leur enviaient. »

Avantages auxquels il ajoutait volontiers, pour conclure sur une note de fantaisie toute arnheinienne, et comme si une raison aussi péremptoire devait faire taire ses derniers scrupules moraux :

« C'était Papageno qui les surveillait à la nursery ! »

Allusion à l'automate de porcelaine qui carillonnait toutes les heures l'air de *La Flûte enchantée*.

Mais ces brèves colères d'Elisabeth, ces cris angoissés rompant la monotonie du marasme où elle sombrait leur étaient salutaires à tous deux. Bruno, de l'entendre au moins exprimer son désespoir, se remettait à espérer. Il avait parfois même le bonheur de la voir retrouver les habitudes de leur ancienne complicité amoureuse, de la surprendre qui reprenait spontanément les jeux d'autrefois — la comédie du couple. Elle semblait s'éveiller d'un long cauchemar ; elle venait du jardin où elle s'était promenée, marchant du pas encore hésitant d'une convalescente qui, comme on dit, prend sur soi. Les larmes aux yeux, il la voyait par la fenêtre aller vers lui. Elle se savait observée mais n'en montrait rien. Elle rentrait par le salon contigu, frappait à sa porte, trois brèves et deux longues selon le rite, et s'écriait presque gaiement :

« *Caro il mio Brunetto,* puis-je entrer ? »

À quoi il répliquait :

« *Certo !* Entre, *mio tesoro !* Tu es ici chez toi... »

Par amour pour lui, Elisabeth avait su se dominer. Et le rideau se relevait sur une nouvelle représentation de leur opéra bouffe intime et quotidien — lui dans son rôle de Lindor, elle en Contessina. Du moins pour quelques heures.

Quelques jours, même ! quand, aux beaux jours, elle connut une rémission dans cette effroyable délitescence intellectuelle à laquelle il assistait, impuissant, depuis quatre mois. Sa lucidité, son ironie, cette élégance morale qu'elle manifestait autrefois dans l'adversité lui revinrent d'un coup. Un matin, elle se leva avec entrain et lui fit part d'un projet. Au seul mot de *projet,* Bruno crut qu'il allait pleurer de joie devant sa comtessine. Elisabeth voulait se donner une occupation qui accaparerait son attention.

« Il faut empêcher ça... » dit-elle en vrillant un doigt sur sa tempe. « Il faut empêcher l'araignée de tisser sa toile au plafond. »

Ce curieux vocabulaire n'était pas le sien d'ordinaire, Bruno le nota. Mais qu'importait ? Seule comptait son intention de résister maintenant.

Elle entreprit de copier des partitions comme elle l'avait fait au début de leur mariage, quand, son père lui ayant coupé les vivres et son mari ne touchant encore que des cachets modestes, elle qui avait été élevée dans le luxe et servie par un bataillon de domestiques dut travailler pour payer le charbon, les gages d'une bonne à tout faire, mais aussi et surtout les fleurs et les rafraîchissements des nombreuses soirées musicales que le jeune couple offrait à ses amis.

Certes, il n'était pas indifférent qu'elle eût choisi une pareille occupation, songeait Bruno. Elisabeth, dans son chagrin, cherchait superstitieusement à reconstituer cette période heureuse de sa vie, à en restituer la magie au milieu de la morne réalité présente. Il craignait qu'un remède aussi illusoire ne fût pire que le mal à la longue, et ne la fît retomber plus bas quand se seraient dissipés les effets bénéfiques du souvenir. Quelle émotion l'étreignait cependant lorsqu'il la voyait s'appliquer à tracer des portées rectilignes sur la face blanche d'un papier pour cadeaux de Noël dont Anna avait retrouvé deux rouleaux inutilisés dans un débarras de la villa ! Quel tressaillement en son cœur si elle lui faisait observer, tandis qu'elle transcrivait une œuvre inédite de lui :

« *Amore !* es-tu sûr de ton ré bécarre ici ? Et là, je ne me souvenais pas, quand tu le jouais au piano, de ces trois triples croches... »

Sa mémoire était donc intacte. Et Bruno, en l'embrassant, humait intérieurement une bouffée de cette époque, si lointaine, où, après une répétition d'orchestre, il rentrait chez eux à pied par la Dienerstraße, grimpait quatre à quatre l'escalier pentu de leur maison du vieux quartier, ouvrait la porte palière à la volée et, découvrant sous le halo jaune de la lampe à pétrole sa femme penchée sur une partition manuscrite qu'elle recopiait, s'écriait hors d'haleine :

« *O, soave fanciulla !* ô, doux visage nimbé de tendre éclat lunaire... »

Se remémorer cette époque, c'était comme de soulever le lourd couvercle d'un coffre ancien d'où émanait un parfum oublié. Cette année-là, Dieu sait pourquoi il se le rappelait, la saison musicale avait commencé avec *La Bohème*...

Au moment de cette rémission, ils refirent chambre commune, dans une chambre où autrefois leur prenait parfois la fantaisie de faire l'amour.

Et ils refirent l'amour.

Ce n'était pas à cause d'une quelconque lassitude si le couple avait établi des années auparavant de faire chambre à part. C'était, au contraire, pour garder à l'amour son aspect de cérémonie et de comédie, c'était pour ne pas le compromettre dans une routine où il risquait de s'affadir et de s'user. Elisabeth et Bruno ne voulaient pas que leur amour devînt une habitude, même si habituellement ils le faisaient et le refaisaient chaque nuit — ou presque.

Mais, chacun disposant de sa chambre à coucher, de sa salle de bains, de son vestiaire, et de la faculté, tenue pour un traité intangible entre eux deux, de s'y renfermer à volonté, de décider d'y passer une nuit solitaire, et donc de pouvoir se refuser à l'autre sans avoir à se justifier minablement en arguant d'une migraine ou d'une fatigue passagère — le soir, chacun pour soi face à son image dans le miroir, mais chacun avec l'autre en pensée aussi (et cette pensée était de le séduire), séparés par toute la longueur d'une galerie baignée l'été de cette lumière laiteuse et tiédie d'une soirée d'été, laquelle est déjà une invite à s'aimer... l'un comme l'autre se préparait, s'attardait à une toilette soignée, s'habillait ou se déshabillait selon ce qui avait été convenu d'avance. Et tous deux se sentaient délicieusement excités par l'attente : ils allaient se retrouver ! Leur désir en était comme épuré, comme sublimé. Fasse que je sois digne d'elle, priait-il intérieurement. Fasse que je sois digne de lui, priait-elle. Fasse que je ne la déçoive pas ! Fasse que je ne le déçoive pas ! Oh ! fasse qu'il m'aime comme je l'aime. Oh ! fasse qu'elle m'aime comme je l'aime.

Il y avait aussi cette question qui n'était jamais sans signification : irait-il chez elle ce soir ? Ou irait-elle chez lui ? Qui des deux inviterait dans sa chambre, et qui jouerait à l'invité ? Voilà qui ne serait pas sans conséquence sur leur façon de faire l'amour s'ils devaient le faire.

Puis, c'était la fête des retrouvailles : la porte qui s'entrouvre en grinçant, le triangle de clarté qui s'élargit au bout du couloir, et dans la mousse d'un négligé mauve, le bras qui se tend...

« Viens ! »

Ou, à l'inverse, les cinq coups rituels frappés à sa porte à lui. Et lui :

« Entre ! »

Souvent, un badinage s'improvisait alors. Ce pouvait être le jeu de la surprise :

« Oh, c'est toi !

— Tu attendais quelqu'un d'autre ? »

La comédie des politesses :

« Comtesse, permettez-moi de me présenter : Bruno Arnhein.

— Ah ! enchantée, monsieur le Maître de chapelle... »

Comédie qui, éventuellement, tournait à la farce :

« Et que diantre me voulez-vous, monsieur le Maître de chapelle ?

— Mais ! vous culbuter, madame la comtesse. Mais vous foutre !

— Ciel ! Me foutre ! Mes gens, mes gens ! Drelin drelin... » s'écriait Elisabeth en agitant une imaginaire sonnette.

Pris de fou rire, ils se laissaient choir, enlacés, sur la bergère au pied du lit. Et rejouaient, en somme, dans la vie un de ces nombreux vaudevilles qu'avait suscités à la fin du siècle dernier le scandale de leur amour sur les scènes des cabarets satiriques viennois.

Telle était, empreinte d'une subtile perversité, leur relation amoureuse — ou, pour exhumer un terme désuet s'accordant mieux à leur tournure d'esprit très XVIIIe siècle : tel était leur commerce. Mais cette complicité d'un couple qui refuse de prendre l'existence au tragique et la sexualité au sérieux, mais cette frivolité aristocratique ne leur paraissait à eux nullement désuète. Elisabeth et Bruno n'étaient pas de leur temps mais c'était leur temps qui était archaïque, selon eux.

Car leur indifférence aux idées reçues de l'époque et aux grands débats qui l'agitaient avait pour cause non leur indifférence mais, à l'inverse, une attention plus essentielle aux êtres. Et cette intelligence, qualifiée de viennoise, qui consiste à traiter de l'âme comme d'une chimie organique ou d'une logique, en introduisant les concepts contondants et acérés des sciences exactes dans la molle, la visqueuse, l'obscure psychologie — en y pratiquant l'art du vivisecteur au lieu de juger selon une fin ou selon une foi.

Dans leur façon de décourager, en étouffant un bâillement, toute discussion sérieuse sur un quelconque sujet réputé d'intérêt général, et d'invoquer, quant à eux, leurs émotions singulières ; dans leur habileté à ramener la conversation au concret dès qu'ils entendaient, tombés du ciel menaçant de la gnose, de stridents termes hérissés d'*ismes,* et l'exposé d'explosives questions appelant un prompt engagement de leur part, telles que le nationalisme, le militarisme, le socialisme, le fascisme, le féminisme, l'atonalisme, l'expressionnisme, etc. — il n'y avait aucune pusillanimité intellectuelle, aucune étroitesse, mais au contraire cette finesse, mais cette ironie, mais cette distance aux choses, tendre et gaie, qui, au milieu de l'orchestration des grandes théories, fait surgir, solo, le rire aigu de la modernité. Laquelle est légèreté. Litote.

Le style de leur duo d'amour était en quelque sorte un brillant récitatif sec, que venait seulement adoucir et rehausser ici et là le lyrisme d'un élan passionné ou d'un simple mot d'amour : « Mon amour ! »

Hélas ! le temps de ces jeux libertins était révolu. C'était la pitié qui les réunissait désormais, c'était une peur partagée de la solitude ; l'effroi de ces insomnies interminables qui mènent le solitaire les yeux grands ouverts, en silence, aux portes de la folie et de la mort, sans le secours de la main toute proche qui effleure la hanche soudain et froisse involontairement le drap, ou du souffle paisible qui accélère et se fait plus sifflant enfin : l'autre va s'éveiller !

Ce fut surtout, de la part de Bruno, la hantise qu'une nuit il ne l'entendît pas appeler et qu'elle mourût non loin de lui mais seule, avec le sentiment atroce d'avoir été abandonnée au dernier moment.

Ils cessèrent donc de faire chambre à part. De nouveau, ils dormirent dans le même lit, rêvèrent dans le même lit, se réveillèrent mutuellement dans le même lit — comme aux premiers temps de leur amour. En plaisantant.

« Oh ! Bonjour, vous !

— Tiens ! Mais que faites-vous ici ? »

Ils retrouvèrent même leur gaucherie des premiers temps, quand ils refirent l'amour.

Elisabeth s'agrippait éperdument à lui comme si elle quêtait sur ses lèvres et dans ses yeux un désir qu'elle n'éprouvait plus vraiment, une volonté d'aimer qui lui faisait défaut, parce que lui faisait défaut la volonté de vivre. Bruno, en retour, se montrait d'une excessive prudence dans ses gestes : il redoutait que la moindre brusquerie, la plus légère violence, en lui remémorant intimement, à son insu, les brutalités qu'elle avait subies dans les locaux de la Gestapo, ne détruisissent le fragile équilibre retrouvé. Et ces instants d'abandon, délicats, tendres et douloureux à la fois, le comblaient en même temps qu'ils le frustraient. Au matin, brisé nerveusement, il somnolait, avec au ventre ce vide que creuse une envie lancinante d'éjaculer sinon de jouir ; et la pénombre où était plongée la chambre se peuplait de fantasmes que la présence de sa femme, endormie à son côté, ne troublait pas : les fesses de la Birgit, les gémissements voluptueux de Sonja. Et la Lisa, toute nue, qui riait aux éclats. Et la Rosa...

Le répit fut de courte durée.

Un matin, chassant instantanément ce sabbat autour de leur lit, Elisabeth s'éveilla en sursaut et se mit à crier :

« N'y va pas, Maman ! N'y va pas ! »

Bruno crut que son cauchemar se dissiperait vite, que c'était seulement un cauchemar. Mais elle se débattit longtemps contre des forces invisibles, comme pour se dégager d'une poigne immatérielle qui s'emparait d'elle. Il lui prit les mains, tentant vainement de l'apaiser. Il vit à son regard qu'elle ne le reconnaissait pas.

L'amnésie dura plusieurs heures. Elisabeth ne savait plus où elle était, qui elle était, ni ne comprenait ce que lui voulait son père — car elle prenait son mari pour son père.

Puis, vers midi, comme Anna entrait dans sa chambre pour lui apporter un bol de bouillon :

« Que m'est-il arrivé ? » s'enquit-elle avant d'éclater en sanglots.

Alors, la mélancolie revint, plus atterrante qu'avant, et plus étale. Les sautes d'humeur se raréfièrent : c'était une détresse continue désormais, une angoisse hébétée, un désespoir plat. Une sorte de paix mortelle. Elisabeth ne sortait plus jamais de la villa. Assise devant une fenêtre, elle demeurait des heures à ne rien faire ou à feuilleter un livre qu'elle prétendait lire mais ne lisait pas vraiment. Il la voyait parcourir des yeux quelques lignes, lever un regard vague sur lui, revenir en arrière dans sa lecture ou, au contraire, passer quelques pages et poursuivre n'importe où plus avant. Puis le refermer en soupirant. Et en prendre un autre à portée de sa main.

Rien ne l'intéressait. Sauf, parfois, de retrouver dans un recueil de chroniques ou des Mémoires un souvenir de la Vienne qu'elle avait connue dans son enfance.

« Oh ! disait-elle en s'animant quelque peu, l'auteur parle des concerts du dimanche au Prater. Et des tours de traîneau l'hiver. Et du défilé de la garde hongroise le jour de la Fête-Dieu. Si je m'en souviens ! »

Bruno, heureux de l'entendre alors lui adresser la parole, essayait de tirer de cette étincelle un feu. Il lui posait des questions sur son enfance, l'encourageait à lui raconter d'autres souvenirs ; mais elle retombait bientôt dans son mutisme, se renfermait. De fait, elle ne lui avait pas adressé la parole ; elle avait monologué à voix haute, en le regardant sans le regarder.

Dans une ultime tentative, il hasardait :

« Veux-tu venir avec moi au jardin ? Veux-tu que nous marchions un peu ? Nous avons toujours le droit de nous promener à pied aux environs, le Kreisleiter me l'a confirmé par écrit. Pourvu que nous ne sortions pas du périmètre de surveillance, comme il dit. Viens donc ! Il fait si doux. C'est le printemps. »

Mais elle répondait invariablement :

« Non. Je suis bien ici, à lire. »

Pouvait-il lui répondre comme l'envie lui en venait : Mais ! ce n'est pas lire que de rêvasser ainsi sur un livre... ?

Non. Il se taisait, honteux d'un manque d'égard qu'il avait su pourtant ne pas manifester. Il craignait constamment de la heurter. Il se sentait inexplicablement fautif.

Un jour, alors qu'elle évoquait d'autres souvenirs de son enfance viennoise, elle s'emporta soudain :

« Tout ça, c'est votre faute, les Allemands ! Votre Hitler ! Notre pays était un grand pays, un pays hautement civilisé ! C'est vous qui...

— Mais, l'Anschluss ? Mais Hitler était... » protesta Bruno, tout en se reprochant aussitôt des arguments si lamentables dans une telle circonstance. Car Elisabeth ne discutait pas de politique ; Elisabeth déraisonnait.

Elle ajouta, d'ailleurs, haussant encore le ton :

« Arno et Alice, c'est vous qui me les avez pris ! Vous ! »

Elle divaguait — il le saisit enfin. Et ne répliqua plus, attendant qu'elle se calme.

Mais il se sentait toujours plus coupable. Et elle, comme pour le punir, usait toujours plus fréquemment de ce *vous* vague mais accusateur. Ou d'un *ils* anonyme qui désignait indifférement : les Allemands, les nazis, les gens, les autres — n'importe lesquels. Ces *vous,* ces *ils* que dénonce obstinément le maniaque dans son délire de persécution.

Elisabeth devenait folle.

Elle ne voulait plus vivre. Elle se persuadait, il le devinait, qu'elle ne voulait plus vivre. Et Bruno n'osait plus lui dire qu'elle devait vivre sinon pour elle, du moins pour lui. Ne pas l'abandonner.

La seule preuve d'amour que l'on puisse encore donner à l'autre parfois, quand l'autre souffre, c'est de feindre l'indifférence pour provoquer un sursaut salutaire, un désir neuf de vivre. Mais de cela, Bruno n'était plus capable. Et il n'avait plus la force, non plus, de prodiguer cette ultime preuve d'amour qui est d'aider l'autre à mourir ; voire de le tuer. Impuissant, il assistait à la déchéance de sa femme et comptait maintenant chaque jour comme une journée de sursis : dans un mois, dans une semaine, dans quelques heures peut-être, elle ne serait plus là. Non qu'elle fût atteinte d'un mal inguérissable. Mais il savait, mais il avait la certitude intime qu'elle allait mourir sous peu. Ce serait d'un arrêt du cœur, ou d'une rupture d'anévrisme, ou, plus simplement, d'une chute — une marche manquée, et la mort la frapperait net, comme par inadvertance. Ce serait, après tous les coups qu'elle avait endurés ces derniers mois : le départ d'Arno et d'Alice, l'arrestation et la garde à vue dans les locaux de la Gestapo, la mort de Sarah, la mort de Dorabella, la mort d'Aldo, la mort de Siegfried enfin — le léger coup de trop. Bruno n'imaginait pas une longue agonie. Mais une mort désinvolte, primesautière — *arnheinienne,* en un mot.

Elle ne quittait plus guère la chambre à présent. Et elle ne mangeait pas la moitié de la ration alimentaire quotidienne légalement autorisée. Elle dépérissait.

Le 11 mai, en s'éveillant d'un sommeil agité, Bruno fut stupéfait de l'entendre fredonner la valse de *La Contessina,* allongée à côté de lui.

Un peu plus tard, elle se leva, alla à sa chambre, dont elle ferma la porte à clé, et se lança dans une toilette soignée, choisissant en dépit de l'heure matinale une robe du soir. Il s'agissait d'une somptueuse vieillerie des années 30, un spectaculaire fourreau de crêpe noir très ajusté, à col officier et manches longues finissant en pointes sur le milieu de la main, mais fendu jusqu'au genou et dans le dos. Quand elle réapparut, Anna et Bruno en furent interdits mais surent se ressaisir vite et taire tout commentaire. Elisabeth parla confusément d'une fête où elle souhaitait se rendre, d'une première. Cette fête, cette première, ce serait sa mort, pressentit Bruno, fou d'effroi.

Quand, en agrafant une broche à hauteur de son cœur, elle se piqua le sein et poussa un cri. Puis, se précipitant dans les bras de Bruno, se mit à parler d'un incendie, d'un théâtre qui brûlait.

« N'y va pas, Maman ! répétait-elle désespérément. N'y va pas ! »

Il la prit dans ses bras et la fit s'asseoir auprès de lui sur un canapé. Il la berça sans rien dire. Il écouta son souffle haletant tourner au râle léger. Tout à coup, elle lui parut plus pesante. Il écarta son bras droit, qui s'ankylosait ; elle glissa sur le côté, son buste buta contre l'accoudoir.

Elle était morte.

L'enterrement fut sommaire.

Les pompes funèbres ne disposaient plus d'aucun cercueil — *en raison des événements,* précisait euphémiquement une pancarte accrochée à la porte du bureau. On bricola donc une espèce de grand cageot avec des lattes récupérées sur des caisses de munitions. Elisabeth y fut couchée revêtue de la robe jaune de Contessina que lui avait offerte sa fille Pamina. Anna lui ferma les yeux et s'occupa de tout.

Au cimetière, ils étaient quatre : les deux fossoyeuses bénévoles qui remplaçaient les employés partis au front, la vieille servante et Bruno. Wotan se frottait contre la jambe de son maître et grondait sourdement, en quête d'une caresse qui ne vint pas. Une pluie tiède d'été tombait oblique, ameublissant le talus de terre, qui glissait lentement vers la fosse. D'une maison derrière le mur, provenaient des hurlements hystériques transmis par une radio : Goebbels promettait à la nation une victoire totale, prompte et définitive. La victoire de l'Allemagne sur la barbarie.

Ni Anna ni Bruno ne pleurèrent. Et la cérémonie ne dura pas dix minutes.

Mais comme ils s'en retournaient, se soutenant l'un l'autre, vers la villa, la portière d'une voiture claqua et ils virent s'avancer vers eux, par l'allée centrale, le Kreisleiter de Lindau, tendant la main du plus loin qu'il aperçut M. le Maître de chapelle.

Ah ! il était vraiment, vraiment désolé de ce retard. Mais il tenait tellement, tellement à rendre hommage une dernière fois à la femme admirable, à l'admirable Allemande ! Celle qui avait été la muse, l'inspiratrice du compositeur pendant un demi-siècle, la mère des enfants du compositeur, la compagne du compositeur, le compositeur auquel il tenait tellement, tellement à présenter ses condoléances.

Seigneur ! donnez-moi la force de supporter cela, pria intérieurement Bruno. *Cela* n'étant pas, en l'occurrence, la mort de sa femme, mais le salut hitlérien, inaccompli du reste, hypocritement inachevé, que le fonctionnaire nazi ébaucha en se campant devant la fosse.

Sans le remercier, Bruno continua son chemin en donnant le bras à Anna.

Mais le Kreisleiter le rattrapa par la manche : il s'offrait de les reconduire en voiture à la villa.

« Non non ! protesta Bruno. Je préfère marcher. Et vous, ma chère Anna ?

— Si Monsieur le permet, j'irai à l'église.

— Faites donc ! »

Et il lui mit dans la main un peu d'argent parce qu'elle lui avait dit en venant qu'elle souhaitait commander une messe à la mémoire de Madame. Il n'y avait pas eu de prêtre à l'enterrement, Bruno ne pouvait décemment pas lui refuser cette messe.

Il rentra donc seul à la villa et s'assit sur une chaise dans le salon de musique. Il n'avait plus de larmes. Ses yeux, douloureusement secs, lui brûlaient.

Soudain, il crut voir une porte s'entrouvrir et Elisabeth s'avancer vers lui, en se glissant de biais — comme elle faisait habituellement.

Un instant, deux ou trois secondes, elle n'était plus morte. Elle était là.

Battue

La mort est si définitive, Conduisez prudemment ! À la Karlstor, à la Sendlingertor, à l'Isartor, aux frontons des trois portes de la ville dont par miracle les arches ne s'étaient pas écroulées, l'avis figurait inscrit en lettres géantes et uniquement rédigé en anglais puisque, aussi bien, seule l'armée américaine circulait en véhicules à moteur :

Death is so permanent
Drive carefully

Ou peut-être, se moqua en son for Bruno, les autorités du gouvernement militaire jugeaient-elles inutile de rappeler aux Allemands, dans leur langue, que la mort est définitive — le mot était souligné afin de mieux frapper les esprits —, que la mort rôdait en permanence à chaque coin de rue. Si toutefois on pouvait qualifier encore de rues ces tranchées déblayées au milieu de monceaux de décombres.

La mort, contrairement à ce peuple juvénile et enthousiaste, la mort, les Allemands la connaissaient depuis l'aube des temps. Il n'était nul besoin de leur signaler sur des panonceaux son existence ; elle était présente parmi eux à la manière des divinités primitives ou antiques qui cohabitaient avec les humains ; qui habitaient, invisibles mais familières, leurs forêts et leurs demeures — où elles faisaient craquer le bois, grincer le gond, fumer le feu. Le culte germanique de la mort ne datait pas de la guerre ni du nazisme ; même si, sous les douze années de dictature hitlérienne, ce culte immémorial avait été institué religion officielle, avec ses grandioses sacrifices nocturnes, avec, quoique éclairés à l'électricité, ses fastes barbares, ses rites primitifs. Certains peuples adorent le soleil et les sources, d'où coule la vie, vive, étincelante ; les Germains vénèrent l'ombre et la mort. La mort est mâle, la mort est dieu : des langues qui distinguent les genres, l'allemande est sans doute la seule à attribuer le genre masculin à *Mort.* Mort est une figure virile dans la culture allemande : un fier paladin en armure chevauchant son noir destrier, et non la sournoise sorcière qu'on voit manier la faux chez ces peuples languides et frivoles, sans vrai courage, qui paressent outre-Rhin ou par-delà les Alpes. Mort est un guerrier valeureux. C'est Hitler tel qu'il fut représenté par le peintre Lanzinger : en preux chevalier teutonique à la blanche cuirasse et tenant haut dressé l'étendard nazi, sur ce ridicule tableau dont on tira à des milliers d'exemplaires un chromo. Chromo que les braves gens s'empressèrent de jeter aux ordures avec toute la pieuse imagerie hitlérienne qui ornait leurs cuisines, à l'arrivée des troupes américaines.

Mais, qui donc a dit : « Quant à moi, je n'ai jamais compris ce qu'on entendait par *noblesse* de la Mort ! Mort est un soudard borné, aviné, veule... » ? Ce ne serait pas, par hasard, le génial Bruno Arnhein ? poursuivit-il in petto, un vague sourire aux lèvres... Et qui : « Le romantisme pue la mort, et j'ai le nez délicat... » ? Bruno Arnhein ! Et : « La musique de Wagner fait de la réclame à la mort... » ? Bruno Arnhein encore ! dans un article polémique, en réponse aux critiques qui lui reprochaient son « retour à Mozart » — et bien que des plagiaires, par la suite, aient eu le toupet de s'attribuer sa boutade.

Par association d'idées, tandis qu'il marchait le long d'un immeuble effondré dont ne subsistait qu'un pan de façade, il repensa à la très impressionnante apparition de la statue du commandeur dans une mise en scène du *Don Juan* de Mozart qu'il avait dirigé pendant la Première Guerre. La basse chantait dans les coulisses et, sur scène, le rôle du convive de pierre était tenu par un gymnaste gigantesque revêtu d'une armure imitant le granit. En entrant, il fracassait si violemment le mur de fausses briques du décor que, certains soirs, des spectateurs apeurés en criaient de saisissement. La mort, là aussi, était un reître qui démolissait à coups de poing les murailles.

Mais par quelle fantaisie des aveugles forces destructrices les deux massives tours carrées latérales de la Karlstor avaient-elles été plus abîmées que la délicate dentelle gothique de la voussure centrale où s'étalait l'avis que la mort est définitive ?

Depuis qu'il était descendu du train sur un quai provisoire de ce qu'il restait de la gare de Munich, Bruno allait d'étonnement en étonnement. Les sept pénibles heures du voyage durant, il s'était attendu à être bouleversé au point d'éclater en sanglots dès qu'il découvrirait sa ville si chérie changée en un tas de ruines. Au lieu de quoi, il se sentait tout juste ému, sa curiosité naturelle d'artiste tempérant son chagrin. Il n'avait assisté à aucun bombardement, il n'avait pas vécu ces longues minutes d'angoisse passées dans une cave à s'interroger : « Que vais-je retrouver en ressortant à l'air libre après l'alerte ? La Frauenkirche sera-t-elle toujours debout ? Et la Résidence ? Et les Propylées ? Et l'Ange de la Paix ? Et l'Opéra, surtout ? L'Opéra... »

Muni de la dizaine de permis temporaires nécessaires à sa visite dûment visés et tamponnés, le musicien arrivait après que le chevalier de l'Apocalypse eut accompli son œuvre. Et Munich lui apparaissait comme quelque fantastique site de fouilles archéologiques. Il suffisait de s'abstraire mentalement, quatre ou cinq secondes, du souvenir des choses telles qu'elles étaient avant ; alors, on trouvait, du moins pendant quatre ou cinq secondes, une beauté, mélancolique certes, mais réelle, à ces perspectives nouvelles, à ces murs de briques écorchés d'où étaient tombés les placages de marbre ; à ces façades évidées, par les ouvertures desquelles la lumière produisait de puissants effets de projecteur ; à ces statues noyées jusqu'à la taille au milieu d'un tas de gravats et de poutres calcinées, et qui semblaient crier à l'aide... Sans ses stucs et ses vitres, la charpente de la gare formait maintenant, nue et noircie, une espèce de colossale tonnelle métallique. Et la coupole du palais de Justice, dont les tuiles avaient été pulvérisées, traçait sur le fond plombé du ciel un dessin de Piranèse.

Berlin, ville de tous les excès, était presque entièrement rasée aujourd'hui ; il n'en restait plus pierre sur pierre. Dans les journaux, des photographies horrifiantes montraient l'ampleur des destructions : les monuments et les immeubles semblaient avoir été engloutis dans une immense faille tellurique. La capitale, anéantie, était retournée à une ère antérieure — un état minéral d'avant la venue de l'homme sur terre, eût-on dit. Châtiment cosmique ! philosophait Bruno, qui ne pouvait s'empêcher d'y voir une réponse à la mégalomanie et au légendaire mauvais goût des Hohenzollern. Tandis que Munich avait gardé la mesure et l'urbanité de la monarchie bavaroise jusque dans le désastre présent. Les Wittelsbach édifièrent une ville classique, aux proportions nobles et justes, que les architectes, civils à tous les sens du mot, calculaient d'après les vestiges des cités antiques lors de leur apprentissage en Italie, ou de leur voyage initiatique en Grèce. Les ruines de Munich étaient des ruines pour ainsi dire civilisées, elles ne lui évoquaient pas la préhistoire mais Rome, mais Pompéi, mais Syracuse, Agrigente ou Ostie.

Rome, Pompéi, Syracuse, Agrigente, Ostie — s'il se rappelait brusquement les sites archéologiques qu'il avait visités, adolescent, en compagnie de ses trois tantes puis, plus tard, avec l'ami Gustav, s'il se rappelait ses longues rêveries solitaires à l'ombre d'un pin, devant une colonne tronquée ou une stèle funéraire, c'était aussi que les gamins munichois, efflanqués et dépenaillés, lui rappelaient les petits mendiants romains, napolitains ou siciliens qui venaient inévitablement troubler ses rêveries par leurs piailleries : « *Spiccioli, spiccioli...* »

« Quelques sous ! On a faim... »

Des bandes de jeunes aux joues creuses et aux cheveux longs traînaient dans les rues et harcelaient tout passant qui leur paraissait un peu moins misérable que les autres. Beaucoup de garçons âgés de quatorze ou quinze ans étaient accoutrés de restes d'uniformes et chaussés de godillots sans lacets. Sur leurs vareuses ravaudées et délavées on distinguait, d'un verdâtre plus soutenu, l'emplacement des insignes militaires récemment arrachés. Tous avaient été, par force, enrôlés à dix ans dans la Hitlerjugend ; et, beaucoup d'entre eux, mobilisés au début de l'année dans la Wehrmacht. On les voyait s'abattre comme une nuée de moineaux sur les soldats américains auxquels ils quémandaient des chewing-gum et des cigarettes, quand ils n'essayaient pas de troquer un beau ciboire chapardé dans une église en ruine, voire la promesse d'une passe avec leur sœur aînée, contre une ration de viande en boîte estampillée du prestigieux sigle *US*. Des affiches bilingues mettaient en garde l'honnête citoyen munichois aussi bien que le naïf GI contre les agissements de ces loups affamés. Mais n'était-il pas rassurant, au contraire, d'observer que ces adolescents, qui depuis l'enfance n'avaient connu que l'abrutissant catéchisme raciste, la morale du sacrifice et l'élitisme, fraternisaient spontanément avec des nègres et apprenaient maintenant sur le tas le marchandage et le compromis — qui sont les principes mêmes de la démocratie ? C'était du moins l'opinion audacieuse et malicieusement amorale, il s'en flattait, de ce vieux raisonneur, de ce vieux fou de Bruno Arnhein.

L'écrasante canicule ajoutait encore une touche méridionale à l'aspect insolite de bas quartier napolitain que présentait la vieille ville. Au Stachus, des ménagères avaient tendu sur les fils du tramway, qui ne circulait plus, du linge à sécher. La Neuhauserstraße, la Kaufingerstraße grouillaient de pauvres qui vendaient à la sauvette quelques minables denrées cachées sous leur veste. À tout moment, un passant vous accostait et vous chuchotait à l'oreille :

« Des cigarettes américaines ? »

Ou :

« Du savon américain ? Du cirage américain ? »

Américain était, à l'évidence, la nouvelle épithète rituelle, qui conférait de la magie au moindre produit de récupération, comme naguère aux pires ersatz les qualificatifs d'*allemand*, de *national*, de *populaire*.

On surprenait, dans l'ombre des porches et derrière les tas de décombres, des échanges furtifs, des arrangements vite conclus. La Heilig-Geist-Kirche, dont le toit et la nef s'étaient écroulés, n'abritait plus l'esprit saint mais une illicite halle aux porcs. Et le Tal était devenu une cour des miracles : des invalides de guerre, amputés la plupart, proposaient des marchandises innommables étalées à même le pavé : vieilles semelles dépareillées, étuis de masques à gaz, bouts de lacets effrangés, restes desséchés de pâte dentifrice, peignes édentés... Mais une sensible bonne humeur régnait sur cette foule miséreuse ; comme si d'avoir réchappé à l'horreur avait doté les survivants d'une grâce faite de gentillesse et de fatalisme souriant, très latine. Hitler avait décidément perdu la guerre.

Bruno croisait des femmes court vêtues qui le gratifiaient d'un clin d'œil ou échancraient subrepticement du bout des doigts leur corsage sur son passage : elles n'exhibaient pas cette dureté provocante, cette rapacité des garçonnes qui racolaient derrière l'Opéra, Unter den Linden, dans les années 20. On ne se sentait nullement oppressé par la frénésie féroce, par la folie qui avait frappé Berlin à la fin de la Première Guerre mondiale. Peut-être parce que la vue des ruines imposait une certaine dignité aux habitants, lesquels avaient presque autant souffert que les soldats ; alors que l'Allemagne était intacte en 1918, et que la population civile avait été épargnée. Ou peut-être, tout bonnement, parce qu'on se trouvait dans cette bonne ville de Munich. Il fallait pourtant que ces malheureuses fûssent affamées pour offrir leurs charmes à un barbon ! continua de soliloquer complaisamment Bruno.

Mais ! après tout, était-il si décati que ça, le birbe ? Que non ! Par cette chaleur torride, il marchait d'un pas alerte, très droit, dominant la foule de sa haute stature. Et, après tout, cette petite, qui lui rappelait la callipyge Birgit, pouvait lui avoir souri pour ses beaux yeux, au vieux ! Avant de voir en lui l'éventuel client dont elle évaluait du coin de l'œil l'éventuelle générosité...

Bruno se retourna sur la jeune beauté. Un instant, l'Isartorplatz ne fut plus qu'un immense, qu'un infini fessier. Et dans la moiteur de l'air, si lourd, le désir se condensa en une fine buée. Bruno essuya la sueur à son front. Puis, revigoré par cette divine vision, il reprit sa flânerie. Toutes ces femmes ! Toutes ces femmes ! Toutes ces femmes qui avaient perdu dans la défaite leur réserve obtuse, leur bovinité de saines femelles reproductrices, nationales et socialistes ! Toutes ces femmes qui faisaient claquer leurs semelles de bois sur le pavé ! Toutes ces femmes qui se maquillaient outrageusement et se parfumaient on ne savait avec quoi ! Ah ! cette *odor di femmina* qui flottait sur la ville ! Victoire ! Victoire sur l'hitlérisme ! Paix sur la terre !

Pace in terra !
Dolce profumo di donna...

Brusquement, Bruno bifurqua dans la Pflugstraße. Brusquement, il reculait devant le but de sa visite à Munich. En obliquant vers le nord, il s'éloignait de la rive droite de l'Isar, il tournait le dos à Bogenhausen. L'unique raison de ce voyage, qui lui avait coûté tant d'heures perdues en démarches administratives diverses : voir ce qu'il restait debout de sa villa de la Möhlstraße — était aussi l'unique raison de retarder à présent ce moment qu'il redoutait tant. Comme pour s'habituer à retrouver détruit un lieu où il avait connu jadis de grandes joies et ménager ainsi son émoi, il s'inventa l'envie subite de constater, avant, dans quel état était l'Opéra, quoiqu'il sût pertinemment combien la salle avait été touchée et que ce serait pour lui un crève-cœur.

Mais il eut plaisir à marcher dans l'ombre plus fraîche des ruelles du quartier gothique, puis à déboucher face à l'Hôtel Vier Jahreszeiten, auquel étaient attachés tant de souvenirs heureux — des souvenirs de toutes les saisons. Quand, avançant dans la Maximilianstraße, il aperçut tout à coup les murailles noircies de son cher Opéra.

Il s'approcha de l'entrée des artistes. Une corde barrait le passage aux curieux. Il distingua, juché sur un tabouret dans la pénombre du porche, un épouvantail attifé d'un uniforme haillonneux, lequel s'avéra être à seconde vue un humain somnolant, qui s'anima quand le compositeur fit mine d'enjamber la corde :

« Interdit ! » aboya-t-il en se levant. Mais, se ravisant

aussitôt : « Ma parole ! fit-il, je ne rêve pas ! C'est M. le Directeur de la musique ! Vous vous souvenez de moi ?

— Mais oui ! Ce brave Basile ! C'est comme ça qu'on vous surnommait, non ?

— Absolument ! Vous tenez vraiment à voir l'intérieur, monsieur le Directeur de la musique ? »

Le Directeur de la musique hocha la tête sans conviction : il y tenait sans y tenir. Il n'était plus sûr de soi, il n'était plus sûr de rien. Une nausée soudaine le faisait involontairement grimacer.

Il suivit le gardien, cependant — l'ancien factotum des coulisses. Et, muet de stupeur, leva les yeux sur le plafond béant. De l'immense théâtre, ne subsistait que la structure de briques noircies ; les boiseries, les dorures, les velours, les stucs avaient été entièrement détruits dans l'incendie. Et il pensa à quelque épure d'un traité classique d'architecture scénique, à une gigantesque maquette de régie, à un décor. Le théâtre en ruine était le décor d'un plus grand théâtre, de ce plus grand théâtre qu'est le monde. Une désastreuse lumière grise, pulvérulente, tombait des cintres.

Bruno voulut vocaliser deux ou trois notes pour vérifier si toute acoustique était morte. Mais la salive lui manqua, il ne put émettre le moindre son. Il détourna le visage pour cacher ses larmes au gardien. Puis le remercia brièvement et ressortit.

Il vit alors, en ressortant, l'affiche d'un concert placardée sur un étai, et s'arrêta pour lire :

ORCHESTRE PHILHARMONIQUE MUNICHOIS

Prinzregententheater
Dimanche 8 Juillet 1945, 16 heures

Sous la direction d'Eugen Jochum

Mendelssohn : Ouverture du Songe
d'une nuit d'été

Mozart : Symphonie N° 40

* Entracte *

Tchaïkovski : Symphonie N° IV

* * *

Le 8 juillet 1945 : aujourd'hui, donc ! Aujourd'hui, non loin de là, dans moins d'une heure, on jouerait du Mendelssohn — le Juif Mendelssohn ! Et du Tchaïkovski — le Slave Tchaïkovski !

Oh ! certes, estima en homme de métier Bruno Arnhein, Eugen Jochum aurait pu inscrire au programme, pour marquer l'événement, une œuvre moins mince que cette charmante mais assez mièvre *Ouverture du Songe d'une nuit d'été*. Quant à la IVe de Tchaïkovski, même si elle est d'un sentimentalisme moins dégoulinant que la flasque *Pathétique* ! Non ! vraiment... Mais, qu'importait, en somme ? Seul comptait l'intention de son confrère : aujourd'hui, 8 juillet 1945, on rejouait en Allemagne la musique d'un Juif et la musique d'un Slave ! Demain, on rejouerait Mahler, on rejouerait Schönberg ! Demain, le nom du librettiste Da Ponte reparaîtrait sur les affiches des opéras italiens de Mozart, le nom du librettiste Egon von Rosenberg sur les affiches des opéras d'Arnhein ! Et on créerait, pourquoi pas ? sa *Finta Commedia* !

Voilà qui éviterait une fois pour toutes à son auteur, il fallait l'espérer, les tracasseries administratives, voilà qui lui épargnerait de remplir pour la énième fois cet interminable questionnaire qu'on lui remettait à chaque nouvelle enquête sur son *degré de nazification*.

À force d'en avoir rempli, il est vrai, le compositeur avait acquis un véritable automatisme, et quand il abordait la *Section E* du formulaire : *De quelle(s) organisation(s) étiez-vous membre ?* — il remplissait de *non* en moins d'une minute les trente-quatre premières cases, numérotées de 41 à 74. Et écrivait un unique *oui* en regard du n° 75 : *Chambre de musique du Reich*.

De quelle date à quelle date ? était-il demandé dans la colonne voisine. La première fois, Bruno Arnhein s'était offert le luxe de répondre : « Trop longtemps, je présume, pour ne pas être suspect ! » Primesautière plaisanterie qui, précisément, avait eu pour effet d'aggraver les soupçons à son endroit. Mais il eût dû y penser avant : on ne peut exiger d'une administration, de quelque gouvernement qu'elle dépende, un peu d'humour. Et les Alliés avaient trop cher payé en vies humaines leur victoire sur l'Allemagne hitlérienne pour faire preuve de magnanimité. Outre que certains émigrés allemands engagés dans l'armée américaine se répandaient en calomnies contre leurs anciens compatriotes et poussaient leur nouvelle patrie dans cette chasse aux sorcières... Pour le plaisir délicat mais fugace d'une insolence, Bruno Arnhein s'était mis dans un mauvais cas.

Mais aussi ! il souhaitait que ses accusateurs fissent preuve de cohérence autant qu'il s'y efforçait. Il n'allait pas maintenant, lui, pour sa défense, se prévaloir de l'héroïsme de sa fille Pamina, des martyres de son fils Friedrich et de son gendre le prince de Casalfeltre ! Mieux : il s'était donné l'élégance de ne pas mentionner le fait que ses petits-enfants étaient juifs — ce qui lui eût valu pourtant d'être blanchi immédiatement. Il voulait être jugé sur ses seuls actes. Car il estimait qu'on ne pouvait pas, du même mouvement, supprimer la monstrueuse législation nazie instituant la responsabilité collective et prétendre acquitter une personne en considération de la bravoure de ses enfants, ou la condamner pour des crimes commis par l'un d'eux. Cependant, ce reproche lui avait été adressé par un farouche champion des droits de l'homme :

« Monsieur Bruno Arnhein, passons sur votre titre de Directeur honoraire de la Chambre de musique du Reich. Reste que vous êtes le père du SS Siegfried Arnhein ! »

Et plus absurde encore, plus dérisoire : figurait dans son dossier un court compte rendu de la fin atroce de sa belle-fille Ursula, à Berlin.

Ursula avait vraisemblablement tenté de pénétrer dans le bunker de la Chancellerie le 20 ou le 21 avril. Selon un témoignage, elle était en état de démence et, un revolver à la main, aurait crié qu'elle venait pour assassiner Hitler. Ou : qu'elle venait d'assassiner Hitler. Selon un autre témoignage, elle n'avait pas de revolver, mais se trouvait en manque de morphine et aurait prétendu qu'elle cherchait à rencontrer le médecin du Führer, pour qu'il lui en fournisse. Son visage était défiguré par des morsures de rats. Ses bras étaient couverts de traces de piqûres. Elle aurait été lapidée. Quoique méconnaissable, le corps avait été formellement identifié. Elle s'était affublée d'une étoile jaune. Elle portait un brassard à croix gammée.

Bruno avait appris sa mort de la bouche d'un officier qui lui avait lu sans aucun ménagement, d'une voix monocorde, la feuille où étaient portés ces renseignements lacunaires et contradictoires.

Et, du même, que la maison de la Möhlstraße avait été bombardée.

Ouverture du Songe d'une nuit d'été. Depuis cinq minutes qu'il ruminait son amertume, il n'avait pas bougé et lisait et relisait machinalement les mêmes mots sur l'affiche. Il lui semblait s'engluer dans le goudron de la chaussée, il lui semblait qu'il allait mourir là, enlisé dans le magma de la réalité incandescente et meuble alentour, les poumons noyés. Le temps s'était arrêté.

Ce fut soudain un éblouissement. Et il dut se retenir à l'étai pour ne pas glisser, pour ne pas mourir étouffé. L'image le hantait, d'Elisabeth dans sa robe de soie noire, qui s'agrippait désespérément à lui.

Un inconnu l'accosta et lui dit en gâtifiant comme on fait parfois devant un vieillard atteint de ramollissement cérébral :

« C'est complet, cher cher Monsieur. Les gens font la queue depuis l'aube. À chaque concert, c'est la même folie, la même folie. À croire que la musique est rationnée comme le pain ou le sucre. »

Le musicien, jetant un regard légèrement hagard sur l'inconnu, marmonna quelques mots confus. L'homme comprit cependant qu'il exprimait le souhait de rentrer chez lui. Et de fait, Bruno répéta plus distinctement, mais comme s'il s'adressait à soi :

« Je veux rentrer chez moi.

— Où est-ce chez vous ? » demanda l'autre en lui prenant familièrement le coude.

Bruno se dégagea avec brusquerie : non, il n'avait pas besoin d'aide. Il savait où se trouvait sa maison, tout de même ! Il saurait s'y rendre. Il l'avait parcouru tant de fois, le chemin ! Et en toutes saisons : qu'il pleuve, qu'il neige, qu'il vente, qu'il gèle, ou sous une écrasante canicule — comme aujourd'hui. Tant de fois, il était rentré à pied de l'Opéra. Soit qu'après un triomphe, il eût envie de cette marche solitaire et nonchalante pour le savourer pleinement, en descendant la Maximilianstraße illuminée — et alors elle lui paraissait illuminée pour lui seul, en son honneur, à sa gloire ! Soit, au contraire, qu'après un conflit avec l'orchestre ou une violente dispute avec ce pingre de surintendant des théâtres, il éprouvât la nécessité hygiénique d'épuiser sa colère dans une marche résolue, au pas alpin... Non ! il n'avait pas besoin d'aide. De personne. Et il planta là, frustré de sa sollicitude, l'inconnu.

Il rentrait à la maison.

Mais à la maison, il n'était plus vraiment chez lui, songea-t-il. Car, dans son égarement subit, voici qu'il confondait la villa de Bogenhausen et la villa des bords du lac de Constance, qu'il avait quittée le matin même... Ce n'était plus tout à fait sa maison : dans les salons du bas et trois chambres réquisitionnées au premier étage, l'armée française avait installé dix-huit lits pour des soldats convalescents. Oh ! certes, les infirmiers comme les blessés se montraient fort courtois et aussi discrets que possible, et lui acceptait d'assez bonne grâce ces vicissitudes de l'occupation ; mais il n'était plus chez lui. Il n'était plus chez lui nulle part sur terre, lui semblait-il. Il se sentait de trop, soudain. Comme Elisabeth dans les dernières semaines de sa vie.

« Je suis de trop... » murmurait-elle.

Sa plainte résonnait encore à son oreille parmi d'autres rémanences assourdies : la voix rauque d'Elisabeth, les larmes d'Elisabeth, le rire d'Elisabeth. Maintenant, des intrus logeaient entre ces murs qui avaient retenti du rire d'Elisabeth — Villa *La Contessina*.

Bruno se remit en marche cependant, comme à son insu, guidé vers la rive droite non par une quelconque volonté mais entraîné par un mécanisme secret de l'inconscient, avançant d'un pas d'automate, flottant en somnambule au milieu d'un brouillard de sons et de couleurs ternes, reclus au plus profond de soi. Par intermittence, son poignet essuyait du revers la sueur à son front. Son pouls irrégulier tressaillait distinctement.

Il y eut une époque, la force de l'âge comme on dit, où son cœur battait moins de coups par minute qu'il n'y a de secondes dans une minute ; il y eut une époque où rien ne lui pesait, où tout était léger, presque immatériel. Il respirait aisément. Il ne souffrait plus d'asthme.

Il se souvint de randonnées en montagne, de longues randonnées. Il se souvint de l'ivresse après l'effort. De la grâce qui le touchait alors. Quel chemin il avait parcouru ! Combien de chemins ! *Fußwege, Hohenwege, Zollwege, Holzwege, Waldwege, Philosophenwege, Wanderwege...* Chemins piétons, chemins de haute montagne, chemins de douanier, chemins pare-feux, chemin des bois, chemins des philosophes, chemins de vagabondage, de promenade, de randonnée... Qui, dans sa mémoire, n'en faisaient plus qu'un : un long, un sinueux *Arnheinweg* ! Depuis toujours il marchait, il marcherait toujours. Sa vie était une randonnée sans fin, sans aller ni retour. Mais non sans but.

Venu je ne sais d'où,
Vers où je sais que je vais...

comme chante Prométhée, dans l'opéra du même nom.

Que lui advenait-il ? Pourquoi ne sentait-il plus son cœur battre ?

Il fut frappé d'un nouvel éblouissement et voulut s'asseoir. Dans l'éclat blanc, vibratile, de la chaleur, il avisa un banc sur le quai de l'Isar, devant un monticule de gravats formé par un effondrement du garde-fou. Les choses vacillaient, aveuglantes, et le narguaient. Sur le dossier du banc, était vissé un panonceau publicitaire vantant une poudre aseptisante garantie délassante pour les pieds et posant la question :

Êtes-vous fatigué de marcher ?

Oui, fit-il d'un cillement las. Fatigué de marcher. Fatigué du chemin. Fatigué du monde et fatigué de soi.

Mais comment cela avait-il commencé ? À quel moment, ce sentiment d'un irrésistible enlisement, d'un irréversible anéantissement ? Et quel espoir le retenait encore à la vie, du bon côté du garde-fou ?

Revoir Arno et Alice ! Retrouver Pamina !

Dans quelques jours, quelques semaines au plus, ils seraient là, auprès de lui. Et lui entendrait le rire des enfants dans le jardin, et plus seulement les gémissements des soldats blessés qu'il entendait parfois la nuit, ou leurs cris, quand un cauchemar les éveillait en sursaut — souvenir, sans doute, de la mine qui explosait, de l'éclat de grenade... Et quand une porte grincerait, ce serait sa fille qu'il s'attendrait à voir entrer. Il n'hallucinerait plus, il ne verrait plus entrer Elisabeth. Il ne la verrait plus, un doigt posé sur les lèvres, l'inviter à se taire, l'inviter à ne pas manifester d'étonnement : — Chut !

Il reprit progressivement ses esprits. Pleinement lucide, il se rappela qu'il n'allait pas retrouver sa villa occupée par des invalides et hantée par Elisabeth ; mais sa maison détruite, Möhlstraße — sur l'autre rive de l'Isar. Il remarqua même quelque chose qui l'amusa : à coups de canif, les branches des svastikas gravées dans le bois du banc avaient été maladroitement prolongées de manière à se rejoindre et transformer les croix désormais prohibées en innocents damiers de quatre cases. Il se leva et traversa le pont, d'un pas redevenu alerte.

De l'autre côté du Maximilianbrücke, aux balustrades des rampes menant au Maximilianeum, étaient affichés comme sur toutes les grandes places et carrefours de la ville des centaines d'avis de recherche manuscrits. Mères demandant des nouvelles de leurs fils, épouses de leurs maris, sœurs de leurs frères, enfants de leurs parents : qui les avait connus ? qui savait ce qu'ils étaient devenus ? qui les avait vus vivants, où et quand ? qui pouvait les informer s'ils étaient blessés, prisonniers ou morts? — une moitié de l'Allemagne cherchait à rejoindre l'autre, eût-on dit.

Épinglées, agrafées ou collées à certains avis, des photos d'identité, ou des photos de mariage, ou des photos de groupe sur lesquelles un visage était cerclé à l'encre, jaunissaient, cloquaient, gondolaient, s'oblitéraient au soleil. Sur une affichette composée avec soin, on voyait deux jeunes gens recherchés par leurs parents, deux frères — l'aîné prénommé Friedrich, le second Siegfried.

Aidez-nous ! Nous voulons les revoir. Aidez-nous !

avait calligraphié en gothique, sous leurs portraits, le père ou la mère.

Sur une autre, le propriétaire d'un chien perdu offrait une forte récompense à qui le lui ramènerait : au choix, des coupons pour une demi-livre de viande ou une édition complète reliée pleine peau des œuvres de Goethe. Le chien répondait au nom de Mignon.

Bruno s'attarda quelques minutes à lire, puis il continua son chemin et tourna dans la Maria-Theresia-Straße.

On l'avait trompé ! Comment croire que sa maison était détruite ? Plus la moindre ruine, pas la moindre trace d'une destruction ici. Le quartier était tel qu'il l'avait toujours connu, avec ses opulentes demeures bourgeoises protégées par des grilles, ombragées par de riches frondaisons. À peine si les pelouses paraissaient moins soigneusement entretenues que d'ordinaire, à peine si les allées de gravier paraissaient moins nettement ratissées. Les volets, clos la plupart, auraient eu besoin d'être repeints peut-être ; les façades, recrépies dans ces couleurs tendres de la tradition bavaroise : rose, vert céladon, coquille d'œuf, bouton d'or pâle — qui donnent aux maisons des airs de maisons de poupée, de bibelots en porcelaine, de *children's corner*. Et, partant, une légèreté, une puérile insouciance à la vie qu'on y mène, dirait-on.

Mais d'où provenait donc la rumeur que toutes ces grandes villas abandonnées étaient occupées par des pauvres qui avaient perdu leur logement dans les bombardements ? De la rue, on ne devinait rien de tel. Et Bruno croisa même une nurse qui poussait un élégant landau anglais dans lequel vagissait un nourrisson vêtu de dentelles. La guerre ni le nazisme n'avaient jamais atteint, semblait-il, Bogenhausen. Il se crut revenu un jour d'été, à l'époque où les propriétaires partaient en villégiature, un jour d'été bien avant la guerre : avant la Première Guerre. En 1904 : lorsque de retour d'une tournée aux États-Unis, il avait acquis le terrain à construire dans la Möhlstraße.

La Möhlstraße ! Il était parvenu au croisement de la Maria-Theresia-Straße et de la Prinzregentenstraße, derrière le monument de l'Ange de la Paix, d'où se découvre la courbe de la Möhlstraße. Et toujours pas la moindre ruine en vue. Toutes les villas du début de la rue, la rue si familière qu'il eût pu dire les yeux fermés selon quel ordre la suite des façades alternait le rose, le céladon, le jaune, le gris perle — toutes les villas étaient miraculeusement intactes.

Alors, Bruno eut un espoir fou : pour une raison quelconque, on lui avait fourni un faux renseignement, on avait confondu sa rue avec une autre. Une fois de plus, il s'agissait d'un de ces bruits invérifiés comme il en fleurissait tant depuis la guerre ; et surtout depuis la fin de la guerre. On s'était trompé. Ou, pis, on l'avait trompé délibérément... Il pressa le pas.

Mais s'arrêta net : non ! Il la voyait maintenant, sa maison... Ou, plutôt, il ne la voyait pas. À l'endroit précis du trottoir où, quand il rentrait chez lui à pied en venant de ce côté, il voyait le mur du jardin se profiler, il ne voyait pas de mur.

Il avança de trois pas : il aperçut un tas de gravats — là.

Il avança encore. Il s'approchait lentement, comme s'il accommodait lentement cette vision, comme s'il ne l'accommodait pas vraiment.

Enfin, il fut devant le portail. Devant ce qui avait été le portail. Et il traversa la chaussée — pour prendre du recul en quelque sorte.

Ne tenait debout qu'un pan de mur évidé d'un oculus ovale, baroque, auquel était appendue une pancarte timbrée de la tête de mort et des deux tibias croisés signalant le danger d'entrer.

Tout le reste formait un énorme tumulus très évasé, amas indistinct de moellons noircis, de débris calcinés, de pierres. Ce qui avait été le jardin de derrière s'incurvait en un vaste cratère au fond duquel stagnait une eau croupie. Mais sur le bord, le marronnier, mort, se dressait toujours, quoique à moitié déraciné et penché. À une branche, pendait comme une monstrueuse toile d'araignée une résille d'étain fondu : naguère, la grosse lanterne qui éclairait le jardin.

Certains soirs d'été, après le bain, on autorisait les enfants à redescendre au jardin pour une dernière partie avant d'aller au lit. Lui, montait au premier, allumait une lampe et s'asseyait à son piano. Mais le jardin était laissé dans le noir, pour augmenter le plaisir des jeux du léger et délicieux effroi suscité par l'obscurité, par la chaude pénombre où frémissent des feuillages et des ombres, les soirs d'été.

Les fous rires des enfants ne le troublaient nullement. Au contraire : le Magicien commençait de jouer et il lui semblait que ces rires aigus improvisaient un contrepoint, battaient la mesure, ajoutaient des ornements coloratures, des trilles ou un déchant.

Sa musique n'était pas uniquement la musique que ses doigts faisaient naître en frappant les touches. Sa musique, aléatoire, était aussi dans les braillements de Sioux des garçons qui chevauchaient des balais, dans les piaillements des filles qui se disputaient une dînette. Sa musique était aussi dans le trot des chevaux ébranlant le pavé, le roulement des calèches, les pétarades des moteurs à essence. Sa musique était dans les flonflons d'un orphéon tyrolien qui remontait inopinément la rue. Sa musique était la musique de la nuit, dont la fenêtre ouverte détourait un carré bleu sombre du fond clair du mur, l'y accrochait comme un tableau. Sa musique résonnait même du cri réitéré de la gouvernante quand elle appelait son petit monde :

« *X*'il vous plaît ! »

Sa musique était la musique du monde, la céleste musique du monde. Sa musique était la sourde rumeur de la ville, à la fois si lointaine et si proche. Si lointaine qu'on n'entendait pas, d'ici, le fracas des meetings et des défilés populaires, les slogans scandés par la foule quand elle manifestait, les bruits de bottes... Si proche que, certains soirs, on voyait flotter des flammèches dans les ténèbres azurées, voleter des braises... Une retraite aux flambeaux, peut-être ? Ou bien, les livres qu'on brûlait là-bas. Oui, le bûcher sur les marches mêmes de l'Opéra, la nuit où ils avaient brûlé les livres — il s'en souvenait : le 10 mai 1933.

Bruno Arnhein ne bougeait pas. Il regardait sans plus les voir les décombres. Les yeux dans le vague, il appelait intérieurement Arno et Alice : il voulait tant réentendre leurs rires dans le jardin de la villa ! Sans remuer les lèvres, il parlait aussi à sa fille Pamina : il lui disait de venir tout de suite. Qu'il les attendait.

Il pleurait en silence.

Les Trois Derniers Lieder

La vie est théâtre, théâtre est la vie : dans le coffre où il rangeait des souvenirs autrefois et qu'il n'avait pas rouvert depuis le début de la guerre, il retrouve l'écrin de ses lorgnettes de spectacle sur le velours duquel sont brodées au fil d'or les dernières paroles d'*Orphée.* Il retrouve une poignée de baguettes : celle offerte à son chef d'orchestre favori par la municipalité de Munich ; celle incrustée de brillants, don d'une admiratrice américaine anonyme et avec quoi il dirigea à Boston, New York et Chicago ; celle acquise dans une vente aux enchères à Zurich et qui aurait été un cadeau de Louis II à Wagner ; celle qu'il avait cassée sur le pupitre dès l'ouverture lors de la création de *Prométhée.* À chacune, Elisabeth avait pieusement attaché une étiquette indiquant lieu et date ou nom du donateur. Il ne se souvenait plus qu'elle l'eût fait et redécouvre, attendri, sa fine écriture régulière : *Dresde — 19 IV 21 ; Vienne — Les Noces ; Salzbourg — 9 mai 1909 ; Prince Ludwig Ferdinand ; Vienne, Così... ; Cäcilie von Hohenzollern ; Paris — 7 avril 1932 ; Londres — 11 avril 1932 ; Mme Laura Chase, New York ; Le Président Millerand ; Bayreuth — Saison 1913 ; Le Comité pour la culture du Parti Socialiste ; le Dr Joseph Goebbels et la Chambre de Culture du Troisième Reich.* À l'une d'elles, gravée d'un Z : *Roi Zog ou Impératrice Zita ?* Et à cette autre, brisée : *Dernière répétition du Crépuscule des dieux.*

Il retrouve ensuite, par liasses classées avec un même soin, des dizaines et des dizaines de télégrammes d'encouragements ou de félicitations, de radiogrammes reçus à bord des transatlantiques. Ainsi que ce câble envoyé de l'Hôtel Gritti à Venise par Egon von Rosenberg :

Idée de génie. Ne bougez pas, lettre suit.

Votre dévoué EvR.

(Et de fait, au courrier suivant, Bruno avait reçu le résumé en deux pages du sujet de *La Contessina* : leur histoire d'amour, Elisabeth et lui.)

Il retrouve également quelques-uns de ces gants que, selon le livret, la comtessine laisse tomber par mégarde en sortant de scène au second acte. Jugeait-elle le geste plus théâtral ou n'était-ce qu'un caprice de sa part ? Contre la volonté de l'auteur et comme par défi, Birgit Angstrøm les lançait dans la fosse d'orchestre, ces gants qu'elle était censée perdre — il n'a jamais vraiment deviné pourquoi. Mais ce sont les siens seuls qui lui sont restés en souvenir et aujourd'hui il se demande si la meilleure de ses comtessines, la plus troublante, n'avait pas trouvé quelque chose là : une façon amusante d'abolir un instant la distance entre la scène et la fosse, le spectacle et la salle, un clin d'œil au public pour lui rappeler qu'on était au théâtre en même temps que dans la vraie vie.

Il retrouve d'autres choses encore : un bouquet de fleurs séchées dont il ignore la provenance, de beaux cailloux ramassés sur les chemins de randonnée. Dessous : des albums de photos qu'il redoute d'ouvrir, qu'il n'ouvrira pas maintenant. Pas encore, se fait-il. Plus tard peut-être, quand revoir les portraits de sa femme et de ses enfants morts ne le fera plus souffrir autant. Si un jour revoir ces visages... Mais non : il y renoncera. Comme il a renoncé à jamais réécouter ce disque enregistré à leur insu lors d'une pause en studio et où on les entend rire pendant les deux minutes dix que dure la face, Elisabeth et lui.

Il fouille toujours; retrouve sous les albums une pile de programmes : l'Opéra de Munich, les Grands Concerts de Berlin et, depuis son tout premier, ceux des festivals de Bayreuth auxquels il fut présent, simple amateur d'abord, plus tard conseiller invité, enfin chef en titre. Dès la saison 1933, il ne l'avait jamais remarqué auparavant, la svastika timbre la couverture mais elle est encore discrète. Puis, d'année en année croît la taille du macaron à mesure que décroît le corps dans lequel est imprimé à l'intérieur son nom ; qui disparaît en 1936. Pourtant, cette même année, il composait l'hymne des Jeux Olympiques — dont il retrouve aussi une brochure. Ne devrait-il pas rayer de son œuvre ces flonflons de commande maintenant, ce criard opus *111* ?

Enfin, il retrouve ce qu'il cherchait : une éphéméride de théâtre — un de ces calendriers reliés à l'envers que le régisseur accroche au tableau des coulisses pendant les répétitions. Chaque jour on arrache une feuille : *septième, sixième, cinquième, quatrième, couturière, générale, première.*

On est à treize jours de la soirée musicale. Mais le chiffre treize étant tabou au théâtre, après la quatorzième, l'éphéméride présente une feuille blanche. Il y inscrit : *Trois lieder, paroles et musique de Bruno Arnhein.*

La vie est théâtre, théâtre est la vie depuis que le calendrier est affiché à un mur du salon de musique. Ils se sont si bien pris au jeu que la tension monte de jour en jour. Aujourd'hui, il ne leur reste plus qu'une semaine avant la création mondiale des trois lieder, et l'ambiance est celle des coulisses aux ultimes répétitions d'une nouveauté : une sourde impatience qui, par intermittence, se résout en crises, en cris même.

« Jamais je n'y arriverai », explose Pamina.

On abandonne alors un moment la mise en place du dernier lied pour reprendre le précédent, *La Femme.* À cette mesure où la chanteuse chante :

... Une façon, ce châle,
De le laisser glisser de l'épaule
Dans l'abandon —.

Car Alice n'est jamais satisfaite du coup d'archet qui suit, ce court decrescendo qui doit à peine laisser entendre le glissement du tissu, son soyeux froissement très ténu, la brièveté de cet abandon. Elle a saisi sinon les mots, du moins le sens de ce que disait l'autre jour son grand-père : « Je ne veux pas d'effets. Rien de descriptif, rien de pittoresque surtout. Ma musique n'est pas ornementale mais instrumentale. Évitez l'anecdote. »

« Comme ça ? demande-t-elle.

— Comme ça, répond-il doucement. Comme ça mais... »

Il n'ajoute rien, ne se départ pas de son calme — plus maître de chapelle que chef d'orchestre, selon son habitude. À ce simple « mais » cependant, l'enfant comprend que ce n'est pas encore ça.

Arno, lui, a du mal avec les accords appogiaturés de septième qui ouvrent le premier des lieder, *L'Homme*. L'atmosphère de l'œuvre paraît déjà contenue toute dans la bizarrerie de cette attaque pianissimo, la sereine tristesse qu'elle suggère d'entrée. Il devine que s'y joue la cohérence de l'ensemble ; partant, sa réussite ou son échec. Le trac lui raidit les doigts.

Mais Pamina, parce qu'elle a plus de métier, est aussi la plus inquiète des trois. Dans *L'Amour*, sans cesse elle bute sur un passage à l'octave :

Sur nos lèvres un mot muet,
Tu...

Ce « tu » qu'il faut faire venir naturellement, ne pas crier, taire presque — contre-ré.

« Non, redit-elle, non je n'y arriverai pas.

— Veux-tu que je transpose ? » lui offre son père.

Bruno Arnhein l'a fait tant de fois ! Son indulgence envers les chanteurs et surtout les chanteuses est célèbre. Il se soucie plus de la musicalité que du strict respect des notes écrites : il veut que la voix ait ses aises, toute au plaisir de chanter. Qu'il en soit ou non l'auteur, jamais lors d'une répétition il n'a hésité à récrire un air plutôt que d'entendre peiner dessus plus longtemps l'interprète. Le Prince Inconstant éprouvait-il quelques difficultés en entonnant la trop grave prière de l'acte II ? La Reine de la Nuit ratait-elle à chaque prise son terrible contre-fa ? Qu'à cela ne tienne : Bruno Arnhein se faisait arrangeur sur le tas. Et quand il accompagnait au piano un récital, c'était vraiment en accompagnateur : il jouait selon l'humeur et les capacités présentes de l'artiste, changeant de ton au besoin, trichant avec la mesure, improvisant même pour l'aider parfois et prenant des libertés de jazzman. Mozart, Rossini, Schubert en faisaient autant, arguait-il pour sa défense. Et si un détracteur insistait : « De toute façon, ajoutait-il, ils ne sont plus là pour se plaindre. D'ailleurs, ils m'auraient approuvé. »

Pamina pourtant se rebiffe :

« Pas question. »

Dans son geste digne et sobre de la main qui réduit l'échancrure du châle sur la poitrine, il retrouve Elisabeth.

« Elisabeth » : plusieurs fois ces derniers jours le lapsus lui est venu de la nommer ainsi et chaque fois il ne s'est repris qu'in extremis. Avec l'âge, sa fille s'est comme approprié la noblesse de la mère, la litote élégante de ses attitudes. Ni réserve bourgeoise ni arrogance mais le ton juste — de grande dame. Elle a son ironie aussi : tout à coup très ému, il l'observe qui se penche vers ses neveux et leur dit, assez bas pour que cela semble une confidence, assez haut pour qu'il n'en perde pas un mot cependant :

« Votre grand-père est impossible. Si on l'écoutait, il nous récrirait en opérette *Le Crépuscule des dieux*. Il en ferait *Le Pays du sourire* ! Vous connaissez l'histoire, on vous l'a déjà racontée ? Un jour qu'il faisait répéter je ne sais plus quelle chanteuse et que la malheureuse n'était pas en voix, après une dizaine d'essais il a fait arrêter l'orchestre et lui a dit : " Madame, donnez-nous donc votre la et nous tâcherons de nous accorder sur vous. Ce sera plus facile que l'inverse. " »

Tous trois éclatent de rire. Puis lui, de les voir rire. Rire nerveux certes mais rire — il se rend vite à l'évidence : le premier depuis qu'ils sont réunis. Mais on peut donc rire encore, il le sait maintenant. On peut retrouver son rire comme on a retrouvé dans le coffre aux souvenirs un calendrier relié à l'envers. Et faire ainsi le deuil de son deuil.

Travail de deuil : le mot est de Freud, Bruno l'a lu dans *Deuil et Mélancolie.* S'exercer à ne plus tressaillir au moindre bruit, à ne plus attendre amoureusement quand une porte grince et s'entrouvre : non, ce n'est rien que le vent ou un gond qui cède et elle n'entrera plus comme elle le faisait si joliment pour le rejoindre dans ce salon de musique, en se glissant de biais par l'entrebâillement, en s'excusant d'avance — « Je peux ? » Un soir, s'allonger tout habillé sur le divan et s'endormir enfin. Un autre soir, se déshabiller et se coucher dans le lit. Un matin, ne pas chercher sa main au réveil. Un autre matin, se surprendre à chanter. Puis ne plus se surprendre à chanter, et chanter. Puis ne plus être surpris de ne plus se surprendre à chanter, et chanter et chanter. Chanter encore... Laisser aux morts d'ensevelir les morts. Laisser donc à cette part de mort que tout vivant recèle en soi de mourir avec l'autre, de porter son deuil. Et vivre, soi. Et rire.

Ils rient tous quatre et la pesanteur nerveuse s'abolit. Ils s'embrassent avec une violence rentrée, tels les rescapés d'une catastrophe. Non, ils ne sont pas morts.

Cet instant de grâce, il le saisit pour leur faire reprendre *L'Amour.*

« Da capo, dit-il simplement. Un, deux, trois... »

Alice et Arno jouent alors comme ils n'ont jamais joué, et Pamina se surpasse. D'un hochement de la tête, d'un mâchonnement de la bouche, il l'accompagne avec tendresse, il la guide jusqu'au ré avant le passage à l'octave, jusqu'au contre-ré :

Sur nos lèvres un mot muet,
Tu,
Retenu...

Oui, c'est cela : retenu — des yeux, il acquiesce. Les siens, du même bleu pâle que ceux de sa mère, s'emplissent de larmes. Elle continue :

Et dans nos cœurs,
Indicible comme certains bonheurs brusques,
Cette détresse du désir.

La dernière note chantée meurt en point d'orgue. Suit, une courte cadence aux piano et violon ; puis, le silence. Chacun le regarde, attentif. Il ne dit rien mais se redresse et applaudit.

Dehors aussi on applaudit. Après dîner, des convalescents viennent s'asseoir dans des sièges de jardin qu'ils disposent en arc sur la terrasse, face au couchant. Mais ce soir que les fenêtres étaient ouvertes, certains ont tourné leurs fauteuils vers la loggia d'où provient la musique. Quand ils voient s'avancer vers la balustrade les Arnhein, ils applaudissent plus fort, crient bravo, bissent. Pamina, amusée, salue comme à la scène. Un soldat lui lance un iris arraché à la haie. Un autre, debout, adresse aux enfants un baiser.

C'est cette heure du soir où la lumière n'est plus cet élément immatériel qui confère leur volume aux choses, leur contour et leur ombre, mais la pure matière dont tout est fait. L'eau, la terre et le ciel se mêlent, sublimés en une clarté gazeuse, étale et unie. Des ténèbres dorées précipitent dans la plane limpidité de l'air. Les Alpes flottent tels des stratus épars dans les lointains. Un vol d'hirondelles décline vers l'horizon, qui dérive. Plus près, sur le lac, affale une voile. Par intermittence, un phare s'allume et s'éteint. Le temps semble en suspens.

« Regardez ! » dit-il d'une voix qui s'enroue et se brise. « Regardez ! Cette beauté... J'étais vaniteux dans ma jeunesse : je ne doutais pas de faire aussi bien. Un jour, l'autre Bruno, Bruno Walter, était venu me rendre visite au nid d'aigle que j'avais loué pour l'été en Silvretta. Il est vrai que la vue sur les montagnes vous coupait le souffle quand vous arriviez, mais c'était pour travailler à mon requiem que je l'avais invité, et comme je trouvais qu'il traînait un peu trop longtemps sur le balcon, j'ai fini par lui dire...

— " Inutile de contempler le paysage, je l'ai mis tout entier dans ma dernière symphonie " », achève Pamina qui, pour l'avoir entendu raconter cent fois, connaît l'anecdote aussi bien qu'une réplique d'un rôle appris par cœur.

Son père lui jette un œil attendri et complice. Elle s'empêche de lui avouer que selon elle, il n'a guère changé depuis. Car jusque dans sa manière de montrer à ses enfants d'un geste ample, comme s'il brossait un tableau, le grandiose embrasement du soir, il le fait sien, ce spectacle. Il leur offre un crépuscule arnheinien.

« Regardez ! »

De fait, il imagine quel décor, quel éclairage dressera autour d'eux le couchant quand ils donneront samedi leur soirée musicale. En homme de théâtre, il anticipe la représentation dans ses moindres détails pratiques : l'embarcadère sera la scène, on y installera le piano à queue et deux chaises. Le yacht, qu'on verra comme ce soir tanguer doucement, servira de coulisses. Les sièges seront disposés dans l'herbe sur trois ou quatre rangs. Les malades impotents, on roulera leurs lits jusqu'aux marches de la terrasse. Il faudra aussi rédiger le programme, écrire un petit laïus en français. Sans oublier les bouquets pour les trois interprètes... Bruno, tout à ses préoccupations de régisseur, directeur et administrateur, sourit dans le vague. Il est ailleurs.

L'angélus sonne à la Stiftskirche. Une mesure après, l'heure à la Stephanskirche. Il songe alors à un effet qu'on pourrait tirer en minutant bien le concert et avec tant soit peu de chance : la cloche de l'église catholique ponctuerait la cadence du dernier lied — fa bémol, sol. Aussitôt suivi du ré, la, ré, si de l'église évangélique. Ajouter ainsi à l'art le hasard : un petit supplément d'harmonie volé à la vie, un petit supplément de beauté. Quelque chose du même esprit que les gants jetés dans la fosse d'orchestre, ce truc de la Birgit... Birgit ! en voilà une qui avait un joli cul. En voilà une qui avait le feu à son joli cul. Et qui savait sucer avec ça ! À l'entracte, elle faisait toujours appeler le maestro dans sa loge pour revoir avec lui son grand air du II... Tu parles ! pour lui pomper le nœud, oui. D'ailleurs, c'est peut-être d'avoir avalé tout ce foutre qui lui a conservé si longtemps la fraîcheur de sa voix... Et Sonja ! Sonja qui vous sortait au sommet de l'orgasme son contre-fa. Aussi gentille à la ville qu'à la scène ; elle avait bien mérité son surnom de Reine de la Nuit. Mozart n'y était pas pour grand-chose... Et Pilar. Et Mary. Et la Lisa. Et la Rosa... Elisabeth a-t-elle jamais su ? N'a-t-elle jamais voulu savoir ? Devinait-elle mais avait-elle renoncé à en savoir plus ? Savait-elle mais feignait-elle d'ignorer ?

Et Pamina, soupçonne-t-elle seulement que cette chanteuse nulle à qui son père offrait de donner son la à l'orchestre pour qu'il s'accordât sur elle fut une de ses maîtresses ?

Il tressaille au souvenir de ces petits bonheurs clandestins qui toujours lui parurent innocents. Sans doute, se plaît-il à penser, l'étaient-ils aussi aux yeux d'Elisabeth.

Un instant, la joie le submerge : Elisabeth se tient tout contre lui, accoudée à la balustrade. La lumière rasante du couchant éblouit. Il pose la main sur son épaule : Pamina se retourne et lui sourit sans rien dire.

Les enfants demandent alors s'ils peuvent aller jouer au jardin avec les soldats.

« Allez ! Allez ! » leur répond-il en frappant dans ses mains.

Les voici seuls. Elle n'a pas bougé : elle regarde le ciel s'assombrir. Il la regarde en profil perdu, lui vole un baiser sur la nuque et murmure, moqueur :

« Inutile d'admirer le crépuscule, je l'ai mis tout entier dans mes trois derniers lieder. »

Finale et rideau

« Ces trois lieder, dit-il, je les dédie à la mémoire de ma femme et de mes enfants morts. Je les dédie aussi aux innombrables victimes de la guerre et de la barbarie : les millions de Juifs, de Tziganes, de Slaves assassinés, les hommes au triangle rose persécutés pour ce seul crime qu'ils aimaient des hommes. Je pense à mon ami le poète Egon von Rosenberg, qui m'eût bien mieux tourné que je n'ai su ces trois petites choses que j'ai écrites et mises en musique : *L'Homme*, *La Femme*, *L'Amour*. Je vous demanderai mais pour moi seul, car je ne doute pas du talent de mes interprètes : Pamina, Alice et Arno Arnhein — je vous demanderai donc l'indulgence. Je vous demanderai également, parce que les trois morceaux forment un tout dans mon esprit, de ne pas applaudir entre, si du moins c'était votre intention d'applaudir... Siffler, précise-t-il cabotin, siffler entre ou même pendant, je ne vous en dissuaderai pas. C'est votre privilège de public. Et courir ce risque, notre honneur d'artistes. »

Mais ce soir, il le sait, il n'en court aucun : il a la grâce. Et son public, pourtant peu averti, du talent comme on dit dans le métier quand on sent passer un frisson entre la scène et la salle. En première partie du concert, Bruno a improvisé au piano ainsi qu'il aimait le faire autrefois pour ses amis à la fin d'une soirée réussie, un pot-pourri de ses grands airs d'opéra et des thèmes de ses œuvres les plus célèbres, achevant selon sa coutume avec la valse de *La Contessina*. Et comme d'habitude, dès que les premiers accords de l'irrésistible valse, émergeant d'un ressac indistinct d'arpèges, ont été reconnus pour tels, il a vu les sourires fleurir, les yeux se clore, les têtes commencer à dodeliner en cadence. Certains des alités, même, se redresser sur leur oreiller. Et au premier rang, pleurer Anna.

Très droit, sous les vivats il descend maintenant la marche de l'embarcadère pour venir s'asseoir à la gauche de sa vieille servante, dans le seul fauteuil demeuré vide. Il voudrait éterniser cet instant. Il voudrait se souvenir à jamais de ces visages heureux et retenir la splendeur du couchant. Il porte la main à son cœur : il lui semble qu'il ne bat plus.

Avez-vous la foi ? Quand pour conclure leur entretien un critique indiscret lui posait la question, il répondait toujours qu'il n'y répondrait pas. Mais souvent il se reprenait pour dire qu'il croyait en deux ou trois choses cependant : entre autres, les ciels rouges certains soirs de fin d'été. Et qu'il croyait en la musique aussi. Ou encore, en l'éternel retour. Même s'il ignorait comme tout un chacun, ajoutait-il pour terminer sur une pirouette, ce que peuvent bien vouloir dire ces deux mots accolés : *éternel retour*.

Et maintenant, main dans la main comme des enfants qu'ils sont, s'avancent Alice et Arno. Arno s'assied au piano et donne à sa sœur le la. Alice réaccorde son violon.

Descendant du yacht à son tour, Pamina entre en scène, la démarche entravée par son étroit fourreau pailleté de jais qui scintille au soleil comme une eau noire remuée. Un soldat la siffle, que ses voisins font taire ; elle rit et salue.

Bruno leur adresse des doigts un signe d'encouragement. Puis, le silence obtenu, de son seul index gauche, il bat la première mesure des *Trois Derniers Lieder*.

L'HOMME

« Quoique riche en mérites,
Le poète le dit,
C'est poétiquement que l'homme habite la terre. »
Mais toujours l'homme part en guerre contre l'homme,
En guerre contre soi,
Son frère,
Cet enfant qu'il fut ;
Toujours il a peur dans le noir,
Toujours il crie et pleure derrière la porte,
Guettant des bruits de pas dans le couloir —
Sa mère viendrait le prendre par la main,
Son père lui dirait rudement :
« Montre-toi un homme. »
Mais l'âge est passé aussi
Des réprimandes,
Et de se battre pour rire
Dans la cour de l'école ;
De ses prières du matin à l'école,
Il a oublié jusqu'aux tout premiers mots.
Il ne peut que lever les yeux
Sur ce ciel trop bleu,
Trop vaste,
Et mat
Comme les cieux peints des églises villageoises,
Ces cieux de batailles.

Sa mère ne le prendra plus par la main,
Son père ne lui dira plus rudement :
« Montre-toi un homme. »
Il est mort à la guerre.

LA FEMME

Elle s'avance,
Nouant un châle sur ses épaules
De ce même geste mystérieux
Et tendre,
Comme inachevé,
Qu'elle eut pour porter plus jeune
Un enfant dans ses bras.
Sa bonté,
Elle semble la prodiguer encore
À la nature alentour,
Aux vallons bleus,
À l'ombre verte des grands arbres.
Avec parfois une impatience
Réprimée vite,
Un déhanchement tandis qu'elle s'avance
À peine passée l'enfance,
Les enfantements,
Et déjà ce souci du monde,
Lourd aux épaules !
Il y eut,
Elle se le rappelle,
Des valses, des galops,
Un bref abandon parfois,
Une façon, ce châle,
De le laisser glisser de l'épaule
Dans l'abandon —.

Elle s'arrête,
En larmes,
Sourit,
Sourit et reprend le chemin.

L'AMOUR

Nous allons donc sans hâte,
Nous allons comme au-devant de la nuit,
Comme au-devant du secret de la nuit
Tandis que le ciel s'obscurcit
Et que les collines déclinent
Vers les ténèbres —.
Nous nous retournons,
Nos ombres s'allongent sur le gravier,
Se mêlent l'une à l'autre.
Où es-tu ? Qui suis-je ?
Est-ce mon bras qui te soutient encore ?
Est-ce le tien qui s'étire et me montre là-bas...
Mais quoi ?
Viens ! mon amour,
Ne nous perdons pas dans le noir.
Sur nos lèvres un mot muet,
Tu,
Retenu,
Et dans nos cœurs,
Indicible comme certains bonheurs brusques,
Cette détresse du désir.

Arnheinien encore, le court silence qui suit, recueilli. Puis les deux notes graves de l'angélus tandis qu'éclatent applaudissements, bravos et bis. Arnheinienne, la joie. Arnheinienne, la brise légère levée du lac. Arnheinienne, la clarté crépusculaire. Ces rouges et ces ors, qui sont les couleurs du théâtre, les couleurs du RIDEAU.

ACTE I

ACTE II

ACTE III

Composition Bussière
et impression S.E.P.C.
à Saint-Amand (Cher), 8 août 1986.
Dépôt légal : août 1986.
Numéro d'imprimeur : 1636/1071.
ISBN 2-07-070762-8. Imprimé en France.

38909